北陸の中世城郭50選

佐伯哲也 編

桂書房

富山県の城

一乗寺城（小矢部市）　主郭を巡る土塁　右側（加賀側）は大堀切となる

井波城（南砺市）　主郭を巡る水堀　県内でも数少ない平城の水堀である

森寺城（氷見市）　主郭大手虎口　視覚効果を狙うため大石を用いる

守山城（高岡市）　県内中世城郭の石垣で唯一石材に矢穴が残る

城生城（富山市）　主郭を巡る大規模な横堀　敵軍の攻撃を遮断する

松倉城（魚津市）　主郭石垣　発掘により検出し石材に石臼も用いる

石川県の城

黒峰城（珠洲市）　主郭を巡る土塁　畝状空堀群も残る奥能登の名城

勝山城（中能登町）　尾根を断ち切る堀切　敵軍の攻撃を完全に遮断する

松根城（金沢市）　主郭を巡る横堀　馬出等を備えた加越国境城郭群の名城

鷹之巣城（金沢市）　台地上に築かれた平城　惣堀も残る貴重な城郭

岩倉城（小松市）　塁線土塁・櫓台を多用し、織田軍の城郭と推定される

日谷城（加賀市）　主郭を巡る高切岸　外敵から守る強力な遮断線となる

福井県の城

小丸城（越前市）　天守穴蔵入口を巨石の立石で装飾する佐々成政の居城

中山の付城（美浜町）　主郭を巡る土塁　朝倉氏の陣城として貴重

後瀬山城（小浜市）　主郭石垣に巨石を用いて城主権力を誇示する

白石山城（高浜市）　主郭石垣は算木積みであり構築年代が課題となる

目　　次

富山県

富山県　全体図

1．松倉城 ……………………… 4
2．茗荷谷山城 …………………… 20
3．池田城 ……………………… 24
4．富山城 ……………………… 30
5．樫ノ木城 …………………… 34
6．城生城 ……………………… 38
7．上熊野城 …………………… 44
8．富崎城 ……………………… 48
9．増山城 ……………………… 54
10．中村城 ……………………… 64
11．飯久保城 …………………… 70
12．森寺城 ……………………… 74
13．白河城 ……………………… 80
14．守山城 ……………………… 86
15．井波城 ……………………… 92
16．一乗寺城 …………………… 98
17．今石動城 …………………… 102

石川県

石川県　全体図

18．飯田城 ……………………… 108
19．黒峰城 ……………………… 112
20．甲山城 ……………………… 118
21．千野枡形砦 ………………… 124
22．勝山城 ……………………… 128
23．鷹之巣城 …………………… 134
24．松根城 ……………………… 138
25．荒山城 ……………………… 142
26．高尾城 ……………………… 146
27．鳥越城 ……………………… 150
28．波佐谷城 …………………… 154
29．岩倉城 ……………………… 164
30．舟岡山城 …………………… 170
31．日谷城 ……………………… 178

福井県

福井県　全体図

32．吉崎御坊 …………………… 184
33．神宮寺城 …………………… 190
34．東郷槇山城 ………………… 198
35．一乗谷城 …………………… 204
36．戌山城 ……………………… 214
37．大谷寺 ……………………… 220
38．小丸城 ……………………… 224
39．杣山城 ……………………… 230
40．金山城 ……………………… 236
41．国吉城 ……………………… 240
42．中山の付城 ………………… 246
43．岩出山砦 …………………… 250
44．狩倉山城 …………………… 254
45．馳倉山城 …………………… 258
46．後瀬山城 …………………… 262
47．聖嶽城 ……………………… 266
48．白石山城 …………………… 270
49．砕導山城 …………………… 274
50．石山城 ……………………… 280

☕ ちょっとコーヒーブレイク

① 城の定義 …………………… 127
② 中世城郭の建物 …………… 149
③ 冬の山城はどうなっていた？ 182
④ 普請は土木工事？ ………… 229
⑤ 江戸時代の子育て ………… 235
⑥ トイレの衛生管理 ………… 239
⑦ 上杉謙信は統治ベタ ……… 245
⑧ 旧権威も使いよう ………… 286

◎本書の概要説明

1. 本書は富山県・石川県・福井県に位置し、慶長年間以前に廃城となった中世城郭を対象とした。ただし、富山城（富山県）のように著しい発掘調査成果が出ている城郭は、例外として掲載した。

2. 本書に記載する城館は、遺構がある程度確認できるか、あるいは発掘によって存在が確認できた城郭とした。伝承のみで現地に遺構を残さないものについては記載していない。

3. 各項目の①〜⑩の記載内容は下記の通りである。年代が明らかにできないものについては、推定年代とした。複数の所在地に位置しているものについては、代表的な所在地についてのみ記載した。
   ①所在地　②別称　③築城年代　④最盛期　⑤廃城年代　⑥主な城主
   ⑦種別　⑧主な遺構　⑨規模　⑩標高・比高

4. 位置図は1/25,000国土地理院地図を使用し、方位は上を北とした。

富山県

新川郡守護代・椎名氏が基礎を築いた山上城塞都市

1. 松倉城 （まつくらじょう）

①魚津市鹿熊　②鹿熊城、松蔵城、金山城　③南北朝時代　④16世紀　⑤17世紀初頭
⑥井上（普門）俊清・桃井氏・椎名氏・上杉氏　⑦山城　⑧主な遺構　曲輪・切岸・土塁・
堀・井戸・石垣　⑨620m×460m　⑩標高415m、比高350m

1. 歴史

角川右岸の高さ415mの山上に築かれた城である。守山城（高岡市）・増山城（砺波市）と並び「越中三大山城」の一つに数えられている。

そもそもの歴史は鎌倉時代、当地に入部した椎名氏が次第に勢力をもち、室町時代には新川郡の守護を務め、この城を本城としたことにはじまる。

南北朝時代　南北朝時代には、井上（普門）俊清や桃井直常らがしばしば拠点として戦闘を繰り広げた。建武5年（1338）、越中守護普門俊清が南朝方に敗れ、松倉城に引きこもった。井上（普門）俊清は康永3年（1344）に更迭され、新守護桃井直常、能登守護吉見勢に討伐された。井上俊清は南朝方の新田残党と連携して抵抗し、松倉城での籠城後、貞和2年（1346）には松倉城、水尾南山要害、水尾城にて桃井直常や能登守護吉見頼隆らと戦い、同年、戦いに敗れて降参している。貞和4年（1348）には松倉に城郭を構えた井上俊清を吉見氏頼が攻め、俊清は逃れて内山城（所在不明）に立てこもっている。

応安2年（1369）に桃井直常が幕府に敵対し、能登、加賀、越中で戦ったのち松倉城に引き、これに対して能登勢は攻撃に出た。翌年、直常の子直和は松倉城から出陣するも長沢で守護斯波義将と戦い、討死している。このように、南北朝期には守護クラスの武将にとって詰めの城と位置付けられていたようである。

戦国時代　椎名氏は初め上杉謙信に属したが、武田信玄と結んで敵対したため、謙信に攻められて城を追われた。こののち上杉部将河田長親らが居城し、魚津城（小津城）とともに上杉氏の重要な拠点となった。

椎名氏の支配　椎名氏は守護畠山氏のもとで守護代を務めたが、永正17年（1520）の新庄の戦いで越後の長尾為景が椎名慶胤、神保慶宗、遊佐氏を破ると新川郡の政治状況は一変した。長尾為景は畠山尚順から新川郡の守護代職を与えられたが、椎名氏の旧領を安堵して又守護代とした。この結果、椎名氏は以前と変わらず新川郡を治めたとみられている（魚津市教育委員会2012）。椎名慶胤の跡は庶家の長常が継いだが、長常の後ろ盾であった長尾為景が天文11年（1542）に没したため、新川郡における越後勢力が急速に後退した。この機に乗じて、射水・婦負郡の守護代である神保氏が新川郡に進出し、椎名氏との間で抗争が勃発。能登畠山氏の仲介で和議が成立したものの、新川郡内において神保氏が富山城を築くことを認めるものであった。

永禄2年（1559）、椎名氏と神保氏の間で再び抗争が始まり、上杉謙信による調停が行われた。これに不満を抱いた神保氏が甲斐の武田信玄に通じる動きを見せたため、翌永禄3年（1560）に謙信は越中に進攻し、神保長職の本拠・富山城を攻めたが、長職は増山城に逃れた。しばらく時をおいて永禄5年（1562）、神保氏は勝興寺、瑞泉寺の支援を受けて上杉方の武将や城を攻略しながら、椎名氏の本拠「金山」近くまで攻め上がった。この知らせを受

図1　松倉城とその周辺の城砦群の分布

けた謙信は直ちに出陣し増山城へと向かうと、長職は能登の畠山義綱を頼って謙信に降伏し、上杉氏に従うことになった。

　永禄12年(1569)、謙信は、武田信玄と通じた椎名康胤を攻め、松倉城を孤立化させた。このことで康胤は城から退去したとみられ、代わって上杉からの養子椎名景直が椎名家臣団とともに城を守ったという説もある。支城である魚津城には上杉方の部将河田長親が入り、新川郡内の支配を強化していったとみられる。

上杉氏による改修 元亀4年（1573）には謙信が松倉城に納馬するとともに、上杉方が「新地両城」を堅固にしたことが記録にある。この両城とは松倉城と魚津城を指し、納馬に合わせて改修されたとみられ、これより少し前に松倉城は上杉方の支配下にあったとの見方がある。

織田方の進攻 天正8年（1580）、北陸に進攻してきた織田信長方の神保長住が新庄城、さらに金山（松倉）城下まで攻め寄せ、放火や刈田を行った。翌年、河田長親が病死し、越中国内での上杉方の求心力が急速に低下。上杉景勝は諸将を越中に派遣、松倉城の備えを堅固にするよう命じている。長親の死後は、須田満親が松倉城主に任じられた。

　天正10年（1582）、上杉方の魚津城を織田方が包囲した「魚津城の戦い」が起こり、激しい戦闘が展開された。上杉景勝は救援のため天神山城に布陣したが、森長可が信濃から越後を攻める動きを見せたため、撤退した。上杉方は同時に松倉城からも撤退した結果、魚津城は孤立し、本能寺の変翌日の6月3日に落城した。

　その後、再び上杉方が入った魚津城を佐々成政が攻めたことで、上杉方が越後に引き上げ、上杉時代が終焉を迎えた。『越登賀三州志』によると、慶長年間頃に前田利家が松倉城を廃して升方城に城を移したという。

2．縄張り（構造）

　松倉城は非常に広大な縄張りをもつため、本丸周辺の主郭群、大見城平、平峰砦（平ノ峰）の3つのエリアに分けて述べていきたい。なお、主郭群の曲輪の名称は『富山県中世城館遺跡総合調査報告書』（富山県埋蔵文化財センター2016）の表記を採用するとともに、『松倉城跡調査報告書』（魚津市教育委員会2019、以下「報告書」という。）の調査成果を参考にしつつ記述を進めたい。

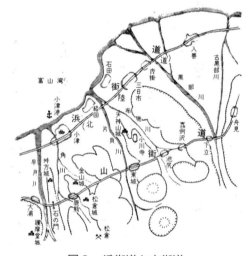

図2　浜街道と山街道
（『魚津市史』より転載）

（1）「浜街道」と「山街道」

　西麓の鹿熊集落にはかつて城下があったとされ、ここには北陸街道の「浜街道（浜の道）」に対して「山街道（山の道）」が通っていたとされる（図2）。山街道は山麓線を通っていくつもの小城を連ね、神通川を遡って遠く飛騨・信州に通じるという。松倉城が所在する城山は、その山街道を監視できることから、その掌握が選地理由の重要な部分を占めていたと考えられる。

　また、松倉城の西を流れる角川や早月川が天然の堀の役割を果たしていたとみられるが、広域的な城砦群ネットワークを形成していたことがこの城の最大の特徴である（図1）。角川の右岸には、焼山砦、北山城、後藤城、室田砦、大谷砦、坪野城、左岸には水尾南城、水尾城、石の門砦、升方城を配している。これらは総称して「松倉城郭群」という。

（2）主郭群

　八幡屋敷（F曲輪）から四の丸（D曲輪）にかけての尾根筋に主要な曲輪が連なり、松倉城の中核部を形成している（図3）。各曲輪の間は、巨大な堀切で断ち切られており、敵の進入を強力に阻む。とくにF曲輪とA曲輪の堀切⑬から、D曲輪の北側の堀切㉔まで明確に強力な防御線を構築しているため、A（本丸）・B（二の丸）・C（三の丸）・D（四の丸）・E（蔵跡）の5つの曲輪が城中でもっとも重要視された箇所とみなすことができる。反面、各曲輪の独立性が高いことから、いずれかの曲輪が落とされた場合に孤立してしまうという弱点も指摘できる。松倉城の縄張り全体にいえることだが、城域こそ広大であるものの、曲輪間の連携は比較的乏しい。

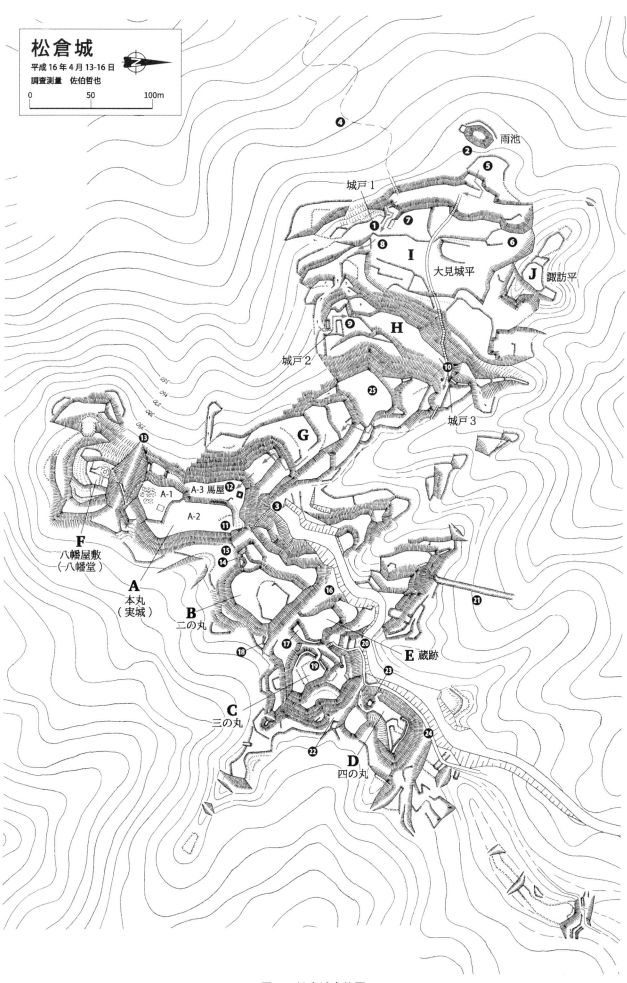

図3 松倉城全体図

A曲輪　本丸といわれるA曲輪が主郭と考えられる。主郭群のなかでももっとも広い曲輪で、B曲輪と並んでもっとも標高が高い。また、この曲輪を基点に大見城平方向と四の丸方向への二方向へ曲輪群が伸びている。たとえるならL字の角の位置にあたり、尾根の分岐点に築かれたといえる。山麓からの曲輪群に連なり、最大の面積をもつA曲輪こそが城内で最重要の曲輪であり、伝承通り主郭に相当する。

図4　松倉城主郭（A曲輪）

　A曲輪は、上下二段の平坦面と腰曲輪で構成されており、城内でも格別に広々とした曲輪となっている（図4）。報告書によると、金沢市立玉川図書館蔵「太平記評判書」付図に上下二段を「本丸」、腰曲輪を「馬屋」と記されている。南の上段（A-1）は、北の下段（A-2）と約1.5mの段差があり、北西角が突出した平面プランとなっている。この形状について、報告書では、下段（A-2）からの「進入路を一度折れて引き入れるための施設」と推測しているが、表面観察ではそのような痕跡はみられないようにおもう。むしろこの

図5　主郭の「物見石」

形状については、山城の主郭に段差を設ける例が各地にあり、高山城（岐阜県高山市）や苗木城（岐阜県中津川市）のような懸造り建築があったとは想定できないだろうか。

　また、A曲輪の上段（A-1）には巨石が集積している（図5）。近世には「物見石」または「物見の石」と呼ばれたそうである。その巨石は意図的に積まれたものとは認めがたく、もともと山頂に存在していた自然石であろう。しかし、非常に存在感のある巨石であるため、あたかも古代山岳信仰の信仰対象である磐座（いわくら）を彷彿とさせる。報告書では、祭祀遺物は未検出としながらも、物見としてよりも「松倉城本丸や城域を鎮護する象徴として、誇示したと考えられる特異な巨石群」と評している。

　現在、巨石の脇から富山平野を一望することができる。ここからは富山湾やはるか能登半島まで見渡すことができ、山城では県内随一のビュースポットとして知られている。

　A曲輪は、本来F曲輪と地続きとなっていたであろうが、巨大な堀切⑬で分断されている。この堀切は深さ12m、上幅26mの規模をもち、F曲輪側からの進入を強力に阻む目的で設置されたとみられる。

　また、東側の馬屋といわれる腰曲輪（A-3）の北辺付近に集石があるが、魚津市教育委員会によれば、これは後世のものであるという。

礎石建物　現在、A曲輪を歩くと平坦面に大きな石が転がっているのが散見される。魚津市教育委員会によると、この石は礎石で、かつて整然と並んでいたという。久里愛雄「松倉城址」『富山県史蹟名勝天然記念物調査（会）報告』第一巻（1923年）によると、「維新の当時までは礎石が整然として存して居たが、開墾の結果その原形を読むことができなくなった。開墾当時陶器や金属器を発掘した」とあり、かつてA曲輪に礎石建物が存在していた可能性が推察される。

石垣遺構　A曲輪下段（A-2）の西側切岸には、石垣の痕跡が残されており、かつて「高さ約一間で延長約十間」（調査報告会）であったという。石垣の存在について、主郭の中でも西側

切岸だけに石垣を構築した点が注目される。このことについて、佐伯哲也氏は「敵が攻めてくる方面のみ石垣を設けている点に注目したい」と述べている（佐伯2012）。他方、報告書では登城道が主郭の馬屋（A-3）に到達した際、正面に見えることや斜面の石垣をみながら東へ進む動線から、「主郭中枢部に入る者に城主の権威を見せつける意図をもって構築されたのではないだろうか」と述べ、主郭の一部に石垣が存在する理由を求めている。

この石垣は、近年発掘調査が行われ、その実態の一部が明らかとなった（図7）。

調査結果によると、切岸の高さ4mのうち、石垣は下半部の高さに構築されていた。馬屋曲輪（A-3）に集石があることから、上半部にもかつて存在していた可能性も指摘されている。石垣の石材はほとんどが安山岩で、矢穴の痕跡はみられない。建物の礎石を転用したとみられるものもあるが、石材の供給源はA曲輪とF曲輪の間の堀切⑬を有力視してい

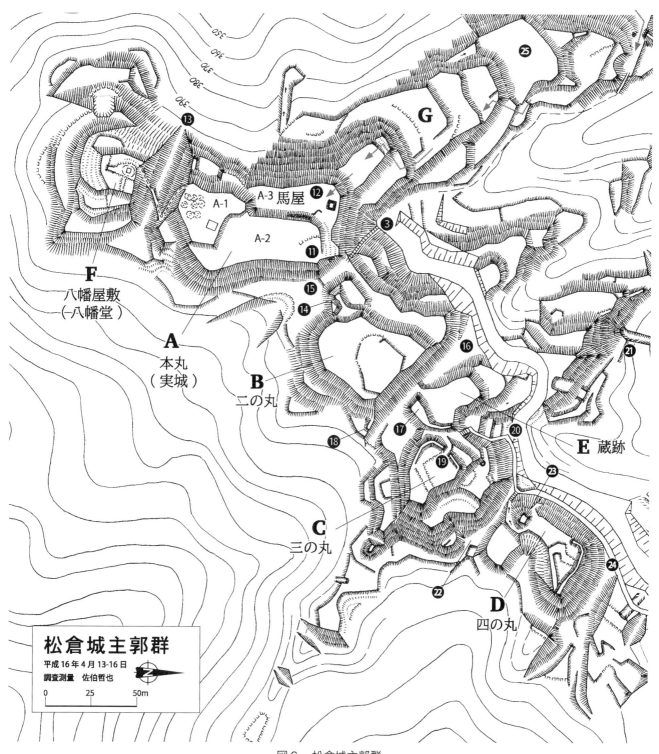

図6　松倉城主郭群

る。この石垣の評価について、報告書では広い平坦面であるA曲輪下段（A-2）を獲得するため、「大規模に盛土造成された防御性を高める切岸の法面補強として構築」していると述べている。また、石垣は横長の築石を重ねる横石積に近いものの、築石の控えは小さく、縦目地や築石間のすき間も多いと指摘している。裏込め石は確認されておらず、石垣の角度は76度と斜度が強いとしている。そして、石垣の高さは2mを超えるとみられるが、石垣はA曲輪下段（A-2）の平坦面までは積上げず、頂部の肩を大きく残し緩い法面としている。報告書では、主郭の石垣について、裏込め石を用いず、大小不揃いな築石を散漫に積み上げた点を根拠とし、石積み技法が未成熟な段階にあったと評価している。

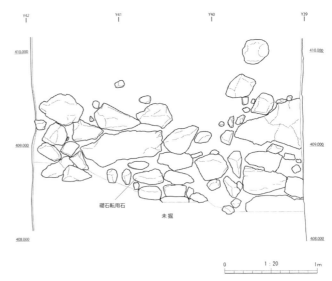

図7　松倉城本丸石垣の立面図（報告書より転載）

井戸　現在、本丸直下にある登山者用の駐車場となっている地点には、かつて井戸が存在していた（③地点）。久里愛雄「松倉城址」『富山県史蹟名勝天然記念物調査（会）報告』第一巻（1923年）によると「一坪大」の大きさがあったとのことだが、後世に石碑

図8　井戸跡に経つ石碑

が建てられたため、現在痕跡は全くない（図8）。この井戸は主郭直下にあることから、城主をはじめとする城内の武士達の飲料用に使われていたのであろう。

B曲輪（二の丸）　A曲輪の北東に位置し、上下二段の平坦面をもつ曲輪である。上段・下段とも平面プランは歪な形状をしており、直線的な辺をもつA曲輪とは対照的である。きわめて原地形に制約された平面形状であるといえる。この平坦面にもA曲輪同様、礎石と思われる礫がいくつか存在しており、礎石建物があった可能性がある。

防御施設としては、A曲輪側に堀切⑮、C曲輪側に堀切⑯とそれぞれに強力な遮断線を設けている。なかでも堀切⑯は高さ約10m、長さ約90mにも及ぶ長大な切岸となっている（図9）。これだけ大規模な堀切を設けて警戒しているにもかかわらず、B曲輪の平坦面には土塁がまったくない。

しかし、この曲輪には斜面に派生するように⑭地点と⑱地点といった2箇所の土塁状の高まりが付属している。佐伯氏は⑭地点を木橋の設置点、⑱地点を曲輪の進入口候補の一つとみている（佐伯2012）。

C曲輪（三の丸）とE曲輪（蔵跡）　C曲輪はB曲輪とD曲輪の間にあり、主郭群の中でもっともテクニカルな曲輪と評価できる。

図9　B曲輪とC曲輪の間の堀切

なぜならば、土塁を構築し、登り口から虎口まで移動する敵を横矢が掛かる状態にしているからである。明確な意図をもって曲輪を構築しているのである。その構造を紐解くと、まず敵は⑳に現れる。その前に西側にまわり込もうとしても竪堀㉑によって横移動が防がれ、⑳から攻めざるをえない。そして虎口⑲に向かって屈曲する道を進むも、土塁から常に横矢が掛かっている状態で思うように動けない。仕方なく⑰地点に向かうもやはり土塁からの横矢に晒されている。このように虎口までの動線と土塁の配置が連動しており、非常にレベルの高い縄張りとなっている。

　また、D曲輪との間には堀切㉒があり、C曲輪側は切岸がきつく容易に登れない。C曲輪とB曲輪の間にはE曲輪があるが、平坦面があるものの、特筆すべき遺構はほとんどない。しいていうならば、⑰地点の高まりであり、佐伯氏は「堀切⑯の切岸に取り付いた敵兵を攻撃する櫓が建っていたかもしれない」（佐伯2012）としている。

D曲輪（四の丸）　C曲輪の北にあり、主郭群の最北にある曲輪である。北側に堀切㉔が取り付く。いうまでもなく堀切㉔を越えてきた敵を真っ先に迎え撃つのがD曲輪の最大の役割である。堀切㉔はD曲輪との比高差が12mもあり、その高切岸をやすやすと登れない。D曲輪には堀切に沿うように北辺に土塁が巡らされ、切岸に近づく敵を常に狙っている。そこで東側にまわり込むと、堀切が二股状に分かれ、竪堀状となっていてD曲輪方向に近づけない。堀切の西側からC曲輪方向に進むにもD曲輪から横矢に晒され、進路を断たれる。

　D曲輪への進入路は堀切㉒側にあり、スロープ状に㉓地点を取り巻くように平坦面に接続する。㉓地点は方形の小平坦面をもつ高まりで、一見すると櫓台のように見える。堀切㉒に進入してきた敵を、C曲輪と挟撃するための櫓台なのだとすれば理に適っている。

曲輪を連結する橋　松倉城の主郭群には、他の山城であまり見かけることのない、非常に特徴的な遺構が存在する。それは曲輪と曲輪を連結する橋の台と思しき、高まり状の遺構である。B曲輪の南西側にある⑭地点、C曲輪の南西側にある⑰地点、D曲輪の南西側にあ

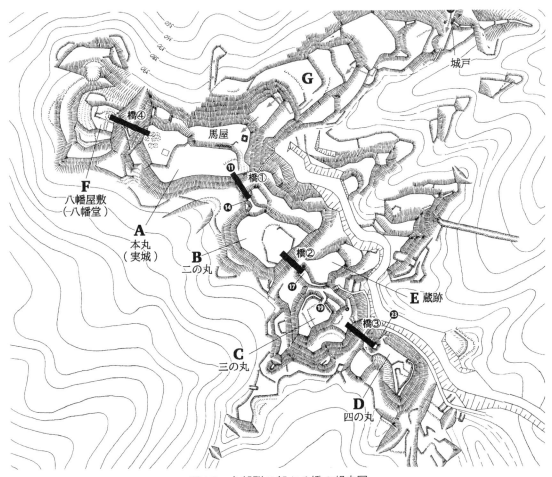

図10　主郭群に架かる橋の想定図

る㉓地点がそれにあたる（図10）。

個別にみていこう。B曲輪にはA曲輪方向に向かってスロープ状の高まりがある（⑭地点）。一見すると土塁に見えなくもないが、構造的に防御施設を置くには不適な位置であるため、別の目的と捉えたい。佐伯哲也氏はこの遺構を「木橋を設けて往来していた」と推測し、⑪地点直下に若干石垣が残っているのは「橋台補強用として用いたのだろう」としている。この見解には筆者も同意する。

同じくC曲輪とE曲輪の間には、「し」の字状の高まりがある。土塁とすればきわめて中途半端な位置にあり、防御的に有効とは言い難い。これもB曲輪に向かって緩やかに高くなっているため、土塁というよりむしろ木橋のための橋台とスロープと想定したい。

㉓地点は櫓台との見方を先述したが、位置的にC曲輪の下段の正面にあることから、これも橋台の可能性がある。他の2箇所は細長い高まりで対岸の曲輪の辺に向かってアプローチするのに対し、点として存在するあり方が他と異なっている。

以上のようにそれぞれの曲輪を連結するかたちで橋が存在するならば、それぞれの曲輪に残る高まりなどが橋台だとすれば、A曲輪－B曲輪間（橋①）、B曲輪－C曲輪間（橋②）、C曲輪－D曲輪間（橋③）の3箇所に橋が存在したことになる。さらにいえば、F曲輪－A曲輪間（橋④）にも橋が存在した可能性を指摘したい。これらの橋がもし同時期にあったとすれば、主郭群の南端であるF曲輪から北端のD曲輪までが直線的に結ばれることになる。B曲輪への進入路が今ひとつ不明瞭であるのは、曲輪間の架橋がそもそもの原因なのかもしれない。橋が木製か蔓製であったかわからないが、もし橋が架かっていたなら平時は曲輪間の行き来に利用し、いざ敵の攻撃を受けた際には切り落として、曲輪への進入を防いだと推測される。

(3) 中城

大見城平の城戸3（⑩地点）からA曲輪の⑫地点にかけて存在する曲輪群をG曲輪として一括して扱う。報告書での「中城」（Ⅰ郭群）にあたる。この曲輪群の役割について考えてみたい。まず動線であるが、現在は城戸3から井戸（③地点）に向かって遊歩道があるため誤解を受けやすいが、本来の城内の道はG曲輪内を通っていたものと考えられる。城戸3のまわりは切岸が高く、曲輪への取り付きは難しいが、主郭方向に少し進むと高低差も小さくなり、曲輪に入ることができる。佐伯氏の説を援用すると、そこから曲輪を順々に登っていき、A曲輪の手前で図の矢印のように進み、⑫地点に到達する（佐伯2012）。敵が攻めてきた場合、このG曲輪の動線を経ずに脇道から主郭に向かうことは可能だろうが、G曲輪から常に横矢が掛かっている状態なのでそれも難しかったとおもわれる。

G曲輪は基本的に階段状に曲輪を配置しており、土塁や堀を駆使した縄張りではない。しかし、その中でも防御的に特に重要な場所が㉕地点である。なぜなら城戸2の真上にあり、城内でも有数の高切岸で囲まれた位置にあるからである。城戸2から城戸3に横移動する敵を常に監視することができ、2つの城戸を同時に押さえることができる、絶好の位置にある。このことから、G曲輪の中でも突出して重要な曲輪といえる。

(4) 大見城平（御実城平）

松倉城内には広大な空間があり、そこを大見城平という（図12）。大見城とは「御実城平」と書き、越後では城主が居城していた場所とされているが、古くから武将の屋敷があったとの伝承がある。報告書で「外曲輪」と表記されている場所にあたり、主郭群の尾根からG曲輪（中城）を経て下った山腹にある。主郭とは約90mの比高差があり、外曲輪と表されるだけあって主郭群や中城とはまるで趣きが異なる。

図11　大見城平の石の門

大見城平は、山上に大空間を造り出し、建物を構築するなど居住スペースとして利用したものと推定できる。報告書では、発掘調査では明確な遺構が確認されなかったものの、火災由来とおもわれる炭化材の出土を根拠とし、「なんらかの木造建造物の存在とその建造物が火災に遭った状況を想定することは可能」との見方を示している。

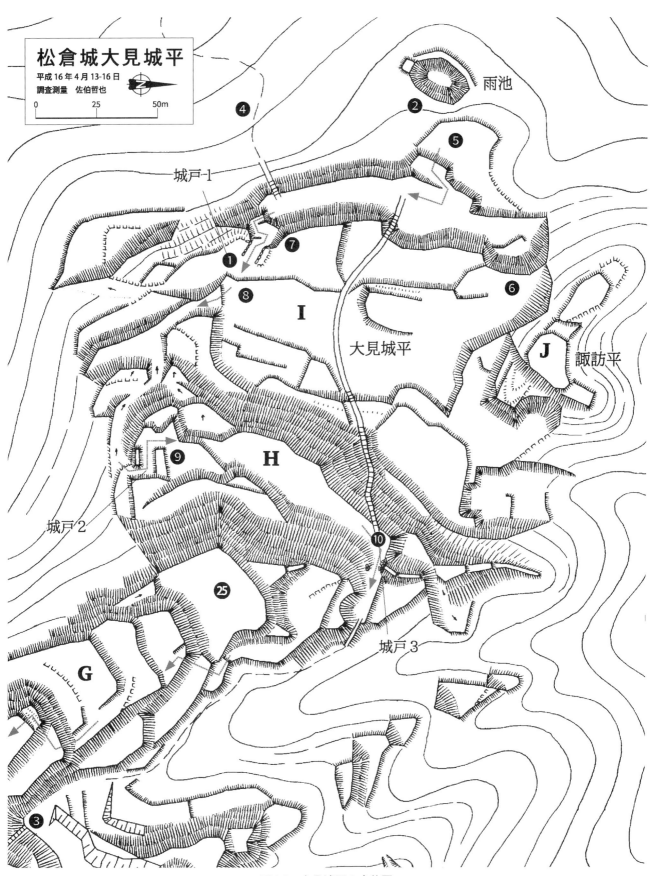

図12　大見城平の全体図

さて、大見城平の構造について検討してみたい。大見城平は、5段の曲輪で構成され、高い切岸を設けるとともに、周囲を天然の急斜面で守っている。広い空間だけに防備が手薄になりがちなところだが、明確な防御の意識が貫かれているところに最大の特徴がある。
　重要なのは出入口である。大見城平では出入口の各所に防御施設を設け、計画的なルート設定をすることで、内と外の境界を明確に分けている。まず、大見城平の虎口である⑤地点から進入することになるが、ここが内枡形虎口となっており、屈曲した進路を進まなければならない。すると、目の前には長さ100mにも及ぶ切岸（⑥～⑦地点）がそそり立ち、敵は城戸①の方向に進まざるを得ない。その際、切岸の上からは常に横矢が掛かった状態となっている上に、この切岸は2つの折れを設けて死角を無くしている。切岸を乗り越え⑥地点に達したとしても、J曲輪からの監視と攻撃に晒される。

城戸1　次の関門は①地点の城戸1で、通称「石の門」と呼ばれる石垣で構成された内枡形虎口である（図11）。その名称から魚津市升形の「石の門砦」と混同しないよう注意したい。さて、この城戸を通過するにはS字状に屈曲したルートを進まねばならず、⑦地点からの横矢が効いている状態である。城戸1は2列の石垣をなしており、西井龍儀氏いわく「小規模ではあるが裏込め石のある野面積みの石垣や算木積みを意図した隅石」は、本丸の石垣より進展した構築技法であるとする。構築年代については、この石垣の隙間から珠洲や越前が出土したことから遺物の帰属年代をもとに、石垣の構築年代を15～16世紀としているが、先述した構築技法をもとに上杉謙信の死後、織田信長に対抗して天正9年（1581）頃に構築されたのではないかとさらに年代を絞り込んでいる（報告書）。

城戸2　城戸1をくぐり、I曲輪に出る。この曲輪は大見城平の中で最も平坦な空間となっており、相当な数の建造物を建てるだけの敷地はある。城戸1から⑧地点を経て、斜面の通路を進むと城戸2に到達する（図13）。土塁が並行して築かれ、その間を通る内枡形虎口となっている。城戸2を通らずにG曲輪方向に進もうとしても高切岸で行く手を阻まれ、㉕地点から狙われる。敵は城戸2を通ってH曲輪を進まざるを得ないのだが、この曲輪は上下に切岸に挟まれた細長い形状をしており、城戸3に行くための通路の役割を果たしている。ただし、H曲輪を歩いている間は常に㉕地点からの横矢が掛かっており、それは城戸3を通過しても保持される。

図13　城戸2

城戸3　城戸3は、大見城平の出口である（図15）。土塁が構築されており、切岸との間を通らせる構造となっている。この城戸の土塁は北方向に伸び一旦収まるが、谷に向かって細長い形状の土塁状地形を構築しており、主郭方向への敵のまわり込みを阻止している。また、⑩地点は現況では平虎口のようにみえるが、石積みの痕跡からみて喰い違い虎口であった可能性がある。城戸1、城戸2は内枡形虎口となっているため、城戸3も同様に平虎口より発展した形の虎口であっても何ら不思議ではない。

諏訪平　大見城平の縄張りであまり語られ

図14　城戸3

ていないのが、J曲輪の役割である。この曲輪は、大見城平の北端にある高台である。標高345mの高さがあり、大見城平の全域を見渡すことができる。「諏訪平」と呼ばれるため、もと諏訪社があったのかもしれない。この高台は大見城平の中でも非常に重要な役割をもっていたとおもわれる。一つは櫓台としての機能である。切岸を越えて⑥地点に到達した敵を攻撃するだけでなく、大見城平の北側の斜面を登ってくる敵を監視し、必要に応じて攻撃することが可能である。もう一つは物見台的な役割である。

図15　大見城平

大見城平の広大な空間を見渡せるほか、主郭であるA曲輪との見通しがきく。地形データから見通し判定を計算したところ、大見城平ではH曲輪もI曲輪でもA曲輪は見えず、唯一見通しがきくのはJ曲輪であることが判明した。つまり、A曲輪との直接的な連絡が可能な地点であり、山麓への情報伝達の中継地点だった可能性もある。

これまで述べてきたように、大見城平は、⑤地点の内枡形虎口、3つの城戸、「諏訪平」のJ曲輪という計5箇所の要所でこの空間を防御していることがわかった。単なる山上の平場であれば、これほど入念な縄張りを施す必要はないが、裏を返せば城内でも重要な空間だったからこそこのような防御構造を採用したのではないだろうか。

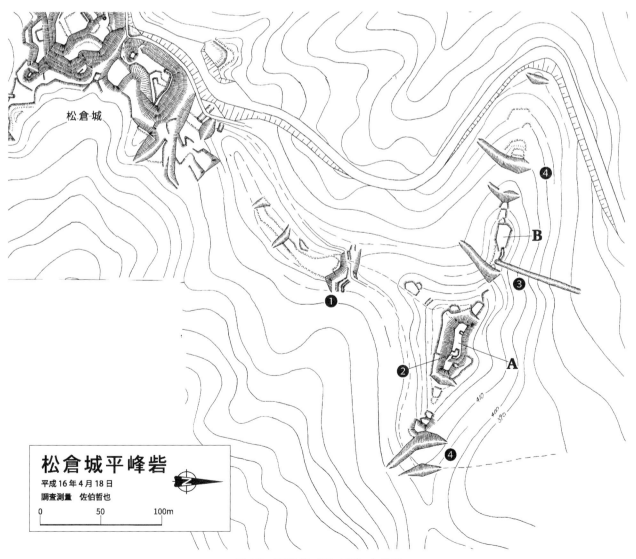

図16　平峰砦（平ノ峰）全体図

ただ、大見城平が居住スペースだった場合、水源の問題がある。普通に考えればⅠ曲輪ないしH曲輪に井戸や湧水があってよいが、見当たらない。城内の水源は後世に残る例が多いので、おそらく往事から存在していなかった可能性がある。大見城平周辺での水源地としては、⑤地点の下方にある通称「雨池」だけである。この雨池は雨水を貯めた貯水池だったとされるが、山中にあるとはおもえない巨大な池であり、大見城平に住む多くの城兵の飲料水を賄ったことが想定できる。

図17　平峰砦の主郭

(5) 平峰砦（平ノ峰城）

　松倉城は主郭群、中城、大見城平のほかに、北側に平峰砦（平ノ峰城）が存在する（図16）。平峰砦は標高430mと松倉城内で最も標高が高い位置にあり、ピークを中心に三方に伸びる尾根に防御施設がつくられている。この場所を「大手先」と称するという（堀1984）。
　南の尾根は、松倉城主郭群最北の堀切㉔から主郭のA曲輪までの間に堀切がいくつか設けられており、①地点では堀切と土塁を併用し、防御線を強化している。しかしこの尾根は、東西の尾根に比べると堀切の規模はさほど大きくない。おそらく主郭群との連絡を取るために、ある程度は往来を意識していたものとおもわれる。
　平峰砦の要である東西の尾根をみてみよう。西の尾根は、4本の堀切と1本の竪堀（③）が設けられ、尾根伝いに攻めてくる敵を遮断している。堀切は主郭群ほどの規模はないものの、しっかりと尾根を断ち切っており、斜面へ竪堀状に伸びるものもある。尾根途中の平場を曲輪（B）としている。東の尾根は、2本の堀切（④）で守っている。報告書によると、尾根の先には「東番所」とよばれる場所があるという。
　主郭はA曲輪で、東西方向に細長い尾根のピークにつくられている（図17）。周囲を切岸で囲んでいるのだが、注目したいのは虎口の形状である。この虎口は小規模であるが、内枡形を採用している（佐伯2012）。
　報告書では平峰砦を「古松倉城」と位置付け、城山で機能した時期の松倉城を「新松倉城」と呼び分けている。なぜ平峰砦に古相を見るのか。その理由が報告書に記載されているので引用してみたい。「平ノ峰城の縄張はT字を構成する2本の尾根筋を利用して築かれた山城であり、多重堀切でその尾根筋を刻み、これを主たる防御とした戦闘本意の城とみなせる。但し、横矢掛けの形跡が見られず、虎口もはっきりしないことから、基本的に古い形態を継承・拡充した山城と言える。このため、地形上、内部の山上はさほど広くもなく、居住性は不十分で、領域統治の政庁機能を持つには難があったとみられる。よって、本拠が現在の松倉城に移った後は、その北方を守る支城としての役割を担ったとみられる」と根拠付けている。
　先述したように平峰砦のA曲輪には内枡形虎口（②）が存在しており、虎口がはっきりしないとする報告書の見解と相違がみられる。さらに内枡形虎口は16世紀後半と認定できることから、少なくとも縄張りからは「古松倉城」という見方はいささか無理があるようにおもう。しかし南北朝時代に平峰砦の位置に松倉城が創築されたあと、16世紀後半に支城化した際に内枡形虎口が設置された可能性もないとは言い切れない。そのためには、主郭をはじめとした各所の発掘調査を行うことによって古松倉城・新松倉城論争が決着できるかもしれない。

3. 松倉城の変遷過程

　これまで松倉城の年代観の解釈については、文献史学による成果と縄張りの表面観察による成果で主に進められてきたが、近年魚津市教育委員会が行った確認調査によって考古

表1　考古遺物からみた松倉城の変遷過程

変遷過程	年代	主体者	遺構	トピック
松倉城 Ⅰ期	14C代〜15C前半	椎名氏	−	○遺物僅少
松倉城 Ⅱ期	15C後半〜16C前半		本丸-二の丸間の空堀造成	○本丸・大見城平を曲輪として整備 ○城下の形成
松倉城 Ⅲ-1期	16C第3四半期	上杉氏	本丸盛土造成	○元亀4年（1573）上杉謙信の納馬に合わせ松倉城の改修か ○山城全体の大きな改変期 ○本丸の構築 ○本丸石垣の構築か ○堀切㉔を掘削か
松倉城 Ⅲ-2期	16C第4四半期	佐々氏前田氏	大見城平上層盛土造成	○天正9年（1581）上杉景勝が松倉城の守備強化を命令 ○大見城平の城戸1，城戸3の石積み構築
松倉城 Ⅳ期	17C以降		−	○慶長年間に廃城、升方城に移転

※ 魚津市教育委員会 2019『富山県魚津市松倉城跡調査報告書』をもとに筆者作成

学的成果も加えられるようになり、その確度が上がりつつある。その集大成となるのが報告書に記載されている「遺物から見た松倉城と城下の変遷」(報告書,p296) であるが、それを再構成したのが表1である。

報告書では、松倉城の変遷をⅠ期からⅣ期に分け、まとめている。それによると、まず14世紀後半から15世紀前半の松倉城Ⅰ期は、若干の遺物が出土するものの、現段階では不明とのことである。本丸や大見城平では特に築城を示す資料はなく、当該期における活動は低調だったとおもわれる。

大きく動きが出てくるのが、15世紀後半から16世紀前半の松倉城Ⅱ期である。この時期に本丸と二の丸の間の空堀が造成され、本丸と大見城平が曲輪として整備されている。現在見る松倉城の縄張りの基礎がすでに出来つつあったのである。この時期は椎名氏の支配期にあたるため、最も在城期間が長い同氏によって松倉城の城域が拡張されたと推測される。

松倉城は上杉氏の支配期に入ると、山城全体が大きく改変された。報告書では盛土の造成時期によってさらに2期に細分している。松倉城Ⅲ-1期は16世紀第3四半期にあたり、本丸の下段（A-2）や馬屋曲輪（A-3）が盛土で造成され、石垣が構築された。このとき本丸下段（A-2）や馬屋曲輪（A-3）の西端では、厚さ1.6m以上もの盛土が行われたことで、平坦面の面積が広くなり、直線的な平面形状となった。大規模な土木工事が行われたことは、多くの労働力を投入できるだけの政治力があったことを物語る。

松倉城Ⅲ-2期は16世紀第4四半期にあたり、大見城平の上層盛土が造成された。明確な遺構は見つかっていないものの、地表には原位置を保たない礎石らしき川原石があったとのことであり、建物が存在していた可能性は十分に考えられる。上層盛土からは土師器皿、珠洲焼、越前焼、越中瀬戸焼などが出土、中でも越中瀬戸焼の擂鉢は天正10年（1582）以前に操業した黒川窯産であるとし、上層盛土の年代根拠としている。

松倉城Ⅳ期は17世紀以降にあたり、越中瀬戸焼や肥前系磁器などの近世遺物が出土している。明確な遺構はみられず、後世の人々が訪れる古跡となっていたとおもわれる。

４．松倉城の縄張り的特徴

　松倉城は、本丸の石垣やＣ曲輪虎口の横矢掛かり、大見城平の城戸１・城戸３の石積みなど比較的新しい要素がみられるものの、全体としてはきわめて中世的な土造りの山城といった観がある。ここでなぜ中世的にみえるのか、近世城郭の一指標である織豊系城郭という視点で読み解いてみたい。

　織豊系城郭とは、織田信長によって完成し、豊臣秀吉によって普及・発展してきた城のことである。用語の提唱者である千田嘉博氏は、「戦国期に横並びだった城が、織豊期に一斉に階層的な織豊系城郭に変化した」と捉え、その指標は城郭構造の階層性・求心性の貫徹と拡大にあると説く。階層性とは本丸を頂点とした垂直方向への序列であり、求心性とは本丸を中心とする同心円状の序列のことである（千田2021）。

　松倉城の主郭はＡ曲輪であるが、主郭群の中でも南西の端近くにあり、全体的にみても縄張りの平面的な中心にあるようにはみえない。つまり、同心円状の序列の頂点にあるとはいえず、求心性はほぼ認められないといっていいだろう。この本丸の位置こそが中世的に映る最も大きな要因であるようにおもう。

　次に、階層性である。本丸の上段（A-1）は標高415mであり、主郭群の中で最も高い。北東方向にある平峰砦が430mと15mほど高いが中心的な曲輪では無いのでそれを除くと、主郭群から大見城平まで見渡しても本丸が最高所となる。しかし、ここで注目したいのが、Ｂ曲輪とＦ曲輪の存在である。じつはＢ曲輪とＦ曲輪の標高はともに415mで、垂直方向の序列でいえば本丸と同等に位置付けられる。

　Ｂ曲輪に関しては、主郭群の尾根筋の中心に存在し、かつ標高が高いことから、非常に重要な曲輪である。16世紀第３四半期と考えられる本丸の盛土造成前には、Ｂ曲輪が主郭であったとしても何ら不思議ではないようにみえる。

　Ｆ曲輪に関しては巨石が集在している状況から、本丸上段（A-1）とＦ曲輪は本来地続きで主郭をなしていたが、のちに堀切で分断し、本丸に大規模な盛土を施すことで平坦面を造り出したとも考えられないだろうか。その目的は、主郭群と階段状のＧ曲輪が交差する位置に本丸を造り出すことで、求心性を意識して本丸を中心に寄せた結果かもしれない。

　結論として階層性に関しては、本丸が垂直方向の序列では頂点にあることは間違いないが、ほかに２つの曲輪が同列で並ぶことから、その条件を充分に満たしているとはいいがたい。先述した松倉城Ⅲ-2期からⅣ期にかけては、佐々氏・前田氏といった織豊系武将が統治しているにも関わらず、織豊系城郭としての要素が比較的少ないのは、当該期に改修の手があまり加えられなかったことの証左かもしれない。

５．まとめ

　ここまで松倉城について書き進めてきたが、最後にまとめておきたい。

(1) 越中三大山城に数えられる松倉城は、南北朝時代には井上氏や桃井氏の詰めの城として戦闘が繰り返され、室町時代には新川郡守護代の椎名氏が本城とした。戦国時代、畠山氏の守護代として仕えた椎名氏は、長尾氏に交替した後も又守護代として新川郡を治めた。

(2) 永禄年間の椎名氏と神保氏との抗争では、神保氏が椎名氏の本拠「金山」近くまで攻め上がったが、上杉氏に降伏し臣従した。その後、甲斐の武田信玄に通じた椎名氏を上杉氏が攻め、松倉城を孤立化させた結果、椎名氏は城を退去することになった。

(3) 元亀４年（1573）上杉謙信が松倉城に納馬し、「新地両城」を堅固にしたが、謙信死後、織田方が進攻すると上杉景勝は松倉城の守備を命じた。天正10年（1582）、上杉方の魚津城を織田方が包囲した「魚津城の戦い」が勃発、上杉方が松倉城から撤退した結果、孤立化した魚津城は本能寺の変翌日に落城した。慶長年間頃に前田利家が松倉城を廃して升方城に城を移したと伝わる。

(4) 北陸道の浜街道に対する山街道が山麓線を走るが、松倉城は山街道を監視できる位置にあり、その掌握が選地の大きな理由であったと考えられる。松倉城の西には角川や早月川が天然の堀の役割を果たし、角川の両岸にはいくつもの城砦が存在し、松倉城郭群を形

成した。

(5) 縄張りは主郭群、大見城平、平峰砦(平ノ峰)の3つのエリアに分かれるが、城域は非常に広大である。主郭群は5つの曲輪が尾根筋に連なり、曲輪間は巨大な堀切で区切っている。主郭のA曲輪から石垣が発掘され、切岸の法面補強として構築されたと考えられるが、石積み技法が未成熟な段階にあったとみられる。主郭群には曲輪間を連結する橋の台と思しき遺構がみられ、主郭群が橋によって直線的に結ばれていた可能性がある。

(6) 中城は階段状に曲輪を配置し、土塁や堀など防御施設が少ないのが特色で、主郭群と大見城平を結ぶ役割があったとみられる。

(7) 大見城平は主郭と約90mの比高差があり、建物を構築するなど居住スペースとして利用したものとみられる。5段の曲輪で構成され、高い切岸を設けるとともに、広い空間を内枡形虎口と3つの城戸、諏訪平の5箇所で防御している。城戸の一つである「石の門」の石垣は、本丸石垣より進展した構築技法とみられ、天正9年(1581)頃の構築との見方もある。また、諏訪平と呼ばれるJ曲輪は大見城平で唯一主郭との見通しがきくため、情報伝達の中継地点だった可能性もある。

(8) 平峰砦(平ノ峰)は「大手先」とも称し、東西の尾根と南北の尾根に堀を築いて防御線を構築している。その縄張りが古い形態を継承・拡充したとの見方もあるが、主郭に新しい要素である内枡形虎口が存在することから首肯することは難しい。

(9) 近年の発掘調査により松倉城はⅠ～Ⅳ期の時期に分けられるとの見方が示された。その年代観はⅠ期が14世紀後半～15世紀前半、Ⅱ期が15世紀後半～16世紀前半、Ⅲ-1期が16世紀第3四半期、Ⅲ-2期が16世紀第4四半期、Ⅳ期が17世紀以降である。Ⅲ期に入り山城全体の造成が行われ、本丸平坦面や石垣を構築、Ⅳ期に大見城平の上層盛土や城戸1、城戸2が構築されたとみられる。

(10) 織豊系城郭の指標である階層性と求心性を元に縄張りを読み解くと、主郭が同心円状の頂点にないため求心性に乏しい反面、垂直方向の序列では頂点にあるため階層性が高いものの、B曲輪・F曲輪と同列であり未発達といえる。よって織豊系城郭の条件を満たしておらず、それ以前の様相を色濃く残す縄張りといえる。　　　　　　　　　　　　(野原大輔)

【参考文献】
魚津市教育委員会『魚津戦国紀行』2012
魚津市教育委員会『富山県魚津市松倉城跡調査報告書』2019
魚津市史編纂委員会編『魚津市史上巻』1968
久里愛雄「松倉城址」『富山県史蹟名勝天然記念物調査(会)報告』第一巻1923
佐伯哲也「松倉城」・「松倉城平峰砦」『越中中世城郭図面集Ⅱ』桂書房2012
千田嘉博『城郭考古学の冒険』幻冬舎2021
堀　宗夫『松倉支城』1984

弓庄系土肥氏の最終防衛拠点
2. 茗荷谷山城 (みょうがたにやまじょう)

①中新川郡上市町大岩　②茗荷谷山砦・茗荷谷山壘・名荷谷山城　③戦国期　④戦国期
⑤戦国期　⑥土肥美作守・土肥左衛門　⑦山城　⑧削平地・切岸・堀切・竪堀・櫓台
⑨1100m×240m　⑩標高446.3m　比高300m

1．歴史

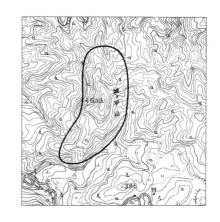

　常願寺川や早月川に代表される急流河川が多く流れる富山県東部において、比較的緩やかな白岩川流域は弥生時代以降に拠点的な集落が形成されていく土壌となった。古代には白岩川の東を流れる支流・大岩川の上流に真言宗大岩山日石寺が築かれて山岳信仰の拠点となり発展したほか、白岩川と西側の支流・栃津川との間の地域は、南北朝期に室町幕府御料所（鹿王院領）井見荘が立荘されたことで開発が進められた。

　その一方で、平安期末にこの地域から北へ約7kmの場所にある堀江地区（滑川市）を中心とした祇園社領堀江荘が立荘された(1)。鎌倉時代に入り守護地頭制度が始まると、地頭として名越氏の支配も及ぶこととなったが、その代官（地頭代）として現地支配のため派遣されたのが源平合戦で活躍した桓武平氏良文流・土肥実平を祖とする土肥氏であったと考えられている。土肥氏（堀江系土肥氏）は堀江地区を中心に拠点を築いていったと考えられ、本拠の堀江城をはじめ近隣には有金館（出城）、上梅沢館（出城？）といった城館が点在するほか、堀江城の西を流れる上市川（堀江川）を遡上する形で中・上流域にも進出していき、郷柿沢館（つなぎの城）、稲村城（上市町指定文化財、詰城）、千石山城（詰城）などを築いている(2)。

　土肥氏の勢力は16世紀前半までに堀江荘域を超えて先述の井見荘まで伸張されたようで、同じころに本拠として白岩川と大岩川の間に築かれたのが弓庄(3)城（上市町指定史跡／指定名称は「弓庄舘城跡」）であった。弓庄城を本拠とした土肥氏（弓庄系土肥氏）は、白岩川の西を流れる栃津川沿いに高原城（出城）を築きつつも、堀江城の時と同じように大岩川を遡上するような築城計画を進めていき、柿沢城（つなぎの城）、そしてこの茗荷谷山城（詰城）を造成している。

　当城の城主については土肥美作守(4)と伝える史料が多く、土肥左衛門(5)とする史料も一部で見られる。また当城を土肥美作守の「奥城」と記載する史料(6)があり、弓庄城を本拠とする土肥美作守の詰城であったという実態を裏付けているように思われる。

　戦国期の土肥氏は守護畠山氏の雑掌として、現在の中新川地域に堀江城・弓庄城を拠点とした独自の勢力を保つ国人領主として成長を遂げたが、近隣地域を治める椎名氏や神保氏との勢力争いや越中国に進出した上杉氏（長尾氏）、そして織田氏との間で極めて不安定な情勢に身を置くほかなく、弓庄城の城主・土肥美作守政繁ははじめ上杉氏に属したが、天正6年（1578）の謙信急死後に織田氏に通じ、はたまた天正10年に本能寺の変で信長が討たれた後は再び上杉氏に属したことで同年、翌年と佐々成政の猛攻を受けることになる。佐々成政は弓庄城を包囲するように付城を5か所(7)もしくは4か所(8)築いたとされ、現在残る日中砦跡と郷田砦跡はその一部だと考えられている。弓庄城は度重なる猛攻をしのいだものの、最後は佐々成政と和平を結んで越後国へ退去した。

　本論で扱う茗荷谷山城は、弓庄系土肥氏の詰城と考えられているが弓庄城攻防戦において使用されたかどうかは不明である。

2. 縄張り（図1）

　茗荷谷山城は、上市町大岩地区の東側に位置する城ヶ平山の山頂に築かれている。東西を険しい斜面によって隔てられた山容をしており、南北に延びる尾根筋には複数の遺構が残る）。また山頂からの眺望は非常に良く、弓庄城跡の周辺はもちろん富山平野や日本海、能登半島、立山連峰も見渡すことができる（写真1）。登山口は城ヶ平山の東側から登る上市町西種方面と西側から登る上市町大岩方面と2箇所あるが、いずれもトレッキングコースとして整備されており、山頂付近は春先や秋口になると多くの人が行き来する休憩スポットとして人気だ。

　当城の主郭は山頂部を設けられたAである。先述のように山頂部の東西方向は急斜面となっており、敵の侵入経路は尾根筋に絞られることから南北に延びる尾根筋を切断するように堀切や切岸などを配置しているようだ。主郭Aの北側はなだらかに傾斜しながら堀切①、曲輪B、堀切②、曲輪Cの順で小規模な遺構が続く。その一方で、曲輪Cの先にある大堀切③（写真2）は幅19m、深さ10mの規模を誇り当城の目玉の一つとなっており、大堀切③から尾根筋が2又に分岐していることから守りの要であったことが伺える。この中で特に意識されているのが上市町須田地区に延びる北西方向の尾根筋であった。麓へ向かって中小の堀切④・⑤・⑥を配しているほか、約100m先の尾根筋にも小型の竪堀⑦や両竪堀⑧などを設けて補強している。これと対照的に北東方向の尾根筋には堀切⑨・⑩を2箇所設けるにとどまる。尾根伝いに進むと標高約465mの通称ハゲ山に至るが、眺望は茗荷谷山城と比して遜色ないものの遺構は無く、この先の西種方面とあわせて主な侵攻経路として想定されていなかったものと思われる。

　なお現在のトレッキングコースでは、大岩山日石寺の参道・百段坂の手前を左に折れた先から登るルート「上市町・城ヶ平山大岩コース（中部北陸自然歩道）」が多く採用されているよう

写真1　主郭A（南から）

写真2　大堀切③（東から）

写真3　大岩側からの登山口と説明版（南西から）

写真4　主郭Aから見た小曲輪G（北から）

図－1

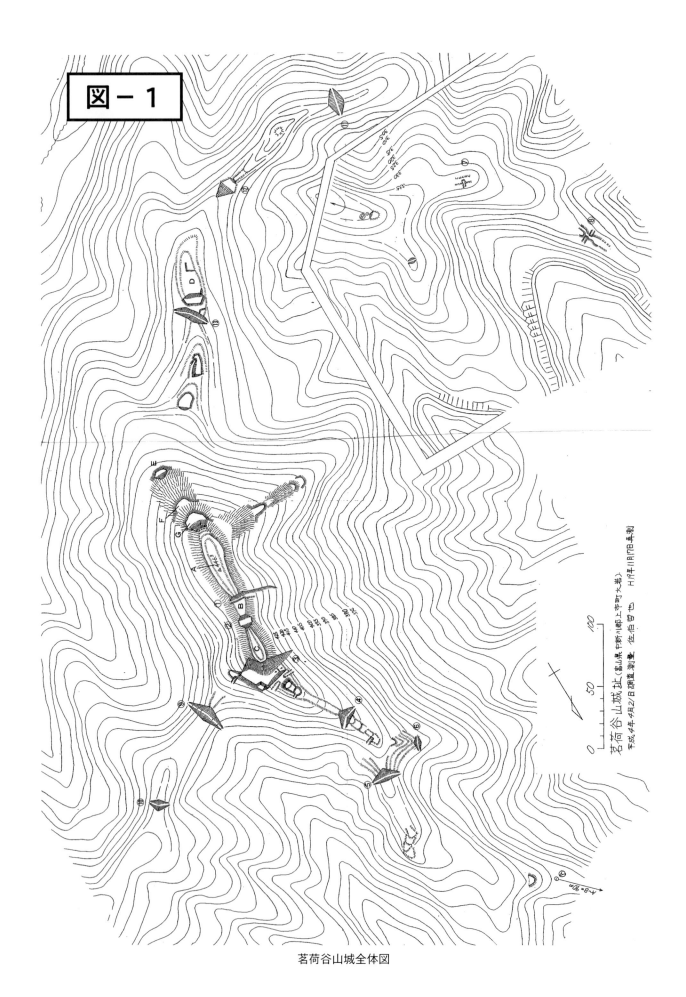

茗荷谷山城全体図

だ。入り口には当城の説明板やルートマップあって整備された歩道が続き、南側の尾根筋を通って約70分の登坂で山頂にたどり着く（写真3）。

　当城では、この南側尾根筋に対しても防御意識が強く表れており、堀切⑪を端部として主郭Aに向かって尾根筋に堀切⑫・曲輪D・堀切⑬を設けているほか、平坦面を挟んで3段の小曲輪E～G（写真4）を配して守りを固めている。小曲輪E～Gは現在のトレッキングコースでもロープ場となっているほどの急斜面であり、自然地形も巧みに活かした構造だといえるだろう。

　周辺の城館配置から考えて城を利用する場合は、大岩側から登ることを想定した可能性が極めて高い。急峻な自然地形や防御施設の機能を活かしながら城に籠れば、安全を確保しつつ平野部の情勢を具に確認できたであろう。またいざという時は、北側の尾根伝いの逃走を想定していたものと思われる。

3．まとめ（評価）

　当城は険しい自然地形を活用しながら、要所に堀切や曲輪を中心にシンプルな防御施設を設けた山城であった。城主の土肥氏は麓の弓庄城を本拠としつつ、有事の際にはつなぎの城である柿沢城を頼りながらも、詰城である当城の利用を考えていたであろう。土肥氏の正念場は天正10年から翌年にかけて起こった佐々成政との戦いであったが、激戦の最中に当城が利用されたのかどうかは定かでない。佐々成政が弓庄城を包囲するために築いた付城は5か所もしくは4か所あったとされるが、そのうち現在確認されているのは日中砦と郷田砦の2か所のみであり、当城や柿沢城への経路を塞ぐように配置された付城がほかにあったため、逃げ込みたくても叶わない事情があった可能性も考えられるだろう。

　いずれにせよ中新川地域に領した土肥氏の支配は、天正11年の佐々成政との和解・越後への退去とともに終わりを告げた。少なくともそのタイミングを境に当城の役割も終了したものと考えられる。
　　　　　　　　　　　　　　　　　　　　　　　　　　　　　　　　　　　（盛田拳生）

注
⑴「康治元年十月日付宮道季式寄進状」『祇園社記』御神領部第12
⑵現在の上市川の支流・郷川の中・上流域にも小森館や黒川砦、蓑輪城（護摩堂城）といった城館が築かれているが、いずれも土肥氏との関係を伝える史料は残されていない。
⑶「弓」は「井見」の転化と考えられる。
⑷「越中古跡粗記」（金沢市立玉川図書館近世資料館蔵）、「越州新川郡郷庄古城」（同前）、『三州志』
⑸「文化13年古城跡併館跡由来所伝之趣書上申帳」（金沢市立玉川図書館近世資料館蔵）
⑹『三州志』
⑺「藤田丹波覚書」『雞肋編』（『山形県史資料篇5』所収）
⑻『土肥家記』（金沢市立玉川図書館近世資料館蔵）

【参考文献】
上市町教育委員会・高岡徹編『富山県上市町中世城館調査報告書』1994
富山県埋蔵文化財センター編『富山県中世城館遺跡総合調査方向書』2006
佐伯哲也著『越中中世城郭図面集Ⅰ』桂書房2011

立山芦峅寺衆徒が同調した寺嶋氏の城郭
3．池田城 （いけだじょう）

①中新川郡立山町池田　②－　③16世紀？　④16世紀後半　⑤16世後半
⑥寺嶋職定　⑦山城　⑧削平地・切岸・堀切・竪堀・土塁・櫓台　⑨310m×200m
⑩標高375m、比高130m

1．歴史

　『故墟考』には「金森中務居するを、謙信囲みて落城せり」と述べている。この金森中務は、飛騨高原郷の領主江馬氏の重臣・河上中務丞富信のことと推定される。富信は元亀2年(1571)謙信が越中中郡を平定したとき、越後春日山まで祝いの言上を述べるために出向いており(中世1741)、また元亀4年(1573)武田信玄死去の情報を、謙信重臣の河田長親に知らして(中世1814)いる。上杉家を担当する外交官のような家臣だったのであろう。富信は越中における江馬氏の拠点・中地山城(富山市)に在城していたと考えられる。
　後述するが、永禄11年(1568)4月以降、池田城主寺嶋職定は反上杉方に走る。職定に同調した芦峅寺衆徒を恫喝するため、中地山城主江馬輝盛は翌永禄12年9月芦峅寺に禁制を下している(1)。中地山城は、芦峅寺と常願寺川を挟んだ対岸に位置しており、芦峅寺に威圧を加えるには最適の場所である。結果的に永禄13年頃寺嶋職定は没落しているので、その後一時的に池田城は江馬氏の管理下に入り、実務執行者として富信の名が城主名として伝わったのかもしれない。
　池田城主として、一時史料に登場するのが寺嶋職定である。婦負・射水郡守護代神保氏の重臣だった寺嶋氏は、神保氏より立山芦峅寺衆徒の管理を任されていたと考えられる。寺嶋氏と芦峅寺衆徒との関係は、文明7年(1475)から確認でき(中世887)、このとき寺嶋氏は杣山の木を伐りつくした芦峅百姓中に対して年貢の免除を行っている。職定との関係は永禄11年(1568)3月より確認できる(中世1675)。このとき職定は上杉謙信が渡海(越中入り)するので、芦峅百姓中に対して小屋懸けの道具と尺木を用意するよう命じている。
　年未詳3月28日付寺嶋職定書状(中世1675)で職定は神代豊介に、年内に「鑓之柄」を「此方」(恐らく池田城)へ持参するよう命じている。『立山町史』上巻によれば、神代豊介は河上富信の家臣としている。これが正しければ、職定は上杉方として行動していることになり、中世1675の年代は永禄11年になる。
　職定が反上杉方に走るのはこれ以降なのであろう。反上杉方に走った結果、上杉方と戦闘状態に備えなければならず、永禄12年閏5月職定は芦峅寺百姓中に対して公用等の一部を免状している。
　このような厚遇が功を奏したのであろうか、反上杉方に走った職定に芦峅寺百姓中は協力する。すなわち永禄12年9月18日付寺嶋職定書状(中世1705)に「従越後乱入付而、池田城内へ別而忠節神妙候」とあり、上杉軍進攻にあたり、芦峅寺百姓中が池田城に協力してくれたことに対して謝意を述べており、さらにその礼として公用の1/3を三年間免除すると述べている。この書状により職定の池田在城が確実となる。
　しかしほぼ同時期に上杉方の江馬輝盛が芦峅寺に禁制を下しているように、周囲は上杉方に囲まれており、職定は池田城で孤立しているというのが実情だった。次第に兵糧も底をつき、籠城生活は困窮を極めたのであろう、職定は翌永禄13年(1570)12月に芦峅村・本宮百姓中に「当地在城(池田城)之間者、奉行之手前、為四ヶ村拾可出候」(中世1726)とあり、池田在城中は四ヶ村で10俵差し出すよう命じている。恐らく厳冬期前に食料を確保し

ようとしたのであろうが、文末には「此上少茂奉行申事有間敷候」と「最後のお願い」と明記している。このような「最後のお願い」をわざわざ明記しなければならないところに、追い込まれた職定の窮状がよく現れている。ちなみに永禄13年は4月に元亀元年と改元されている。それすら知らずに籠城生活を送っていたのであろう。

この書状をもって職定は歴史上から姿を消す。末路の詳細は不明だが、恐らく元亀2年（1571）以降さほど遠くない時期に、池田城で朽ち果てるように没したのであろう。現存遺構の年代もほぼ一致する。これ以降遺構の大改修はなかったと考えたい。

職定没落後の池田城はどうなったのであろうか。前述のように江馬氏が一時的に使用した可能性は残る。

高岡徹氏は江戸期の二次史料により、江馬氏・土肥氏在城の可能性を指摘しておられる(2)。さらに高岡氏は（天正9年）5月黒金景信書状（近世9）に見える「井見庄小松倉」を立山町松倉と推定し、さらに松倉を池田城と推定しておられる(3)。これには賛同できないが、縄張りは改修しないものの、永禄13年以降の一時的な使用の可能性は残る。今後の新史料発見による再調査に期待したい。

2．縄張り

縄張りを考えるにあたり、古川知明氏より重要な指摘を受けた。石垣⑮の存在である(4)。早速筆者は再調査を実施した。大変残念な結果だが、筆者は自然の露頭石と判断し、記載しないこととした。石垣の裏側の地表で、石垣の石材とほぼ同質・同規模の露頭石を2～3箇所確認していることが、根拠のひとつである。筆者最大の疑問は、V字型に掘りこまれた通路の片側にしか石垣が存在しないことである。

釜池付近に不明瞭ながらも櫓台状の遺構の存在が指摘されている。再調査の結果、筆者は自然地形と判断し、記載しないこととした。

通称城山山頂に築かれた山城（図1）。山麓の池田集落には、白岩川沿いを上ってきた立山往来が通る交通の要衝でもあった。立山往来は池田集落から、城前峠を経由して芦峅寺集落に至っている。さらに白岩川の上流には池田城の支城とされる礼拝殿山城（図2）があり、城前峠越えの立山往来を見下ろしている。中世における芦峅寺は多数の僧兵を有する宗教武装組織であり、芦峅寺を監視・掌握することが池田城の重要な課題の一つだったと推定される。

池田集落から登ってきた尾根道に堀底道①、②地点に土橋道を設けて少人数の進攻しかできなくしており、その少人数に対して櫓台③から横矢を掛けている。土橋道②の両側は、現状では自然の沢だが、かつては両竪堀で、雨水の洗堀で沢になったのかもしれない。

堀底道をさらに直進すると、正面の④地点に高さ約12mの高切岸に突き当たり、左右に分かれることになる。左折すると堀切⑬に繋がり、城外に出てしまう。

右折しても切岸直下を歩かさせられるだけで、この間、長時間にわたって頭上のC・D・E曲輪から横矢攻撃を受けることになる。

主郭A現状に立つ説明板

虎口⑥は櫓台⑤から構成された頑丈な虎口で、大手虎口ともいうべき存在である。しかもD曲輪に監視されており、厳しい防御構造となっている。虎口⑥を突破できない敵兵は、竪堀⑫に向かうことになり、やがて城外に出されてしまう。堀切⑬から竪堀⑫を繋ぐラインが防御ラインとなり、ラインの内側（南側）が主要曲輪群内、外側（北側）が主要曲輪群外ということになる。虎口⑥は、主要曲輪群内外を区画する虎口でもあったのである。

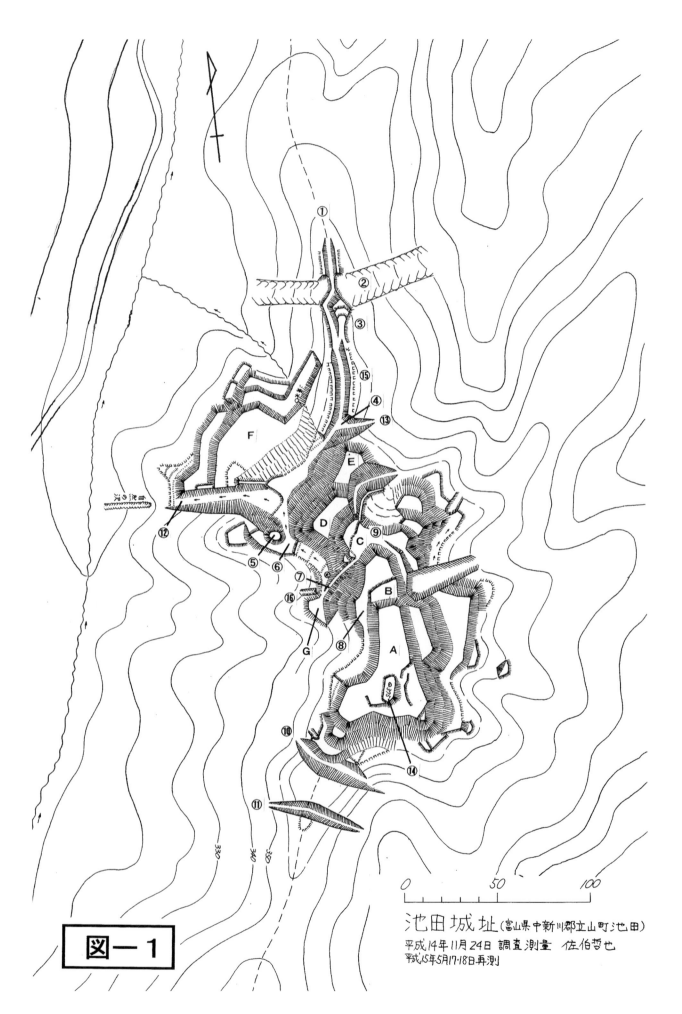

F曲輪は通称千畳敷（せんじょうじき）と呼ばれており、付近に湧水も確認できる。しかし26m×53mしかなく、平時における居住スペースとしては狭すぎる。籠城時における臨時的な居住空間と理解すべきであろう。竪堀⑫北側の土塁は、F曲輪防御用であると同時に、F曲輪への通路用土塁でもあった。
　F曲輪は臨時的な居住空間ではあるものの、防御ラインの外側に位置しているのが若干気になる。ほぼ無防備で、敵軍に攻められれば簡単に陥落してしまう。

F曲輪の湧水。一年中涸れることはない

城郭遺構ではなく、宗教空間でも良さそうな気もする。池田築城以前・以後に構築された宗教空間の可能性も視野にいれて、今後は調査すべきである。
　⑥地点からは一旦G曲輪に入り、通路⑦を通ってC曲輪に入ったと考えられる。G曲輪に入るとき、竪堀⑯を設けて大軍の進攻を阻止している。C曲輪下段にも小平坦面を設けて通路⑦を警戒している。さらに⑧地点からの横矢が効くので、通路⑦が城道として存在していたことは確実である。C曲輪からどのような経路で主郭Aに到達したのか判然としないが、スロープ状の通路⑨からB曲輪に上がり、主郭Aに入ったと考えられる。南側の尾根続きは堀切⑩・⑪で遮断している。
　このように設定された通路を設け、技巧的な縄張りを持つ一方、致命的な欠点も見受けられる。まずA～E曲輪には各曲輪を繋ぐ明確な通路・虎口が設けられておらず、あるのは高さ4～8mの切岸で、完全に遮断されている。この構造は敵兵の進攻も遮断できるが、連絡も遮断されてしまうので各曲輪は合戦時孤立してしまう恐れがある。さらにF曲輪や櫓台⑤に立て籠もる城兵も敵兵の勢いによっては主要曲輪群から孤立してしまう。

背後を断ち切る堀切⑪

つまり各曲輪の防御力は強力でも、縄張り全体で敵兵の攻撃を防御する縄張りにはなっていないのである。これは主郭A、つまり城主の各曲輪主に対する統率力の弱さを現しており、戦国末期の国人層城郭によく見られる縄張りである。
　池田城の縄張りには元亀～天正期の特徴は見られないことから、現存する池田城の遺構は、永禄年間に構築されたものと推定したい。そして寺嶋職定が没落する永禄13年（1570）頃廃城になったのであろう。国人クラスの居城として貴重な遺構であるとともに、永禄末年頃に未熟ながらも設定された通路を設けている点に注目したい。
　一点注目したい遺構として、主郭Aの櫓台⑭がある。高さ50cm程度の土壇ともいうべき存在で、物見台としてはあまりにも貧弱である。また、曲輪のコーナーにも位置しておらず、横矢も掛からない。つまり軍事施設としての役割を果たしていない。
　一方、櫓台⑭からは立山連峰の秀麗な姿、大日岳を真正面に見ることができる。つまり遥拝所としての小堂が櫓台⑭に建っていたと考えられないだろうか。この仮説が正しいとすれば、櫓台⑭の構築は池田城の廃城後となる。櫓台⑭の存在は主郭の有効スペースを狭くしてしまう。築城前に存在していたら撤去されていたことであろう。従って櫓台⑭が宗教施設とすれば、その構築は廃城後と考えたい。
　池田城の支城と伝える礼拝殿山城（図2）は、『越中の古城』（塩照夫1972）によれば、永禄11年（1568）上杉謙信の攻撃により、池田城とともに落城したと述べている。

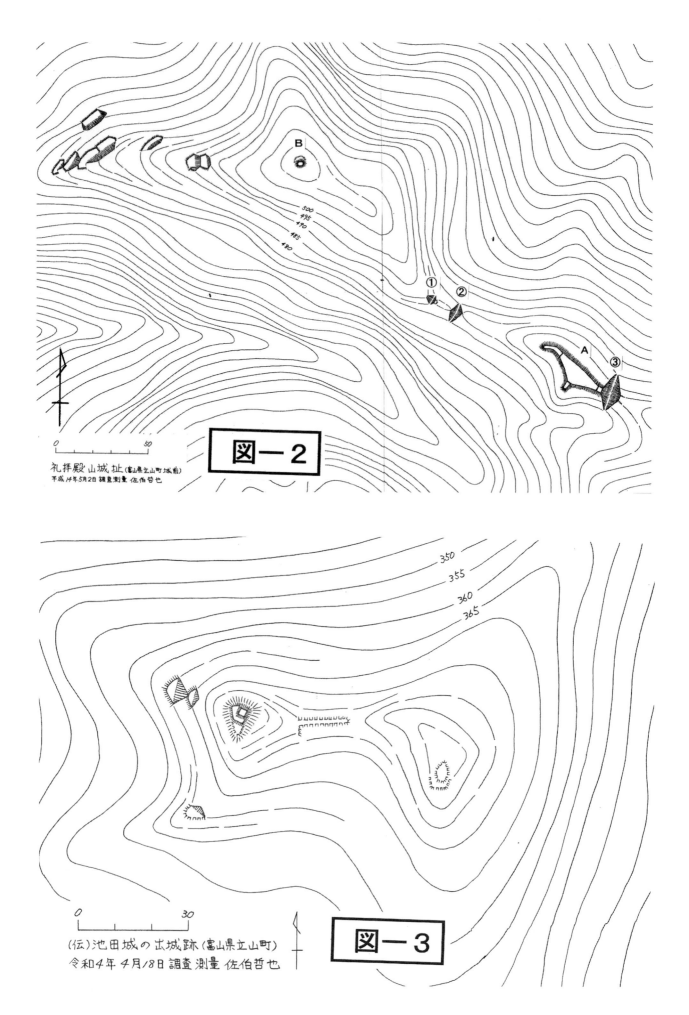

城郭遺構として確実なのは、主郭Aと堀切①・②・③だけである。ほぼ自然地形のB地点は、主郭Aより10m標高が高い。従ってB地点が邪魔をして、主郭Aからは白岩川沿いの集落や立山往来を見ることができない。しかし主郭Bからは、立山往来が城前峠を越える尾根越えルートを眺望することができる。これにより、礼拝殿山城築城の目的を読み取ることができる。

　筆者の疑問は、B地点が最も標高が高くなだらかな地形なのに、なぜ曲輪が構築されていないのか、である。一方、B地点で注目したいのが塚状遺構である。眺望抜群のB地点に、あえて物見台を構築する必要性は無い。とすれば塚状遺構は宗教施設としての塚なのか。この仮説が正しければ、曲輪を構築せず、塚を構築したのは宗教上からの理由であり、そして池田城主郭の土壇（⑭）との関連性も指摘することができる。

　池田城と礼拝山城との間に、池田城の支城と言われる場所がある（古川知明氏の教示による。立山町遺跡地図。図３）。現地調査の結果、1.5m四方、高さ50cm程度の塚（あるいは小堂の基壇）であり、城郭遺構ではなかった。宗教施設としての池田城関連施設として伝承されたのではなかろうか。

３．出土遺物

（１）銅造十一面観音坐像懸仏

　懸仏中央の観音坐像のみ現存している[5]。総高4.6cm、像高3.8cmと小型である。製作時期は室町時代。本像は『立山町史』上巻でも紹介されているように古くから知られているが、池田城から出土したと伝えられている以外、詳細は不明である。ただし表面は腐食しておらず、黒光りすらしていることから、土中から出土したのではなく、堂内に祀られていた可能性が高い。

　上記仮説が正しければ、櫓台⑭に小堂が建っていて、そこに懸仏が祀られていた、という仮説を提唱することができよう。

（２）陶器（越中瀬戸焼匣鉢蓋）

　1997年4月安田良榮氏による調査で、主郭Aより表面採取された（古川論文）。古川論文によれば、「加賀藩窯である山下窯関係者（前田氏関係者）により、16世紀第4四半期（天正16年）以降に池田城に持ち込まれた特殊品と理解される。」とある。つまり池田城が、城として廃絶した後も使用されていたことを示す。筆者が提唱する廃絶後に宗教施設として使用されていたという仮説の傍証になろう。

４．まとめ

　神保氏重臣寺嶋職定の居城として、永禄年間の遺構を持つ城として紹介した。ただし寺嶋氏と芦峅寺衆徒との関係は文明年間まで遡るので、池田城の築城も多少遡るのかもしれない。しかし、何時・誰が築城したのか詳らかにできない。恐らく寺嶋氏関係者の築城と推定されるが、今後の課題としたい。

　永禄末年職定没落後も、池田城は使用された可能性は指摘できるものの、最終的な遺構の年代は永禄年間としたい。

　池田城廃絶後、宗教施設として使用された可能性を指摘した。これも仮説の範疇であり、今後の課題としたい。　　　　　　　　　　　　　　　　　　　　　　　　　　　（佐伯哲也）

注
(1)『立山町史』上巻　立山町 1977
(2) 高岡徹「戦国の争乱と立山　－城郭が語る戦国史－」『特別企画展戦国武将と立山』富山県立立山博物館
　　2020、以下、高岡論文と略す
(3)『新上市町誌』上市町 2005
(4) 古川知明「富山県立山町池田城の巨石遺構について」富山石文化研究所ＨＰ 2024、以下、古川論文とする
(5)『大境』第39・40合併号　富山考古学会 2021

戦国越中の覇者・佐々成政の本拠
4. 富山城 （とやまじょう）

①富山市本丸　②安城　③戦国期　④戦国期　⑤天正13年　⑥越中一向一揆、神保長住、佐々成政　⑦平城　⑧－　⑨－　⑩－

1. 歴史

富山城は、富山市北部の標高約10mの平野部に立地する。明治30年代までは、城のすぐ北側を蛇行する神通川が流れていた。越中国のほぼ中央に位置する富山の地は、飛騨から流れてくる神通川と井田川の合流点という河川交通の要衝であるとともに、北陸道と飛騨街道の結節点という陸上交通においても要衝である地理的特性をもつ。そのため、武家権力が富山の地に城館など何らかの拠点を置こうとするのは、いわば必然であった。

通説で富山城は、天文12年（1543）頃に越中守護代の神保長職の命令によって築かれたと考えられている。ただし、初めて歴史資料に富山城が登場するのは、永禄3年（1560）と推定される、4月28日付の長尾景虎書状写に見える「去月廿六、不図越中国出馬候処、同晦日夜中、神保在城号富山地自落」〔『新編会津風土記巻之五所収文書』〕という記述だ。これは、長尾景虎（のちの上杉謙信、以下謙信と表記）にとって初めての越中出兵に関する史料なのだが、その際に富山城を押さえていた神保氏が撤退したことを示す。この後の越中は、次第に謙信の分国として越後上杉氏の支配下に組み込まれていく。しかし、上杉氏の中心的な拠点は富山城ではなく、同城から東へ約4kmのところに位置する新庄城（現富山市）であった。

富山城の地域拠点化を図ったのは、上杉氏からすれば敵にあたる武田信玄や織田信長らだ。結果、富山城をめぐって信玄と謙信、信長と景勝（謙信の養子）との間で、激しい攻防が繰り広げられていく。元亀3年（1572）9月に信玄は、同盟関係にある越中一向一揆勢が当時掌握していた富山城に関して、油断なく普請（土木工事）することを求めている〔『別本前田家所蔵文書』〕。ただし、どのような普請を施したのか、詳細は明らかでない。堀や土塁など防御機能の強化といった整備が何かしら施された富山城は、天正年間（1573～92）に入ると、上杉氏側から「安城」と称されるようになった。なお、「安城」という名の由来は定かでない。

一般に富山城の別称は、「安住城」がよく知られている。戦国時代の文献史料からは、天正年間に「安住城」ではなく「安城」と呼ばれていたことが確実といってよい。一方で、「安住城」と呼ばれたとするのは、後世に生まれた言説であろう。「安住城」と呼ぶ初見史料は、管見の限り、享保年間（1716～36）に富山藩士の野崎伝助が著した『喚起泉達録』だ。19世紀になると、『越中地誌』や『越中旧事記』のほか『肯搆泉達録』などの諸書で、「安住城」と呼ばれたことが紹介されている。よって、遅くとも江戸時代中期までに生まれ、江戸時代後期に広まっていく言説だと推察できるだろう。

謙信没後の天正7年（1579）頃、神保長住（長職の子）率いる信長軍が「安城」こと富山城に入り、拠点に定めた。それ以降、同11年までに「安城外町」が形成されており〔「有沢文書」〕、長住によって富山城下で何らかの整備が行われていたと想定できるものの、実態はよく分からない。長住に代わって、天正9年2月に信長から越中一国の支配を任された佐々成政も、「本能寺の変」（天正10年6月）後に富山城を居所に定めた。おそらく成政は、すでに「外町」など一定の都市形成が見られ、交通の要衝でもあった点を重視して、富山を自身の本拠に据えたのではなかろうか。ちなみに、成政が富山城を整備・改修したとする説

も散見するが、これは『越登賀三州志』や『肯搆泉達録』など江戸時代後期の編纂史料の記述に基づく推測にすぎまい。

この成政期の富山城について、「浮城」という別称が現代で流布している。成政の命令に基づく改修によって、神通川から水を引いた堀で四方を囲まれた富山城、これを神通川の対岸から眺めると、滔々と流れる大河の上に城が浮かんで見えたことから、「浮城」と呼ばれたのだという。そのような伝承自体は明治期には存在していたようだが（水間直二編『船橋向かいものがたり』富山県の民衆史を掘りおこす会 1989を参照）、実際に「浮城」と呼ばれた事実を示す史料記述は、戦国時代はおろか江戸時代においてさえ見当たらない。私見だが、この俗説が広まった理由の一つは、海音寺潮五郎『日本名城伝』（新潮社 1961）ではなかろうか。同書には「佐々成政はこの地勢の変化を利用して、神保にすすめて城の大改修をさせた。すなわち、八田の堰をもうけ、新たに鼬川を切りひらき、大軍に囲まれた時には、この八田の堰と鼬川とをしめきって人工洪水をおこし、城下を水没させて城を浮城にするという計画だ」とある。「浮城」という別称は、戦後を代表する歴史作家の著述を契機に、巷間で認知されていった可能性を想定しておきたい。

さて、天正11年6月頃に越中一国を平定した成政が本拠としていた富山城だが、天正13年8月、関白羽柴秀吉の越中攻めによって危機にさらされた。成政は剃髪して倶利伽羅峠（現石川県河北郡津幡町）の秀吉本陣まで赴き降参、富山城を明け渡して大坂（現大阪市）へ退去する。この時、秀吉は越後の上杉景勝と会見するため、富山城へ入っていた。真のねらいは、富山城まで景勝を呼びつけて御礼を述べさせるという形で対面することにあり、同盟関係から主従関係へと転化させる目的だったのだ。それを察したのか、景勝が富山城会見に慎重姿勢を見せたため、業を煮やした秀吉は城の破却を命じて、大坂への帰途についた。結果、秀吉の富山城滞在は、同年の閏8月1日からわずか数日だったとみられる。秀吉が命じた城郭の破却は、建物や堀・石垣など象徴的なものの一部だけを取り壊す限定的なものが多かったことが、昨今の城郭史研究で明らかにされており、富山城の破却も同様なものであった可能性が高かろう。

越中にいたのは約5年、富山城を本拠としていたのはわずか3年であった成政による城と町の整備は、確認されている同時代史料からは全くうかがうことができない。従来、戦国期富山城とその町を述べた最古の文献として、慶長15年（1610）の奥書をもつ『富山之記』がたびたび挙げられてきた。『富山之記』によれば、富山城は、射水・婦負2郡の人夫を動員して築かれている。城の大手は東側で、搦手にあたる西には神通川の大河が流れていた。城の三方には二重の堀が巡らされ、堀の幅は100歩（約180ｍ）、堀の深さは100尺（約30ｍ）

富山城跡　ドローン空撮写真（2019年5月）　提供：古川知明氏

に及んだ。二重の堀の間には様々な竹などが植えられ、さらに矢倉・乱杭・逆茂木などが幾重にも構えられ、隙間すらない。また、三方の堀の外側には深田や泥田が広がり、人馬の足も立たないほどであったという。以上のような記述を含む『富山之記』は、他史料に確認できない具体的な情報に富む点で貴重なのだが、それだけに慎重に取り扱うべき史料である。往来物の一種と考えられているものの、いまだ史料的性格に不明な点も多く、その記述内容はあくまで参考程度にとどめておくべきであろう。

　破却された後の富山の城と町は、最終的には前田利家の統治下に入ることとなり、利家実兄の安勝が管轄していた。少なくとも天正19年の秀吉による小田原北条攻めの際には、安勝の預かりとなっている〔『利家公御代之覚書』〕。ただし、安勝本人ではなく名代が遣わされていた。したがって、この頃の富山城は前田氏の地域拠点とはなりえていない。だがその後、慶長10年に加賀藩主を退いた前田利長（利家の嫡男）が富山へ入城すると、城を改修するとともに、既存の町場に大がかりな整備を加えることとなり、江戸時代の富山城・城下町が形成されていくのである。

　なお、利長が越中西部の三郡（婦負・射水・砺波）の領主であった頃、慶長3年に越中支配の本拠を守山（現富山県高岡市）から富山へと移していた。けれども、豊臣政権の主要構成員として在京が原則であったため、国元に戻ることは無い。また、翌年に父利家が逝去したことをうけて、家督を継ぐとともに本拠を金沢へ移したため、富山城の改修はもとより城下町整備に乗り出すことも、この段階では無かった。したがって、富山城にとっての戦国期は、慶長10年まで続いたと捉えることも、あるいは可能かもしれない。

2　縄張り・発掘調査

　現在知られている富山城の縄張りは、慶長10年（1605）に入城した前田利長期以降のものである。よって残念ながら、戦国期富山城の縄張りの全容は不明というほかない。

　ただし、先述したように、秀吉の命令による破却が限定的であったとするならば、利長期以降の富山城は戦国期富山城をベースに改修していると考えられる。そのため、江戸時代の縄張りもある程度は戦国期段階まで遡りうるだろう。

　戦国期富山城の遺構は地下に眠っており、発掘調査でその一部が明らかになっている。郭の配置は未詳のため、発掘地点については便宜的に前田利長期以降の郭名で以下説明していく。まず、大規模な溝が各所で確認されている（図のA〜H地点）。これら戦国期の堀とみられる溝は、利長期以降の堀と位置や方向が近似しており、利長段階での改修にあたって既存の地割や構造の一部を踏襲したと推察できるだろう。

　これら堀の確認範囲から戦国期富山城は、南北方向については江戸時代の富山城に匹敵する400mほどの規模を有していた可能性がある。確認された堀が同時期のものであるという検証が必要なものの、神保長住や佐々成政ら織田方の拠点城郭として少なくとも数年間使われていた点をふまえれば、複数の郭をもち一定以上の規模を誇った蓋然性は高いのではないだろうか。

　また、本丸の北西部に16世紀後半とみられる礎石建物、本丸の北東部に井戸、西ノ丸には鍛冶遺構などが確認された。さらに、三ノ丸では、複数の井戸や、大量のかわらけを廃棄した土坑なども検出されている。

　このほか、三ノ丸内にあたる旧富山第一ホテル前の城址大通り沿いに、2基の安山岩製石塔が建つ。ひとつは五輪塔の火輪・水輪で15世紀、もうひとつは宝篋印塔基礎で16世紀第一四半期のものと推定されている。これらは、昭和30年代に現在地近くから掘り出されたのだという。これまでの発掘調査で、15〜16世紀の遺構が見つかっている点も考慮すると、同時期に武家の館や寺院などが富山城域に存在し、その内部に設けられた武士もしくは僧籍者の墓標だったのではないかと考えられている。戦国期以前に遡りうる遺物として希少かつ貴重なものといえよう。

3　まとめ

　越中国内で有数の交通の要衝に位置する富山城は、16世紀中葉までに構築された。その

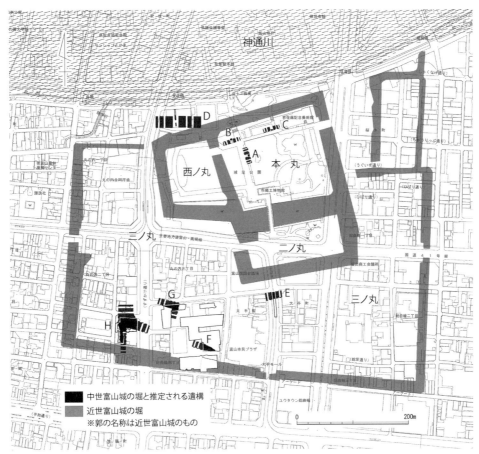

戦国期富山城の堀と推定される遺構図［野垣2022より転載］

地理的特性から、上杉謙信・武田信玄・織田信長らの争奪の場となっていく。この中で、信玄の命令によって何かしらの普請が施された富山城は、上杉方から「安城」と呼ばれた。そして、「外町」が生まれるなど一定の都市形成が進む。信長から越中国主に任命された佐々成政は、この富山城を主たる居所として国内を平定していった。「戦国越中の覇者」の本拠であったと評するゆえんである。

しかし、その成政を討つべく越中へ出陣してきた羽柴秀吉によって破却の憂き目に遭う。天下人に近づきつつあった関白秀吉が数日滞在した富山城は、幻に終わった秀吉と上杉景勝の会見の場でもあった。結果的にだが、富山は秀吉が日本海側で到達した最東端の城となる。秀吉の破却は限定的なものであり、戦国期富山城の地割や構造は江戸時代以降も一程度継承されていく。そして、加賀藩（隠居した前田利長）や富山藩の政庁となっていき、明治の廃藩置県まで機能していったのである。

さらに言えば、明治以降から今日に至るまで、富山城跡ないしその近辺に富山県庁や県会議事堂などが置かれ続けてきた。このようなことをふまえると、富山城とその周辺地域は、越中における地域の中心拠点として、16世紀後半からおおよそ500年近くにわたって、その位置づけを変えていないとも評せようか。

（萩原大輔）

【主要参考文献】
富山城研究会編『石垣から読み解く富山城』桂書房 2022
野垣好史「富山城」佐伯哲也編『北陸の名城を歩く　富山編』吉川弘文館 2022
萩原大輔「中近世移行期の富山城・城下町に関する諸論点」『富山史壇』200号 2023
萩原大輔『中近世移行期　越中政治史研究』岩田書院 2023

鋭い切岸の連続と、計画的な通路で防御する奥山の城
5．樫ノ木城 （かしのきじょう）

①富山市大山町樫ヶ原　②村田城　③16世紀後半　④16世紀後半　⑤天正6年頃
⑥三木良頼・村田秀頼　⑦山城　⑧削平地・切岸・横堀・土塁・虎口・堀切
⑨390m×210m　⑩標高340m、比高130m

1．歴史

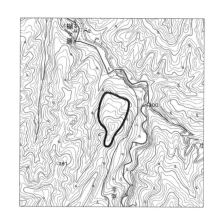

　元亀元年（1570）8月10日の上杉輝虎書状には「樫木出城之儀、良頼為軍役可相守之旨、可被申含候」とある。良頼とは飛騨の三木良頼のことで、この時上杉方として樫ノ木城を守っていたことが分かる。
　また江戸時代の資料では「村田之城」と記し、飛騨への押さえとして村田氏が在城したとある。村田氏は上杉氏の武将で、天正元年（1573）に太田上郷を村田秀頼が、太田下郷を上杉方武将の河田長親が、それぞれ料所として申し付けられている。
　ちなみに『故墟考』では津毛城を「一作樫木。又謂之村田城」と記している。後述するが、津毛城は樫ノ木城から4.5km下った位置にあった山城なので、『故墟考』のこの記述は誤りである。いずれにせよ、太田保南部の拠点として、三木氏や村田氏が樫ノ木城を守っていたのであろう。
　その後天正6年3月、上杉謙信の死によって織田軍が飛騨より越中へ侵攻する。『信長公記』によると、津毛城を守っていた上杉方の椎名小五郎と河田長親は城を捨て北方の今泉城へ撤退してしまう。10月には月岡野の合戦で上杉軍は織田軍に大敗する。おそらく津毛城落城の時期に、樫ノ木城も廃城になったのではなかろうか。

2．縄張り

　城跡へ樫ノ木集落から登るしっかりした道があり、それが大手道と思われる。入口部分①で両脇に竪堀を設けて通路を狭めている。現在、道はそのまま直進して城内に入るが、かつては矢印のように屈折して入ったと思われる。
　城の北、東、西の三方は急峻な地形で、攻め上がることは困難だが、弱点となる北西端の尾根筋は、②の二重堀切と竪堀で遮断している。さらに土塁で挟まれた曲輪Gを設けて尾根を監視している。土塁は上の曲輪へ登る通路としても利用されたであろう。

②の堀切

　ちなみに③の地点には湧水があり、集落の水源としても利用されていた。城の貴重な水の手であった可能性がある。
　曲輪Fは非常に広い削平地で、居住区域として利用されたのであろうか。随所で小規模な切岸が存在するが、昭和50年代まで耕作地として利用されていたので、相当の改変も受けているであろう。
　F曲輪を南へ歩けば、やがて見事な切岸④に阻まれる。特に横堀も設けているので、城の中央に位置する強力な防衛線だ。この先、曲輪Eの

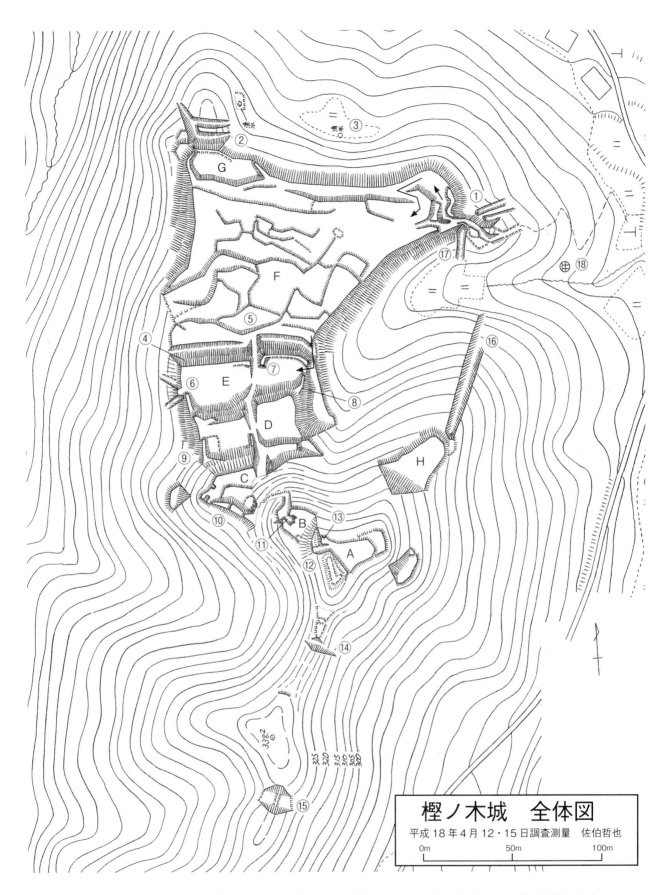

南、曲輪Dの南も鋭い切岸で守られ、構造も直線的で、この城の特徴の一つとも言えよう。ただし、⑤から曲輪Cにかけて、中央を一直線に登る道が設けられている。これでは敵が難なく攻め上がることが可能で、防衛上不利な構造だ。後述するが、これはおそらく後世に設けられた道であろう。本来はF曲輪から矢印のように入り、土塁通路⑥(あるいは⑧)、土塁通路⑨、土塁通路⑩と進んだと思われる。特に⑥には張り出しと竪堀を設けて警戒しているのは、その証拠とも言えよう。

④の切岸

曲輪DとEの間の切岸

　曲輪Bに入る⑪は、内枡形虎口に見える。ところが、凹みに沿って石列が存在しており、珍しいパターンだ。あくまで推測だが、これは飾り石で、かつてここには祠か何か宗教施設が存在したのではなかろうか。伝承がないので断定できないが、ただ、下の切岸の中央をまっすぐ登る道は、祠への参道として後世設けられたと考えれば納得がいく。注意すべきは、⑦の地点には櫓台のような高まりがあり、そのまま塁線土塁に繋がっている。道を設ける際の残土なのか、本当に櫓台ならここが虎口だったとも言えるので、判断に苦しむところだ。

虎口⑪にある石列

曲輪B　奥で主郭Aに登る

　主郭Aに入る⑫は枡形虎口で、⑬からの横矢も掛かっている。主郭の南西側、やや自然地形を残すように見えるが、尾根筋を守る土塁とする見方もある。その南西の尾根続きには⑭と⑮に堀切を設けて遮断している。

　主郭の北東下には、曲輪Hがあり「蔵跡」と伝えられ、そこから竪堀⑯がひたすら下へ伸びている。この長竪堀は、城内の他の竪堀と比べて幅が広く、明らかに特殊である。城の東側の防衛ラインとも言えるが、佐伯氏によれば廃城後に設けられた宗教施設の結界として竪堀⑯、⑰が設けられたのではないかと推測している。そうなると、結界の外側に存在する⑱の社は主郭Aの北東で鬼門に位置し、邪気の侵入を防止するための結界と推定されるという。宗教施設が存在したという伝承が無いので、あくまで推測の域を出ない。

⑯の竪堀　曲輪Hと共に酷い藪だ

3. 津毛城と日尾城

　前述の津毛城は、北は熊野川、南を黒川で挟まれた台地の先端に築かれた城で、別名を「附之城」という。江戸時代の文献には、戸川（栂尾城）の城主塩屋秋貞が樫ノ木城を攻めた時の出城として築いたと記されており、つまり「付城」として機能したことから「津毛城」と呼ばれるようになったと思われる。樫ノ木城と同じく、飛騨の武将が在城していた時期があったのかもしれない。天正年間は上杉方の武将がいたのであろう。

　津毛城跡は現在、土石採取や学校建築などで破壊され、遺構は全く遺っていない。消滅前の調査によると、ほぼ単郭の城館で西・東・南を土塁で囲み、東西土塁の外側に空堀があり、東土塁の中央は食い違いの虎口があった。

　この津毛城から南東、黒川沿いの南北に連なる尾根上に日尾城がある。伝承は特に無い。しかし、麓の黒川沿いの道は桧峠を越えて薄波で飛騨街道と合流し、古くから使用されていた。日尾城はその監視・掌握の役目もあったであろう。

　天正6年、飛騨から攻め込んだ織田軍は、もしかしたらこの黒川沿いの道を北上し、津毛城を目指したのかもしれない。上杉方が戦わずして撤退したのも、津毛城や日尾城、樫ノ木城では防ぎきれないと思ったのであろうか。

津毛城 航空写真
出典：国土地理院撮影の空中写真（1961年撮影）

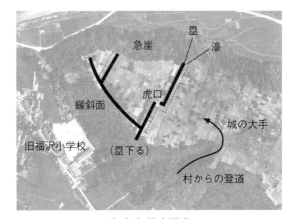

津毛城 推定構造
参考：大山町誌

4．まとめ

　樫ノ木城は、津毛城の詰城と言ってもいいほどの奥地に存在しながらも、広くてしっかりした削平地を多く持ち、居住性が高い。そして直線的で鋭い切岸、計画的に設けられた導線、枡形虎口の存在など、縄張りは天正年間まで下る可能性を持つ。天正6年、上杉謙信の死去により織田方との軍事的緊張が高まり、上杉方が改修したのかもしれない。

　城跡のある樫ノ木集落は、既に住む人もおらず廃集落となっている。麓の社も管理されることなく、当然城内も藪がひどい。訪問には十分気をつけてもらいたい。　　　（太田寿）

【参考文献】
大山町教育委員会『富山県大山町中世城館調査報告書』1990
大山町役場『大山町誌』1964
佐伯哲也『越中中世城郭図面集Ⅰ中央部編』桂書房 2011

婦負郡南部の国人斎藤氏の居城
6．城生城（じょうのうじょう）

①富山市八尾町城生　②城尾城　③南北朝期？　④16世紀後半　⑤17世紀初期？
⑥斎藤氏・佐々氏・前田氏　⑦山城　⑧削平地・切岸・横堀・土塁・櫓台・竪堀・石垣
⑨600m×160m　⑩標高120m、比高40m

1．歴史

　越中を代表する国人斎藤氏代々の居城である。斎藤氏は南北朝時代に婦負郡南部の楡原保を領有し、婦負郡守護代神保氏の被官になることもなく、半独立的な立場を維持していたと考えられる。天文12年(1543)神保長職が新川郡に進出すると、椎名長常方と戦闘状態となる。この戦闘は翌天文13年能登守護畠山義総の仲介（実際の執行者は子の義続）によって和睦するが、その余波は斎藤家にも飛び火し、斎藤家は惣領家と庶子家との抗争にまで発展してしまう(1)。
　惣領家と庶子家との抗争は天文14年から始まり、庶子家孫次郎利忠方と菩提心院（後の井田妙法寺）日覚が城生城に籠城し、惣領家藤次郎が攻めることになる。籠城生活は困窮を極め、日覚書状(2)によれば「要害（城生城）逐日無力過候際候」と無力化していく城生城を述べ、さらに「見及候分ハ、凋落危候」と落城が間近いことも述べている。ここで興味深いのは日覚が著した『偏強観破集』（『山野川湊』）に「集毎日一箇法談」とあり、城内で毎日一回法談を開いていたことが判明する。長期に及んだ籠城生活で、法談は何にも勝る精神的な支えになっていたのであろう。籠城生活の一端を知る貴重な事例である。
　籠城戦は天文16年12月に終結し、敗れた利忠方は井田館に去り、藤次郎が城生城に入城する。敗れたとはいえ利忠方は多少の影響力を保持していたと考えられ、利忠は天文21年(1552)菩提心院に寺領を寄進し、（斎藤）利常・利憲がそれを追認している（中世1517・1518）。さらに永禄3年(1560)になっても、庶子家孫次郎利忠方と惣領家藤次郎方との対立が続いていたことが日覚書状（『山野川湊』）によって判明している。残念ながら両者の対立が、最終的にどうなったか詳らかにできない。
　「故墟考」によれば、元亀2年(1571)飛騨の塩屋秋貞が越中に進出し、猿倉・栂尾の二城を築き、さらに岩木に別堡を築いて城生城を攻めたと述べている。城生城主斎藤氏は上杉氏に救援要請を行い、上杉方は秋貞を西猪谷まで追撃したと述べている。
　上記事件をある程度裏付けるのが、（元亀2年）長尾景直書状（中世1737）である。同書状では上杉方であった秋貞が、上杉氏の了解を得ずに上杉氏の陣営から離脱し、勝手に猿倉城を築城し始めたことが記されている。この秋貞の行動は、景直に大きな不信感を抱かせることになった。秋貞の猿倉築城が、岩木築城、そして上杉氏から攻撃を受けた伝承に繋がっているのかもしれない。ただし猿倉城と岩木砦の縄張りは全く違っている。同時期・同一人物が構築した縄張りとしては、違和感を生じているが、これも山城（猿倉城）と岩木砦（平城）の違いなのであろうか。
　天正期における斎藤氏の惣領で城生城主は、斎藤次郎右衛門信利（和）である。信利は天正5年(1577)上杉家家中名字尽（中世1884）に名を連ねていることから、この時点で上杉方であることが判明する。しかし城生城は飛騨口の要衝に位置することから、意外に古く、元亀年間ころには既に上杉方だったのではなかろうか。
　天正6年3月上杉謙信が死去すると、信利は一転して織田方となり、越中に派遣された織田方の斎藤新五に協力している（中世1911）。さらに漆・蝋燭等を信長に進呈し、親交の

密度を深めている。これに対して信長は信利に丁寧な礼状（中世1913・1914）を送っており、それはそのまま越中における信利の存在の重要度を示す尺度となろう。

　天正9年(1581)1月頃、佐々成政が越中に分封されると、信利は再度上杉方へと転身する。時期は天正9年秋ごろ(3)で、その結果、成政方からの攻撃を受けることになる。天正9年11月狩野秀治宛斎藤信利書状(4)によれば、信利は「此表之儀就御出馬遅々、追日被取詰、迷惑此事に候」と上杉景勝の出馬が度々遅れ、連日成政軍の攻撃を受け、困難な状況に陥っている」と窮状を訴えている。さらに「殊に猿倉両地拙者抱置候間、兎角、急度兵粮御助力被入置候而」と猿倉城（富山市）と城生城の両城を守っているため、必ず兵粮を送ってほしい」と懇願している。これにより当時の斎藤氏は城生城の他に、猿倉城も保持していたことが判明する。

　斎藤信利は、天正10年6月まで名乗り乗りを「信利」としているが（近世45）、翌月の7月からは「信和」と名乗ることが多くなる。すなわち天正10年7月神保昌国

主郭Aに立つ鳥瞰図

等連署状（近世55）で信和等越中国人7人は、盆前に景勝が越中に出馬すれば、能登・加賀まで平定できる絶好のチャンスと訴えている。本能寺の変による一時的な織田軍の弱体化を捉えた出来事だが、この好機にも景勝は出馬せず、成政は劣勢を立て直す。

　再三の出馬要請にも全く応じない景勝を見限ったのか、信和は意外な行動に出る。天正11年(1583)3月、賤ヶ嶽で羽柴秀吉が柴田勝家を破ると、弓庄城（上市町）主土肥政繁に「上辺（羽柴方）与被仰合筋目」（近世72）と秀吉と同調するように要請している。政繁は、越中国内で信和と共に最後まで成政に抵抗した国人である。勿論信和・政繁が秀吉方になることはできず、秀吉に許され越中統一に専念することができた成政の攻撃を受けることになる。

　上杉氏の援軍も期待できず、孤立無援となった城生城は、佐々成政の攻撃により落城する。しかし落城時期は詳らかにできない。天正11年6月信和は地元の本法寺に、他宗諸寺を管轄する書状を出している（近世78）ので、この時点で城生城は健在だったと考えられる。ちなみに同書状の名乗りは「信利」とある。そして同年7月成政は越中平定を宣言していること（近世81）、同年8月に成政は重臣の佐々与左衛門に城生城周辺の土地を宛がっている（近世83）ことを考慮すれば、7月頃に落城したと考えられよう。故墟考によれば、信和は美濃に逃れて徳川家康に仕えたという。

　その後の城生城は故墟考によれば、佐々与左衛門が守り、天正13年(1585)越中婦負郡が前田利長に宛がわれると、その重臣青山佐渡守、続いて篠島織部が守ったという。前田氏も飛騨口の要衝に位置する城生城を重視したのである。

　廃城時期は明確にできない。故墟考によれば、篠島織部が今石動城（小矢部市）に去ると城生城は廃城になったとしており、織部が今石動城の名代になったのが文禄3年(1594)としている。信憑性には欠けるが、恐らく慶長5年(1600)までには廃城になったと考えてよいであろう。

2．縄張り

　城生城は神通川の左岸に位置し、東側は神通川の断崖絶壁、西側は土川に守られた天然の要害である（図1）。さらに『十万石富山御領絵図』（富山県立図書館蔵）や『越中道記』（正保4年＝1647年、富山大学附属図書館蔵）によれば、城生集落付近に神通川沿いの街道を描き、さらに『十万石富山御領絵図』は城生城下流付近に神通川の渡場を描いており、交通路が交差する交通の要衝だったと考えられる。恐らく中世においても同様と考えられ、このような地理関係が城地選地の重要な要因となったのであろう。

　城跡の南側は土砂採取で消滅したが、他は良く旧状を残している。土川と神通川が合流

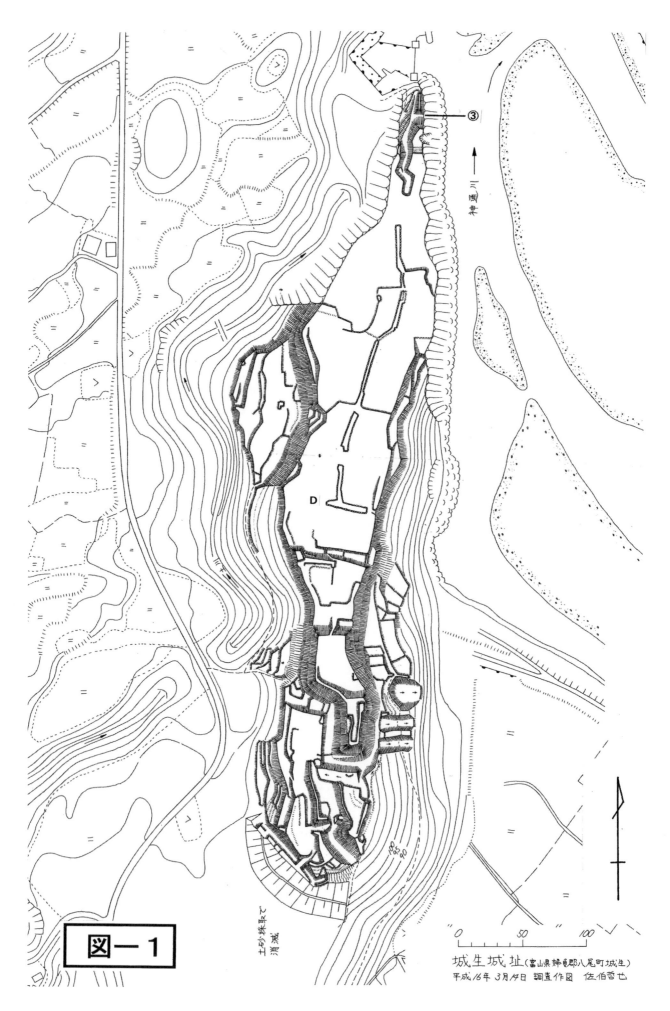

図-1

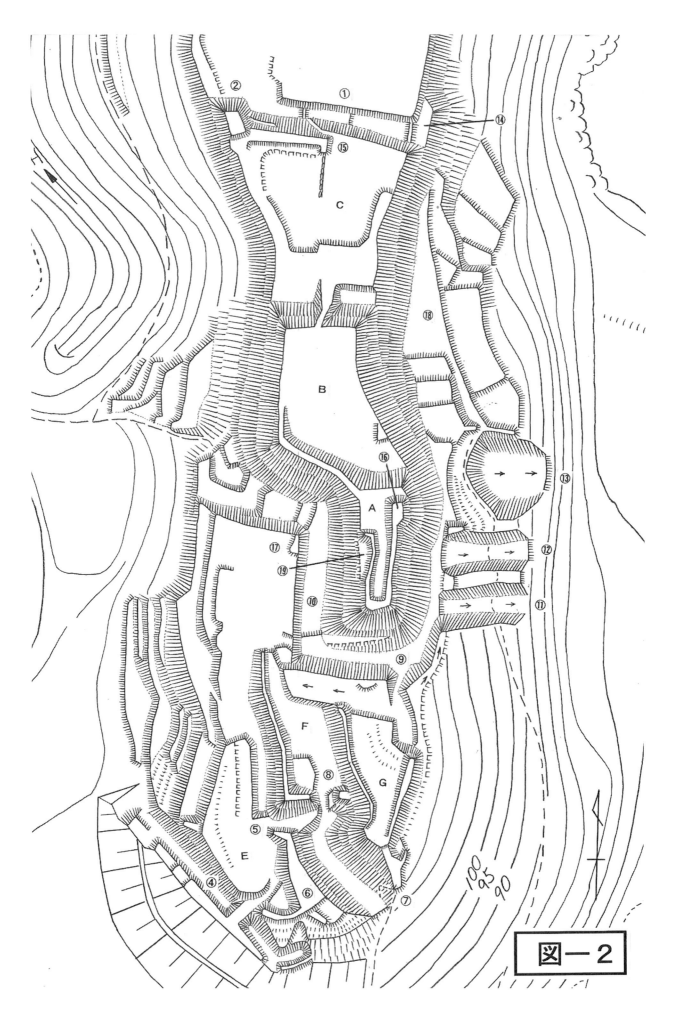

図-2

する北側は、敵が攻めてくる可能性が極めて低いため防御施設は少なく、先端に堀切③を設けているのみである。

これに対し尾根続きの南側は、最も敵の進攻が考えられる方向であり、従ってこの方向に防御施設が集中している。まず空堀④（図２）で尾根続きを遮断し、敵兵は土橋を渡ってE曲輪に入る。E曲輪に入る敵を櫓台⑥が狙っており、万一E曲輪が占領されても背後の空堀を渡って⑦地点からG曲輪に退避できるようになっている。E曲輪からF曲輪へは、虎口⑤→虎口⑧に進むことになるが、各虎口は土塁で防御され、さらにE・G曲輪からの横矢が効いている。虎口⑧に入らず空堀内を右往左往していてもG曲輪や櫓台⑥からの横矢に晒されることになる。さらに虎口⑤を入らず北進する敵も、大横堀⑩より北進できず、F曲輪や主郭A・B曲輪からの横矢に晒されるだけとなる。極めて厳重な防御構造となっており、城主がもっとも警戒していた方面といえる。

主郭を防御する巨大な横堀⑩

確かに虎口⑤・⑧は土塁で武装しており、技術的な進歩を評価することができるが、明確な枡形虎口とは言い難く、また計画的に設定された通路も附属していない。さらにG曲輪北側はほぼガラアキ状態であり、虎口も明確ではない。また、F曲輪との間にも明確な虎口を構築していない。このように技術的な限界も露呈しており、織豊系城郭として相応しくない縄張りといえる。16世紀後半、恐らく天正年間の遺構と考えられるが、必ずしも織豊系武将による遺構とは言い難い。

F・G曲輪の間には大横堀⑩があり、直接出入りすることはできない。入るには、東側を回り込むことになるが、竪堀⑪・⑫・⑬によって少人数しか進攻できず、さらに櫓台⑯や主郭A・B・C曲輪から長時間横矢攻撃を受けながら⑱地点に進む。大横堀⑩の西側に回り込んだ敵は、主郭A・B曲輪の横矢に晒されたあげくに城外に出てしまうことになる。

⑱地点から先は現在確認できないが、かつては通路が存在して⑭地点に取り付いて空堀①内に入り、⑮地点からCに入ったと考えられる。このとき櫓台②からの横矢が効いている。しかしE・F曲輪のように明確な通路・虎口は存在せず、主郭Aとの隔絶感が強い。違う時代に違う人物によって増設された可能性を持つ。

今一つ城兵専用ルートとして、土塁⑰から⑲地点に橋を掛けて主郭Aに入ったと考えられる。このときB曲輪から強力な横矢が効いている。

D曲輪は広大な平坦面が広がる曲輪で、重厚な防御設備に守られているため、D曲輪そのものに顕著な防御施設は設けられていない。恐らく城兵達の居住地区だったと考えられる。目立つのは、ほぼ中央を貫く石塁である。高さが20～50cmしかなく、防御施設とは考えにくい。現在耕作地の通路として使用されており、城館遺構以外の可能性もあるが、居住地区という性格上、屋敷地の区画石塁だった可能性も指摘できよう。

主郭A・B・C曲輪は、塁線土塁や櫓台を設けており、虎口も明確化しているため、16世紀後半の遺構と考えられる。しかし虎口は土塁による武装化はされておらず、この点、虎口⑤・⑧より技術的に古いタイプの虎口と言える。従って主郭A・B・C曲輪は、E・F・G曲輪より一世代古い曲輪ということが推定される。恐らく天文14（1545）～16年の二年間に及ぶ長期籠城の後に、斎藤氏が改修したのではなかろうか。

以上、城生城の縄張りを述べた。主郭A・B・C・D曲輪は直接出入りすることができ、一体感が強い。さらにD曲輪は広大な平坦面が広がり、居住空間だったと考えられる。従って防御施設としてのA・B・C曲輪、居住施設としてのD曲輪として捉えることができる。恐らく斎藤氏時代の施設なのであろう。居住施設を併設していたことから、天文14～16年の二年間に及ぶ長期籠城戦に耐えたのではなかろうか。

一方E・F・G曲輪は主郭Aと直接出入りすることができない。軍事的緊張が高まった

結果、主郭Aの防御力を増強するために増設された可能性を持つ。

　上記仮説が正しければ、増設時期は次の二期が考えられる。a) 佐々成政と斎藤氏の抗争で、斎藤氏が増設。時期は天正9～11年。b) 新領主となった佐々・前田氏が飛騨口を固めるために増設。時期は天正11～慶長5年頃。筆者はかつてb)説を採用していた(5)。勿論現在でもこの説は最有力だが、縄張り上未熟な点も存在していることから、天正年間には斎藤氏も高度な縄張り技術を保有していた可能性を持たせ、a)説の可能性も排除すべきではないと考えている。

C・D曲輪を区画する空堀①

　a)を補強する材料として、石垣⑨の存在がある。発掘調査の項で詳述するが、石垣⑨は粗雑な石垣で、とても天正年間における織豊系城郭の石垣とは考えられず、在地領主、すなわち斎藤氏が構築した可能性が高い。

　石垣⑨は空堀④に隣接していることから、空堀④と同時に構築されたと考えられる。それはE・F・G曲輪増設と同時に構築されたということになろう。この仮説が正しければ、E・F・G曲輪は斎藤氏が増設したことになる。従ってa)説の可能性も、現段階において排除すべきではないと考えている。

3．発掘調査

　昭和61年の発掘調査で、空堀④外側で石垣が二ヶ所確認された（石垣⑨）。幅70～90cm、高さ30～40cmの石塁状となっており、裏側にも石垣を施しているため、城郭遺構と推定される。石垣の高さは約50cm、5～6段に人頭大の石材を5～6段に積み重ねており、裏込石は存在しない。この石垣は天正期における織豊系城郭の石垣とは到底思えず、在地領主が構築したと考えられる。石垣⑨は空堀④に隣接していることから、空堀④と同時に構築されたと考えられる。

　遺物として、D曲輪の表面採取品として、京ヶ峰古窯の製品及び珠洲焼の細片がある。いずれも13～14世紀の製作と考えられる。南北朝時代から城地として使用されていたことを示しているのであろうか。

4．まとめ

　D曲輪から13～14世紀の遺物が採取されており、城地が南北朝期から使用されていることが推定された。主郭A・B・C曲輪の現存遺構は、天文14（1545）～16年の二年間に及ぶ長期籠城の後に、斎藤氏が改修したと推定される。E・F・G曲輪は、天正年間に増設したと考えられ、それは佐々・前田氏の可能性が最も高い。しかし現段階において、斎藤氏の可能性を排除すべきではないと考えている。

　以上が縄張り研究から導き出した変遷案である。しかし地表面観察が主体となっているため、仮説の範疇とさせていただきたい。
　　　　　　　　　　　　　　　　　　　　　　　　　　　　　　　　　　　（佐伯哲也）

注
(1) 『越中富山山野川湊の中世史』久保尚文2008、以降、『山野川湊』と略す
(2) 『越中中世史の研究』久保尚文1983
(3) 『富山県史史料編Ⅲ近世上』25　富山県1980。以下、近世0000と略す
(4) 『上越市史別編2上杉氏文書集二』2199　上越市2004、以下上杉氏二0000と略す
(5) 『越中中世城郭図面集Ⅰ』佐伯哲也2011
(6) (『城生城跡の調査』八尾町教育委員会1987)

上杉謙信の陣城か
7. 上熊野城 （かみくまのじょう）

①富山市上熊野　②－　③16世紀　④16世紀後半　⑤16世紀後半　⑥二宮氏・上杉謙信
⑦平城　⑧削平地・切岸・土塁・櫓台・横堀　⑨40m×40m　⑩－

1．歴史

　加賀藩の歴史学者富田景周が文化・文政年間（1804～29）に作成した『越登賀三州志故墟考』（以降、故墟考と略す）によれば、二宮氏の居城とし、二宮氏については「二宮は元来越中の地士」と述べる。

　二宮氏が支配する宮川下三郷（秋ヵ島・友杉・松木）は、江戸期の郡界では新川郡に属していたが、中世末においては婦負郡に属していた(1)。従って古くから婦負・射水郡守護代神保氏の支配下にあったと考えられる。神保氏と二宮氏の関係が判明するのは永禄12年（1569）である。すなわち永禄12年神保長職宛行状(2)には、二宮余五郎（左衛門大夫）に「於度々御忠節儀候間」

なので「御知行分内」に「此方被官人一円ニ進之候」としている。ちなみに宛行状では余五郎の一族と考えられる「同名宗五郎」に知行として「ひとう（人母）・松永」を宛がうとしている。人母は福光町、松永は小矢部市で、いずれも長職の支配地域から遠く離れているので、飛地的な性格を持った所領だったのであろう。

　元亀4年（1573）3月、上杉謙信は一向一揆が籠城する富山城（富山市）を攻めるにあたり、向城を構築している。すなわち元亀4年3月5日上杉謙信書状（中世1805）によれば、「稲荷同岩瀬本郷二宮押上向城」を構築し、「普請五日之内ニ出来」ると述べている。この内「二宮」とは上熊野城のことであろう。謙信は5城を築いているが、遺構が残存しているのは上熊野城のみで、文献で確認出来る謙信が構築した向城として、貴重な城郭と言える。謙信は普請は5日間で完成すると述べているので、小規模単純な構造だったと考えられる。これら5城は富山城から5～600mの至近距離に位置するものもあれば、8kmも離れたものもある。このため富山城に対する向城というよりは、一揆軍全体に対する向城という性格の城だったと考えられよう。

　余談になるが、織田信長書状（中世1806）で信長は、謙信は「稲荷屋敷」に「要害」を築き、富山城との距離は「五六町」（5～600m）で、新庄城（富山市）の人数を稲荷屋敷に移して守備を固めたと述べる。
富山城と至近距離に位置する稲荷城（屋敷）はまさに富山城の向城であり、守備の増強に迫られていたのである。

　上杉軍として富山攻城戦に参戦し、上熊野城築城に貢献したのであろうか。二宮氏は謙信により所領を安堵されている。
すなわち元亀4年（1573）3月12日上杉謙信判物(3)で謙信は左衛門大夫に「今度有敵前ニ無二忠信殊不背之進退ニ心馳感入候」なので、「宮川下参（三）郷」を宛がっている。謙信にとっ

上熊野城が位置する神明社

ても富山近郊に所領を持つ二宮氏の協力が必要不可欠だったのであろう。さらに謙信は天正

2年左衛門大夫に「長」の一字を与えている（中世1832）。なお『謙信公御年譜』によれば、左衛門大夫が春日山城まで出向き、「長」の一字が与えられたとしている。

　天正6年（1578）謙信死後、富山近郊に所領を持つ二宮氏は、織田（神保）・上杉方から再度重要視され、両方から所領を安堵されている。すなわち天正6年5月神保長住知行安堵状（中世1898）で長住は、二宮左衛門大夫に「松永・友杉・秋ヵ嶋」を安堵している。長住が越中に入国したのは4月なので、わずか一か月後のことである。二宮氏の協力は長住にとって必要不可欠だったのである。

　上杉方にとっても二宮氏は重要で、上杉景勝は2ヶ月後の天正6年7月に左衛門大夫の所領を安堵している（「天正6年7月上杉景勝朱印状」）(1)。ちなみに同朱印状で景勝は「長職折帋」とあるのは、永禄12年神保長職宛行状のことを示しているのであろう。

　このように二宮氏は織田（神保）・上杉方の両方から重要視されていたことが判明する。しかし、二宮氏がどちらについたのか、そしてその後の消息について詳らかにできない。

2．縄張り

　一般的に神明社の境内に残る遺構が、上熊野城と言われている（図1）。境内の北側は破壊されてしまったが、南側には、土塁や櫓台・横堀が良好に残存しており、城館遺構として良い。ただし規模は40ｍ×40ｍしかなく、南半分の大きさだけだが、居城としては小さすぎ、二宮氏の居城の可能性は低くなる。

　小規模な城郭遺構として一般的なのが、一時的な施設である陣城（向城・付城）である。前述の通り、謙信は富山城を攻める「二宮」等の向城5ヶ城を五日間で築いている。五日間という短期間で完成していることから、小規模かつ簡素な小城だったと考えられる。従って現存遺構は元亀4年に構築した謙信の向城の可能性が高い。上熊野城は、良質な文献で確認できる謙信の向城（陣城）として、貴重な遺構と言えよう。

　織豊政権が構築した陣城には、土塁や櫓台を設けた陣城が多数確認されている。しかし、それは織豊政権が初めて構築した縄張りではなく、謙信段階から既に存在していたことが上熊野城で確認できる。さらに在地領主も、それに近い縄張りを持つ陣城を構築していた可能性を指摘できる。二次史料（故墟考）でしか確認できないが、岩木砦（富山市、図2）は元亀2年（1571）塩屋秋貞が城生城（富山市）を攻めたときに築いた付城と伝えられる。現在は土塁の一部しか残っていないが、重杉俊樹氏作成図面(4)によれば、二重の塁線土塁と一重の横堀を巡らせた陣城が描かれている。従って元亀年上熊野城土塁間ともなれば、在地領主と

上熊野城土塁

いえども織豊政権陣城に匹敵する陣城を構築していたのである。塁線土塁・横堀は織豊政権の専売特許ではなかったのである。規模も40ｍ×60ｍで、ほぼ上熊野城と同程度の大きさとなる。当時の陣城の規模は、50ｍ四方内外だったのではなかろうか。

　一方、虎口は単純な平虎口だった可能性が高い。上熊野城の南側に残る虎口は平虎口である。岩木砦も平虎口として描かれている。後世の破壊で平虎口になってしまった可能性も考えられるが、枡形虎口にまで発達していなかった可能性が高い。虎口の発達という点では、織豊政権と在地領主では既に歴然とした技術差が生じていたのである。それが見て取れるのも、非常に興味深い。

　上熊野城は土塁等を設けているが、謙信が構築した陣城全てがそうだとは限らず、むしろ少数派だったと考えられる。これも伝承でしかないが、天正4年（1576）謙信が森寺城（氷見市）を攻めるにあたり築城したと伝わる一刎城（氷見市）は、削平地と堀切の山城で、塁線土塁は存在していない。山城でも塁線土塁を用いていた織豊系陣城との相違点も見て取れ

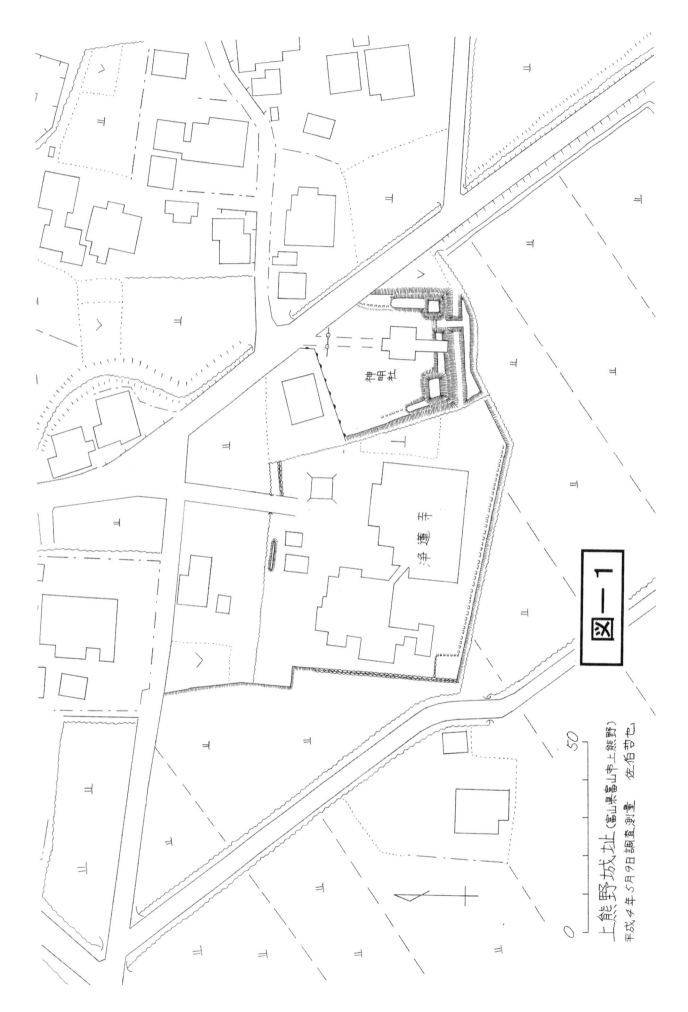

図-1

上熊野城址(富山県富山市上熊野)
平成4年5月9日調査測量 佐伯哲也

よう。

　筆者は現存遺構を謙信の陣城としたが、故墟考は「福沢城の附堡と云ふ」と記述し、福沢城攻めの付城と述べている。この記述が正しければ構築者は二宮氏となる。付城（陣城）という点では一致するが、あくまでも可能性の範疇に留めておきたい。

　それでは、二宮氏の居館（居城）はどこにあるのであろうか。上熊野城に隣接する浄蓮寺の境内にも若干土塁が残っており、70m×70m程度の大きさとなり、単郭の方形館として十分な広さである。おそらくこれが二宮氏の居館としての上熊野城なのであろう。『越中の古城』（塩照夫1972）記載の平面図では、浄蓮寺境内の南北に「堀跡」を描いており（現存せず）、居館だった可能性は高い。しかし現存する土塁は寺院としての土塁の可能性も捨てきれない。いずれにせよ遺構がほとんど残っていないため、可能性を指摘するのみとしておきたい。

3．まとめ

　神明社境内に残存する遺構は、謙信が構築した陣城の遺構として良いであろう。文献でも裏付けられる貴重な事例と言える。今後は発掘調査等考古学的な手法でさらに年代を確定することが必要となろう。そして謙信のみならず、各地の戦国大名が構築した陣城と比較していくことが今後の重要な課題と言えよう。

（佐伯哲也）

注
(1)『富山県史通史編Ⅱ中世』富山県1984
(2)『富山県史史料編Ⅱ中世』1716　富山県1975。以下、中世0000と略す
(3)『上越市史別編1上杉氏文書集一』1140　上越市2003、以下上杉氏一0000と略す
(4) 重杉俊樹「越中の平地小型城郭三跡」『北陸の中世城郭』第5号　北陸城郭研究会1995

折れを持つ横堀と切岸で守られた激戦の城
8．富崎城 （とみさきじょう）

①富山市婦中町富崎　②滝山城・瀧山城・福山城・神保城　③15世紀中頃　④16世紀後半　⑤16世紀末　⑥神保氏、水越氏、寺嶋牛助・小嶋甚助　⑦山城　⑧削平地・切岸・横堀・土塁・虎口・井戸　⑨300m×270m　⑩標高84.5m、比高50m

1．歴史

中世史料上では「滝山城（瀧山城）」と表記され、その名の由来として『婦負郡志』は、城の南に滝が多く、水の手が豊富だったからと伝えている。江戸時代も、昭和の時代に入っても、地元では「瀧山城」と呼ばれていたという。

この城は守護代神保氏の婦負郡における重要拠点として知られる。『故墟考』には伝承として、嘉吉元年（1441）神保八郎左衛門が居城し、永禄年間（1558〜1570）に神保長職が居城したが上杉謙信に攻められ永禄6年に長職は戦死、水越越前守が縄張りし、天正6年（1578）には寺嶋牛助・小嶋甚助が居城し佐々成政に攻められ、寺嶋らは大道村へ退いた、と記されてある。

神保八郎左衛門については不明。永禄年間に神保長職が戦死したのは史実と合わず、長職は主に富山城や増山城に在城していた。上杉謙信が永禄5年に越中に侵攻して長職と激戦を交えているので、その時のことが戦死という伝承になったのであろうか。

富崎城の麓にある本覚寺には、神保長職の重臣・水越勝重が寺領を寄進した書状が残っている。また元亀3年（1572）9月23日付上杉謙信書状には、滝山城に水越氏と加賀一向一揆が立て籠もっていたことが記されている。このことから、水越越前守が縄張りしたという『故墟考』の記述も、大変興味深いものがある。

更に、先の元亀3年上杉謙信書状には、9月18日から謙信は滝山城を攻め、「諸廻輪（曲輪）打破、実城計ニ取成」と、周辺曲輪を落として実城（本丸？）のみとなり、水越は河田長親の役所へ逃げ込み、「城内悉焼払、今日（23日）為破却候」と記されているように、落城・破却されてしまった。

富崎城遠景　左手前の丘は「鐘突堂」と呼ばれる

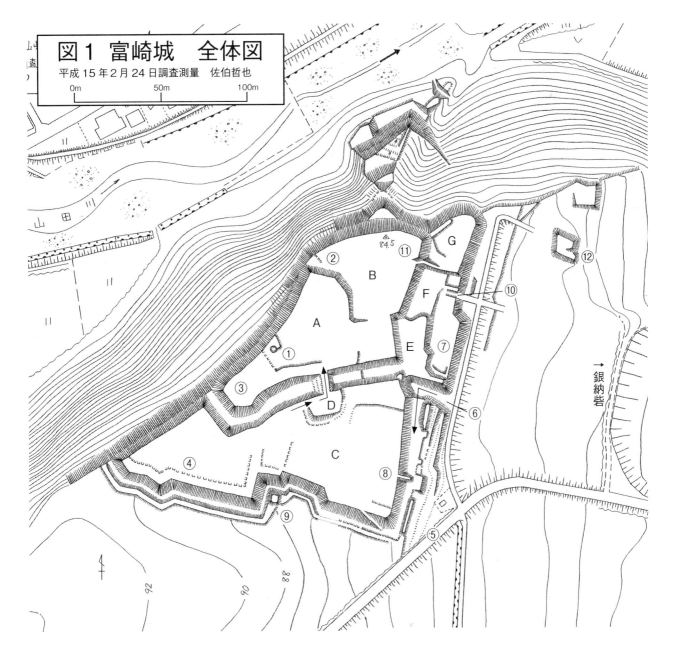

図1 富崎城 全体図
平成15年2月24日調査測量 佐伯哲也

 次に富崎城が史料に登場するのは天正9年(1581)で、この年の5月6日付田中尚賢連署状には「瀧山之儀も自放火仕候、神介・牛之助罷逃之由申候、併落所不承与申候」とある。この「神介・牛之助」が神保氏の旧臣小嶋甚助・寺嶋牛助のことで、この時上杉方として富崎城に在城していた。ために織田方に攻められ、小嶋と寺嶋は城に火を放って逃亡し、落城してしまったのである。『故墟考』が天正6年のこととしているのは間違いであるが、落ち延びた先は大道城(富山市八尾町)だった可能性は十分にある。
 これ以降、富崎城は史料には登場せず、おそらくは天正9年の戦いにより廃城となったのではなかろうか。

2．縄張り

 富崎城の北側には山田川が流れ、極めて急峻な斜面となっている天然の要害である。問題は、ゆるやかな地形を成す東、西、南方向で、横堀や切岸を用いて防御している。
 城は大きく三つの区域に分けられる。内堀と切岸で守られた曲輪A、Bの区域。外堀と切岸で守られる曲輪C、Dの区域、そして東側の尾根筋を守る郭E、F、Gの区域の三つである。
 まず主郭はA曲輪で「神保城趾之標」と刻まれた石碑が建てられている。西側に井戸①があり、非常に深い。きれいに削平されているので、生活できる館があったと言ってもいいほどだ。

主郭Ａ　手前の木柵が井戸　奥に石碑が見える

　東側、切岸を設けて一段下がったＢ曲輪がある。②の部分にわずかに窪地を残すので、切岸に沿って空堀が存在した可能性もある。Ｂ曲輪から北側斜面には階段状の削平地が認められる。ここだけやや緩やかな尾根が存在し、それを防御するためだったのか、もしくは山田川に船着場が存在し、その中継のためだったのであろうか。

　Ａ曲輪の南側は幅の広い横堀で守られ、その横堀から続く切岸でＢ曲輪東側を守っている。この横堀は西側で折れ、Ａ曲輪の西端③は櫓台のように少し高くなっており、横堀を監視している。横堀の中程で土橋を設け、その先にはＤ曲輪がある。Ｄは馬出し曲輪とも言えようが、土塁もとりまく堀も明確に存在せず、少し高さを持たせただけの小曲輪である。馬出しとしては中途半端な作りだ。矢印のように屈折してＡ曲輪に入ったのであろう。

内堀（③の部分）

　Ｃ曲輪も広い削平地を持ち、南側は横堀で守られている。横堀の曲輪側には低い塁線土塁④が残り、横堀外側にも土塁が認められる。Ａ曲輪を守る内堀と違い、Ｃ曲輪を守るこの外堀は数ヵ所で屈折させており、堀幅が内堀より狭い。

　その外堀から続くようにＣ曲輪東側は切岸で守られている。外堀は「丘の夢牧場」建設により破壊・改変を受けており、南東端⑤の部分は切岸が存在していた。南東の尾根から来た敵は、

外堀　左奥は⑨の櫓台

　　　外堀（④の土塁下）　　　　　　　　虎口⑥　通路は奥で折れている

　⑥の虎口から入るしかない。⑦は高く存在感のある土塁で、櫓台のように虎口を厳しく監視している。今でもここを入る時は恐怖を感じる。
　虎口の先は矢印のように折れ曲り、C曲輪への入り口となる土橋通路⑧に至るまでE、C曲輪から横矢を掛けられる徹底した守りだ。
　外堀⑨の部分に櫓台が存在するが、これはおそらくC曲輪へ入る木橋を掛けた土台ではなかろうか。南の尾根筋からの入り口となるが、横堀が折れているので木橋に対して横矢が掛けられる。
　E、F、G曲輪は東側を切岸で守られており、⑩の部分が虎口。以前はこの虎口から東方向に道が伸びていた。通路を折り曲げ⑪の土橋通路を経由してB曲輪に入ったのであろうが、⑥の虎口ほど強い守りとは言えない。
　⑫は「鐘突堂」と呼ばれる方形の高台で、四隅突出型古墳を利用している。鐘が存在した明確な史料はないが、情報伝達手段の一つとして鐘が利用されたのではないだろうか。これについては後述する。

3．周辺城郭

　富崎城から東に伸びる尾根上に「銀納砦」がある。富崎城との間は300m程で、土塁、横堀、切岸をめぐらし、①の部分で横堀と土塁には折れを設けて横矢を掛けている。
　主郭はA曲輪だが、四隅突出型古墳をそのまま利用していることが発掘調査によって判明している。その南側は土塁と横堀で守りを固めている。砦跡地は麓の本覚寺の墓地として現在利用されているので、改変もあることだろう。
　富崎城側となる西側は自然地形を利用した空堀②が

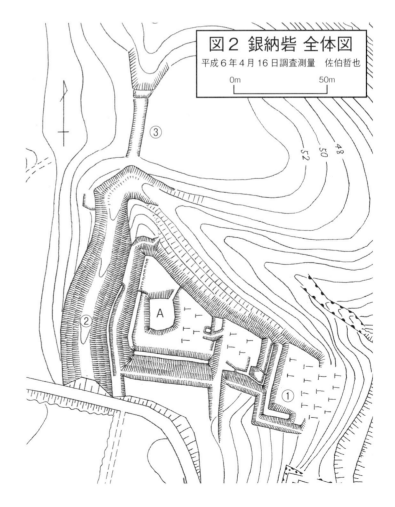

銀納砦（1）の横堀

銀納砦　土塁

銀納砦_主郭（四隅突出型古墳）

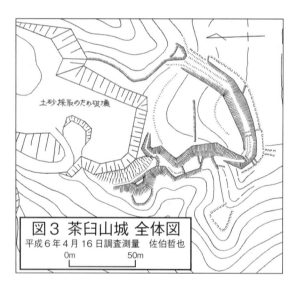
図3　茶臼山城 全体図
平成6年4月16日調査測量　佐伯哲也

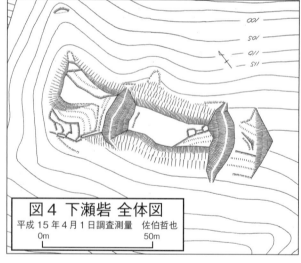
図4　下瀬砦 全体図
平成15年4月1日調査測量　佐伯哲也

茶臼山城　土塁と横堀

あり、現在は消滅しているが③の部分にも堀切があった。

　まさに、富崎城の東を守る出城として機能したであろうが、伝承は特にない。

　他にも、富崎城から西に550mの位置に「茶臼山城」がある。名前の由来は、富崎城主・神保安芸守茶屋屋敷があったとも、富崎城の茶坊主が住んでいたためとも伝えられる。

　現在は土石採取によってかなり破壊を受けており、土塁と横堀の一部がかろうじて残っている。富崎城の南西の尾根を守る支城だったのであろう。

　更に富崎城から南西方向1.4kmの位置には下瀬砦がある。『故墟考』には「天正中謙信越中出旌の時、神保麾下の将此の土を修して富崎城の砦とすと云う」とある。富崎城の出城として、神保氏の武将が在城したのであろう。主郭の両側を堀切で守られた小規模な城郭である。

　この下瀬砦を「釣鐘ヤシキ」と記載する史料もある。実は富崎城とその周辺には「鐘突堂」と呼ばれる遺構がいくつも存在する。

　北から順に、長沢城（袋谷の鐘突堂）、富崎城の鐘突堂、下瀬砦（釣鐘ヤシキ）、高山城の鐘突堂、小島城（臼井谷の鐘突堂）と連なり、2～3kmの間隔で存在している。あくまで推測だが、半鐘のようなものを使って、情報伝達していたのではなかろうか。

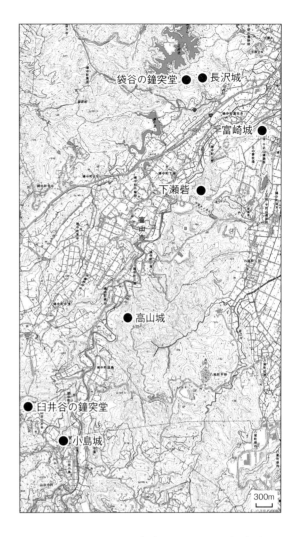

　このように、富崎城を守るように小規模な城塞が存在するのは、この地が守護代・神保氏の重要な拠点の一つであったことを物語っている。元亀3年に上杉謙信が富崎城を攻めた際、周辺曲輪を攻め落として実城のみになったという書状の内容は、おそらくは銀納砦などの周辺城郭を制圧したことを指しているのではなかろうか。

4．まとめ

　富崎城は、婦負郡を抑える重要拠点として度々攻防が繰り返された地である。
現在残る縄張りは、越後上杉氏による支配時代のものだと推定される。天正9年の落城以降に織田方が改修したと言えるほどの、織豊系の縄張りではない。

　寺島牛助・小嶋甚介が富崎城から逃げた先と伝わる大道城も、折れを持つ横堀や簡素な馬出し曲輪の存在など、富崎城によく似た縄張りを持つ。彼らが、上杉氏の技術指導を受けて改修したとも考えられよう。

　城跡の脇まで車で行ける山城であり、高低差もさほど無いので、銀納砦と合わせて是非訪問して欲しい。

（太田寿）

【参考文献】
婦中町誌編纂委員会『婦中町誌』1996
佐伯哲也『越中中世城郭図面集Ⅰ 中央編』桂書房 2011

守護代神保氏代々の居城
9. 増山城 （ますやまじょう）

①砺波市増山　②和田城？　③南北朝時代　④16世紀　⑤17世紀初頭　⑥神保氏・上杉氏・佐々氏・前田氏　⑦山城　⑧削平地・切岸・堀切・竪堀・横堀・土塁・井戸・石垣　⑨500m×430m　⑩標高124m、比高70m

1．歴史

　越中三大山城の一つであり、富山県内における最大級の山城でもある。貞治二年（1363）二宮円阿軍忠状（中世388）に登場する「和田城」が、増山城・亀山城のどちらを指すのか現在も論争中である。筆者は亀山城は16世紀後半に築城・使用・廃城になった短命の城郭と考えており、和田城＝亀山城の考えに賛同はできない。野原大輔氏が述べる⑴ように、亀山城の発掘調査では16世紀後半を主体とした遺物が出土しており、亀山城説に否定的な結果となった。今後、さらなる発掘調査を期待したい。

　15世紀中頃になると、婦負・射水二郡の守護代として神保氏が就任する。江戸期以降は砺波郡となった増山城周辺だが、中世には射水郡に属していた⑵。中世における越中の二大穀倉地帯だった婦負郡の平野部と砺波平野を繋ぐ山越えの道（仮にこれを長沢・増山道と呼ぶ）の出入口に、増山城と富崎城（富山市婦中町富崎）がある。両城を確保した神保氏は、婦負郡・砺波郡の米の流通を管理・掌握することに成功し、越中最大の実力者に成長するのも当然と言えよう。

　永正3年（1506）一向一揆が越中国内を制圧すると、越中国人衆は越後守護代長尾能景に援助を要請した。これに応えた能景は越中に進攻し、神保慶宗（当時の神保氏当主）や砺波郡守護代遊佐氏と共に一揆軍を攻めた。一揆軍を攻めつつ西進してきた長尾勢は遊佐慶親書状（中世1196）によれば、9月19日「芹谷」で一揆軍と戦っている。芹谷とは増山城南方に位置する集落である。合戦のあと長尾勢は「其儘城中へ御立籠」もっている。後述するが、発掘調査によって、既に増山城は存在していたことが確認されている。とすれば、籠城したのは芹谷周辺の増山城とするのが自然な解釈であろう。

　増山城の史料初見は、永禄3年（1560）である。すなわち（永禄3年）4月28日付長尾景虎書状（中世1614）によれば、越後の長尾景虎（後の上杉謙信。以下、上杉謙信とする）は、神保長職（当時の神保氏当主）を討つため越中に進攻する。同年3月26日越中に進攻したところ、同月晦日夜中に長職は富山城を捨てて増山城に逃げてしまう。この結果、富山城は「自落」する。謙信は「越中国味方衆」に増山城を攻めるよう命じたが、「増山之事、元来嶮難之地、人衆以相当、如何も手堅相抱候間、各除見、于今引除陣申候間」となっていた。すなわち増山城は天然の要害であり、大軍で手堅く守っていたので、攻めもせず、陣を引いて見守っていただけ、と謙信は述べる。ところが「景虎取越大河（神通川？）ノ切処、向増山、及近陣可相攻分候処、其夜半神保落行、武具乗馬已下棄之、不知行方体候」となった。すなわち謙信が出馬し増山城近辺に迫ると、夜中に武具や馬を棄てて、行方知れずとなったと述べる。

　なんとも情けない長職の戦いぶりだが、これはあくまでも謙信の一方的な記述で、大勝利を宣伝するため、相当の誇張が入っていると考えられる。どこまでが事実なのか若干問題は残るが、長職がほぼ無抵抗で増山城から逃亡したのは事実であろう。

　長職の戦い方は賛否両論存在する。しかし筆者は、戦後の再攻を見据えて、被害を必要最小限にとどめた効果的な撤退と考える。事実長職は謙信が越後帰国後、増山城を奪取して神通川以西をほぼ制圧してしまう。

永禄5年（1562）上杉謙信は再び神保長職を討つため越中に進攻する。上杉輝虎書状（上杉氏一326）によれば、同年7月に続く2度目の出陣となった輝虎は、神保方の城郭を数ヶ所攻め落としたところ、神保長職は「号増山地利楯籠」もったという。輝虎が攻めて巣城にし落城寸前に追い込んだため、長職は能登守護畠山儀綱を頼って降伏を申し入れ、これを許したと述べている。永禄3年の敗戦以降長職は富山城を奪還できず、増山城に居城していたのである。

　降伏後の長職は、永禄12年（1569）下間証念書状等によって増山城に居城していたことが知れる。統率力が著しく低下し、増山城に逼塞するようになった長職は元亀2年（1571）入道して宗昌と号し、翌元亀3年頃没したと推定される。

　増山城は天正4年（1576）にも謙信の攻撃を受け落城している。上杉謙信書状（上杉氏一1307）によれば、このとき増山城のほかに栂尾城（富山市大沢野町）も落とし、さらに森寺城（氷見市）も落城寸前だと述べている。どのような反上杉派が増山城に籠城していたのか不明だが、本願寺との和睦が成った謙信にとって大した敵対勢力にもならず、簡単に攻略したのであろう。そして同年謙信は越中平定を達成する。

　増山城は越中西部における上杉氏最大の拠点として使用され、吉江宗闇書状（上杉氏二2214）によって旗本の吉江宗信が在城していたことが判明している。

　天正6年（1578）謙信が死去すると、織田信長の先発隊神保長住が同年3月へ派遣され、上杉軍は窮地に立たされる。信憑性には若干の問題は残るが、天正6年8月6日付神保長住書状（中世1904）には「増山落に押て今馳走神妙候、就其、わうたう（大道）村申付候」とあり、増山城攻めに協力した小谷六右衛門に大道村を与えている。「増山落」とあることから、増山城が落城していることが判明する。

　その後、上杉方が増山城を奪取したのであろうか、天正7年9月勝興寺佐計算書状（中世1935）によれば、上杉方の増山城は身動きのとれない状況となり、さらに支援が必要であると述べている。天正9年正月頃佐々成政が越中へ派遣されるとさらに状況は悪化し、黒金景信書状（上杉氏二2124）によれば天正9年5月上杉軍は自ら増山城を焼き払い、木舟城のみ確保していると述べている。以後、上杉軍は増山城を奪還することはなく、上杉氏の増山城支配も天正9年で終止符を打つ。

　佐々成政は越中から上杉軍を駆逐して天正11年（1583）ほぼ越中を統一し、居城を富山城に定める。翌天正12年加賀の前田利家と交戦状態に入ると、増山城は富山城の西部戦線を守る重要支城として位置付けられていた。天正13年前田利家書状（近世122）に「ます山の普請なと仕候」と述べており、成政が利家軍との交戦に備えて増山城を修築しているのが知れる。

　一般的に「普請」は土木工事のみを指すものと思われがちだが、実態としては土木工事・建築工事・点検・準備を含む極めて広い意味で使用されていたようである。天正10年前田利家書状⑶で利家は穴水城（石川県穴水町）の「普請之用」として、「竹二百束」「板六拾間」を用意するように命じている。これは明らかに建築工事としての「普請」を意味している。

　このように当時の武将達は「普請」を極めて広い意味で使用していたのである。従って天正13年前田利家書状に「普請」があるからといって、大規模な土木工事が実施されたと考えるのは早計である。

　天正13年8月、十ヶ国と言われる羽柴（豊臣）秀吉軍の進攻によって佐々成政は降伏する。羽柴秀吉書状（近世133）に「木船・守山・増山以下所々敗北候」とあり、西部戦線を守る成政方の重要支城が全て落城したことを述べている。自軍の快進撃に秀吉は「太刀も刀も不入体ニ候」と述べている。成政は一命を許されて一族共々大坂城で住むことになり、神通川を境に東側の新川郡は佐々領、西側の射水・婦負・砺波郡は前田領となる。

　戦後の増山城は、前田方の重要拠点として使用されることになる。城主は中川（清六）光重である。光重は利家の娘婿であり、23000石を領する利家の重臣である。上杉景勝上洛日帳（近世145）によれば、天正14年5月27日、中田（富山県高岡市）において「増山之武主中川清六」が上杉景勝一行を持て成しているのが判明する。立ち寄っただけの景勝のために光重は「御厩五拾間、御鷹部屋五十間、其外侍所御座」を備えた本格的な御殿を新築してい

る。さぞかし景勝は上機嫌だったことであろう。

　主人利家と共に上方で生活することが多かった光重に代わって、増山城代を務めたのが光重の夫人蕭である。蕭は文禄2年（1593）福田村神主駿河宛に2通、千光寺宛に1通の書状を発給している。千光寺宛書状(4)には「ますやま城より」とあることから、書状が増山城より発給されていることが判明する。蕭は書状に花押と黒印を用いており、まさに城代そのものである。千光寺宛書状は11月22日付で、これが増山城が史料上に現れる最後となる。

　その後、増山城がいつまで存続したのか詳らかにできない。しかし慶長年間に作成された「越中国絵図」に「増山之古城」とあることから慶長年間には廃城になっていたことが判明する。慶長5年（1600）の関ヶ原合戦をもって廃城になったという仮設も成り立つであろう。

2．縄張り

（1）概要

　増山城は標高124m、比高約70mの山城である（図1）。和田川右岸に位置し、和田川が天然の外堀の役目をする要害の地でもある。大規模な削平地や堀切・土塁が良好に残っている。また各所に案内板や説明版が設置されて史跡公園としても整備され、一般市民の憩いの場となっている。

　増山城の縄張りについては、既に詳細な説明本が多数刊行されているので、拙稿では要所のみを述べる。

　増山城の縄張図を図1に示す。B曲輪は通称「一ノ丸」、A曲輪は「二ノ丸」、C曲輪は「安室（アジチ）屋敷」、D曲輪は「三ノ丸」（オオヤシキとも呼ばれている）、E地点は「御所山（ゴショヤマ）屋敷」、F曲輪は「無情（ムジョウ）」と呼ばれている。この名称は『増山城跡総合報告書』（砺波市教育委員会2008、以下、総合報告書と略す）記載の「砺波郡増山村古城之図」（以下、「絵図」と略す）に依った。

　主郭は、城域の中心部に位置し、最大規模を誇るA曲輪（二ノ丸）である。主要曲輪群の中で唯一明確な虎口①を持ち、北東隅の櫓台②は13m×12mと城内最大規模を誇っている。主郭に相応しい堂々たる構えである。C・D曲輪も主郭Bに匹敵する広さを誇るが、大規模な堀切によって各曲輪間の連絡は完全に遮断されている。C・D曲輪は独立性が高く、主郭は従郭に対する求心力が弱いと言えよう。

（2）内・外防御ライン

　増山城の西側には和田川が流れている。天然の堀としての役割を果たしていることから、こちらからの敵軍の進攻の可能性は低く、顕著な防御施設は設けていない。増山城の防御の弱点は北・南・東側で、なだらかな尾根が続いているだけで、天然の要害は期待できない。従って大規模な防御施設は、北・南・東側に集中する。

　北・南・東側には、大規模な堀切や竪堀・横堀を連結して防御ラインを構築している。ラインとして確認できるのが、堀切③から二重竪堀④を経由して、⑤地点に至るライン。これを外防御ラインとする。さらに竪堀⑥から⑦地点を経由して、竪堀⑧に至るライン。これを内防御ラインとする。つまり主郭Aは、二重の防御ラインに防御されているのである。富山県内の山城で、ここまで防御ラインを貫徹している事例はなく、増山城の一大特徴といえる。

　それでは、この防御ラインは何時、誰が構築したのであろうか。ヒントを与えてくれるのが、畝状空堀群⑨である。この畝状空堀群は、外防御ラインを越えられない敵軍が、西側を回り込むのを防ぐために構築されたと考えられる。従って外防御ライン構築時に畝状空堀群も構築されたと考えて良い。現段階において北陸の中世城郭で、織豊系武将が構築した畝状空堀群は確認されておらず、全国的にも事例は少ない。一方、越中・能登の中世城郭では、上杉方が構築した畝状空堀群は多数確認できる。

　以上の理由により、少なくとも外防御ラインは上杉氏が構築した可能性が高いといえる。東端にも二重竪堀④が確認でき、外防御ラインの両脇は竪堀群で固めていたのである。上杉氏が増山城に在城していたのは天正4～9年（1576～81）であり、構築年代はその期

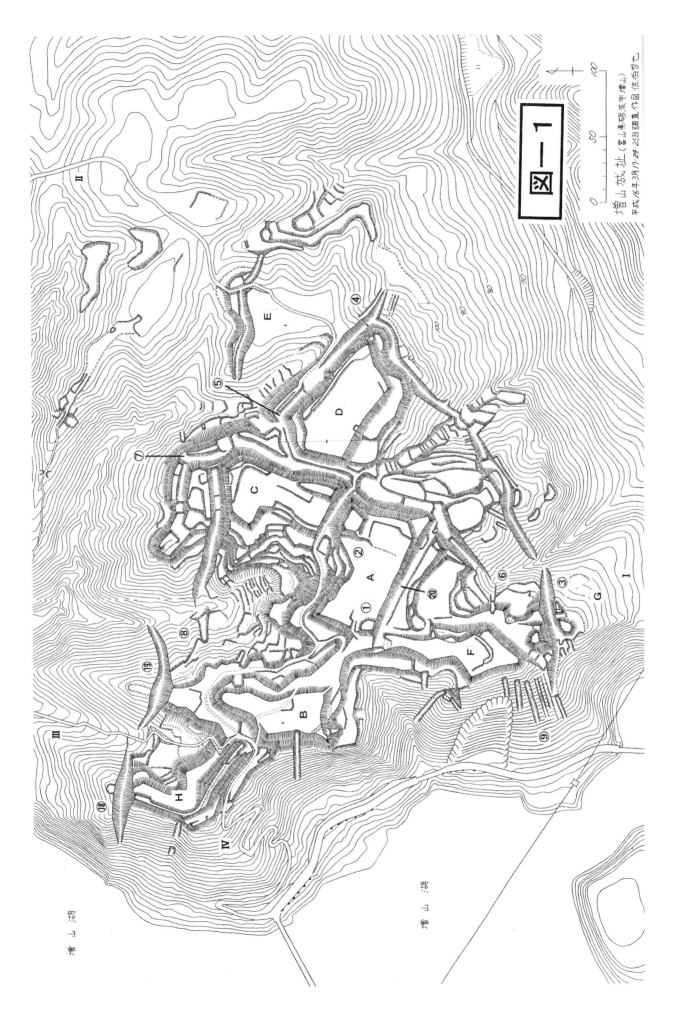

間内となる。上杉氏も大規模な造成を行っていたのであり、【増山城の大規模修築＝佐々成政の時代】というこれまでのイメージに一石を投じるものである（『総合報告書』）。内防御ラインの構築年代は特定できないが、外防御ラインとほぼ同じ方向に平行して構築されており、極めて計画的な縄張りとなっている。こよのような構造から、内防御ラインも外防御ラインと同時に構築されたと考えて良いのではなかろうか。

（3）G尾根ルート（Ⅰルート）

　畝状空堀群⑨を設けて敵軍の進攻を警戒しているということは、G尾根に敵軍が進攻できるルート（尾根道）が存在していたことを推定させる（図2参照）。現在尾根道は存在していないが、「絵図」には櫓台⑩（絵図には鐘撞堂）から南に延びる尾根道を描いている。従って絵図が作成された江戸末期にG尾根に尾根道が存在していたことが確認できる。ここではⅠルートとする。

　ここで注目したいのは、外防御ラインの中で、唯一防御線の外側に明確な櫓台⑪と虎口⑫を備えているのがG尾根ということである。さらに大軍での進攻を阻止するために、竪堀⑬まで備えている。それはG尾根に重要な城道が存在し、大軍の進攻というリスクを犯してまでも虎口を構築しなければならなかった、ということでありる。

　Ⅰルートは、虎口⑫を通過した後、堀切③の切岸に阻まれて、現在城内への通路は確認できない。ところが、平成9年の発掘調査により櫓台⑩直下から排水溝を持つ階段が検出された（『総合報告書』）。この結果、階段を登って平坦面⑮へ取りつき、城内に入るルートが推定されたのである。櫓台⑪の退避ルートとしては、縄梯子等で⑭へ移動し、さらに縄梯子等で平坦面⑮へ移動したのであろう。

　G尾根のさらに先端には、団子地山屋敷及び赤坂山屋敷と呼ばれる防御ラインのような遺構が残る（図3）。土塁の位置等から増山城関連遺構と考えられ、G尾根方向から進攻してくる敵軍に備えての防御施設と考えられる。このような防御施設からも、Ⅰルートの存在・重要性を窺い知ることができよう。

　Ⅰルートが構築されたのは、何時なのであろうか。『総合報告書』によれば、堀切③は人為的に埋め戻され、平坦面として使用されていたことを推定している。それは堀切③に城道を通すために埋め戻したと考えられないだろうか。埋め戻した時期として『総合報告書』では、16世紀後半から17世紀初頭を想定している。Ⅰルートは畝状空堀群⑨と連動していることから、上杉氏の改修と考えられる。それは『総合報告書』の改修年代と矛盾しない。これも【増山城の大規模修築＝佐々成政の時代】というイメージを覆す一面といえよう。

　もう1点注目したいのは、Ⅰルートのみ主郭Aの巨石石垣⑰を見ないで主郭に入るという点である。主郭に入るルートは他に3ルート（E曲輪を経由するⅡルート、堀切⑱・⑲間を経由するⅢルート、通称七曲り道のⅣルート）確認できるが、全て巨石石垣を見て主郭に入る。見ないで入るのはⅠルートのみてあり、巨石石垣⑰と無関係の人物がⅠルートを構築したことを示唆する。筆者は巨石石垣の構築者は神保氏と考えており、これもⅠルート構築者を上杉氏とする傍証となろう。

（4）巨石石垣⑰

　⑰地点に巨石2個が存在する（図4・5）[5]。大きい方は、長さ約2.3m、高さ約1.2m、厚さ約60cmで、重さは約3トンとなる。巨石の下には50〜60cm、幅30cmの石を枕状に並べて根固め石としている。裏込石も確認できる。従って人為的に構築された石垣として良い。長さ7mの間に巨石を一列に並べたと考えられる。

　巨石石垣も佐々成政の構築と考えられてきた。佐々成政の構築ならば、それは成政が越中に在国した天正9年（1581）〜13年となる。しかし、現存事例からは、佐々時代に絞り込むことはできず、現存事例はそれより古い事例が圧倒的に多い。

　増山城のように純粋な巨石列石垣は、岐阜城（岐阜県岐阜市）と小牧山城（愛知県小牧市）にしかない。岐阜城山麓巨石列石垣は、発掘調査及び文献史料（ルイスフロイス『日本史』）により、永禄10年（1567）〜12年に構築されたことが確認されている。小牧山城の巨石列

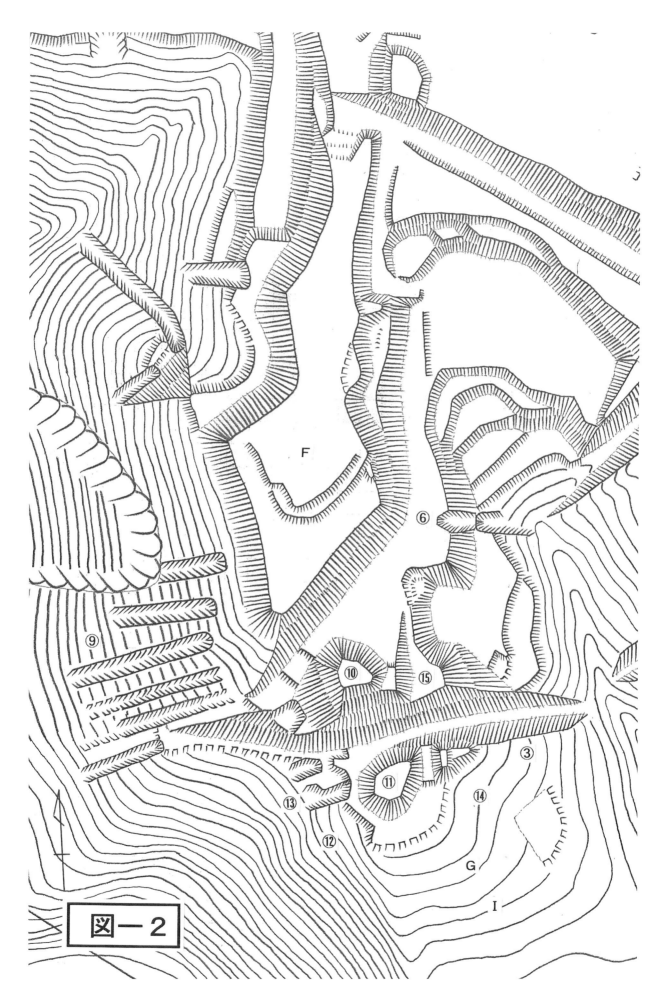

図-2

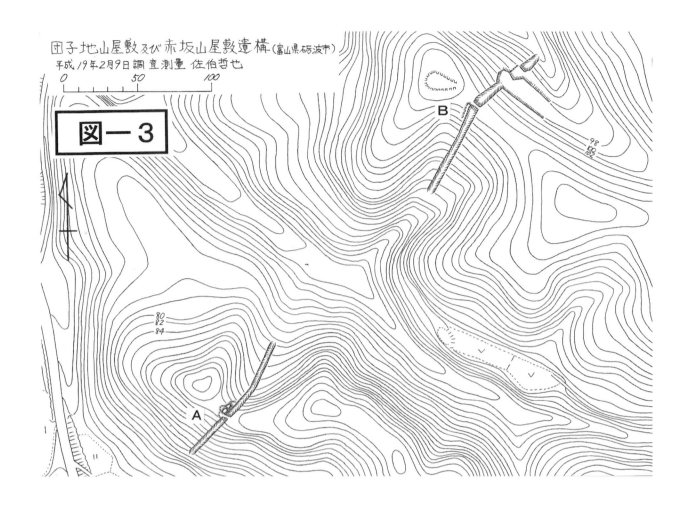

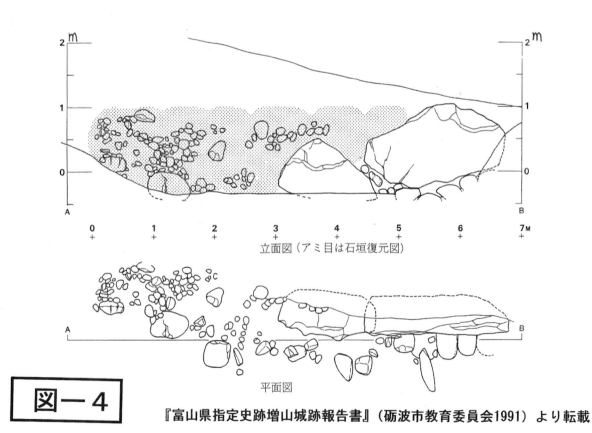

立面図（アミ目は石垣復元図）

平面図

『富山県指定史跡増山城跡報告書』（砺波市教育委員会1991）より転載

石垣も、発掘調査により織田信長在城期（永禄3年～10年）の構築であることが確認されている(6)。いずれも構築者は織田信長だが、構築年代は永禄年間ということに注目したい。

巨石を用いた巨石虎口は、大桑城（通称岩門　岐阜県山県市）で確認されており、発掘調査により16世紀前半ということが判明している(7)。一乗谷城下城戸は発掘調査が実施されているが(8)、構築年代は判明しなかった。しかし、常識的な判断として、構築年代の下限は、朝倉氏滅亡の天正元年（1573）とするのが妥当であろう。

越中入国以前の成政の居城として貴重なのが、小丸城（福井県越前市）である。小丸城で巨石は天守台入口に使用しているが、通路には使用していない(9)。

このように構築年代が推定できる事例は、成政以前とする事例が圧倒的に多いのである。成政期とラップするのは、唯一安土城（天正10年以前）ぐらいであろうか。さらに成政が構築した城郭で、巨石列石垣及び巨石石垣を使用した確実な事例は存在しないのである。

七尾城（石川県七尾市）九尺石は、平虎口付近の通路に設けられた巨石石垣である。九尺石の構築年代を、守護畠山氏時代とするか、前田利家時代とするのか判然としないが、平虎口に附属した石垣なので、畠山氏時代でも不自然さはない(10)。松倉城石の門（富山県魚津市）の構築年代も、守護代椎名氏時代なのか、それ以降なのか判然としない。しかし、単純な平虎口なので、椎名氏時代としても不自然さはない(11)。

七尾城・松倉城で重要なのは、いずれも守護・守護代の城郭ということである。土岐氏は守護、朝倉氏も守護相当の戦国大名である。永禄年間以前の守護・守護代の居城において、虎口（出入口）に巨石をもちいて格式を高める、という行為が流行していたのではなかろうか。そして神保氏も守護代である。成政期の確実な事例が存在しない現段階において、増山城の巨石列石垣の構築者は神保氏とする可能性は、大いにあり得ると筆者は考える。天正13年成政構築説に筆者は賛同しない。ちなみに永禄年間の織田信長は、まだ一地方大名にすぎなかったはずである。守護土岐氏の城造りを模倣・大規模化して、巨石列石垣を導入したという考え方も存在するであろう。

（5）主郭虎口①

虎口①（図5）は、主要曲輪群の中で唯一明確な虎口であり、A曲輪が主郭であることを物語っている。明確ではあるものの、虎口①は織豊系城郭、特に成政が構築した城郭の中でも特異な虎口となっている。

虎口①は基本的には平虎口で、外側には若干枡形状に曲げた形跡が認められる。しかし、土塁を設ければ、明確な外枡形虎口を構築し防御力を増強できたはずなのに、何故かそれをしていない。さらに不自然なのが、小平坦面⑯の存在である。ここに土塁・横堀を巡らせば馬出曲輪と比較的入りやすい虎口であるなり、格段に虎口①の防御力を増強できたはずである。有効な小平坦面なのに、なにもせず、放置している状況となっている。

主郭虎口①　比較的入りやすい虎口である

成政が天正12年に大改修したことが確実なのが、松根城・加賀荒山城(12)（共に石川県金沢市）及び一乗寺城(13)（富山県小矢部市）である。いずれも虎口を明確な枡形虎口状に加工し、さらに馬出曲輪を構築している事例も存在する。つまり当時の成政城郭は、改修部分が虎口で、改修構造は枡形虎口あるいは馬出虎口とすることが一般的だったのである。残念ながら虎口①は、このパターンと一致しない。

以上の理由により、虎口①は成政期以前から存在していた虎口と考えられる。成政が改修したとすれば、真っ先に虎口を改修したはずである。それをしていないということであれば、成政は増山城をほとんど改修していないと言っても良いのではなかろうか。

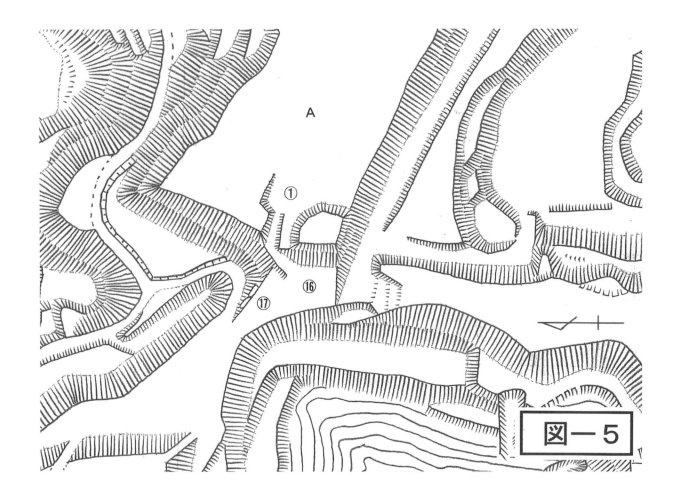

（6）小結
　以上、縄張り的には上杉・神保氏時代の遺構と考える箇所が多数存在していることが推定された。神保氏・上杉氏による大改修が推定できよう。

3．発掘調査による成果
　砺波市教育委員会が平成9～15年に増山城の発掘調査を実施しており、多くの貴重な成果が『総合報告書』に詳述されている。以下、拙稿に関する部分だけを記載する。

（1）主郭A周辺の遺物
　主郭A南側横堀から15世紀末～16世紀初期の土師皿、主郭A東側横堀⑳から14～15世紀代の土師皿が出土している。16世紀代の遺物は城域のほぼ全域から出土するが、15世紀以前の遺物は主郭A周辺のみ出土する。総合報告書では主郭A南側横堀は16世紀初頭までには構築されていたのではないかと推定している。このことから主郭Aは単純な縄張りながらも、周囲に堀を伴った城館として16世紀初頭には存在していたことが指摘できる。従って永正3年（1506）遊佐慶親書状（中世1196）に「其儘城中へ御立籠」とあるのは、増山城の可能性が高いと考えられよう。
　遺物は何らかの理由で主郭Aから投棄されたと考えられるから、主郭Aが15世紀頃一番最初に構築された可能性がでてきた。さらにB・F曲輪のみ主郭との間に大規模な遮断線がなく、主郭との親密

主郭A南側横堀⑳

さがうかがえる。この理由から主郭Ａ・Ｂ・Ｆ曲輪が増山城の原型として当初から存在していたという推定も成り立とう。『総合報告書』は主郭Ａを含む増山城の主体部は、天文中期から永禄年間の初めに構築されたとしているが、少なくとも主郭Ａは16世紀初頭から存在していたと考えるべきであろう。

（２）内外防御ラインの改修

　内外防御ラインの当初の造成が16世紀中頃～後半、二度目は16世紀後半～末期と推定された。特にＣ曲輪東側の堀底から天正年間の土師皿が出土していることから、Ｃ曲輪東側の横堀は天正年間に構築されたか、あるいはそれ以前に存在していても現在の横堀より小規模なものだったと推定される。それは内堀ラインが部分的にしか存在していないか、あるいは大小様々な空堀が雑多に入り混じったラインとは呼べないような防御施設だったことを推定させてくれる。ということは、筆者が堀切③は神保氏が構築し、上杉氏が再造成したという推定を、発掘調査がある程度裏付けてくれたと言えよう。

　主郭Ａ東側横堀（馬洗池）から焼土層が検出された。それは堀底から約60cmの高さの位置で確認された。焼土層が仮に天正９年の織田軍による焼き討ちによるものとすれば、必然的に主郭Ａ東側横堀はそれ以前から存在していたことになる。それは神保氏、あるいは上杉氏が構築したということになろう。

（３）Ｈ曲輪の構築年代

　Ｈ曲輪から出土した土師皿を考古学的な知見からでは16世紀後半～末頃と位置づけ、Ｈ曲輪平坦面の拡張工事をこの時期と推定した。しかし放射性炭素年代測定（ＡＭＳ法）では、土師皿の使用年代は16世紀中葉と判明した。つまりＨ曲輪平坦面拡張工事は神保長職時代に行われた可能性がでてきたのである。どちらが正しいか、という結論は出せないが、今後の調査によっては、約20～30年年代が遡る可能性が出てこよう。

４．まとめ

　以上、増山城の概要を述べた。文献的には守護代神保氏代々の重要拠点であり、縄張り・考古学的には神保氏・上杉氏時代の遺構が広範囲に残っていることが確実となった。それは【増山城の大規模修築＝佐々成政の時代】という考え方を大幅に修正しなければならない結果になったと言える。今後さらなる新事実の発見に期待したい。　　　　　　　　（佐伯哲也）

注
⑴野原大輔「増山城」『北陸の名城を歩く　富山編』吉川弘文館2022
⑵『富山県の歴史』深井甚三・本郷真紹・久保尚文・市川文彦編1997
⑶『新修七尾市史3　武士編』七尾市役所2001
⑷『砺波市史資料編1　考古、古代・中世』砺波市1990
⑸『富山県指定史跡増山城跡報告書』砺波市教育委員会1991
⑹『戦国美濃の城と都市』内堀信雄　高志書院2021
⑺令和２年度大桑城発掘調査現場公開資料　山県市教育委員会2020
⑻『特別史跡一乗谷朝倉氏遺跡発掘調査報告Ⅶ』福井県立一乗谷遺跡資料館1999
⑼『越前中世城郭図面集Ⅲ』佐伯哲也2021
⑽『能登中世城郭図面集』佐伯哲也2015
⑾『越中中世城郭図面集Ⅱ』佐伯哲也2012
⑿『加賀中世城郭図面集』佐伯哲也2015
⒀『越中中世城郭図面集Ⅲ』佐伯哲也2013

氷見に進出した越後上杉勢の城
10. 中村城 （なかむらじょう）

①氷見市中村・柿谷　②-　③天正4年　④天正年間　⑤同7年　⑥長尾左馬助　⑦山城
⑧削平地・切岸・畝状空堀・土橋・低土塁・堀込出入口・堀切・横堀　⑨340×400m
⑩標高68.2m、比高約55m

1．歴史

中村城は、一次史料はないものの金沢市立玉川図書館所蔵加越能文庫『三箇国古城（古城考五種の内）』に「中村　長尾左馬助」、同じく『三州地理誌』に「中村山城　越後侍之由長尾左馬助」と、近世地誌類に越後侍長尾左馬助との関連が記され、上杉氏の支城として知られている（氷見市教委　2010,序,p.5　発掘調査知見および氷見市教育委員会の見解は同書による）。高岡徹は、城主伝承のある長尾左馬助を河田長親に付けられ越中に派遣された栖吉衆の一員に見出し、上杉氏が越中西部を制圧した天正4年（1576）から氷見地域から撤退する同7年初めにかけて、一時能登に近い要衝を守ったと推定している（高岡　2000,pp.384-6）。

佐伯哲也は畝状空堀群・計画的な通路・内枡形虎口⑭の存在から、同6～7年上杉氏による築城と絞り込んだ比定をしている（佐伯　2008　以下佐伯の見解は同書による）。

平成19～21年に氷見市教育委員会によって測量調査と試掘調査が実施され、その成果も報告されている（氷見市教委　2010）。主郭から出土した中世土師器の体部破片と漳州窯産染付椀の底部破片のうち、後者は16世紀第4四半期のものと推定され、上杉氏活動期との一致が確認された。

中村城は上庄川が流路を弓型に転じる（北から東へ）中流の左岸に位置し、上流域の谷と富山湾に至る下流域を視界に入れることができる。現況では雑木で視界が妨げられているが、氷見市立博物館大野館長の教示によれば、上流に所在する小浦氏の池田城の監視も可能という。池田城の先は臼ヶ峰往来で能登に通じ、邑知潟平野を経て加賀方面への進出も可能な要衝に位置する。

中村城

2．縄張

先行研究から縄張りの特徴をみていきたい。高岡は『氷見の山城』のなかで上杉氏城郭の特徴とする構造として「長い山上部を三段にもわたって削平し、それぞれに大規模な切岸を巡らす例は氷見地域では例のないことであり、当城が上杉部将の在番支城として、拠点となるよう築かれたことを物語る」としている。また二段目の郭群の外周に設けられた大規模な堀切を氷見地域でも有数のものとし、もう一つの大きな特徴として畝堀の多用を挙げた。畝堀は「切岸下の傾斜のゆるくなった中腹部を敵に利用させないための防御上の配慮で、上杉系の築城技術が読み取れる」とした。「この他にも大小さまざまな堀切・竪堀が設けられ、防御施設全体として、氷見地域のなかでも際立った堅固さを示し、入念と言う他

大堀切①

畝状空堀群⑦　上方は堀切⑤

ない」と評している（氷見市教委　2001,pp.154-5 以下高岡の見解は同書による）。

　主郭はAで、Bとの間に堀を入れ、その土橋接続部A側両脇は高さ約0.3mの低土塁で守りを固めている。城戸が構えられていたであろう。A北部では発掘調査が行われ、岩盤を平坦に削平して造成されたと考えられること、またトレンチからは11基の穴が検出され、大型の穴は地山岩盤を穿った遺構であることから貯蔵用の穴と推定されている。⑧は佐伯、高岡とも張出と評価し、切岸下方の横堀に射線を送る。

　Bではトレンチ区画外から一辺40cm・深さ21cm、40×50cm・深さ15cmの方形の穴1と2が確認され、ともに柱穴とすれば両者の方位が20°ずれていることから、複数の建物の存在が推定されている。Bの東には一段低くCを置き、端で土橋状に接続する。

　大手は佐伯が示した南尾根からのルートであろう。F東切岸下を北上し、上段切岸下で左折（右折は竪堀⑨が阻止）、坂通路を掘り込まれた出入口⑭から二段目区画へ入る。入ると北からの横堀―帯郭通路との結節部となり、右折れでスロープを登り、山上（最上段区画）へと至る。搦手は、氷見市教育委員会は北の大堀切①と竪堀④の間の尾根筋から柿谷集

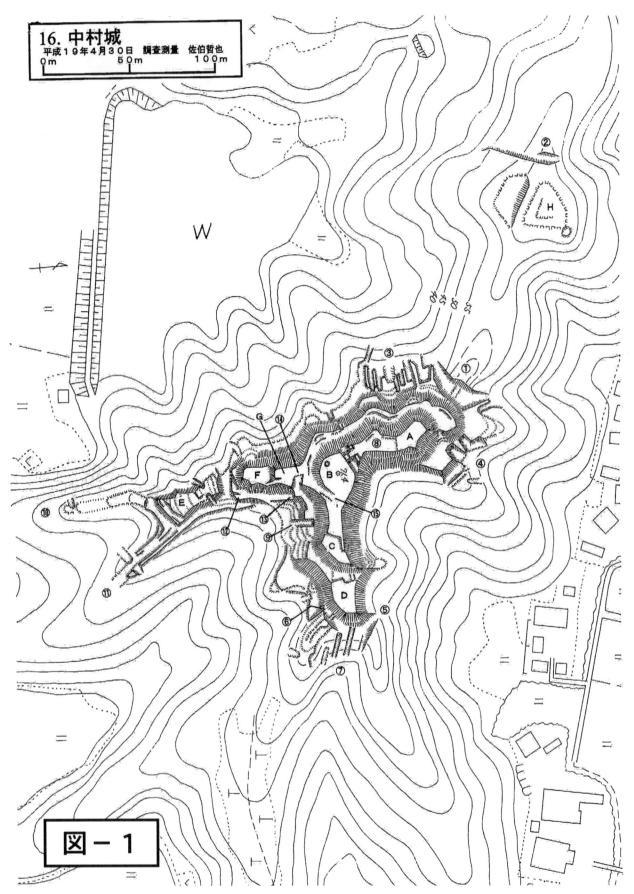

中村城縄張図　（佐伯哲也『越中中世城郭図面集Ⅲ』桂書房、2013より引用）

落に至るルートを挙げている。1961年の氷見高校歴史クラブ報告による柿谷集落から毎日城に清水を運び上げていたという伝承を傍証とし、大手を中村地区側に向けるとともに、搦手で柿谷地区とも結びついていたとした。

　また東端Dの南東切岸下には土橋が設けられ、墓地のある尾根との接続が可能である。切岸下二段目は西に北から南を繋ぐ帯郭を巡らし、大堀切①に沿って高さ0.6～0.7m、天端幅おおよそ1.6mの低土塁を設け、⑧下部は前面深さおよそ0.5～1m、水平上幅約2.5mの塹壕状横堀（下方見通しは効かず射撃不可）となっている。

張出⑧下方の横堀

　その下方には大堀切①、畝状空堀群③で外周の守りを固めている。畝状空堀のうち南の2本は発掘調査が行われ、およそ35cmの深さ、南の下部は約85cmの深さであった。筆者が実見した他城郭における越後勢構築と推定される畝状空堀と比べると、配置と造作がやや乱雑である。

　出入口⑭のあるGと南に端で土橋で接続するFは、先述の大手ルートを側面から監視し、FはE北部も高位から監視する。なおFは発掘調査において遺構・遺物とも確認されなかった。

　最後に防御線の外に設けられたD、Eについて、両郭を外張とする私見を述べたい（図2、3）。両郭とも防御線外の二筋の尾根が集まる地点に配された郭で、城最前線の防衛を担う。

　Dは城域東端に位置し、山上C切岸下の堀外に土橋で繋いで配置され、前面には切岸、堀切、畝状空堀群が敷かれた東の最前防御陣地である（図2）。北東尾根は堀切⑤で遮断するも、南東尾根の堀切⑥には土橋が架かり、墓地のある尾根に接続している。城内側Cとの切岸にも土橋が架けられ、城内へは土橋からCへ切岸を登ったか、何らかの手段で接続していたと考えられる。複雑な出入口構造はないものの、筆者は東からの出入を管理する外郭陣地：外張と位置付ける。

　Eは城域南端、二段目Fの切岸と堀切で巡らされた防御線の外に配置された郭である。Eの役割を、佐伯と氷見市教育委員会は東裾に設定された南尾根大手ルートに横矢を掛ける役割を想定している。しかしその東裾ルートはF東裾には高さ3mを越える壁が立ちはだかり、直接は接続していない。またEは城内外への接続がなく、佐伯が指摘しているように合戦時に孤立してしまう欠点を有している。

　しかしそのような普請をするであろうか。筆者はEにも城内外へ接続する構造があったのではないかと考えている。南の城外側最前面は、近代の土取りの跡か落差約2mの壁面

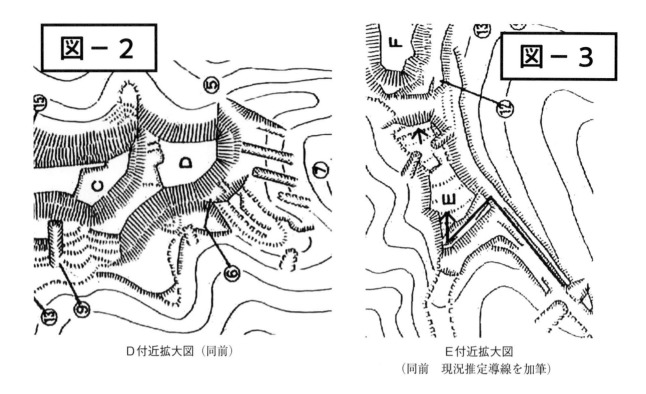

D付近拡大図（同前）　　　　　E付近拡大図
　　　　　　　　　　　　（同前　現況推定導線を加筆）

となっている。土取りによって出入口造作が消滅した可能性もある。また壁面のうちに低土塁の痕跡のような土盛があり、現況は東端からE内へ通行が可能な現況となっている（図3）。土取りによる造作の可能性もあるが、その導線を紹介しておきたい。

　E南東縁辺現況は外から切岸（南尾根は堀）、横堀状構造、低土塁となっている。内からE南東縁辺低土塁の高さは0.2～0.3m、天端幅1.1～1.3m、長さ約8.5mで、南端は切れている。その南東約2mの緩斜面下に幅約1.8m、前面を高さ約0.2m、天端幅約1mの低土塁とする横堀状構造となり、その前は落差約2mの切岸を壁面とし、南東は幅約5.5mの平面、南尾根は堀を置く。

　最前面の堀と切岸壁は遮断構造となり、次の横堀状構造は堀とするには前面深さが0.2～0.3mと浅く、筆者は低土塁を備えた通路と評価した。低土塁は上方E南東辺縁の低土塁とともに、迎撃兵の胸壁あるいは塀、矢盾、竹束等を置いて身体防御力を高める基礎とするに適切な位置にある。

　南の城戸を通過したルートは、横堀状構造東端を出入口としてその通路に入り、南西に進み（その間E低土塁内からの監視・迎撃が効く）、南西端で右折れ北上し、E南端の低土塁のない部分から郭内に入ることが可能である。

　Eの南東塁線内は、削平は不全であるものの郭であり、土塁に拠った射的兵の背後には出撃する兵の収容が可能である。郭内には両竪堀により造りだされた土橋が設けられ、その内の高台に接続する。高台からは土橋以南に監視が効く。郭内に敵兵の侵入を許した場合は郭内での戦闘、高所からの射的、土橋の奥に繰り引いての戦闘も可能である。土橋は郭内を通行することを想定して制限するための構造であり、大手ルートはE東裾を通らずにE郭内へ入って郭内を通り、後背堀底へ降り、F東裾ルートへ接続したのではないだろうか。E後背の堀は、現況では約2.3mの深さがあるものの、西へ抜ける作業路として整形された痕跡があり、Eとの高低差は現況よりも低かったと考えている。他尾根、郭の接続状況から土橋が設けられていた可能性もある。土橋があれば東からの斜面は高くなり、堀障子としての障壁ともなる。Eを経る城内外との接続を推定するならば、Eも大手ルートの防御線外に構えられた外郭陣地：外張と位置付けることができよう。

3．まとめ

　中村城は氷見から能登、加賀を望む要衝に位置し、山上に平面を保有することから越後から進んだ上杉勢の駐留が可能な城である。計画されたルートが設定され、鋭く削りたて

た切岸、堀切、塹壕状横堀、畝状空堀、低土塁、防御線の外には外張を配して守りを固めている。それら城郭構造が藪深くはあるが戦国の城郭の実像に近い姿で残っており、天正4〜7年に氷見地域に駐留した上杉勢の城郭がどのようなものであったのを示す貴重な遺構である。 （永野栄樹）

【参考文献】
佐伯哲也「縄張りから読み取る中村山城の歴史について」氷見春秋会『氷見春秋』第57号、2008
高岡徹「戦国期における上杉氏の越中在番体制とその展開」小菅徹也編『金銀山史の研究』高志書院2000
氷見市教育委員会『氷見の山城』北日本印刷2001
氷見市教育委員会「氷見市埋蔵文化財調査報告第56冊　中村城跡Ⅰ・森寺城跡Ⅱ」2010

土豪・狩野氏独自の枡形虎口が特徴
11. 飯久保城 （いいくぼじょう）

①氷見市飯久保　②南条城　③16世紀　④16世紀後半　⑤16世紀末　⑥狩野氏
⑦山城　⑧削平地・切岸・土塁・虎口・堀切・竪堀　⑨290ｍ×220ｍ
⑩標高70ｍ、比高60ｍ

1．歴史

飯久保城は土豪狩野氏の居城である。狩野氏の出自は、加賀の室町幕府奉公衆・狩野氏の流れではないかと言われるが不明。飯久保城狩野氏の史料初見は永禄3年（1560）で、長尾景虎の侵攻で富山城の神保長職が破れた時の狩野良政書状である。この時良政は長職に人質を差し出しており、書状宛先の田端氏に「これも人質故」と嘆きながら神保氏に服属すべきか心底を問うている。その後、長職は所領を回復し、永禄4年には狩野宣久が光久寺に寺地を寄進している。

永禄11年（1568）上杉謙信が松倉城の椎名氏を破り、魚津城に配下の河田長親を置く。天正元年（1573）その河田に対し、小島職鎮と狩野道州が連盟で神保弥次郎の家督相続について書状を出している。この頃既に狩野氏は上杉方であったようだ。

しかし天正6年（1578）謙信死去により、織田軍が飛騨より越中に入る。守山城主・神保氏張はいち早く織田方となり、翌天正7年に能登の織田方・長連龍と氏張の妹が婚姻する。この時の媒酌を狩野将監が務めており、狩野氏も織田方に転換していたと考えられる。

天正9年に佐々成政が越中に入ると、狩野氏はそのまま成政に服属したのだろう。天正13年（1585）阿尾城の菊池武勝に宛てた前田利家書状には狩野氏領について記されている。天正13年に佐々成政が降伏した後、狩野氏の動向は不明。宝永5年（1708）に江戸で浪人していた狩野九郎右衛門が富山藩に仕官している。おそらく成政降伏時に狩野氏は飯久保城を去り、廃城となったのであろう。

2．縄張り

曲輪Ａが主郭で、ここから派生する尾根を守る縄張りとなっている。特に南を警戒したようで、5ｍは越える非常に高い塁線土塁を巡らし、その東端に櫓台①を設けて東の尾根を警戒している。城内最高所のこの櫓台は現地で「見張台」の案内がされているように四方の展望が非常によく、城内も見渡せる重要な場所だ。

東尾根にはＢ曲輪があり南側に塁線土塁を持つ。さらに東側に数段の削平地を設け、二重堀切②で尾根筋を防御している。しかし主郭とＢ曲輪は堀切③で遮断されており、土豪の城らしい求心性のない縄張りだ。

南方向の尾根には堀切を三

主郭　右奥が見張台

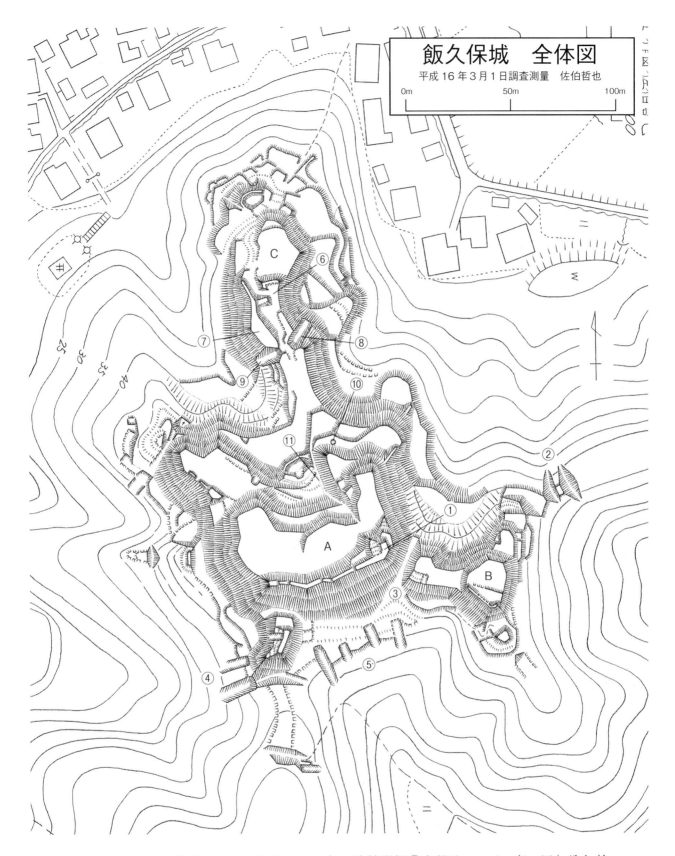

重に設け、さらに敵が西へ回り込まないように連続竪堀④を設けている。東へ回り込む敵には、畝状空堀群⑤で防いでいる。主郭土塁南側は、登ることは困難な鋭い切岸ではあるが、それでも不安だったのだろうか、徹底した守りに驚かされる。

　城の大手口は北側だったのだろう。登城路をC曲輪で監視し、さらに城内へは虎口⑥で守りを固めている。実に見事な枡形虎口で、飯久保城最大の見所である。

　まず正面を切岸で守り、敵が突入しても通路を土塁で折り曲げ、櫓台⑦が睨みを利かせている。さらに奥では通路両側に竪堀⑧⑨を設けて狭める徹底ぶりだ。ちなみにC曲輪、虎口の切岸前には空堀が無かったことが、発掘調査で判明している。

　この枡形虎口は織豊系縄張りとして、おそらく狩野氏が織田方であった時期に改修した

ものなのだろう。氷見市教育委員会が発行した調査報告は、加賀前田氏が改修した七尾城本丸の出入口と構造や規模が類似しており、それを直接モデルとした可能性があると指摘している。一方、七尾城本丸虎口は平坦面を広く持っているので、櫓台⑦で狭めている飯久保城とは構造が全く違うという指摘もある。前述の、南を守る畝状空堀群も間隔が広く、こ

⑥の枡形虎口部分　写真右が入口　左奥が櫓台⑦

れも中途半端な作りだ。狩野氏が織田方武将から織豊系の知識を受けながらも、独自に構築した縄張りなのではなかろうか。

両竪堀を越えて主郭へ向かえば、いくつもの削平地が待ち構える。⑩には湧き水跡があり、貴重な水の手だ。今日でもややぬかるんでいる。

現在残る道⑪が当時の登城路とするならば、主郭はその通路を包み込むような形で、横矢を掛けていることになろう。

3. 発掘調査

平成13、14年に、主郭とC曲輪にて発掘調査が行われている。前述の通り、枡形虎口の切岸前には空堀は無かった。

主郭からは高土塁と直交する向きに溝が見つかり、区画されていた可能性がある。他には中世土師器、越前、染付、茶臼、土錘などが出土し、その推定時期も16世紀後半を主体としたものという。特に土錘は、城兵が近くの川で釣りをした時に使用したものなのであろうか、当時の生活が偲ばれる。

「湧水地」の表示がある水の手跡　　　　　②の二重堀切を東側から撮影

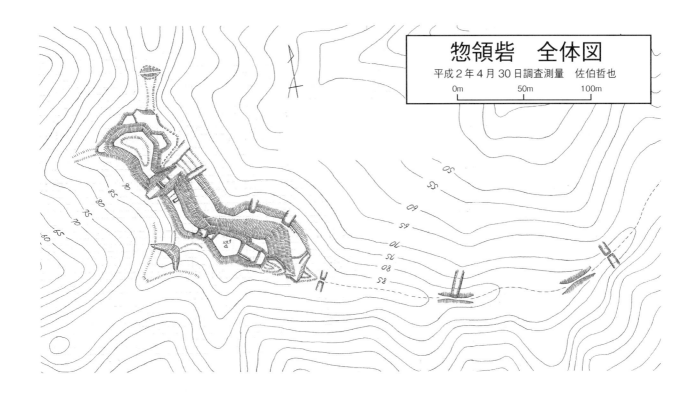

4. 惣領砦、鞍骨山城

　飯久保城から西へ1.3km離れた標高101mの山上に惣領砦がある。伝承では狩野氏の家老である大前左近・奥野主馬が在城していたといい、飯久保城の支城だったのであろう。周囲を高い切岸で守られ、郭群を二分する大堀切があり、枡形を意識したような虎口跡も残る。このように飯久保城に類似する構造を持つ。

　また惣領砦から更に3.3km西の標高237mの奥山には、鞍骨山城（御林山城）があり、伝承では狩野氏の本拠地となっているが、飯久保城の詰城だったと考えられる。

5. まとめ

　飯久保城は土豪・狩野氏の本拠として16世紀後半まで使用された山城である。狩野氏が神保氏に属し、そして上杉方、織田方と立場を変えながら乱世を生き抜く中で、織豊系の縄張りを独自に取り込み改修したといえよう。

　飯久保城跡、惣領砦跡共に、地元の方によってハイキングコースが設けられているので、ぜひ訪問して欲しい。

（太田寿）

【参考文献】
氷見市教育委員会『飯久保城跡』2003
佐伯哲也『越中中世城郭図面集Ⅲ』桂書房 2013

惣領砦　堀切

越中と能登境目の山城
12. 森寺城 （もりでらじょう）

①富山県氷見市森寺　②湯山　③16世紀前半　④戦国末期　⑤天正13年（1585）頃
⑥能登畠山氏・八代（屋代）氏・上杉謙信（河田主膳）・佐々成政（神保氏張・菊池氏・斎藤信利）　⑦山城　⑧削平地・堀切・石垣・石敷道・土塁・竪堀・櫓台・井戸
⑨1200ｍ×500ｍ　⑩標高160ｍ　比高120ｍ

1．歴史

　森寺城は、越中と能登の国境に位置する荒山峠を通る荒山道を見下ろす場所に築かれた山城であり、中世の史料では「湯山」と記される。築かれた場所は、射水郡八代庄内である。

　永正16年(1519)越後守護代長尾為景による越中守護代神保慶宗討伐に呼応して、能登守護畠山義総が氷見南部に出陣した。畠山氏は当時八代庄を含む氷見北部に進出しており、明確な時期は不明であるものの、この頃に畠山氏の支城として築城されたと推定される。発掘調査でも、16世紀初め頃からの遺物が出土している。

　弘治3年(1557)6月、七尾城を追われ、勝山城(中能登町)を本拠としていた温井一族が、森寺城で勝利した。これが史料上の初見である。敗れたのは八代庄を本拠とした八代俊盛と考えられる。その後、海路七尾城へ入城した俊盛の加勢を得た七尾城方の反撃で、翌永禄元年に勝山城は陥落しており、森寺城は八代氏の手に帰したのであろう。

　永禄11年(1568)には、家臣団によって七尾城を追放された畠山義続・義綱父子が、一時的に森寺城を占拠している。

　元亀2年(1571)3月、神保長職の要請で越中に出陣した上杉謙信が、守山城(高岡市)と森寺城を攻めようとしたが、六同寺川(小矢部川)の増水で断念している。

　天正4年(1576)9月、能登を目指して越中に出馬した上杉謙信は、栂尾城(富山市)と増山城(砺波市)を落城させ、森寺城攻略に取り掛かった。同年11月に謙信は七尾城を包囲しているので、森寺城は早くに落城したとみられる。これ以後、謙信の支城となり、魚津城(魚津市)に在番した河田長親の一族とみられる河田主膳が入城した。

　天正6年(1578)3月、上杉謙信が急死したことを受けて、いち早く織田方へ通じた守山城の神保氏張は、翌7年に森寺城に攻め寄せた。この合戦には能登から氏張の元へ身を寄せていた長連龍も加わっており、敗れた河田主膳は上方へ退去した。これをもって城は織田方の手に渡り、同9年(1581)以降は、越中入りした佐々成政の支城になったと考えられる。また、荒山道でつながる阿尾城の菊池氏が関わった可能性もある。

　天正12年(1584)前田利家と対立した佐々成政は、森寺城に近い能越国境の荒山城(中能登町・氷見市)に手勢を入れていたが、同年10月末頃撤退したようである。この時期、森寺城には斎藤信利が在城したという説があるが、ここでの合戦はなかったようである。

　天正13年(1585)佐々方から前田方に転じた阿尾城の菊池右衛門入道と、前田利家との間に交わされた誓紙に森寺のことが記されるが、まもなく城は廃城になったとみられる。

2．縄張り

　尾根に沿って南北に延びる縄張りの中心部に、本丸(A・B)と二の丸(C)がある。本丸・二の丸の南側は尾根が三方向に分岐し、東側が金戸山(I・J)、中央が踏段堂(ふんだんどう)、西側が野崎屋敷(L)と呼ばれる。麓の森寺集落から城へ登る街道は中央の踏段堂

へ通じ、本丸西裾を通って縄張り最北部の搦手口へ抜けている。この先街道は、荒山道に合流するとともに、一方では石動山登山道のひとつ、角間道にもつながっている。このような街道を城内に引き込んでいるのも、森寺城の重要な特徴である。

踏段堂では城へ入る街道が大きく曲げられ、K郭から見下ろされる形で進むことになる。また、K郭の東西裾にはそれぞれ二重の竪堀が設けられている。

金戸山は起伏のある広大なI郭と一段下がった南側のJ郭で構成される。I郭には明確な防御施設はうかがえない。J郭の東端に土塁があるが、防御遺構が集中するのはJ郭の南裾であり、4本の竪堀と土塁が配されている。

野崎屋敷（L郭）は南側に土塁があり、その先には尾根を断ち切る大規模な堀切が二重に設けられている。また、南西裾には5本の竪堀を組み合わせた防御が施されている。なお、L郭には井戸が1基残っている。

以上、南側三方向の尾根に対しては、それぞれに城内への侵入を防ぐための防御施設が構築されているが、城中心部側には目立った防御施設がない。

L郭の北側には独立性の強いH郭があり、サイダ屋敷と呼ばれている。H郭にも目立った防御施設は見当たらない。なお、H郭東側の平坦地には、街道をはさんで本町という地名が残っている。さらにカンジャ屋敷は、鍛冶場跡という言い伝えがある。

城最北端の搦手口は、堀切と土塁を食い違いにして街道を屈曲させたものである。ここを過ぎると200m程水田跡地が続く。水田跡地は寺坂屋敷と呼ばれるが、ここに防御遺構は確認できず詳細は不明である。

郭の北側を堀切で防御したF郭とG郭の裾部を過ぎると、街道両側に配された堀切によって道は屈曲し、百間馬場の直線に至る。百間馬場はD郭とE郭によって、常に見下ろされていることになる。

D郭は城内の最高地点である。後述するように森寺城の中心部は改修を受け、石垣が構築されるが、それ以前の主郭がD郭であった可能性がある。現在北端にはL字型の土塁があり櫓状になっている。石垣の現状や、土塁の東側斜面に石垣石の転落石が多数あることから、土塁の東側と北側の外面に石垣が構築されていたと考えられる。D郭の南側には約4mの段差でE郭があり、E郭の西側にD郭と通路状に結ぶ土塁がある。

B郭の西側斜面下には、長さ約50mにわたって石垣の転落石があり、これらは本来B郭の西側斜面に構築されていたものと考えられる。このことから、C郭（二の丸）に登る大手道は、A郭とB郭の境目あたりの地点で街道から分岐し、B郭西裾の転石がある場所を通ってB郭南側へ折れ、C郭南下から櫓台の裾を通って登る道筋であったと想定できる。

城内から見た搦手口の食い違い土塁（南から）

C郭（二の丸）は、南北約80m、東西約50mの広大な平坦面である。北寄りに直径約8mの井戸1基がある。南側は大手道に向けて櫓台が設けられ、この櫓台下からC郭東裾にわたって帯郭が配される。この帯郭はC郭の東北角と南東角が竪堀で防御されている。また、C郭の北西斜面には、E郭と対峙する形で石垣が構築されている。

C郭の南西部に、L字状の土塁で区切られた本丸（A郭・B郭）があり、ここが主郭となる。土塁の高さは現況で1m、外側に

二の丸へ登る大手道
中央奥の石垣は櫓台（西から）

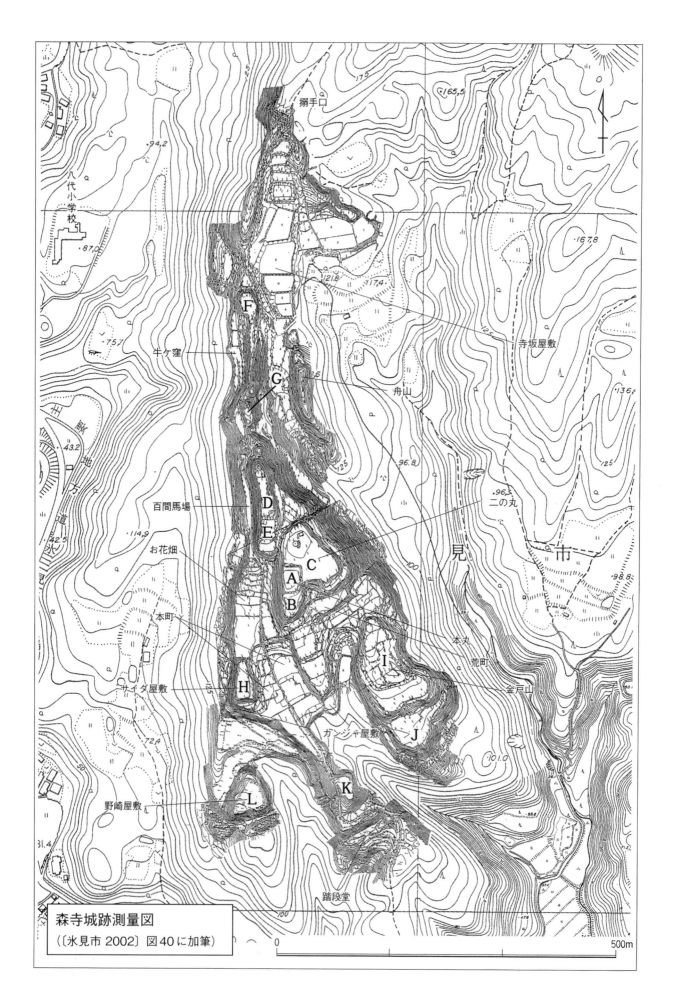

は石垣が構築され、東側に平入りの虎口がある。A郭は南北約30m、東西約20m、一段低いB郭は南北約約20m、東西約15mである。

　森寺城の石垣石は、城から約2km北西の阿尾川支流の河原に産出する片麻岩と花崗岩の転石が用いられている。大きさ80cm前後の自然石である。F郭北裾に北西から登る山道が、これらの石材運搬ルートと推定される。

大手道の発掘調査
幅3.2mの石敷道で、両側に石垣が配される（西から）

3．発掘調査

　搦手口の堀切は、発掘調査の結果、堀底は現況よりも約1.5m深く、V字状になることが判明している。16世紀代の土師器皿破片が3点出土している。

　D郭北端の土塁石垣は、発掘調査の結果裏込め石の使用が認められた。

　C郭南側から登る大手道は発掘調査の結果、両側に石垣をもつ幅3.2mの石敷き通路であったことが判明している。

　C郭の発掘調査では、地表観察では確認できなかった空堀を2本検出している。

　ひとつは、大手道からC郭に入った西側で南北にのびるものであり、長さ15m、幅5mと推定される（ア）。

　もうひとつは、土塁外側に沿って幅約4mのL字型空堀である（イ）。空堀は虎口前にも続いているため、ここには木橋が架けられていたと推定される。

　また土塁盛土の中で、土留め目的と推定される石組みを検出している。

　さらに、C郭北西斜面石垣の発掘調査から、石垣構築以前はE郭との間に空堀があった可能性が考えられる。

　C郭とその周辺部の調査では、16世紀初めから末の土師器皿が60点、越前が2点、白磁が5点、染付が3点出土している（いずれも破片数）。

4．まとめ

　森寺城は16世紀初め頃に築かれ、天正13年（1585）頃に廃城となった。その間能登畠山氏の支城、畠山氏に従った八代（屋代）氏の支城、上杉方河田主膳の居城、織田方神保氏張の支城、佐々成政の支城（菊池氏や斎藤信利が居城か）と、めまぐるしく立ち位置が変化した。従って、その時々の使用者によって、たびたび改修が行われたと思われる。

　このうち特に大きな改修と考えられるのが、石垣の構築であろう。石垣が構築されたのは、A〜E郭の城の中心部である。C郭南側大手道の石垣は、幅3.2mの石敷き通路の両側に配されており、石造りの中心部への改修は、城の政治目的への転換を意図したものであったと考えられ、これは織田方の手によるものであろう。

　天正3年（1575）9月の一向一揆平定で越前に入り、石垣をもつ小丸城を居城としたとされる佐々成政は、天正8年（1580）9月頃までに織田信長から神保長住への助勢を命じられ、同年12月頃に越中へ入国し、以後段階的に越中国内での権限を獲得・定着させたとみられる〔萩原2023〕。

　また、信長に近侍する菅屋長頼が、天正9年（1581）3月から8月頃まで七尾城に滞在し、越中寺嶋氏や能登遊佐氏等の国衆を粛清するとともに、両国の城々を破却した。

　天正9年前半までは、砺波郡で一向一揆の抵抗が続いたとみられ、織田方にとって西から越中へ進出するルートとして重要視されたのは、能登経由で氷見地域へ入る荒山道であったと考えられる。そのため、氷見郡における織田方の拠点とすべく、天正9年の早い段階で、菅屋長頼、あるいは佐々成政によって森寺城の改修が行われたと考えたい。

　ただし、天正9年後半までには、織田方が井波城、増山城、木舟城、富崎城など砺波郡や

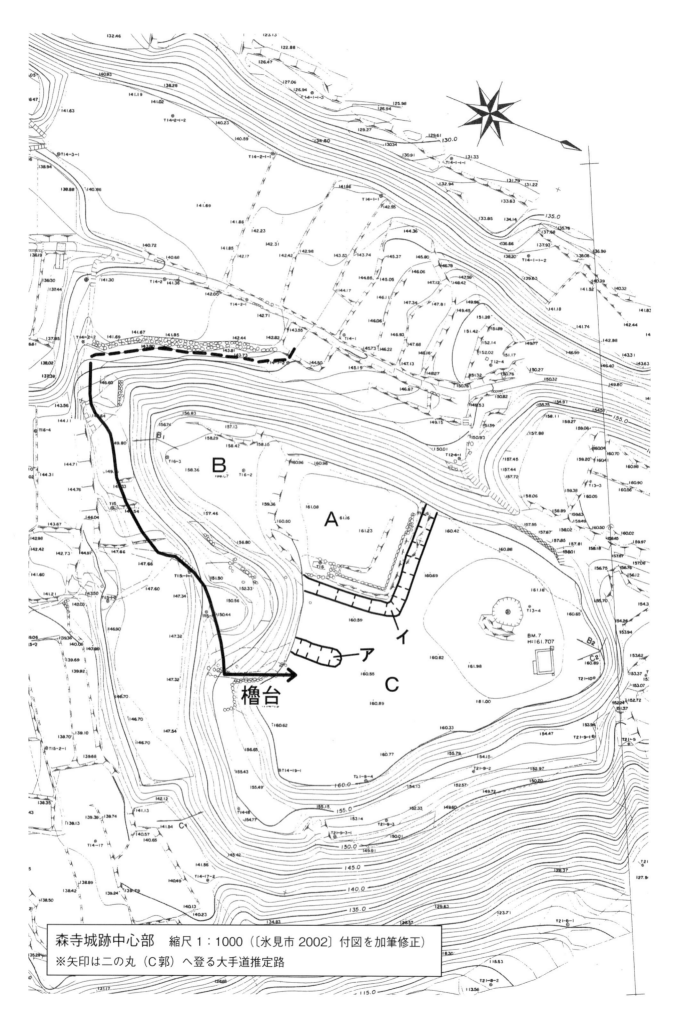

森寺城跡中心部　縮尺 1：1000 （〔氷見市 2002〕付図を加筆修正）
※矢印は二の丸（C郭）へ登る大手道推定路

婦負郡の拠点を手に入れ、上杉景勝との戦線が越中東部に移ったため、政治拠点としての森寺城は、ほとんど機能することがなかったと思われる。

　発掘調査によってC郭の空堀埋土から石垣石が出土し、大手道登り口の石垣が崩されていることが確認された。廃城にあたって城わりが行われたと考えられる。

（大野究）

【参考文献】
萩原大輔「総論　織豊大名佐々成政をめぐる諸論点」『佐々成政』戎光祥出版 2023
氷見市『氷見市史』7　資料編五　考古Ⅴ 2002
氷見市教育委員会『森寺城跡―試掘調査の概要―』2000
氷見市教育委員会『中村城跡Ⅰ・森寺城跡Ⅱ』2010

石動山天平寺の築城か
13. 白河城 （しらかわじょう）

①氷見市白川　②−　③14世紀？　④16世紀後半　⑤16世紀後半　⑥石動山？
⑦山城　⑧削平地・切岸・土塁・堀切・竪堀　⑨170m×90m　⑩標高100m、比高70m

1．歴史

　南北朝期の軍忠状に登場する城郭である。延文4年(1359)得田章親代大隅貞章軍忠状（中世367）によれば、前越中守護井上入道暁悟（俊清）を討伐するため、能登の吉見氏頼軍が越中に進攻する。同年7月18日吉見軍の大隅貞章は「越中長坂口」より進攻し、「白河城」を攻略する。そして「閤間（角間）要害」を「城将」として9月20日以前まで守備していることが判明する。「越中長坂口」とは、石動山七口（七本の登拝道）の一つ、長坂道の越中側の登山口のことで、長坂集落付近と考えられる。つまり吉見軍は能登から石動山を経由して長坂集落に布陣し、白河城を攻めたのである。こ

れにより白河城は井上入道暁悟により築城され、その後2ヶ月間角間要害と共に大隅貞章によって守備されていたことも判明する。なお角間要害は、氷見市角間にあったとされるが、位置は不明。

　その後、白河城は史料に登場しない。江戸期の地誌類にも登場しない。つまり史料的に白河城は南北朝期の城郭となる。筆者は南北朝期の築城ということについて異論は無い。しかし、現存の遺構までを南北朝期としてよいのであろうか。

2．縄張り

　東麓に石動山七口（登拝道）の一つ大窪道(1)が通る交通の要衝である。大窪道は能越を繋ぐ道としても重要視されていた。

　基本的に単郭の城郭（図1）。主郭はA曲輪。平坦面の削平は甘く、自然地形が残っている。北端に土塁を設けて防御力を増強し、尾根続きを二重の堀切で遮断している。つまり、土塁と堀切がセットになった防御施設と理解できる。

　西側に帯曲輪を廻し、特に南西の尾根続きは二重に廻し、一部二重の横堀を巡らして警戒を強めている。つまり白河城

背後を断ち切る二重堀切

の弱点部である南北の尾根続きに、二重堀切・二重横堀を設けているのである。B地点は「百間馬場」と呼ばれる平坦地で、城兵駐屯地だった可能性が指摘できる。C地点の窪みは道跡とも考えられ、集落から城跡へ通じる道が存在していたのであろう。なお地表面観察で虎口は確認できない。

　二重の堀切・二重の横堀・土塁とセットになった堀切、どれをとっても戦国末期に多用される遺構である。しかも縄張り全体が矛盾無くまとまっていて、部分的な改修の痕跡は見出せない。遺構が小規模で未整形部分も残ることから、臨時城郭と考えられる。つまり同時代・同一人物のみによって築城・使用され、廃城になった城郭であり、複数回の改修痕

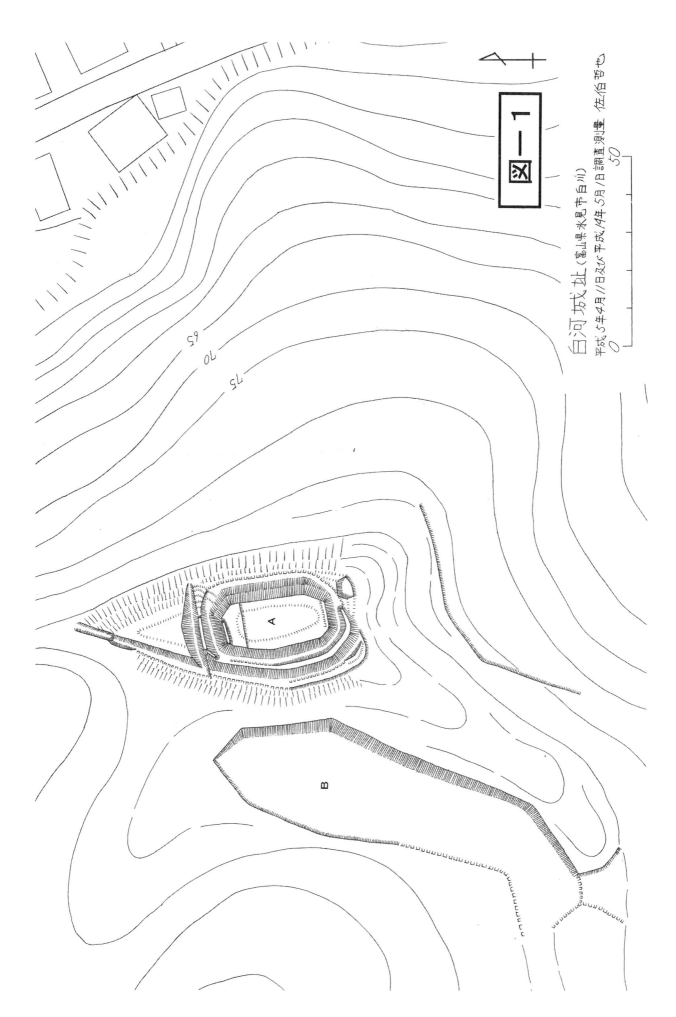

は見当たらないのである。

　枡形虎口等が見られないことから、織豊系武将の構築は考えられない。これが地表面観察から得られた情報である。

3．考察

　上記軍忠状には白河城・角間要害の他に、氷見市内の城郭として芝峠・木谷・宇波・八代・千久里・宮崎の城郭が登場する。この他、南北朝期の軍忠状に登場する氷見市内の城郭として、獅子頭（守山）・三角山・稲積・水谷の城郭がある。

　上記城郭の中で、唯一発掘調査が実施されたのが千久里城（図2）である。『氷見市埋蔵文化財調査報告書第42冊　千久里城跡』（氷見市教育委員会2005）によれば、城郭に関する遺物として、14世紀後半の珠洲甕・15世紀中頃の土師器・16世紀初めの土師器が出土しており、15世

周囲を巡る横堀

紀中頃の資料が最も充実しているという。ただし、16世紀第2四半期に横堀①の改変が実施され、現存の縄張りになったと推定している。筆者は横堀①にテラスを設けて通路としての機能も保有していること、土塁と堀がセットになって防御力を増強していること等から、16世紀後半の改修を推定した(2)。いずれにせよ、横堀①は16世紀に改修されて、現存の姿となったのである。

　富山県内では、南北朝期〜16世紀に使用され、発掘調査も実施されている城郭に、増山城（砺波市）(2)・松倉城（魚津市）(3)がある。いずれも南北朝期の遺物は若干出土するものの、明確な遺構は検出されなかった。

　上記傾向は他県でも共通している。松根城（石川県金沢市）は9・13〜14・16世紀後半の遺物が出土した。しかし現存の遺構は16世紀後半のもので、南北朝期の遺構は検出されなかった(4)。杣山城（福井県南越前町）も南北朝期〜戦国期まで使用されていた城郭である。発掘調査の結果、13世紀末〜16世紀後半の遺物が出土したが、南北朝期の遺構は検出されなかった(5)。

　以上の結果をふまえれば、南北朝期に使用された城郭からは、南北朝期の遺物は若干出土するが、明確な南北朝期の遺構は検出されていないことになる。これは、南北朝期の城郭に、明確な遺構は存在していなかった、山岳そのものが防御施設だったということを物語っているのではなかろうか。

　ここに是非紹介したい城郭がある。金ヶ崎城（福井県敦賀市、図3）である。敦賀湾に突き出した半島の先端に位置する天然の要害であり、南北朝期に相応しい城郭である。発掘調査は実施されていないが、文献から南北朝期と戦国期に存在したことが確実である。金ヶ崎城の防御施設は、ほぼ東側尾根続きの遮断に限定できる。特に二重堀切①とセットになった畝状空堀群②の防御施設は圧巻である。畝状空堀群は朝倉氏城郭の特徴の一つであり、構築年代は16世紀に限定できる。従って畝状空堀群②と連動している二重堀切①の構築年代も16世紀とすることができる。

　金ヶ崎城に削平地は、ほとんど存在しない。それは主郭Aに円墳が存在していることから、南北朝期の築城期から存在していなかったと推定される。南北朝期の城郭は、人工物がほとんど存在しない、山そのものを利用した軍事施設だったのではないだろうか。

　以上、白河城・千久里城・増山城・松倉城・松根城・杣山城・金ヶ崎城の7城を紹介した。この7城には下記のような共通点を持つ。

　a) 土塁がセットになった堀切（横堀）：白河城・千久里城・増山城・松倉城・松根城
　b) 二重堀切　　　　　　　　　　　　：白河城・杣山城・金ヶ崎城

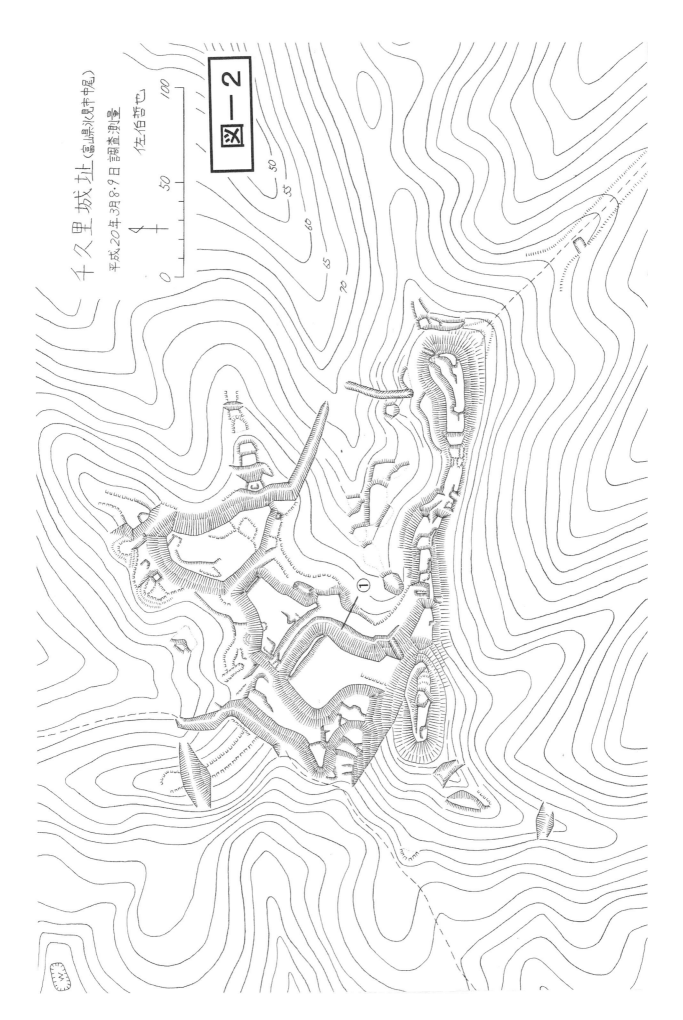

図−3 金ヶ崎城址（福井県敦賀市金ヶ崎）

まず a) だが、増山城・松倉城・松根城は 16 世紀後半まで存続していたことが確認されており、千久里城も発掘により 16 世紀までの存続が推定された。従って白河城も 16 世紀までの存続が推定できる。そして千久里城の発掘成果から、土塁がセットになった堀切（横堀）の構築年代も 16 世紀の可能性が高い。

　次に b) だが、杣山城・金ヶ崎城は文献・発掘により 16 世紀後半まで存続していたことが判明している。従って白河城も 16 世紀までの存続が推定できる。そして金ヶ崎城の二重堀切は畝状空堀群と連動していることから、二重堀切の構築年代も 16 世紀の可能性が高い。

　以上のような推定が可能となる。従って現存する白河城の遺構は 16 世紀と推定することが可能となるのである。

　筆者は a)・b) の他に、竪堀や横堀とセットになった堀切・畦線土塁・櫓台・土橋虎口を持つ城郭の構築年代も 16 世紀（恐らく 16 世紀後半）と推定している。これらは南北朝期の軍忠状に登場する氷見市の城郭に該当してしまう。つまり築城は南北朝期だが、16 世紀に入って再利用しているのである。

　勿論南北朝期の城郭でも堀を構築していることが、文献史料から確認できる。観応 2 年（1351）得江石王丸代野長季光軍忠状（中世 313）では、山中に「堀切」を構築していることが記述されているからである⁽⁶⁾。発掘調査からも南北朝期に横堀を構築していることが確認されている（京都府　笠置城）⁽⁷⁾。しかし、その横堀は一重であり、土塁も設けられていない単純なものである。発掘しても遺構は確認できないことから、南北朝期の遮断施設は、単純な堀切・横堀だったと考えられよう。

　ただし、例外もある。吉田住吉山遺跡群（兵庫県三木市）では、三重の土塁と横堀を交互に巡らせた複雑な遺構が検出され、それが南北朝期の遺構と確認されたからである⁽⁸⁾。南北朝期の山城でも、複雑な遺構を持つ山城は皆無ではないが、上記例は稀なケースであり、大多数は単純な遺構だったと考えたい。

４．まとめ

　以上、各地の事例を検討し、土塁がセットになった堀切（横堀）・二重堀切の構築が 16 世紀ということを推定し、現存する白河城の遺構を 16 世紀とした。土塁と横堀の両方を使用していることから、さらに 16 世紀後半まで絞ることが可能となろう。但し事例が少なく、今後は事例の増加を待って更に検討を加えたい。

　それでは、現存の白河城は、何時、誰が構築したのであろうか。枡形虎口が見られないことから、織豊系武将の構築は考えられない。とすれば、石動山登拝道の要衝ということを考えれば、石動山が構築した臨時城郭という仮説を立てることも可能であろう。

(佐伯哲也)

注
⑴『富山県石動山信仰遺跡遺物調査報告書』氷見市教育委員会 1984
⑵『増山城跡総合調査報告書』砺波市教育委員会 2008
⑶『松倉城跡調査報告書』魚津市教育委員会 2019
⑷『加越国境城郭群と古道調査報告書』金沢市 2014
⑸『史跡杣山城跡Ⅲ』南越前町教育委員会 2007
⑹ この「堀切」について高岡徹氏は「氷見市臼ヶ峰の城跡とその性格」（『富山市壇』第 201 号　越中史壇会 2023）の中で、氷見市臼ヶ峰山頂に残るⅤ字型遺構のこととしておられる。しかし筆者はⅤ字型遺構は尾根越えの旧道跡と推定した。従って「堀切」の所在については不明としたい。
⑺ 岡寺良「戦国城郭前史　南北朝期の山城・山寺」『季刊考古学』第 139 号　（株）雄山閣 2017
⑻ 中井均「戦国城郭を考古学から読み解く」『季刊考古学』第 139 号　（株）雄山閣 2017

二上山を要害とした越中三大山城

14. 守山城 （もりやまじょう）

①富山県高岡市東海老坂　②獅子頭城、森山城　③14世紀中頃〜17世紀初頭　④戦国期
⑤慶長3年（1598）以前か　⑥桃井氏・神保氏・前田利長　⑦山城　⑧削平地・切岸・堀切・土塁・竪堀・虎口・土橋・石垣　⑨1170ｍ×520ｍ　⑩標高259ｍ　比高250ｍ

1．歴史

守山城は、増山城、松倉城とともに「越中三大山城」として広く知られ、富山県を代表とする山城である。小矢部川下流の左岸に聳える二上山の支峰、城山の山上に築かれた。城域は城山の山頂（標高259ｍ）から南麓の守山町付近に及ぶ広大なものである。眺望もよく、山上に立てば、氷見地方から砺波・射水はもとより婦負、新川地方の一部までを望める。まさに軍事上の要衝である。麓を流れる小矢部川は古来、水運が盛んであり、加賀と伏木の越中国府を結ぶ街道も、山麓伝いに守山町を通過していた。城はこうした水陸交通を押さえる要地に築かれたことになる。

南北朝期　守山城が初めて史料に登場するのは、観応3年（1352）である。能登の吉見勢が幕府に敵対する桃井直信らの拠点「師子頭」などを攻めたことが示されている。この「師子頭」は守山の古名とも言われている。その後、桃井氏の没落によって守護斯波義将による支配が行われた頃、守山は「森山」と史料に記されている。義将の守護職在任は康暦元年（1379）頃までであり、翌年畠山基国が代って守護職に就任している。

神保慶宗期　畠山氏は基国以降、代々越中の守護を務めたが在京していたため、現地の統治には守護代があたった。当初、守護代には遊佐氏が就任していたが、のちに神保氏・椎名氏が台頭した。神保氏は初め、日本海側有数の港町である放生津に居城を構えていたが、永正16年（1519）、越前守慶宗の代に至り、越後の長尾為景らの攻撃を受け、「二上城」にたて籠っている。ここで城名が「師子頭」から「二上城」に変わっている。翌永正17年（1520）、再度、慶宗討伐のため、長尾勢が越中へ進攻し、新庄に陣を布いた。これに対し、神保慶宗は神通川を越えて攻めかかったもの、12月21日の合戦に敗れ、二上城方面への途中で自害している。

神保長職期　放生津神保氏の滅亡後の神保氏の再興の動きは、享禄4年（1531）頃より認められ、その役割を担って登場した長職は天文12年（1543）頃、富山に築城し、広い地域に勢力を築くに至った。天文23年（1554）当時、神保職広が守山城の城主であったことが知られる。そして「守山城」なる城名が見られるのも、この時からである。その後、永禄3年（1560）三月、神保長職を攻めるため、長尾景虎（のちの上杉謙信）が越中へ出兵し、富山城、増山城を次々に攻略し、長職を駆逐した。この時、上杉勢の進攻によって守山城が「自落」したことが史料からうかがえる。「自落」は、おそらく富山城・増山城での敗北により守山城を守っていた神保職広などがいち早く城を捨て、逃走したことを物語る。いったんは逃げのびた長職は越後勢の帰陣とともに失地を回復し、新川郡の椎名氏を圧迫した。このため、永禄5年（1562）10月、謙信は再び越中へ出兵した。窮地に追い込まれた長職は、謙信に降っている。

神保氏張期　長職は元亀3年（1572）初めに没するまで上杉方に属することになるが、守山城へは、神保氏張が入城した。氏張は能登方の意向を越中神保方に指示する役割を担って、守山城に置かれたとみられる。しかし、永禄11年（1568）、神保家中で対立が生じ、氏張は反上杉方に走った。その後、神保長職や上杉謙信の標的になり、攻撃を受けたにもかかわ

らず、守山城は、氏張によって引き続き維持されたが、天正4年 (1576) の時点で氏張は、謙信に服属する道を選んだと考えられる。しかし、謙信が同6年 (1578) 3月に急死し、織田信長が動き出したことから、氏張は早くも織田方の長孝恩寺 (のちの連龍) を守山城に迎え入れている。次に織田の部将、佐々成政が越中へ分封されると、成政の片腕として各地を転戦する。「末森記」によると、対前田戦に際し、守山城は氏張父子が4千余の兵を率いて守ったという。この守山城は成政方の有力支城の一つとして位置づけられている。

守山城遠景（南東から）

前田利長期 天正13年 (1585) 8月の成政降伏により新川郡を除く3郡が前田利長に与えられた。これにより、利長が神保氏の去った守山城に入り、同城を居城とした。天正18 (1590)、秀吉は小田原城の後北条氏を討つため、関東へ進攻し、前田氏もこれに参陣する。慶長2年 (1597) 10月、利長は居城を富山城に移転する。利長の移転後は、前田長種がしばらく留まり、城を守ったのち、城は慶長3年 (1598) 7月以前に廃城となり、その長い歴史を閉じている。

二段階での築城 守山城の歴史を考える上で留意しておく点がある。それは守山城が果たして南北朝以来、一貫して現在地にあったのかという点である。そのことを考える重要な発見が平成18年 (2006)、二上山塊の主峰である二上山山頂 (標高273m) であった。古来、信仰の対象である同山頂一帯で中世城郭 (以下、「二上山城」と呼ぶ) の遺構が見つかったからである。山頂の主郭を中心に周囲に張り出した尾根筋に堀切などを設ける、比較的単純な縄張ながら、独立した山城であることは間違いない。この山頂が二上山塊の最高所を占める主峰であり、信仰の対象でもあったこと、さらに南北朝期の山城が周囲からひときわ高い、聳え立つ景観の山頂を選ぶことが多いことを考えるなら、初期の城郭は当地に構築された可能性が高い。古名の「獅子ヶ面」・「獅子頭」もその山容にふさわしい。

史料上の城名も、永正年間 (戦国前期) の神保慶宗期は「二上城」「二上要害」として現れる。この城名はかつて二上山山頂への登り口であった、南麓にある「二上」の地名に由来するものであろう。これに対し、続く戦国後期の神保長職期 (天文～元亀年間) 以降は、廃城となる慶長年間まで「守山城」である。こちらの城名は城山 (標高259m) への登城道登り口となる、小矢部川沿いの「守山」の地名に由来する。とすれば、二上山の西の尾根続きにある、現在の守山城は神保長職期に新たに築城され、以後、慶長年間まで使用されたことになろう。すなわち、現在の守山城は南北朝・戦国前期の二上山城の前段階を経て、城地を西の支峰に移し、戦国後期に形成されたと考えることができる。ただし、この点の論証はまだ不十分であり、今後とも検討を要するものである。

2. 縄張り

高岡市教育委員会による範囲確認調査では、図1のように広範囲にわたる縄張が確認されている (図1)。主要な縄張は、二上山山頂から尾根伝いの西南方向に位置するピーク (城山) に築かれている。城主自体が時期別に交代するが、ここでは最終的な前田利長期を想定する。守山城の縄張は主要部、大手郭群、西南帯郭群、北尾根遺構群、西尾根郭群、西南山腹郭群、西砦に区分できる。

主要部 (図2) は、中心となる本丸は北東から南西に向けて細長く伸びた山頂部を削平して設けている。規模は110×40mで本丸の北東側にはかつて土塁と堀切が設けられ、正面の虎口を形成していたが、城山公園の建設の際に失われ、堀切だけは谷に面したところに痕跡をとどめている。

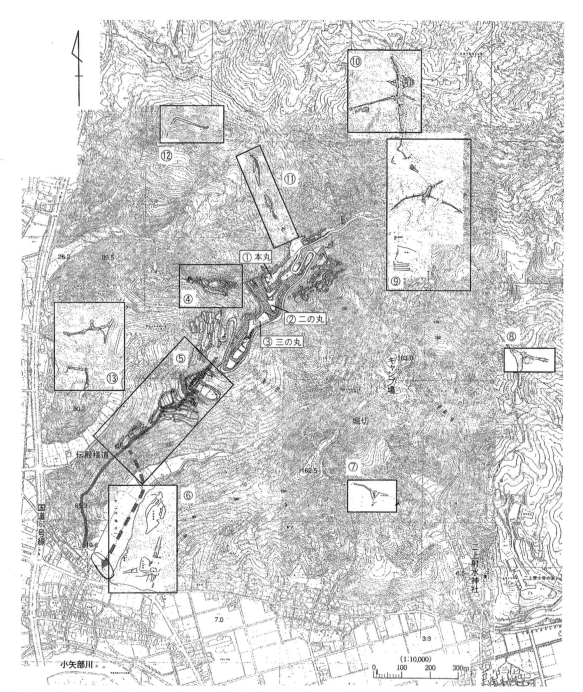

①本丸 ②二の丸 ③三の丸 ④本丸西尾根 ⑤大手郭群 ⑥向山遺構群 ⑦二上山南物見台
⑧二上南砦 ⑨二上山城・馬場 ⑩摩頂山南砦 ⑪北尾根遺構群 北出丸（Ⅰ）・（Ⅱ）
⑫北尾根遺構群 物見台 ⑬守山城西砦 （富山県埋蔵文化財センター2006に加筆）

図1 二上山塊に残る守山城の縄張位置図（高岡市教育員会2005より引用、一部修正）

　主郭は、西端部の北・西・南の三面には切岸下に腰郭が設けられ、本丸の西側斜面に2〜3段積みの石垣が残されている。この石垣材は、氷見市の灘浦海岸や高岡市の雨晴海岸から採取されたと考えられる。ほぼ加工されていない石が多いが、腰郭には1点、矢穴痕を残すものが確認されている。石垣は、登城道の途中から見上げることができるため、防御や地盤の保護というより、登城道を登る人々へ「見せる」ためのデザインとしての役割があったと想定される。石垣の構築時期は、佐々成政期と前田利長期が考えられるが明確には定まっていない。
　本丸西端部からは南に向けて張り出した小尾根を削平する形で、階段状に2つの郭が続き、2段目が二の丸と考えられる。二の丸の南西斜面を降りたところには登城道が通過することから、城の防衛上重要な箇所となる。地元でもこの付近を「門口」と呼んでいる。そ

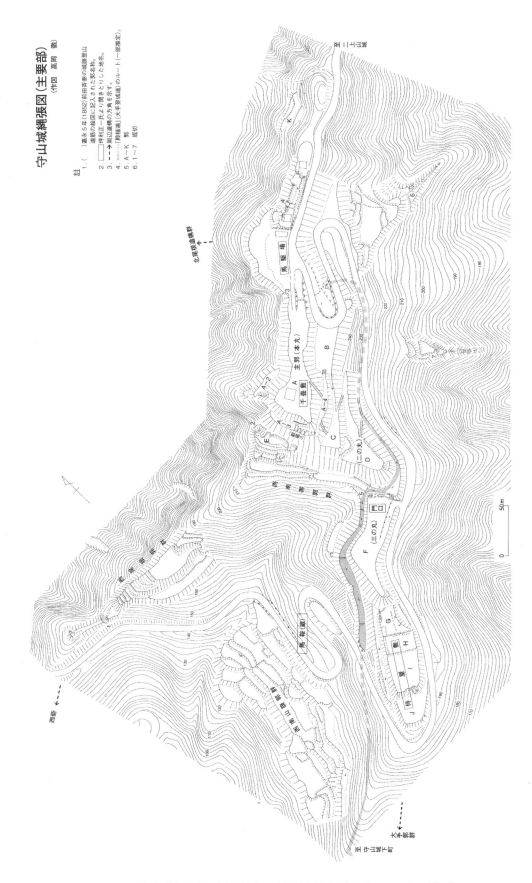

図2　守山城縄張図（主要部）（高岡市教育委員会2015より引用）

のため、登城道に面した三の丸の東側には土塁を設け、開口部を出入り口としている。三の丸の内部は100×30mの広いものであり、この郭の西側下の登城道で中世五輪塔の水輪1点（直径約30cm）が見つかっている。おそらく三の丸から落ちたものであろう。この先には4つの郭が一直線に連なる。

これら主要部の郭から二上万葉ラインのカーブを越えて下った後、さらに南西の守山城下町方向に伸びる尾根上に設けられた郭群が大手郭群（図3）である。山腹の大平坦面があ

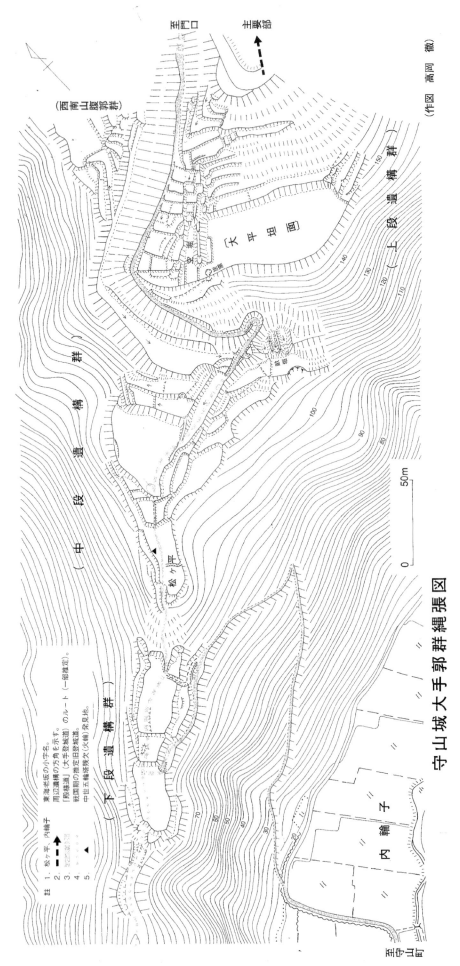

図3　守山城大手郭群縄張図　（高岡市教育委員会2018より引用）

り、上級家臣などの屋敷跡と考えられる。大平坦面から登城道を下っていくと直下で大きく西へ回り込んでいる。ここで注目されるのは、この屈曲点直下に比較的大規模な竪堀が三本畝状に並ぶところであり、登城道の要所である屈曲部を特に防御する意図があったとみられる。さらに下っていくと尾根上に平坦面があり、尾根沿いの長い最下段の郭では、中世五輪塔の火輪（高さ19cm）が1点見つかっている。三の丸下の水輪とあわせ、城内に墓地などが存在した可能性を示すようである。最終的に登城道を下っていくと内輪子谷側へ降りていく。

守山城石垣

　また、主要な郭群のなかでも特殊なのが、西砦である。城の西端の防衛拠点となっており、出城と言ってもよいものである。標高109.5mのピークに築かれており、西砦の主郭は36×27mの平坦面で、南側を堀切で守り、他にも周辺に小郭を配する。防御の主体は西海老坂方面と考えられる。

　このように、守山城の縄張は、山頂部を中心に主要な尾根筋・山腹に郭群や出丸・出城を配し、極めて広域にわ

矢穴が残る石材

たるものである。ただし、要害性を優先した戦国期とは少し違い、居住性を十分に考慮し、さらには越中支配のための政庁機能も備えていたと考えられる。縄張で一つ特徴を挙げるなら、堀切（空堀）が少ない点である。

3．まとめ

　守山城は、14世紀半ばの南北朝期から戦国期を経て、16世紀末の近世初頭の約250年の長きにわたり、改修や整備が繰り返されたとみられる。これほど長期にわたって存続した城は、越中国内でも増山城、松倉城など数か所を数えるにすぎない。

　戦国期の後半に豊臣大名として越中へ入国した利長は、小矢部川水運の湊で街道との結節点に位置する、物流拠点の守山城下町に大手口を開き、自らの居城と直結させた。慶長2年（1597）、利長は平野部の富山城へ居城を移転することになるが、守山城はその前段階のステップともいうべき城として、大きな歴史的意義をもつと言えるだろう。

（田上和彦）

【参考文献】
高岡市教育委員会『富山県高岡市守山城跡詳細調査概報1』2015
高岡市教育委員会『富山県高岡市守山城跡詳細調査概報2』2018
高岡市教育委員会『富山県高岡市守山城跡詳細調査概報3』2021

一向一揆が築いた寺院城塞
15. 井波城 （いなみじょう）

①南砺市井波　②砺波城、稲見城、伊波城、利波城　③文明13年か　④天正13年頃
⑤天正13年か　⑥瑞泉寺、佐々成政　⑦平城　⑧主な遺構　曲輪・切岸・土塁・堀・櫓台
⑨220m×200m　⑩標高153m、比高－m

1．歴史

　八乙女山山麓に瑞泉寺を中心とした門前町が広がる。寺の西隣にあるのが井波城の城址であり、明徳元年(1390)に開かれた瑞泉寺現在地の前にあった場所である。

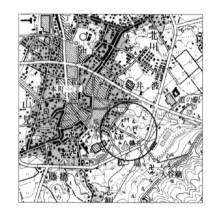

　瑞泉寺は真宗大谷派の井波別院として有名だが、越中では善徳寺と並んで本願寺東派の触頭となった寺院である。寺は室町時代末から戦国時代を通して一向宗の一大拠点として強大な力をもつに至ったが、その転換点となったのが山田川の戦いである。『闘争記』(富山県史中世史料編Ⅱ)によると、文明13年(1481)2月、加賀守護富樫政親の要請を受けた福光城主石黒右近光義は、石川郡・河北郡の僧が身を寄せていた瑞泉寺を攻撃するため出陣した。迎え撃つ瑞泉寺は、五ヶ山勢・般若野郷・射水郡の百姓など5千余人が集結し、山田川の田屋河原で火花を散らして激突した。戦いの結果、瑞泉寺勢が石黒氏を破り、同氏に加勢した天台宗の惣海寺は焼失した。これにより砺波郡の山田川以西は安養寺領（末友期）、以東は瑞泉寺領と定められた（図1）。寺には降参した砺波郡中の国侍・地頭などが参集し、堀や土塁を築き「夫より井波を要害にカマへける」と記されるように、城塞が築かれたのである。このときの要害がどの程度のものかわからないが、そもそも山田川の戦いで敗れていれば築城すらなかったのである。

　その後、瑞泉寺は戦国乱世の抗争に取り込まれていく。永禄8年(1565)3月に本願寺顕如は武田信玄と盟約を結び、以後越中一向衆は上杉輝虎（謙信）と対峙した。上杉勢との攻防において、瑞泉寺は安養寺と並び越中の一向一揆の頭目であった。しかし、信玄没後の天正4年(1576)5月、本願寺は上杉氏と和睦。天正5年(1577)12月の「上杉家家中名字尽」には、勝興寺（安養寺）とともに瑞泉寺が上杉家臣団に名を連ねているが、81の家臣のうち寺院は越中の二ヵ寺のみである。

　上杉家臣団に組み込まれたことで、越中一向一揆勢は、石山本願寺と対立し北陸に勢力を伸ばしていた織田信長勢と対峙した。天正9年(1581)9月、信長により越中に分封された佐々成政が瑞泉寺に攻撃を加えた。当時の記録によると佐々方は瑞泉寺の「堀縁」に布陣して攻撃を加え、防戦の瑞泉寺は「人数・鉄砲・玉薬」など充分に備えていたものの、最終的には陥落した

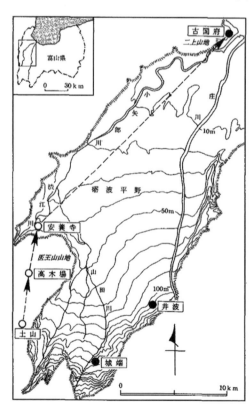

図1　砺波平野における真宗の拠点
（天野2003より転載）

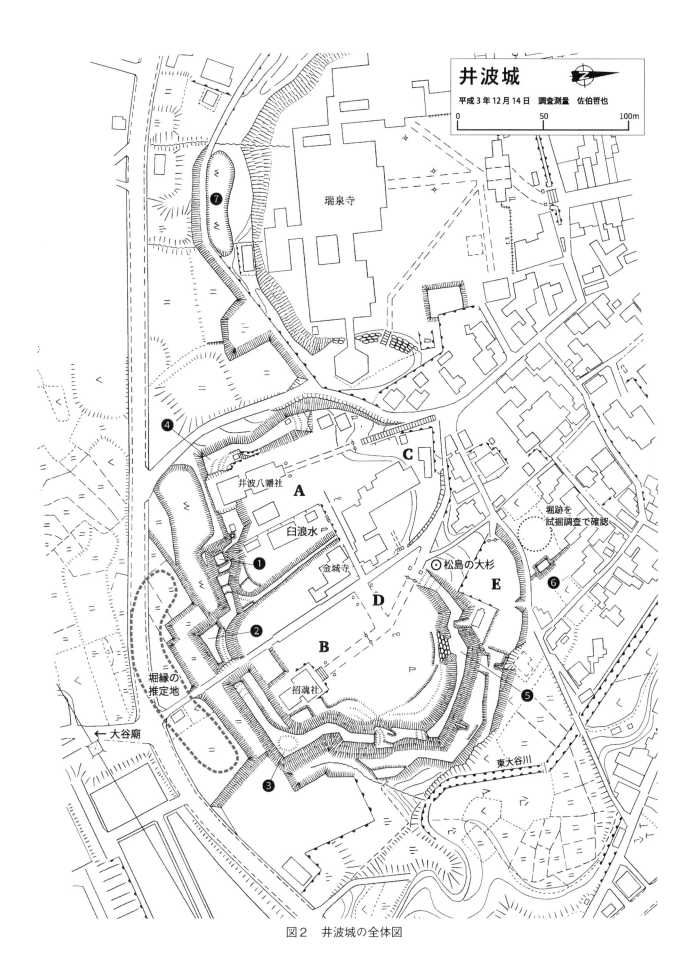

図2 井波城の全体図

（九月八日「瑞泉寺佐運書状」歴代古案）。瑞泉寺跡には成政部将の前野小兵衛が入り、「井波城」と称したという。このあと天正13年（1585）までの間、佐々方の支城として機能したと考えられる。

天正12・13年における「前田・佐々戦争」の過程で、前田利家は京に逃れた瑞泉寺顕秀に対して旧領安堵を約束して帰国を促している。戦乱後、顕秀の弟准秀が五ヶ山から北野に隠居していたが、同13年閏8月、秀吉は禁制を下している（「羽柴秀吉禁制」瑞泉寺文書）。秀吉の取立てにより文禄3年（1594）准秀は井波に環住、河上与力衆などの努力によって慶長元年（1596）藤橋に瑞泉寺が再建されたが（瑞泉寺由来記）、井波城は天正13年の段階ですでに役目を終えていたとみられる。

2．縄張り（構造）

山田川の戦いののち瑞泉寺は要害化した一方、『古城誌』によれば「井波町家三千余軒集り越中の府と称す」と記録されるほどの賑わいであったという。これらの記録などから、当時の井波は瑞泉寺を中心とした寺内町を形成していたと考えられる。また、天野太郎氏は「佐々支配期に全く新規の要害化が進んだのではなく、瑞泉寺を中核としたものに、佐々期の改変が行われたものと想定することができる」（天野2003）と述べている。つまり、現在残る縄張りは、瑞泉寺が造成したものに、佐々方が改修を加えた姿とみている。同じく高岡徹氏も瑞泉寺の城郭プランを佐々氏の部将前野氏が踏襲したとみる（高岡1995）。

さて、縄張り（図2）についてみていきたいが、旧日本陸軍が編集した『第九師管古戦史』に「井波城郭配図」が掲載されており、非常に参考になる（図3）。それによれば、阿弥陀堂を本丸、祖師堂と台所を二の丸、鼓楼堂のあるところを三の丸と比定し、枡形・大手口などの存在がうかがえる。井波城の全体図には、便宜的に各曲輪にA～Eまでのアルファベットを付した。『第九師管古戦史』をもとにすると、A曲輪が本丸、B曲輪が二の丸、C曲輪が三の丸、枡形・大手口はD曲輪となる。

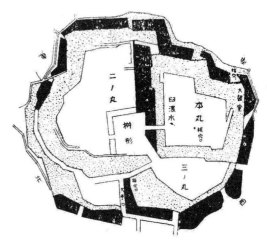

図3　井波城郭配置図
（第九師団司令部1940より転載）

本丸の守り　A曲輪は主郭である。井波の語源ともなった臼浪水（図4）が中心にあり、城内の貴重な水源として利用されたと考えられる。また、井波八幡社で一部破壊されているものの、かなりの幅の広い塁線土塁で囲まれている。この土塁は、A曲輪からB曲輪、さらにD曲輪まで続き、その延長はかなり長く、井波城を象徴する遺構といえる。B曲輪の南側で道路のため分断されているが、本来はひと続きのものだっただろう。そして、この土塁は所々に屈曲し、「折れ」を設けている。とくに主郭であるA曲輪の後方（南側）は折れが最も集中しており、この曲輪が城内で最も守備すべき重要な場所であることを物語っている。しかも①地点と②地点は櫓台と考えられ、防御施設の上に物見と攻撃のポイントを配置している。ちなみに①地点（153.0m）は城内の最高所で、次いで高いのが②地点

図4　主郭に残る臼浪水

(152.2m) である (富山県埋蔵文化財センター 2006)。

　招魂社のあるB曲輪は二の丸にあたり、城内で最も広大な面積をもつ。この広大な空間は、多くの兵を駐屯するため、もしくは大きな建物を建てるために必要だったと思われる。このB曲輪は南から東にかけて先述した土塁に囲まれているが、南東隅の③地点 (151.7m) がやや広くなっており、櫓台的な役割があったものと思われる。位置・標高を考えると②地点と対になっていたのだろう。

　C曲輪は三の丸にあたり、主郭であるA曲輪の前方に位置する。「井波城郭配図」によると、大手口から三の丸を経て二の丸の枡形に入り、本丸に到達する。

枡形の構造　D曲輪は、枡形・大手口にあたるが、現在枡形の遺構はまったく無い。年代不詳「井波古城現今之図」(富山県埋蔵文化財センター2006) には「元桝形」とあることから、無用の構造物としていつかの時点で削平されてしまったのかもしれない。

　この枡形について、佐伯哲也氏は「井波城郭配図」をもとに馬出曲輪 (郭) と解釈している (佐伯2013)。確かに「井波城郭配図」には「枡形」と記され、白抜きで枡形状の囲みが表現されている。この白抜きの囲みが堀ならば、馬出曲輪で異論はないが、基本的に堀は黒に近い色で表現されている。つまり、白抜きの囲みは堀とは別物とみなされる。一方、土塁は砂模様で表現されており、堀とは区別されている。以上を勘案すると、枡形の白抜きの囲みは堀でも土塁でもなく、おそらく第九師団が枡形の区画を復元した表現と理解できないだろうか。

　そこで、試掘調査の結果を加味したい。試掘は招魂社参道建設に伴い行われ、ちょうど枡形の白抜きの囲みに掛かる位置にトレンチが入れられた (山森1998)。堀があれば何らかの痕跡が引っかかるはずであるが、断面には落ち込みの層位はない。つまり、少なくとも発掘では堀はなかったと判断されることから、馬出曲輪の可能性は低い。存在したとすれば土塁であり、D曲輪は二の丸の内枡形と解釈した方がよさそうである。「井波古城現今之図」での「元桝形」の記載もそれを裏付けている。ちなみに、内枡形の復元規模は、33m × 33m 程度で、富山県内の城郭における内枡形では最大級の規模である。

　なお、試掘では16世紀中頃の遺構面から約50cm、明治35年の東砺波郡役所の火災面から約30cmの盛土を確認している。遺物では16世紀初頭～中頃、16世紀末の土師器皿が出土し、瑞泉寺から佐々時代までを網羅している。

　忘れてはならないのが、大手口にそびえる松島の大杉である (図5)。この巨樹は樹齢500年との伝承があり、井波城が機能していた時から立っていたとみられる。まさに歴史の生き証人的存在である。

堀の構造　土塁と並んで井波城を象徴する遺構は、堀である。現在、堀はA曲輪の南側、B曲輪の南側から東側の一部にかけて残っているが、「井波城郭配図」にはB曲輪の東側の一部を除き、外郭ラインに沿ってほぼ堀が存在したことがわかる。それだけでなく、A曲輪とB曲輪の間にも堀があり、D曲輪とは土橋でつながっていた。A曲輪の東側に土塁があることから、現在金城寺が建っている一画が堀跡とおもわれる。

図5　松島の大杉と大手道 (左)

　また、山森伸正氏のご教示によれば、E曲輪の北側の試掘調査で堀跡を確認しているという (南砺市教育委員会2008)。この堀跡は、井波城の外郭ラインにあたり、「井波城郭配図」に記される外堀の存在を裏付ける。おそらく現在も地中には外堀の痕跡が残っているものとおもわれる。ほかに外堀の推定地には方形状高まり (⑥地点) があり、その位置や形状から、「井波城郭配図」に描かれている土橋の残欠とおもわれる (図6)。また、大谷川を天然の堀として利用している。

抜け穴伝承　八日町通り手前の駐車場に井波名物「やき餅ばあさん」という饅頭が売られている。成政軍が寺を攻める際、門前で焼き餅を売っていた老婆が兵士から「焼き餅をたくさん買ってやるから」と持ちかけられ、秘密の抜け穴を教えてしまい、寺が落ちたという伝承に由来する銘菓である。この焼き餅ばあさんの話に出てくる抜け穴か定かではないが、「井波城郭配図」には抜け穴がA曲輪に2箇所、大手に1箇所記載されている。現在、その抜け穴は埋まっているが、地元住民の中には記憶にあるという。

図6　外堀の方形状高まり（⑥地点）

「堀縁」の所在　『歴代古案』の九月八日「瑞泉寺佐運書状」によると、天正9年（1581）9月初め、織田方の佐々成政と神保長住らの軍勢が河上（小矢部川上流域）に進攻し、窪（井口城か）に続き同月3日から8日に至るまで瑞泉寺の「堀縁」に在陣している。この堀縁は一体どこを指すのだろうか。ふつうに考えると城の大手前（北側）が妥当であろうが、井波城の立地する八乙女山麓は平野に向かっての傾斜地である。平城とはいえ、地形を考慮すると城の大手前に在陣するのは攻め手にとって不利である。逆に、地形的に有利となる場所がある。城の南に標高150mの等高線が巡るが、そこに陣取れば櫓台を除いて縄張り全体を見下ろすことができる。外堀の南に位置するため、主郭とは目と鼻の先の距離にあり、攻撃をするには申し分ない（図7）。しかも外堀に接することから「堀縁」の表現に符合する。以上のことから、ここを堀縁の推定地としたい。

図7　南側の空堀

縄張りの系統　高岡徹氏は、A曲輪からB曲輪にかけての塁線土塁に折れ（邪（ひずみ））があることに注目し、山科本願寺（京都府京都市）に共通すると指摘している（高岡1995）。このような縄張りは戦国期の真宗の拠点寺院に共通したプランと推測した上で、山科本願寺が天文元年（1532）に焼け落ちていることから、同様の築城術がすでに瑞泉寺はじめ越中の寺院に導入されていたとみる。さらに、佐伯哲也氏は同様の土塁をもつ真宗寺院として山科本願寺だけでなく、若松本泉寺（石川県金沢市）、鳥越弘願寺（石川県津幡町）、末友安養寺（富山県小矢部市）をあげ、瑞泉寺が戦国期に構築した可能性が高いと説いている（佐伯2017）。塁線土塁を含めた縄張りの大部分は、戦国期に瑞泉寺によって造られたとみてよいだろう。

　次に、佐々方の支城としてどの程度改修されたか推考してみたい。天野氏は「瑞泉寺段階から要害化されていたことが確認できることから、佐々支配期に全く新規に要害化が進んだのではなく、瑞泉寺を中核としたものに、佐々期の改変が行われたものと想定することができる」とし（天野2003）、瑞泉時期のベースに佐々期の改修が加わったものと推測している。佐々期改変の具体的資料がないため、現段階ではこれ以上の検討は難しいが、基本的には天野氏の推論はおおむね首肯できる。

　そこで、いくつかのポイントに絞って佐々期改変の可能性について検討してみたい。

　まずは「枡形」である。D曲輪の「枡形」について、佐伯氏は「馬出曲輪」とよび、筆者は「内枡形」と捉えるが、高岡氏は馬出とした上で「おそらく前野氏時代に本丸の防御を強化するために構築された施設とみられよう」と一歩踏み込んで解釈している。一般的に枡形は戦国末期に発展する防御施設であり、馬出も同様である。そのうえ、山科本願寺の縄張り

をみても馬出や枡形の類は見当たらない。したがって、高岡氏の指摘のとおりD曲輪は佐々期改変の可能性が高いとみてよい。

次に、堀である。瑞泉寺は15世紀後半から要害化したと考えられるが、それは寺内町的性格を帯びていたものとおもわれる。山科本願寺も同様であるが、縄張りを確認すると堀幅はせいぜい10数mの規模である（京都府教育委員会2023）。筆者は一身田寺内町（三重県津市）の調査に参加したことがあるが、堀幅はそれ以下であった。おそらく当時の瑞泉寺も同様であったろう。そこで改めて井波城の堀をみると、城の南では約20m、主郭の背後では30m近くの規模となっている。とくに主郭を防御するために堀幅が大きいのは理解できるが、真宗寺院系の寺内町としては破格の規模なのである。これはおそらく寺内町としての堀があったところに、佐々期に堀幅を拡張したものとみたほうがよさそうである。

最後に、櫓台である（図8）。井波城は土塁の折れに何ヶ所も櫓台とみられる遺構があるが、これらは南側に集中している。これは南側の堀幅が大きいことにも連動しているとおもわれるが、防備を強化するための措置と受け止められる。このことで想起されるのが、天正9年に瑞泉寺攻撃の際に佐々軍が「堀縁」に在陣したという記録である。先述したように、地形と立地から城の南側に「堀縁」を推定した。あくまで推論の域をでないが、堀幅の拡張と櫓台が南に集中するのは、城の南側に在陣した際に防備が手薄であることを知った結果、改修の手を加えたものとの解釈ができないだろうか。

図8　櫓台（①地点）

3．まとめ

(1) 瑞泉寺は、文明13年（1481）の山田川の戦いで福光城主石黒右近光義を撃破して以降、堀や土塁を築き要害化が進行した。天正9年（1581）に織田方の佐々成政に攻撃され落城し、前野小兵衛が入城して「井波城」と称した。

(2) 縄張りは、瑞泉寺が造成した城郭プランをもとに佐々方が改修を加えたとみられる。「井波城郭配図」によれば、おおよそ5つの曲輪があった。

(3) 井波城は塁線土塁によって囲まれており、南側に折れや櫓台が設けられている。D曲輪は「枡形」といわれ、馬出または内枡形が存在した可能性がある。

(4) 井波城は外郭ラインに沿って堀があり、A曲輪とB曲輪の間にも堀が構築されている。佐々方が攻撃の際に在陣した「堀縁」は、主郭の背後にある標高150m付近と推定される。

(5) 佐々方が改修したのは、「枡形」（馬出または内枡形）の構築、南側の堀幅の拡張、土塁上の櫓台の設置と推測される。

（野原大輔）

【参考文献】

天野太郎「北陸寺内町の展開」『歴史地理学 45-2（213）』2003
京都府教育委員会文化財保護課「山科本願寺跡」　https://www.kyoto-be.ne.jp/bunkazai/cms/?p=2246（2023）
佐伯哲也「井波城」『越中中世城郭図面集Ⅲ』桂書房 2013
佐伯哲也「井波城」『戦国の北陸動乱と城郭』戎光祥出版 2017
第九師団司令部『第九師管古戦史』1940
高岡　徹「二　城郭寺院」『井口村史』井口村 1995
高岡　徹「井波城」『日本城郭大系』第7巻　新人物往来社 1980
富山県埋蔵文化財センター『富山県中世城館遺跡総合調査報告書』2006
南砺市教育委員会『南砺の城と人－戦国の寺・人・いくさ－』2008
山森伸正「瑞泉寺と井波城」『大境』第19号　富山考古学会 1998

佐々方が前田方に対抗して加越国境に築いた堅城
16. 一乗寺城 （いちじょうじじょう）

①小矢部市八伏　②一条寺城、一乗寺砦、一乗寺堡　③応安2年頃　④天正13年
⑤天正13年か　⑥佐々氏　⑦山城　⑧主な遺構　曲輪・切岸・土塁・堀・土橋・櫓台
⑨390m×290m　⑩標高275.6m、比高80m

1．歴史

　越中と加賀の国境に近い枡山の山頂に築かれている。中世には加賀の北森本から横根を経て、枡山の尾根を越え越中の八講田、五郎丸に抜ける「田近道（田近越）」の要所となっていた。その道が城のそばを通ることから、このルートを押さえる要衝として古来から存在したとみられる。

　歴史上、一乗寺城が登場するのは南北朝期と戦国期の2時期である。

　南北朝期、越中の守護を務めた桃井直常はたびたび室町幕府に抵抗し、砺波平野周辺でその討伐軍と戦った。応安3年（1370）の得田章親や同2年の「得田章房軍忠状」には、幕府方の能登・吉見勢が桃井方の立て籠もる一乗寺城を応安2年9月17日に攻め、その夜、落城している。このことから、一乗寺城は南北朝期に桃井方の拠点として築かれたことがうかがえる。その後、吉見氏ら能登勢はさらに進んで砺波郡の井口城、千代様城と転戦し、新川郡の松倉城までも攻めている。

　戦国期の天正12年（1584）から翌13年にかけて、加賀・越中の国境を挟んで前田利家と佐々成政が敵対し、激しく戦闘を繰り広げた。いわゆる「前田・佐々戦争」である（木越2023）。このとき、一条寺城は佐々方の拠点として機能したと考えられている。『越登賀三州志』には、はじめ丹羽吉左衛門が拠り、のちに佐々成政の部将杉山小助が守ったという。

しかし、一次資料に一乗寺城の名はみられないため、現状では状況証拠的にこの戦争で使用されたと推測されているにすぎない。

　では一乗寺城はどの場面で機能したのだろうか。その位置関係から、田近道上で朝日山城に対峙する城として機能したであろうことは想像に難くない（図1）。またこの戦争は天正12年8月28日佐々方が前田方の朝日山城を攻撃したことに端を発するが、成政の本拠である富山城や、越中西部の拠点である増山城からは遠い。もっと近い場所から出撃したと考えるのが自然である。その出撃拠点としては朝日山城と同じ田近道上に位置する一乗寺城が妥当だろう。直

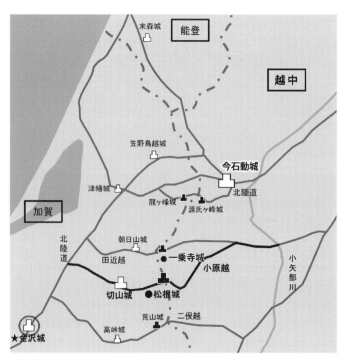

図1　加越国境城郭群の分布と古道
（金沢市埋蔵文化財センター2014を一部改変）

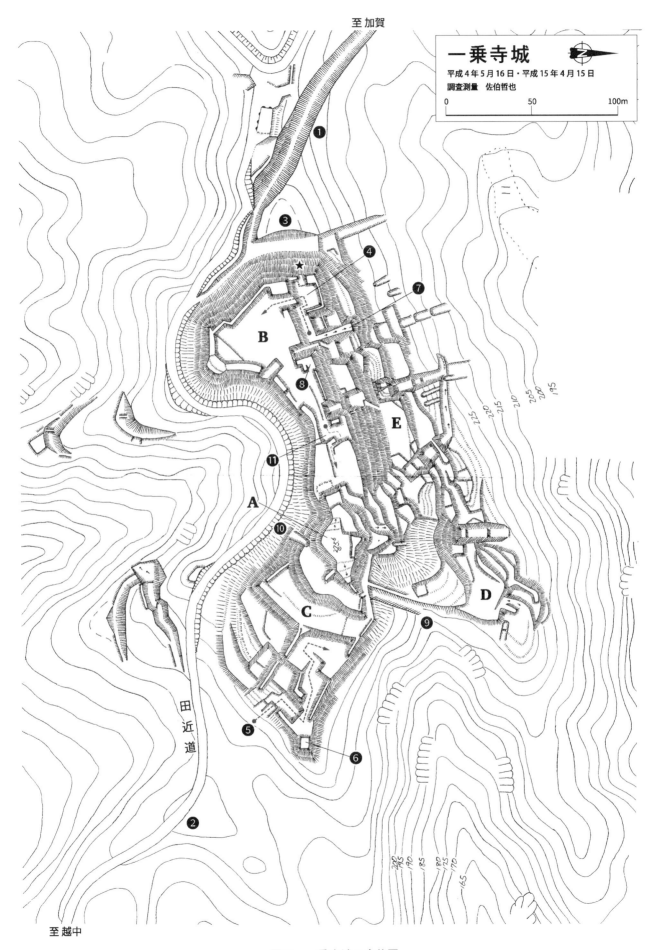

図2　一乗寺城の全体図

線距離で3.7km、筆者が行った可視判定で両城が見通せることも判明している。この城からの出撃こそが、前田・佐々戦争のきっかけとなった可能性がある。

城の最後は天正13年8月、成政が豊臣秀吉に降伏したことで城の役割は終わり、廃城になったとみられる。

2．縄張り（構造）

加越国境城郭群の中でも、佐々方の警戒感が非常に感じられる縄張りである（図2）。

図3　西側の大堀切（③地点）

この城郭の最大の特徴は、田近道に近接して造成されている点である。田近道は、旧状を留める①地点から現在は林道となっている②地点へと、S字状に曲がりながら城に接している。

加賀から進攻した敵は、最初に西側で城に接することになる。そこで、幅29m、深さ13mの壮大な大堀切③で敵の侵入を強烈に阻んでいる（図3）。この大堀切は北に向かって竪堀状となり、城の北側への回り込みを防ぐ役割もある。この大堀切ひとつとっても前田方への警戒心の高さがうかがえる。

その大堀切を越えると待ち受けるのがB曲輪である。この曲輪は、北側以外はすべて田近道を見下ろしつつ、横矢が掛かっている状態である。しかも高いところでは17mに達する切岸が取り付くため、敵を簡単に寄せ付けない。さらにB曲輪は田近道に沿うように三方に土塁を巡らせ、強い防御線を張る。しかもいくつもの横矢折れを設けて死角を極力無くすという念の入れようである。加えてB曲輪には城内で最も多い3箇所もの櫓台があり、そのうち大堀切側と西側の2箇所は田近道への監視の意味もあると考えられ、防御だけでなく攻撃を強く意識した縄張りとなっている。

B曲輪への進入は、坂虎口⑦から虎口④を経るルートが考えられる。⑦から進入した場合、櫓台⑧からの横矢に晒される。ところで、虎口④には★に示した箇所に虎口を思わせる土塁の切れ目が存在する。この切れ目は高切岸の上にあり、防御力を低下させることから、非常に不可解である。佐伯哲也氏は「左右の櫓台から厳しく監視されていること」から虎口と想定し、「平常時は梯子等の施設があって出入りしていて、合戦時は厳重に閉鎖されていたのであろう」と推測している（佐伯2013）。その推測が成り立てば他の城郭でも同様の施設があってもおかしくないが、少なくとも加越国境城郭群には見当たらない。今のところ梯子説を否定する材料はないが、非常に解釈しづらい遺構であるため、全国的な類例をもとに再考すべきかもしれない。

ここで、B曲輪から主郭であるA曲輪までの動線を考えてみたい。B曲輪は中程で2本の竪堀が切れ込み、土橋を作り出して幅員を絞っている。その土橋を渡っている間も常に櫓台⑧からの攻撃に晒される。なんとかかいくぐり虎口⑪にたどり着くも、ここは竪堀、櫓台、土塁を組み合わせた、難易度の高い虎口となっていて容易には主郭に近づけない。城内でも見所というべき非常にテクニカルな縄張りとなっている。

その反面、枡山山頂の小平坦面にある主郭のA曲輪は、驚くほどに防御施設がない（図4）。北側にわずかに土塁が残るのみであり、城内の曲輪で最も守りが手

図4　北側上空から主郭（A曲輪）を望む

薄といっていい。B曲輪やC曲輪のように技巧を凝らした築城術があるにもかかわらず、A曲輪の平面プランはいびつで守備力が低いことから、改修の際にあまり地形の改変を受けていないように感じられる。主郭だけが前時代的な雰囲気さえ漂うのである。これは防御の前線である東側と西側に重きを置き、主郭に到達する手前まで防御線を入念に築いたという意図だろうか。

図5　虎口⑤付近の様子

　次にC曲輪についてみていきたい。A曲輪の東にあるC曲輪は、B曲輪と様相が全く異なる。まずA曲輪とC曲輪は、スロープ状の通路で連絡し、竪堀⑨・⑩で斜面の横移動を防いでいる。

　外部からC曲輪へ入る場合、虎口⑤を経ないといけない(図5)。しかし、進入者はいくつもの折れと土塁で直進できず、しかも櫓台⑥からの攻撃に晒されることになる。しかも虎口⑤から主郭までは30m以上の高低差があり、ただでさえ登りであるうえに、いくつもの切岸があるので進行速度が鈍化するのは必定である。

　田近道の反対側には、斜面の中腹にD曲輪やE曲輪などの平坦面を階段上に配置しつつ、随所に竪堀を刻んで北側への回り込みを強固に防いでいる。

　最後に、田近道の南側には、2つの尾根が派生しているが、それぞれに堀切を設けている。B曲輪側の尾根には1本の堀切、C曲輪側の尾根には2本の堀切があり、南側の尾根伝いに登ってきた敵を遮断している。

　以上、みてきたように主郭は多少手薄だが、城域の大部分を占める西側のB曲輪と東側のC曲輪で防御力の高い縄張りを構築していることがわかる。加えて、この2つの曲輪は田近道に接する部分も多く、道を巧みに利用して縄張りをしている。

　一乗寺城は、その技巧的な縄張りから前田・佐々戦争の熾烈さが感じられるとともに、加越国境にある「境目の城」として、天正12～13年における佐々成政方の築城術の到達点を示す城と考えられる。

3．まとめ

○南北朝期に越中守護だった桃井直常方の拠点として築かれ、戦国期に加賀・前田利家と交戦した佐々成政方の支城として機能したと考えられる。

○天正12年から翌年にかけての前田・佐々戦争では、朝日山城への襲撃が戦端となったが、佐々方は同じ田近道上に位置する一乗寺城から出撃した可能性がある。

○一乗寺城は、田近道に近接して造成された。壮大な大堀切で加賀方面の防備を強化し、おもにB曲輪とC曲輪で敵の進入を防ぎつつ攻撃を加え、北側の階段状の曲輪群と竪堀群で斜面からの回り込みを防いだ。ただし、枡山山頂にある主郭・A曲輪は、防御施設は土塁のみで地形の改変は少ない。

○一乗寺城は、前田・佐々戦争の熾烈さを物語る縄張りをもち、天正12～13年における佐々成政方の築城術の到達点を示す城と考えられる。

（野原大輔）

【参考文献】
金沢市埋蔵文化財センター『加越国境城郭群と古道調査報告書』2014
木越隆三「「前田・佐々戦争」に関する文献史料について」『シリーズ・織豊大名の研究第11巻　佐々成政』戎光祥出版 2023
佐伯哲也「一乗寺城」『越中中世城郭図面集Ⅲ』桂書房 2013
高岡　徹「四　天下統一と越中」『小矢部市史－おやべ風土記編－』2002

佐々成政に対する前田方の最前線基地　天下人秀吉を迎えたと伝わる巨城

17. 今石動城 （いまいするぎじょう）

①小矢部市上野本桜町入会地ほか　②－　③天正15年頃　④文禄3年か　⑤文禄3年
⑥前田秀継・前田利秀　⑦山城　⑧主な遺構　曲輪・切岸・土塁・堀・土橋・虎口・櫓台
⑨660m×480m　⑩標高187.8m、比高140m

1．歴史

砺波平野を一望できる屏風のような山塊のほぼ中央、標高187.8mの城山山頂を中心に築かれた城郭である。越中・加賀の国境に近く、眼下には北陸道が通る交通の要衝ともいえる立地である。

この城は、天正12年（1584）から翌13年にかけて国境を境に前田利家と佐々成政が繰り広げた抗争、いわゆる「前田・佐々戦争」で試金石となった城である（図1）。

小牧・長久手戦争の北陸版ともいえるこの戦争は、天正11年4月の賤ヶ岳合戦のあと、反豊臣秀吉勢力が全国的に誘発した軍事行動に伴うもので、単なる北陸での局地戦ではなかったとの見方が近年提唱されている（木越2023）。秀吉に反旗を翻したのは、紀州の雑賀一揆・根来寺、四国統一中の長宗我部氏、越中の佐々成政、東海・甲信の徳川家康であり、決して成政が単身で反発したわけではない。

さて、この戦争の経過を見ていこう。天正12年8月に成政が加賀・朝日山城を襲撃したことで戦端が開かれ、9月に前田利家方の能登・末森城を急襲するも大敗を喫して窮地に陥り、戦況の打開を画して厳冬期の12月から翌年1月にかけて徳川家康のいる遠江国浜松、織田信雄がいた三河国吉良に赴くも不調に終わり、天正13年8月に越中に出陣してきた秀吉に降伏する。

戦争末期の天正13年（1585）4月、前田利家は今石動城を築き【城普請①】、加賀・津幡城から前田秀継（利家の弟）・利秀父子を配置する。これに対し、佐々方の部将神保氏張・佐々平左衛門・前野小兵衛らが小矢部川を渡って城下に放火したが、これを攻めて敗走させたという。今石動の築城は、極めて前田方に有利な戦況において、敵領に基点をつくり成政への攻撃の足がかりとすることが目的である。国境線で対峙していた段階から、越中側へ一足飛びで前線基地を移したのである。この動きに呼応するように同年7月に成政が増山城の普請を進めているが、最終決戦に向けた防備の強化との見方もできる。

図1　加越国境城郭群の分布と古道
（金沢市埋蔵文化財センター2014を一部改変）

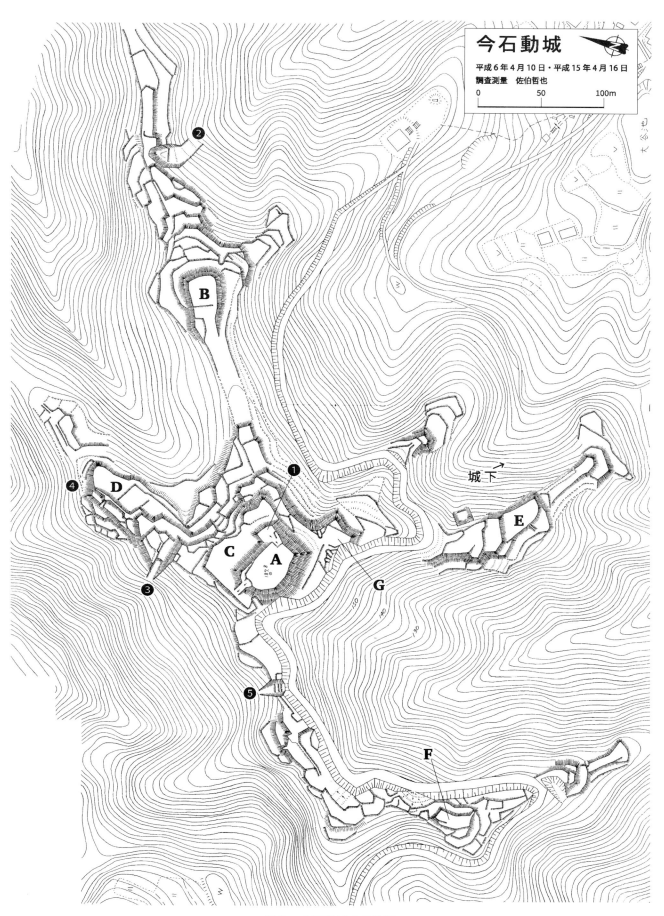

図2　今石動城の全体図

同年8月20日未明、十万を越える大軍を率いて越中に出兵した秀吉は、国境を越えて倶利伽羅に陣を敷いた。四国の長宗我部元親らや越中の成政との戦いを記した「四国御発向並北国御動座事」には、秀吉が城の普請を行ったとある【城普請②】。この城は源氏ヶ嶺城とされるが、今石動城だった可能性も考えておきたい。そうして、越中征伐は8月26日に成政が降伏を表明し、閏8月1日に秀吉は富山に向けて進軍した。

　成政降伏後、砺波郡は前田方の所領となり、秀継は木舟城に移るが同年11月の大地震で夫婦ともに圧死してしまう。子の利秀は木舟城を修復し、天正14年（1586）5月に越後上杉景勝一行を迎えているが、その後、今石動に引き移り四万石を領して木舟の寺院や領民を呼び寄せて城下町建設を進めた。天正15年（1587）と推定される7月6日前田利秀書状（富山県史近世上145）には「此方御普請も漸相究申体ニ御座候」とあり、今石動城の築城工事が最終段階【城普請③】を迎えていた様子がうかがえる。

　しかし、文禄2年（1593）12月、文禄の役で名護屋城への出陣途中で利秀が病に罹り、今石動に戻り死去してしまったため、翌3年に利家は廃城とした。

2．縄張り（構造）

　縄張りは、主郭であるA曲輪を中心に5つの尾根に切岸によって階段状に曲輪を連ねて配置しているのが特徴である（図2）。山頂にA曲輪（図3）を置き、左右にB曲輪とF曲輪が羽を広げた鶴のように伸び、頭にあたる位置にE曲輪とG曲輪、尾にはD曲輪が置かれている。

　城の規模について、『越登賀三州志』には「本丸東西二十間、南北十三間。二丸東西二十間、南北十間。七郎丸東西二十四間、南北十間。左右は山尾次第に低く、嶺に狭路有りて能州へ通ず。二方は壑、背後も亦断壑也。北有稲葉山。去城地三十町許。其の間に宮島川流れて絶険と旧註に見ゆ」とある。ここでいう「本丸」（36.4×23.66m）はA曲輪、同じく「二丸」（36.4×18.2m）はC曲輪だろう。「七郎丸」は、東西が43.68m、南北が18.2mと、東西の長さが南北の2.4倍もある非常に細長い平面プランであることがわかる。今石動城の中で東西に延びた曲輪といえば、B曲輪をおいて他になく、規模もほぼ近いので「七郎丸」と比定できそうである。B曲輪の中心部は高さ5mの切岸で囲まれ、主郭に次いで存在感がある（図4）。七郎丸という人物名が冠されている点と、高さこそ劣るものの主郭に匹敵する規模を有することから、城内でも特別視された曲輪または重要な人物が使用した曲輪だった可能性がある。

　城内最高所にあるA曲輪には、小曲輪状の虎口①が付属している。この虎口は天正12～13年に前田利家が築城した加越国境城郭の一つ切山城の虎口と同型のものであることから、佐伯哲也氏は「今石動城が天正13年に前田氏によって築城された証拠の一つ」と解釈している（佐伯2013）。

　この城の縄張りの最大の特徴としては、敵の攻撃を遮断する防御施設が少ない点が挙げられる。今石動城の築城年代や規模を考えると、堀や土塁といった防御施設が随所に設けられていても何ら不思議ではない。しかし、その数が極端に少ない。B曲輪には高い切岸が

図3　主郭（A曲輪）と石動の町

図4　七郎丸の可能性があるB曲輪

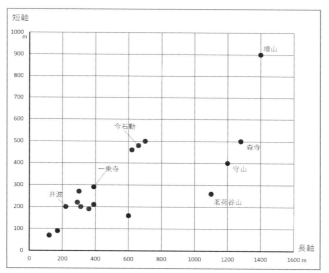

図5　越中の主な中世城郭の規模表と散布図

めぐり、竪堀②で尾根を土橋状とするが断ち切ってはいない。D曲輪には竪堀③・④が設けられるが、城に不釣り合いな程ささやかである。F曲輪には堀切⑤があるが、さほど深く切り込むわけではない。成政領方向のE曲輪に至ってはほぼ防御施設はなく、G曲輪の付け根に小規模な竪堀がいくつか付く程度。前田・佐々戦争の真っ只中で、しかも敵領に築いた城にも関わらず、無防備に近い状態といえる。

歴史的には、城普請の時期として①天正13年4月、②同年8月、③天正15年7月が考えられる。②は秀吉の越中征伐時、③は利秀の築城最終期にあたり、防備の必要性はあまり高くない。反対に①は交戦中であり、無防備な縄張りは理解しがたい。強引に解釈するならば、あえて防備を薄くしたのは前田方が相当優勢であったこと、または佐々方への挑発的意味があったと受け取ることもできよう。

次に、虎口と城内通路をみておきたい。主郭虎口は小曲輪状で明確だが、他の曲輪の虎口は不明瞭で、城内の動線も計画的とはいいがたい。佐伯氏は、今石動城の築城年と同じ天正13年に利家が大改修した白鳥城の枡形虎口と計画的な通路を「軍事的緊張が高いため、ハイレベルな縄張りが必要だった」のに対し、今石動城は大堀切・枡形虎口・計画的通路の3点セットが揃っておらず軍事的緊張が低いと評する（佐伯2013）。このことで思い出されるのが、江戸時代の農学者・宮永正運が記した『越の下草』の一節である（宮永1980）。「今石動古城」の項には、「豊臣秀吉公一夜ノ御要害」「秀吉公御宿城」との表記がなされており、今石動城が江戸時代中期頃にはそのように言い伝えられていたことがわかる。「御要害」は別にして、「御宿城」という表現は当城の防御性の低さを見事に言い表しているようにおもえてならない。

一方、高岡徹氏は階段状の曲輪配置に特徴を見出している（高岡2003）。平坦面を数多く造り出し、防御施設が少ないのは、縄張りの主目的が城兵の駐屯だった証左とみる。また、「今石動城のような計画的で直線的なラインが見える形の城は大名クラスの力がないと作れない」とし、城の範囲の広さを強調する。しかし、図2の散布図をみると、今石動城は越中の中世城郭の中では突出して大きな縄張りではないことがわかる。

最後に織豊系城郭について触れたい。千田嘉博氏は、織豊系城郭について「戦国期に横並びだった城が、織豊期に一斉に階層的な織豊系城郭に変化した」と捉え、その指標は城郭構造の階層性・求心性の貫徹と拡大にあると説く（千田2021）。階層性とは本丸を頂点とした垂直方向への序列で、求心性とは本丸を中心とする同心円状の序列のこと。今石動城は主郭から最下の曲輪まで70m以上の高低差があり、階段状に曲輪が連なることから階層性が非常に高い。また、主郭を中心に各尾根に曲輪を配置し、求心性も高い。よって、織豊系城郭としての要件を満たしていることから、その範疇に含まれるといってよい。

３．まとめ

①前田・佐々戦争末期に築城された城郭で、加越国境城郭群の一角を占める。
②築城から廃城までの期間が10年足らずで、前田方の築城術が知れる指標的城郭である。
③城普請の時期は天正13年４月、同年８月、天正15年７月が可能性として考えられる。
④防御施設が非常に少なく、平坦面が多いことから城兵の駐屯が主目的の縄張りである。
⑤階層性・求心性が高いことから織豊系城郭の範疇に含まれる。

(野原大輔)

【参考文献】
金沢市埋蔵文化財センター『加越国境城郭群と古道調査報告書』2014
木越隆三「「前田・佐々戦争」に関する文献史料について」『シリーズ・織豊大名の研究第11巻　佐々成政』
戎光祥出版 2023
佐伯哲也「今石動城」『越中中世城郭図面集Ⅲ』桂書房 2013
千田嘉博『城郭考古学の大冒険』幻冬舎 2021
高岡　徹「四　天下統一と越中」『小矢部市史－おやべ風土記編－』2002
高岡　徹「第３章(1) 蓮沼城・名畑砦・今石動城」『おやべ市の歴史と文化再見－小矢部郷土史読本－』2003
宮永正運『越の下草』北国出版社 1980

石川県

鋭い切岸と畝状空堀　越後上杉勢の城
18. 飯田城（いいだじょう）

①珠洲市飯田　②－　③南北朝期　④天正年間　④同　⑤飯田長家か　⑦山城
⑧削平地・切岸・畝状空堀・箱掘・低土塁・堀切　⑨240×130m　⑩標高49m、比高45m

1. 歴史

　飯田町を知る会が2002年に刊行した『能登の飯田郷土史』に、南龍雄による縄張調査と城に関する伝承が集積されている。それによる城主、築城者を列記すると

○南北朝期に若山荘日野家の荘官的在地領主が詰めの山城として創築。戦国前期に改修を続け、戦国後期に上杉氏が帯郭を改修して畝型阻塞を築いた（南）。○天正4年（1576）上杉謙信。畠山時代は臣遊佐孫六。（珠洲郡史）○在地土豪飯田飯田与三右衛門の城郭。謙信の能登進攻の際、いち早く味方。（『日本城郭体系』7）○飯田城主に左近氏がいた（金沢連隊区司令　金子大佐の言）等が挙げられている（飯田町を知る会　2002, pp.12-3、pp.185-9）。
　城主と伝わる飯田与三右衛門尉長家は『新修七尾市史』14では謙信の側近とされ、海上交通の要衝である能登半島先端部分が、財務官僚の知行地となったのであると評されている（七尾市　2011,p.561）。名乗りの長家の長の字は、謙信が烏帽子親として名乗り一字を与える場合に与える例が多く、その可能性がある（広井　2000,p.117）。謙信手飼いの侍といえよう。飯田は天正7年8月23日飯田宛上杉景勝書状（越佐史料巻五、歴代古案六）では「（前略）其元長興一并嶋倉孫左衛門入魂之由、可然候、彌彼両人差圖次第、可走廻事肝要候、猶重而謹言、」と長、嶋倉と入魂之由、両人の指図により走り回るよう指示を受けている。「上杉家中名字尽手本」に記載された長と、記載のない飯田との格の差でもあろう。城の位置付けも同様に嶋倉・平子の甲山城、長の正院川尻城よりも下位、正院川尻城（東約3kmに所在）の支城という位置づけとなろうか。
　飯田は天正5年3月15日に、謙信より正院川尻城の東に所在する細谷、伏見、小泊に知行を与えられ（伊佐早謙採集文書六、『上越市史』別編1325）、同年11月16日には細谷村、伏見村合百四拾六貫四百五拾七文の知行之覚、鑓七丁、馬上弐騎、鉄砲壱丁、小簱壱本の軍役を定められている（謙信公御書巻五、『上越市史』別編1357）。
　上杉勢力退去後の前田氏による改修、使用の情報はなく、越後勢が奥能登から退去した同7～8年頃に廃城になったと考える。

2. 縄張

　城のある山は東麓を流れる若山川を経て海路、川を渡る内浦街道、内陸へ至る白米坂・若山街道を掌握する要衝に位置する。山上の高切岸で囲われたAが城の主要部である。中央は高台となっている。主要部への出入口は藪で確認できなかったものの、佐伯哲也は南西の⑦、南東の窪③と下方郭Bの間の階段接続を推定している（佐伯　2015、p.2）。
　北の尾根には堀切⑧、北西は切岸下緩斜面に畝状空堀群を設けて守りを固めている。畝状空堀群は敵兵の西への回り込みを執拗に遮り、横移動を制限したところに切岸上から効果的な迎撃を可能とする。壮大な畝状空堀群は上杉勢力の普請を強くうかがわせる。
　Bは主要部の監視下に南尾根、南西C谷、北東の曲輪群と結節する要地である。
　南尾根は④、⑤2本の堀切と切岸⑥で尾根伝いを警戒しつつ、削平が為されて平場の利用が可能である。C谷への頭上監視、射的を意図した郭の造成であろう。設けられた堀は現

飯田城縄張図（佐伯 2015 より引用）

飯田城

切岸下方の畝状空堀群

堀⑤

堀⑤城内側の低土塁

状では箱掘で、⑤は土橋が架かるも上幅12mの間合いを維持している。城外側が1mほど高く、城内側に高さ約0.7mの低土塁が設けられている。この土塁は射的兵の胸壁となり得る構造で、箱掘とのセットは筆者のこの城における注目構造である。

　北東の曲輪群は小平面の保有が優先されたエリアである。南東麓にトラバースする一筋の路があり(1)、筆者は東麓を流れる若山川との接続通路と考えている。舟運による物資の搬出入や通行に用いられ、それは海路とも接続していたであろう。小平面群は物流に関連した貯留施設と考える。

　C谷出口付近は湿地で、さらに谷奥に向かって10の段差をとる造作を施して敵の侵入に備えている。侵入した敵兵は段差で停滞ところを正面および側面主要部・南尾根の高位三方から強固な迎撃を浴びることになる。

　謙信晩期、能登領有へと波に乗る上杉勢が一転、謙信の死（同6年）によって引く波に取り残されるような状況下に拠った城で、その情勢をも彷彿させる厳しい遺構が残る城である。

3．まとめ

　飯田城は、天正5〜7・8年に限定できる時期に上杉勢力が拠った城と考えられる。上杉勢力の七尾攻略前における奥能登への進出、また謙信死後の陸路による越中・越後との連絡不自由下の領有は、海路の掌握・連絡が背景にあったもので、謙信の領国構想をうかがわせるものである。

　今に残る畝状空堀、高切岸、箱掘と低土塁のセット、谷の段差普請は、天正期上杉勢の城郭構造を示す貴重な遺構である。

（永野栄樹）

注
(1)（飯田町を知る会　2002,pp.188-9）南龍雄作図飯田城縄張図では大手とする。

【参考文献】
飯田町を知る会『能登の飯田』シバタ印刷 2002
広井造「謙信と家臣団」(池亨・矢田俊文編『定本上杉謙信』高志書院 2000
佐伯哲也『能登中世城郭図面集』桂書房 2015
『新修七尾市史』14 通史編Ⅰ原始・古代・中世 2011

山岳交通路を扼す城砦　越後上杉勢が使用か

19. 黒峰城 （くろみねじょう）

①珠洲市宝立町春日野　②－　③戦国期　④戦国期　⑤戦国期　⑥伝阿部判官義宗・油井浄定　⑦山城　⑧削平地・堀切・土塁・畝状空堀・切岸　⑨230m×130m
⑩標高436m、比高406m（高井愛宕神社から）、294m（寺山加志原神社から）

1. 歴史

　黒峰城は飯田城から約8km南西の山中、標高436mの黒峰山頂に築かれている。間谷庄太郎「黒峰山の城跡と七ツ塚」によれば、頂上台地を含む一帯は、昔は鳥越村、堂ヶ谷村、法住寺の入会地であったとされ、谷崎の応天から黒峰に至る山道は、昔から上戸と宝立の境界線であったという。この道（＝図2①以下同）は法住寺から登ってきた道（②）と黒峰の背後で繋がり、標高468.5mの宝立山の西斜面を通り、標高436mの宝嶺御前の腰前から、一方は南山、洲巻、白滝方面へ、一方は寺山を経て鈴屋、粟蔵へ通じている。この道は黒峰越とも言った（①③）。

黒峰の東斜面の道べりに、昔は冷水の湧きでる湧水があって、黒峰城の飲料水源であったとも伝えられ、またこの山道を通る人や馬の唯一の水飲み場となっていた。江戸時代は特に塩薪を搬出する人馬で輻輳し、重要な産業道路であり、また、上戸方面から町野方面に通ずる最も近くて便利な道路として重要なものであったとされている。また黒峰山は山伏修験者の行場であったという伝承も記されている[1]（間谷　1991,p.1,p.3、括弧内引用者）。筆者が上戸町穴釜の水鶏口家、町野町寺山の久保家で聞き取りを行ったさいも、黒峰城域を介した双方の往来と寺山地区との関係性を強調された。修験関連の寺院としては上戸町寺社旭山高照寺、あるいは宝立町春日野吼木山法住寺との関係も考えられる[2]。筆者は先述の湧水も自然信仰の対象になると考えている。

　城主は「故壚考」巻之六（『越登賀三州志』）に「城主阿部判官義宗居たり」「越後の上杉より油井淨定と云ふ将を置きけるを」とある。

　周辺には城主阿部判官が天正年間（1573〜1592）に越後上杉勢に責められ落城したという伝承が多く伝わる。興味深い逸話が多く『上戸村史』から抜粋して引用する。

　　昔黒峯城に阿部判官という殿様がいたが、天正年間に越後勢に攻められて落城した。このとき越後勢は谷崎に上陸して（その他異説あり）、先す上戸真頼家で一泊して腹ごしらえをした。時あたかも大晦日で、雑煮のもてなしを受けたが、その際用いた箸が一尺二寸の長い箸であった。これは一カ月を一寸として一二カ月一尺二寸といういわれあるものである。又雑煮の上に何かふりかけてあるので尋ねると、これはカツオブシといってめでたい時に用いますと答えた所、「勝男武士」とは縁起がよいと喜んだとか、又コノシロという魚がつけてあったが「此の城」を箸でつつく、即ち食い平げるとは縁起がよいとて喜んだともいう。

　　元朝は一面の銀世界であった。越後勢は民家の障子を集め、これによって擬装して石坂から攻め上った。時あたかも判官は正月のこととて家来には暇をやり、武器は倉蔵にしまい、一人腹あぶりをしていたので簡単に負けたという。あるいはちょうど雑煮をたべていた所、箸が一本折れておやっと油断した隙に首を切られた。それでこの地方では雑煮用の著は特に太いのであると。或いは又判官はあわてて牛にのって逃げたが、この儘牛に乗っておれば助かったのに、後から馬に乗

りかえたところ、それが石になったといい、鳳至郡町野町阿別当に牛コロビという所がある。室町時代の法きょう印塔を、今にその墓と称している。

　一方逃げのびたという方の話では、炭焼小屋に逃げ込みその炭焼男の衣服を借りて炭を切って居た所へ、追手がはいって来たが、その炭焼男が「何をポヤポヤしているんだ。」と尻を蹴ってくれたので、追手も怪しますにすぐ出ていった。その後その部落に住んだので、後世「阿部殿」といったのが訛って「アペットウ」となったのが、町野町寺山の阿別当であると。その後追手も見えなくなったので、又黒峰を越えて石坂の方へ下りて来た所、三杯助兵衛の先祖に出逢い、その瓢の酒三杯に喉をうるおした。その返礼に見渡す限りの土地を与えたが、これが三杯家が後世産をなした原因であるという。（中略）

　石坂の大庭家、穴籠の水鶏口家がその家老であって、判官の守り神であったとかいう神像が、それぞれ一体ずつ先祖以来両家に祀られている。（中略）又伊予家はもと三盃姓であったが、その先祖が伊予の国からきたという伝承に鑑み、伊予姓に変更されたのであるが、やはり判官の家老をしていたと伝えている。（中略）また石坂は黒峰城の城下町で、今にのこるキド坂という地名は、その城門の所在地で、ここで出入の者をしらべたといい伝えられている。

　（中略）阿部判官の伝説は、いずれは中世期の土豪的な地方武士の存在と、その間にかもし出されたいく度かの攻城野戦の記憶が象徴化されたものであろう。（後略）（『上戸村史』 1956,pp.90-2）。

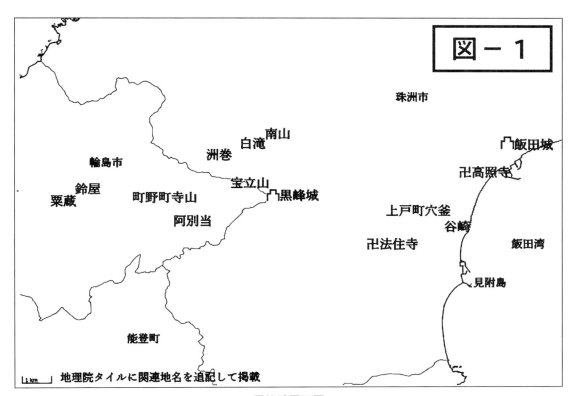

黒峰城周辺図

2．縄張

　頂上台地上の土塁で囲われたAが城の核・主郭である。ただし長径せいぜい20m程度でしかない。南西にはより広い平面Bが隣接する。台地切岸下を東から北へ抜ける道①、西下を南から北へ抜ける道②が北舳先下で合流して道③となる。それら諸道は高位からこの城の監視を受ける。道の結節地であることがこの城の要請であろう。頂上台地上の城に直接接続しているのは②で、佐伯哲也の指摘のごとく②と城の親密性が考えられる（佐伯2015,p.6　以下佐伯の見解は同書による）。

図-2

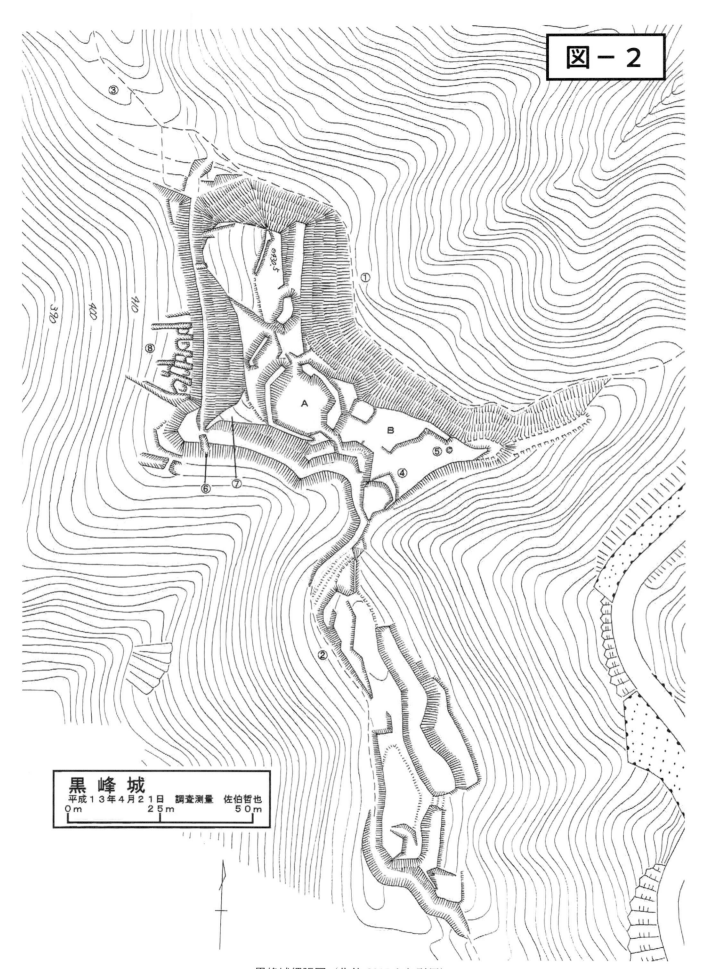

黒峰城縄張図（佐伯 2015 より引用）

主郭Aの土塁は、南西の他は身長を超える高さを有し、特に北西は2mを超える。南北の開口脇は天端が広く、出入口に付随する櫓あるいは監視施設の設置が考えられる。南西土塁が低いのは②道の視認のためであろうか。底幅0.7mほどの切り込みがあり、そこから②道がよく見える。

　A南出入口は、西部の破損も考えられるが底幅5.4mと開放的である。下ってやや擂鉢様の区画を置いて道②に接続する。上方からの監視は効くものの、妨害を意図した要害普請には思えない。北出入口の外は、西に外側高1.7m、東同1.4mの土塁を構えて土塁を二重とするも、開口を明確に食い違わせるほどの工夫は見られない。西の土塁間は、3月調査時には水堀状であった。その先やや小高く登り、北突端には低土塁状の基盤補強が見られ、そこから斜度約50度、高位差約10m下に①②③道結節部二重堀切および北からの接近を監視する。

　城西部を通る②に付随して畝状空堀群⑧、竪堀⑥を設けて、③から南下する者の通行を制限している。佐伯は平坦面に木戸を設けてそれらと相関した関所の機能、⑦は山上城域への避難路としての用途を推定している。

　畝状空堀群は地元では七ツ塚と云われて、「黒峰落城のときの死者を葬ったとか、武具などを埋めた塚であるともいわれ、また山伏修験の祈祷場であったとも、村の山境の塚である等と言い伝えられてきた」（間谷　1991,p.3）とされる。能登の人々にとっては奇異なもので、外来の上杉勢による普請の傍証となろう。

道②と畝状空堀群⑧

黒峰城主要部

郭A北　北限の監視所（高所）、土塁、堀

城域北限二重堀切と道の集合部

3．まとめ

　黒峰城は、中核となるAは堂々たる土塁に囲われた威容を示すものの、広い台地上平面にはめぼしい防御普請はみあたらない。その開け広げの公然たる様相は、境を厳然と守り固める城郭というよりは別の、例えば境を繋いで交流する施設、あるいは信仰に関連する施設であった可能性をうかがわせる。天正年間に珠洲郡に進駐した上杉勢が、そういった施設に町野町方面を警戒する二重堀切、主郭北外土塁、畝状空堀群等を増設し、山岳交通路を扼す城砦として使用した城なのではないだろうか。

(永野栄樹)

注
(1)「上戸町北方の仮谷小路の宝立家はもと白山を開いた泰澄大師に従ってきた行者正党坊で後に、黒峰にきて、修験の行場を開き、能登の峰々を回峰していたが、江戸初期に至り、時の正覚坊が黒峰を降って北方村に来て住んだ。北方の宝立家はその子孫であるという。（中略）先祖が黒峰宝立山の山伏であったという家は若山の宗末など各地にもあって、室町末期頃までは、黒峰に山伏修験の行場があったと思

われる」(間谷　1991,p.3)。

⑵ (珠洲市　1978,p.345)吼木山法住寺の項:「法住寺周辺には、山伏の修行場の跡であったと伝える地名や遺跡が少なくないことから、草創のころの法住寺付近は、黒峰(宝立山)信仰にまつわる山伏＝修験者が出入りした土地と思われ、法住寺の修験創建説はあながち否定できない」と記載される。ただし筆者法住寺聞き取り時は、黒峰城域との繋がりには否定的であった。(同前,pp.352-3)高照寺の項:「黒峰城の阿部判官の祈禱所であったという伝承」、および「宝立山頂にあった五社権現の別当であったとも伝えることから、黒峰(宝立山)信仰につながる修験者の動きとも関係があったと考えられる」と記載される。

【参考文献】

『上戸村史』1956

『越登賀三州志』

佐伯哲也『能登中世城郭図面集』桂書房 2015

『珠洲市史』第二巻＝資料編中世・寺院・歴史考古 1978

間谷庄太郎「黒峰山の城跡と七ツ塚」珠洲郷土史研究会『すずろものがたり』第53号 能登物産商会 1991

海路を掌握　謙信手飼いの侍が拠る城
20. 甲山城 （かぶとやまじょう）

①石川県鳳至郡穴水町甲　②－　③天正年間　④同　⑤同　⑥平子和泉・嶋倉泰明
⑦丘城（甲山）、山城（丸山）　⑧削平地・箱掘・横堀・土塁・切岸
⑨260×160m、230×330m　⑩標高25.2m比高20m、標高67m比高60m

1．歴史

謙信は天正4年（1576）12月に能登へ侵攻、七尾城を攻める。七尾城攻略は成らず、年が明けると能登半島北部の富木、熊木、穴水などの諸城に守兵を置き、越後へ帰った（『越佐史料』巻5．p381）。その際、『越登賀三州志』では甲山城に轡田肥後・平子和泉・唐人式部を置いたとする。

「穴水城跡調査概要報告書」では『長家家譜』の記述を採用し、甲山城の上杉方城将を同じく轡田肥後・平子和泉・唐人式部とする。同7年、温井景隆・三宅長盛が、轡田をだまして松百へ誘い出し、平子を攻め殺して甲山城を手に入れたとしている（穴水町教委　1990, p.9）。轡田は越中国衆[1]、平子は越後中郡国衆[2]、唐人はこの時期上杉氏に従っていた本願寺方岸和田流砲術師（高岡　2010）と考えられる。なお大蓮寺三十三世が昭和五十八年に記した同寺の沿革によれば「天正二年七月、甲城主平楽平馬之丞が武運長久を祈願する為に城正面に当るこの地に堂宇を奉献す」とあり、平子氏と城および寺との繋がり、城下首切りの松等の伝承を伝える[3]。

甲山城

また上杉の史料である「御家中諸士略系譜」には、嶋倉泰明は「謙信公御代能登国甲城代被差置軍功之士タリ（中略）御一周忌付而春日山エ罷越御焼香仕御供ト志切腹仕」、松木石見貞吉は「越後ノ豪枇杷島家ニ属シ武功之士ナリ（中略）枇杷島カ属士能州甲ノ城与力ニ附（城代島倉孫左衛門泰明ナリ）天正七年三月織田信長甲ノ城ヲ攻ム依之防戦ストイエトモ危急之旨越後エ注進然トイエトモ援勢之沙汰無之各城ヲ明春日山エ来ル（後略）」とあり、甲山城には城代嶋倉に与力の一人として松木が附けられていた[4]。嶋倉は同5年11月には能登において知行と鑓卅丁、馬上

丸山城

五騎、手明五人、鉄砲参丁、小簇参本の軍役を定められ（維宝堂古文書、『上越市史』別編1356）、あわせて謙信より印判を示されている（山形県　庄司喜與太氏所収、『上越市史』別

編1362)。そして謙信一周忌に春日山で御焼香仕り、追腹を切ったという。松木は後に景勝の跡を継ぐ定勝の傅役となり、景勝の納骨のために高野山へ派遣された時の他は定勝の傍を離れなかった侍である(5)。いずれも謙信、景勝にとって手飼の侍といえよう。

「御家中諸士略系譜」および『長家家譜』による落城時期が天正7年であることから、上杉勢の退去は同年頃であろう。

城郭は大口瀬戸に突出する円山（以下丸山）と、小字小甲の二か所に折り歪み構造を有する防御ラインによって構えられている。

岡本伊佐夫は甲山城を「越後上杉謙信の水軍基地」として論考し、「大口瀬戸に突出する丸山は三海を見渡し、行き交う船を監視するうえで絶好の場所に立地している。(中略)能登内浦の海路を遮断し、能登島を挟んで対峙する七尾城のけん制が可能であったと思われる。よって、丸山はすなわち甲山で謙信が天正4年の

丸山城突出部より見る横堀

甲山城中堀屈曲部　箱堀底

能登侵攻時に海上交通の要所として抑えた山（後略）」としている（岡本　2004）。

天正6年8月に長沢光国が中居村弁慶（真清田三右衛門）にあてた書状（写）に「放火併百姓以下討捕候事者、舟手之者共之働ニ候、是ハ甲之人数候」（穴水町森岡家文書、『新修七尾市史7七尾城編　文献史料編』第6章39）と、放火や百姓以下を討ち捕らえた行為は舟手の者共の働きで、それは甲の軍勢であると記されており、甲に水軍が所在したことがわかる。岡本は同書状には甲山という固有名詞は使われていないことから「丸山（甲山）攻略の後、船の往来を監視しつつ水手と船溜まりに適した小字の小甲に新たに城を築いたもの」と推測している（同前）。丸山は海上監視を担い、甲山城は水軍拠点阿曽良泊と一体となった拠点城郭として機能したのであろう。

2．縄張

両城の特徴は折り歪み構造を有する防御ラインである。甲山城のそれは主郭A（城ヶ高）を守る内堀、外郭の西から南を守る外堀、外堀から外郭内に引き込んだ中堀と、それらに沿って設けられた土塁によって構えられている。丸山のそれは中腹を北から西に巡らせた塹壕状横堀と後背切岸、その上方の帯曲輪によって構えられている。それぞれ特徴を見ていきたい。

甲山城外堀から中堀を引き込む④地点
C南東隅の監視を受ける

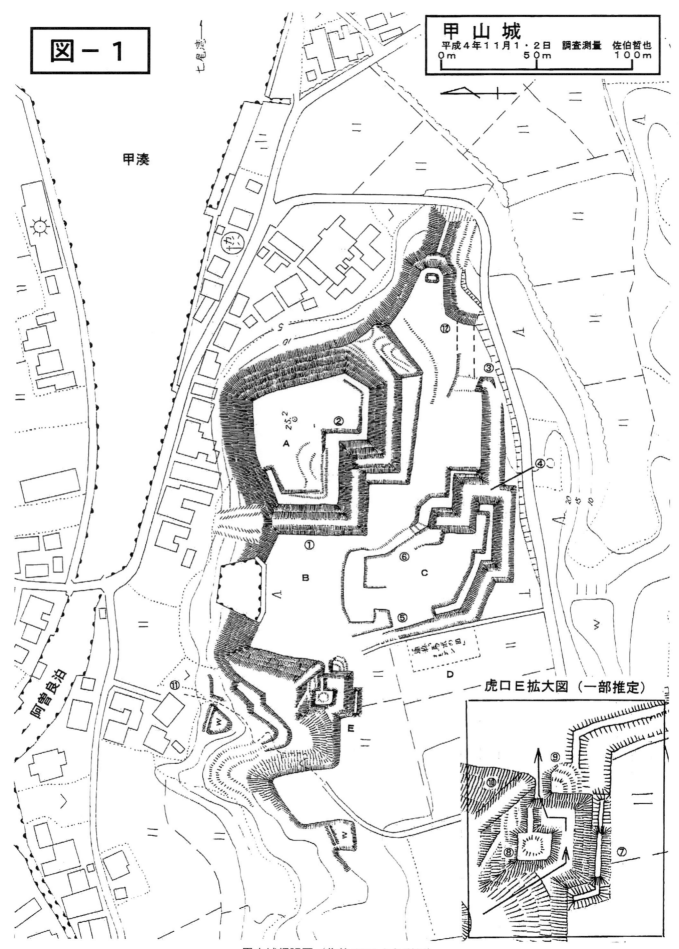

甲山城縄張図（佐伯 2015 より引用）

（1）甲山城

　主郭の西から南面を守る内堀、外郭の西から南面を守る外堀、外堀から外郭内に引き込まれた中堀が折り歪み、折り歪みの内側に土塁が沿う。外堀は現況では途切れているが、東の③から北西の⑦にまで巡っていたと考えられる（佐伯2015,p.58　以下佐伯の見解は同書による）。堀はいずれも箱掘である。

　主郭に明確な出入口構造はないものの、南中央の折れから約14ｍ西の下方で内堀が東に段差をもって降り、段差上が内堀を渡る土橋地点となるのではないだろうか。土橋から坂を上がった付近の主郭土塁は高さが内から約0.3ｍ程度と低く、ここが主郭への出入口となり得る。土橋から主郭へ至る坂導線には、折り歪みにより主郭内から強固な横矢が掛かる。

　外堀の途中④から外郭を区切るように屈曲しつつ引き込まれた中堀が分岐する。中堀に沿った郭内と、中堀よりも外郭となるＣ南外堀沿い外郭線には強固に土塁が沿う。

　筆者は中堀を城内への通路、その屈曲の末の城内側最奥を郭内への出入口と考えている。中堀を出入口へ至る工夫として詳述したい。

　現在は南の県道からお墓の脇を通って外堀東部に入ることができ、堀底を西進するとＣの南東隅に当たる。

　隅には高さ約0.5ｍの土塁が盛られ、堀底から3.6ｍもの壁になる。壁上隅の土塁は南北5.6ｍ、東西6.4ｍ幅を有し、櫓を置くことも可能である。東から直進する敵に対し、正面から有効な射撃が可能な射撃点となる。城内へは右に折れ、さらに三度の屈曲を強いる。侵入者は高位からの挟撃による妨害と、屈曲部が射撃点となる前後からの射的を受けながら進むことになる。中堀に沿った城内側土塁は、城内に向かうにつれて高く幅が厚くなる。中堀底通路及びＣからの遮蔽と攻撃に備えた造作であろう。

　最奥の西壁面は進行の直撃を受けない左折面で、そこは高さ約0.8ｍ、斜度23～32度、斜面長約２ｍのスロープとなり、郭内への出入りが可能である。中堀が遮断用途だけであれば、最奥部正面壁も郭内侵入ができない高さを維持していなければならず、意図的に進入を可能とした出入口としての造作と考える。段差下方には長径11～55ｃｍ程の石が６個露出し、壁面をピンポールで刺すと５～10cmほどで止まる箇所が多い。出入口底面として石による補強が為されていたのではないだろうか。

　この段差の上、城内には城戸が設置されていたであろう。城戸が戦闘時閉鎖された状態であれば、３度の屈曲を経て引き込まれた敵は城戸前での停止を余儀なくされ、両側、後方の３方向（城門上に兵の配置が可能であれば４方向）からの妨害を受ける。突破も退却もまた容易ではない。強固な防御を可能とする通路と出入口の設定である。

　他に阿曽良泊と城を繋ぐルートとして、城北西麓の木戸前⑪から池の脇を城北西部に登るルートが推定される。佐伯はＥ（縄張図拡大部）をそのルートの城出入口とし、天正９年利家能登入国直後に改修した虎口と推定している。しかし甲山城は前田氏による使用をうかがわせる史料や情報はなく、通路が屈曲する導線は中堀においても用いられた構造であり、筆者は⑧も外堀線の外に設けられた上杉氏による出入口監視施設で、Ｅも上杉氏による出入口構造と考えている。また内堀東端から城内に入ることもできたのではないかと考えている。

　Ｃの西側外堀外Ｄのオモダシを馬出とする指摘が佐伯、岡本によりなされている（岡本　2022）。昭和47年の土地改良事業により痕跡はないものの、明治期の地籍図に堀を越える道と、堀外で道の分岐を覆うような弧状（水堀か）の区画が描かれており、道の集合に関連した小外郭が推定される。あわせて岡本は雨が降るとその尾根道の北側の窪地に南と西の二方から水が流れ込み、Ｃの三方

丸山城横堀

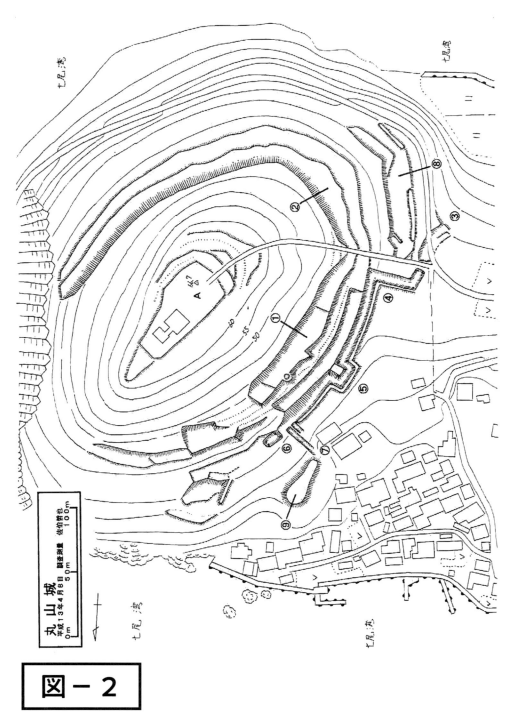

丸山城縄張図（佐伯2015より引用）

を囲む堀に水が流れ込む構造となっていた伝承を記している。オモダシ付近の見解と旧観について岡本から教示をいただく予定であったが、令和6年能登半島地震のため果たせていない。中堀が水堀であれば筆者の通路見解は否定される。堀を越える道は場内を通過することから、廃城後のものである可能性もある。今後の課題としたい。

(2) 丸山城

　加夫刀比古神社が鎮座する山頂からは日本海、大口瀬戸が見渡され、海上の監視に最適である。

　城郭構造である防御ラインは山腹に設けられた塹壕状横堀、後背切岸、その上の帯郭によって構えられている。横堀は深さ0.5〜1.25m、水平上幅2.7〜4mで、前面は土塁状であ

る。堀底は箱状ではないものの、塹壕として兵の配置と移動が可能である。中央が突出して折り歪み、南は西に折れて竪堀状となる。北端は長短二本の竪堀（畝状と評価）により区切られている。

横堀は中央突出部前の前面土塁のみが限定的に約0.5ｍと低く、その部分からのみ西と北に射的が可能である。しかし他大部分は塁線前に見通しが効かず、銃陣を敷く陣地とはならない。南の西に折れた先は高位では前面深さ1.7ｍ程度で身長大を越えるが、20ｍほど降ると深さが0.6ｍ程度になり、横堀前の斜面に見通しが効いて側面からの射的が可能である。

堀の背後は約3.5ｍの切岸壁となり、壁上は帯郭状に削平されている。突出部は高所から1.6ｍ程低く造作され、左右前方横堀内に見通しが効いて有効な射的が可能である。南の折れた先も竪堀および横堀内に見通しが効き射的が可能である。

丸山城の防御ラインは塹壕状横堀、後背切岸、その上の帯郭、射撃点が複合的に補完しあうことにより機能する構造である。

両城に設けられた明確な折り歪み構造は、射的に有効な構造である。『長家家譜』で城将の一人とされた唐人式部は、岸和田流の砲術師と考えられ、その得意とする戦技は射撃である。甲の北西約７kmの中居には鉄砲製造が可能な鋳物師が居住しており、筆者の想像をたくましくするならば、唐人の配置との関連を想察する。

３．まとめ

甲山城は天正5〜7年に限定できる時期に謙信手飼いの侍が拠った城で、海路の掌握を意識し、水軍の拠点ともなった城である。

構造の特徴として平面に箱堀と土塁、斜面に塹壕状横堀と後背切岸およびその上の帯郭からなる防御ラインを構え、折り歪みによる射撃点を備える構造を挙げた。くわえて箱堀を屈曲させて通路として引き込み、最奥を出入口とする工夫を指摘した。同時期の上杉勢力の城と考えられる飯田城とは異なる縄張プランである。その差異の背景、課題とした水堀、オモダシの旧観はどのようなものであったのか、能登の明るい陽光のなか、やさしい人々と談笑できる日が到来することを祈るばかりである。

（永野栄樹）

注
⑴ 大村城周辺
⑵ （七尾市 2011,p.565）では平子和泉と平子若狭守とを同一人としている。平子若狭守は越後中郡の国衆。
⑶ 大蓮寺御住職の教示による。
⑷ 『上杉家御年譜』24
⑸ 加澤 2018　および著者の教示による。

【参考文献】
「穴水城跡調査概要報告書」穴水町教育委員会 1990
『越登賀三州志』
岡本伊佐夫「越後上杉謙信の水軍基地」図説穴水町の歴史編纂委員会編『図説穴水町の歴史』穴水町 2004
岡本伊佐夫「甲山城」向井裕知編『北陸の名城を歩く石川編』吉川弘文館 2022
加澤昌人「上杉定勝公を支えた名傅役　松木貞吉」米沢温故会『温故』第45号 2018
佐伯哲也『能登中世城郭図面集』桂書房 2015
『新修七尾市史』14 通史編Ⅰ原始・古代・中世 2011
高岡徹「直江兼続と鉄砲ー謎の戦国武将唐人氏を追うー」『富山史壇』第161号 2010

七尾城攻めの砦か
21. 千野枡形砦（ちのますがたとりで）

①七尾市千野町枡形一六部　②古府枡形砦・千野枡形山　③16世紀後半　④16世紀後半
⑤16世紀後半　⑥能登畠山氏・上杉氏　⑦山城　⑧削平地・切岸・竪堀・横堀
⑨355.2　比高110m

1．歴史

七尾城は、能登の守護・畠山氏が領国支配の拠点として戦国時代（16世紀前半頃）に築いた山城である。石動山系の北麓、七尾湾を見下ろす要害に築かれ、中心部には野面積みの石垣、土塁、堀切などの遺構が良好に保たれ、山麓の城下へと広がる尾根筋にはいくつもの曲輪が連なっており、広大な城域と堅固な構造を有する戦国期を代表する中世城郭である。

千野枡形砦は、城域の西側を画する大谷川を挟んだ標高355mの尾根上に築かれた砦で七尾城下（小池川原方面）から石動山（多根村）を結ぶ街道を取り込んで築造されている。

文化14年（1817）に田辺政己が記した『能登日記』の中に「…千野村〈矢田郷なり〉の高、枡形〈千野村より仰き望めは、枡の底のことく四角ニ見ゆるとそ〉と云所より北を見れは、向ふに島地・内海・外海残らす見へて鮮やか也…」と書かれており、千野枡形砦を示していると推測される。

2．縄張り

交通の要衝にある尾根丘陵を造成した単廓の城郭である。多根道と呼ばれる七尾城下から石動山方面（多根村）に向かう切り通しの道を取り込み、上手から見下ろす立地である。曲輪Aは、22m×15m×面積330㎡を測る小規模な平坦面である。出入口である虎口は、矢印のように北側から鍵手状に入る形が想定される。土橋状に尾根の両側を削り、曲輪Aの北西にある狭小な平坦面に取りつく構造である。曲輪A南東の道は後世に形成された可能性が高い。多根道の切り通しの比高差は5m以上あり、南側の道から曲輪Aを見上げると比高差はあるが、斜面は比較的緩やかである。それに比べ北側・東側の切岸は急傾斜に仕上げられている。④からは高い土塁に挟まれ、鍵手状に砦に取りつく。南東の長さ18m、幅3mの狭小な平坦面曲輪Bも③、④に睨みを効かせており、砦と一体化した施設と考えられる。曲輪Aの裾部には横堀が周るが、東側の幅5m×長さ9mの竪堀2により完全に区切られる。竪堀1・2ともに堀は深い。道路④と土塁の結節部に浅い竪堀状の凹みが残る。

北側の斜面は比較的緩やかであるが、曲輪Aとの比高差は25mを数える。北側に伸びる細尾根より北は深い谷の地形となる。西側斜面には腰廓のような狭い平坦面も多根道を監視する意図が見受けられる。また、浅く緩やかな畝状の竪堀3・4が配置されている。城

写真1　横堀から曲輪Aを見上げる（東から）

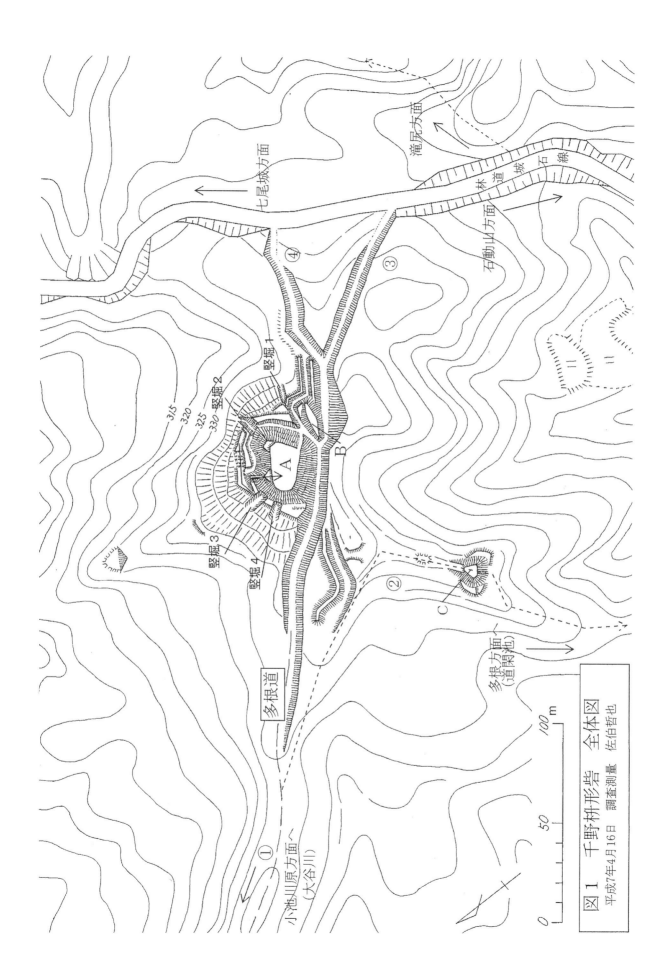

郭とすれば、多根道の監視は勿論だが、構造的には北東側、つまり七尾城側を意識して築城されていることが分かる。③は石動山方面に向かう道であるが、城石線の東から谷沿いに降りると滝の尻の集落に繋がり、熊渕川沿いに富山湾に出ることができる。また、①からは七尾城の西側を画する天然の堀である大谷川沿いから上がってくる道である。この道沿いの尾根には所々に平坦面がみられ、要所要所に見張りを配置していた感がある。千野枡形砦と一体として考えるべきであろう。

また、破線の道①であるが尾根上にひと一人が通れるくらいの幅で切通しの道が続き、両側が谷地形で狭い馬の背（土橋状）になっている場所もある。この少し先には笠取地蔵（現在の多根と滝の尻の境にある地蔵ヵ）があった場所があり、今は阿闍梨墓碑のみが残っている。ここは、千野町に向かう分岐点にもなっており、僅かに残る平場には、以前、茶屋があり、眺望がよく、七尾や奥能登まで一望できたと云う。①から真っすぐ千野枡形砦に向かう道③と南側に分岐する道②があり、②は道閑池に繋がり、古府と多根を結ぶ道に繋がる。尾根の先端には狭小であるが、曲輪Cがあり、両側に腰曲輪のような平坦面を有するが、防御性は低い。これは道閑池（大だらの池）方面の見張り台と言えるだろう。

写真2　曲輪B、竪堀1の間にある鍵の手通路

写真3　多根道（左が千野枡形砦）

3．まとめ

先述したように、千野枡形砦はいくつもの道が交わる交通の要衝に立地しており、もともと能登畠山氏段階においても、石動山に繋がる多根道を行き交う人々を監視・掌握する見張り施設として機能していたと思われる。しかし、城郭としては南西側（石動山方面）の防御性は低く、北東側（七尾城方面）に、切岸や竪堀等で高い防御性を持たせていることが分かる。よって、16世紀後半以降に能登畠山政権での内乱や天正4年〜5年の上杉謙信侵攻の際に、七尾城攻めの砦とし改修・強化された城郭と言えよう。

（北林雅康）

【参考文献】
千野町俗称地名調査会『千野俗称地名考』1989
七尾市教育委員会『新修 七尾市史 7 七尾城編』2006
佐伯哲也『能登中世城郭図面集』2015

城の定義

　よく聞かれる質問として、城の定義がある。質問者は簡単な気持ちで質問していると思われるが、聞かれた方は超難解な質問に答えねばならず、身構えてしまい、そして上手く答えられない。城郭研究を始めて40年以上、2000城以上も調査・研究してきて、今でも解答を見つけられない、これが現状である。

　北陸でも各県の城館総合調査が実施され、各県の城館総数が公表された。しかし、この数字とてかなり流動的と筆者は思っている。というのもこの数字は、調査委員会の調査委員が城と認定した数字にすぎず、別の調査委員が調査すれば、違った数字になるであろう。つまり、A城をB委員は城にしたが、C委員は城と認定しなかった、というケースは少なからず見られる。これは各研究者が持っている城の定義が、必ずしも一致していないことに起因している。報告書を見て、筆者もなぜこれが城なのか、首を傾げたケースも多々ある。極論を言えば、選定された委員によって、城の数は減ったり増えたりしてしまう、というのが現状なのである。

　笑い話のような話だが、これが現状なのである。報告書の総数は、あくまでも一つの目安と捉えなければならない。

　筆者の城の定義を披露したい。城が家・屋敷と決定的に違うのは、軍事施設という点である。城から軍事性を排除すれば、城でなくなってしまう。つまり城とは軍事性に特化した施設であり、居住性は必要最小限で良かったと考えている。そして軍事施設とは何か、それは防御施設を備えている施設と考えている。

　一口に防御施設といっても多数ある。柵も防御施設である。しかし柵が存在していたのかどうか、現地調査では全くわからない。現地調査で判明する防御施設として、堀・土塁・切岸があり、筆者はこれらの有無によって、城かどうかの判断をしている。

　ここで問題なのは、堀・土塁・切岸が防御施設とは限らない点である。堀は境界線や宗教施設としても使用されていることが判明している。さらに土塁と横堀をセットで使用した境界線もある。猪垣も土塁と横堀から構成されており、石垣と横堀をセットにした猪垣もある。山中の急傾斜地に耕作地を得るために構築した石垣もあり、急傾斜地に耕作地を構築した結果、必然的に発生した切岸もある。つまり堀・土塁・切岸の有無だけで城と即断してはいけないのである。

　筆者は上記のような、一見城郭施設（＝防御施設）に見えて非なる施設を、城郭類似遺構と称している。城郭類似遺構の場合、防御する施設（多くの場合は曲輪＝平坦面）が存在せず、存在していても遠く離れすぎていて防御施設としては役立たないものとなっている。猪垣や境界線は、ダラダラと延々と続くだけで、全く防御施設としての役割を果たしていない。寺院の周辺に設けられた水堀等は、正面のみに設けられ、裏側は設けられずガラ空きの状態となっている。これでは防御施設といえない。正面を荘厳化する化粧のような施設と考えられる。このような見方をしていけば、自ずと判断がつくはずである。

　それにしても、城郭類似遺構は多い。それもそうであろう、城の多くは地域住民と密接に繋がっていた里山に属しており、廃城以降四百年以上に亘って城は二次利用・三次利用され続けていたはずである。城郭類似遺構の存在は、もはや当たり前の存在となっている。

　このように、城郭とは類似遺構を取り除いた、確実に防御施設と言える遺構を伴っている施設だけとなる。しかし、それでも現地では判断に悩まされる。確実に人工的な遺構でありながら、正体不明な遺構が山中に多数存在するからである。

　結局「城の定義」の正解は、未だに出せずにいるのがホンネである。今後ともご指導ご鞭撻を伏して希う次第である。

（佐伯哲也）

佐々成政の能越国境城郭
22. 勝山城 （かつやまじょう）

①中能登町芹川　②−　③弘治元年（1555）？　④16世紀後半　⑤16世紀末　⑥畠山氏・佐々氏　⑦山城　⑧削平地・切岸・竪堀・土塁・堀切　⑨660m×180m
⑩標高240.8m　比高150m

1．歴史

　勝山城が築城されたのは、天文24年（＝弘治元年1555）に勃発した、いわゆる「弘治の内乱」のときである。同年9月頃、温井・三宅氏は畠山一族の畠山四郎晴俊を擁立して能登に進攻。守護畠山義綱方を七尾城に追い込んだ。このとき晴俊軍が拠点として勝山城を築いたとされている(1)。

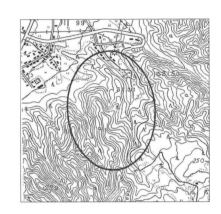

　晴俊軍は弘治3年（1557）6月義綱軍が籠城する湯山城（森寺城、富山県氷見市）合戦で勝利(2)し、戦況を有利に進めるが、永禄元年（1558）晴俊軍は義綱軍によって鎮圧され、3月頃拠点の勝山城は落城している(3)。
　畠山晴俊・温井続宗等反乱軍の首謀者は戦死したと考えられる。
　天正12年（1584）加賀の前田利家と越中の佐々成政が対峙すると、勝山城は能越国境の要衝として注目され、佐々成政が使用する。能越を繋ぐ荒山越えを監視する勝山城は、前田利家と対峙するためには必要不可欠の城郭だったのであろう。成政の重臣・神保氏張は勝山城に部将の袋井隼人を置いたとされている(4)。
　天正12年9月佐々成政は能登末森城へ攻め入るが、前田利家軍に撃退される。利家は末森城合戦での勝利を羽柴秀吉に報告し、書状の中で「荒山城へ取懸責崩、城主之事ハ不及申、悉刎首候付而、勝山同前落居候条」(5)と成政軍を撃退し、さらに佐々方の荒山・勝山城も攻略したと報告している。しかし同年10月26日付書状(6)で利家は、荒山城の佐々軍が今夜あたり撤退するらしいと述べ、さらに勝山城の麓にも軍隊を置いて監視するように指示している。つまりこの時点で荒山・勝山城はまだ佐々方であり、荒山・勝山城の9月落城は、戦勝を過大報告した利家のハッタリだった可能性もある。
　成政軍撤退後、荒山城には利家の部将・九里十左衛門が在城していることが確認できる(7)。恐らく勝山城も利家軍が在城していたのであろう。しかし、それも束の間、天正13年8月26日成政降伏により能越国境の軍事的緊張が解消され、荒山・勝山城も廃城になったのであろう。

2．縄張り

　能登を代表する大城郭の一つである（図1）。城跡直下には、能登と越中を繋ぐ主要道だった荒山越えが通り、また城跡からは能登の穀倉・動脈である邑知平野を一望することができる要衝でもある。このような好条件が選地を決定する要因となったのであろう。
　主郭は城内最大規模のA曲輪（図2）。南側にコの字形の土塁を設けて、尾根続きを警戒する。さらに尾根続きからの攻撃を遮断するために、土塁を伴った堀切①を設け、その南側に土塁囲みのB曲輪を設けている（図3）。
　山麓に続くD尾根には、びっしりと曲輪が設けられている。山頂と山麓を繋ぐ通路の役割も果たしていたため、遮断性の強い堀切は全く設けていない。注目したいのはE曲輪（図4）で、北側に塁線土塁を設け、③に開口部を設けている。ここが内枡形虎口で、直下に竪堀④を設けて大軍が虎口に進攻するのを阻止している。塁線土塁と竪堀をセットにして防

御力を増強させた内枡形虎口であり、16世紀後半の構築と考えられる。

勝山城最大の特徴は、山頂から山麓まで掘り込んだ長大な竪堀②であろう（図3）。長さは120mにも達しており、さらに北側（主郭側）に土塁を設けて防御力を増強し、これも山頂から山麓まで落としている。土塁とセットになった竪堀②を設けることにより、尾根続きを完全に遮断している。

竪堀②外側のC地区には、大小様々な階段状小平坦面群が存在している。この小平坦面群については、はたして城郭遺構なのか、植林・耕作地の跡なのかという疑念が常に付きまとう(8)。

B曲輪の土塁

正直筆者も明確な判定方法は持ち合わせていない。しかし、a) 竪堀②の外側に小平坦面群が集中していること、b) 小平坦面群は堀切⑤・⑥で防御されていること、この二点を考慮すれば、城郭遺構として良いであろう。

C地区の小平坦面群は城兵達の駐屯地と推定されるが、C地区もまた完全に分離してしまっている。言い換えれば、C地区に対する主郭Aからの求心力は著しく低下してしまい、反対にC地区の独立性が強くなったと言える。

C地区の小平坦面群を見下ろす位置に、F曲輪が存在する。このF曲輪がC地区を監視・掌握していたと考えられる。F曲輪も尾根続き方向に土塁を設けているが、これは尾根上に位置するA・B・F曲輪全てに共通しており、統一された計画性を認めることができる。

このような縄張りは、脆弱な城主の権力構造を具現化したものとも言える。つまり曲輪主に対する城主の支配力が弱いため、従郭に対する主郭からの求心力も弱体化した縄張りとなってしまうのである。曲輪主の権力は城主に匹敵するほど強い権力を持

尾根続きを遮断する竪堀②

っていたと言えよう。城主だった畠山晴俊の権力が、極めて脆弱だったのではなかろうか。

しかし、このように各曲輪が独立し主郭の求心力が弱い城郭は、七尾城や増山城（富山県）のように、守護・守護代の拠点城郭に共通して見られる縄張りである。守護・守護代は有力家臣団の盟主的存在であり、それが城郭の縄張りに色濃く表れているのであろう。

もう一点注目したいのは、勝山城は佐々・前田氏が能越国境城郭として注目し、天正13年まで使用していたにもかかわらず、ほとんど改修した形跡が見当たらないことである。成政が天正12年に大改修した加越国境城郭の一つ松根城（石川県金沢市）は、要所要所に枡形虎口・櫓台・塁線土塁・横堀・馬出を設けており、当時の最先端技術を導入した城郭となっている。確かに虎口③は内枡形虎口だが、この程度の虎口なら織豊系城郭とは言い難く、七尾城長屋敷にも残っている。

勝山城には、大規模な平坦面・土塁・堀切が残っており、平坦面はきちんと削平されている。これは多数の城兵が長期間駐屯していたことを物語っている。しかし曲輪と曲輪を繋ぐ通路や虎口は設けられておらず、旧態依然とした縄張りを残している。つまり佐々成政は使用したものの、改修せず、畠山晴俊時代の縄張りをそのまま使用したのである。

3．まとめ

佐々成政と前田利家の領地境は、加越国境と能越国境にまたがっている。しかし、同じ領

図-1

勝山城址(石川県鹿島郡鹿島町芳川)
平成9年4月1日・10日 調査測量 佐伯哲也

図-2

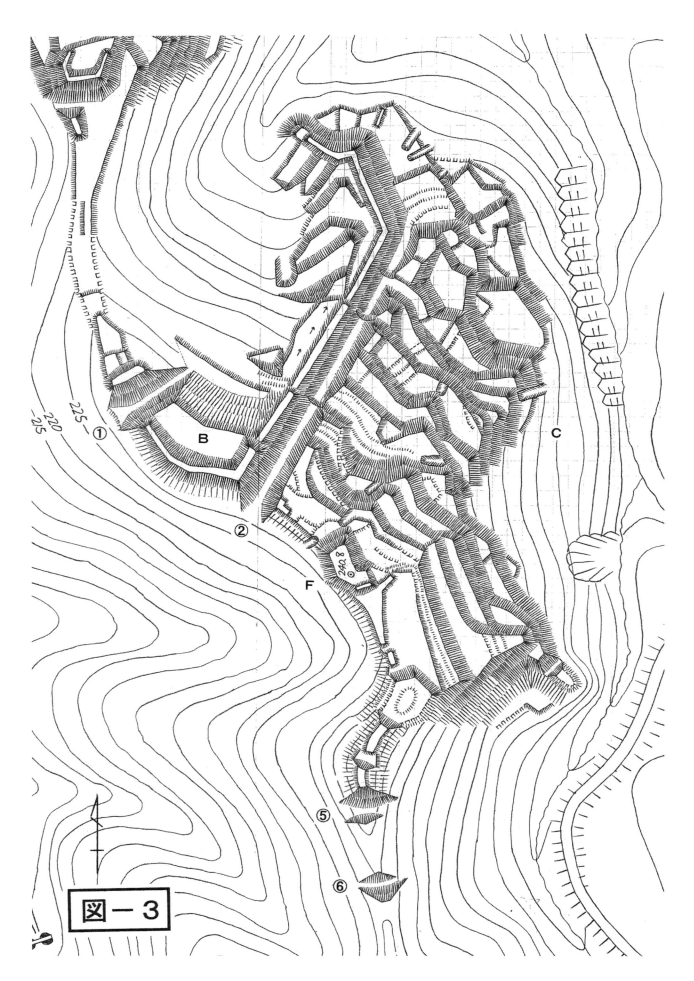

図-3

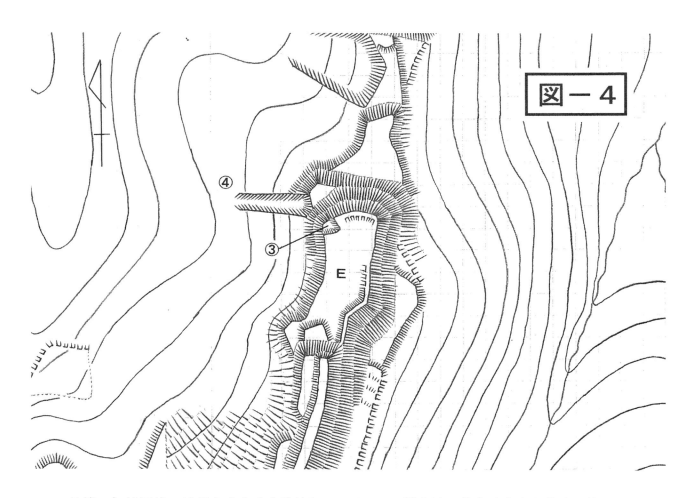

地境の加越国境の城郭を成政は大改修しているのに、勝山城・荒山城を含む能越国境の城郭は全く改修していないことが判明した。この明確な違いは、成政の対利家戦略を考える上で極めて重要な問題と言える。

筆者は上記問題の原因は、末森城攻めと深く関わっていると推定した(9)。つまり末森城攻めに大軍を集中すると越中国内がガラ空きとなり、金沢からの進軍を許してしまう。これを阻止するために加越国境城郭を最優先で改修した、というものである。これとて完璧な説ではなく、あくまで仮説にすぎない。今後もこの仮説の補強に努めていきたい。

（佐伯哲也）

注
(1) 『図説押水のあゆみ』押水町役場 2001
(2) 「(弘治3年) 6月7日畠山晴俊感状」『氷見市史3 資料編一159』氷見市 1998
(3) 「(永禄元年カ) 3月28日弘願寺明勝書状」『新修七尾市史7 七尾城編第3章138』七尾市 2006
(4) 『石川県城館跡分布調査報告』石川考古学研究会 1988
(5) 「(天正12年) 9月13日前田利家書状案」『新修七尾市史3 武士編第1章219』七尾市 2001
(6) 「(天正12年) 10月26日前田利家黒印状」『新修七尾市3 史武士編第1章243』七尾市 2001
(7) 「(天正13年) 8月17日前田利家書状」『新修七尾市3 史武士編第1章297』七尾市 2001
(8) 2023年第39回全国城郭研究者セミナーにおいて「山城の階段状削平地群」について討論された。筆者も紙上報告者として参加した。性格・判定方法について色々な意見がだされたが、明確な答えは出なかった。小平坦面群が城郭遺構なのかどうかについては、個人の判断に委ねられているのが現状である。
(9) 佐伯哲也「加越国境城郭について」『越中中世城郭図面集Ⅲ』佐伯哲也 2013

惣堀が残る金沢城の支城
23. 鷹之巣城 (たかのすじょう)

①金沢市瀬領町　②-　③16世紀後半　④16世紀末　⑤16世紀末　⑥佐久間盛政・前田利家　⑦山城　⑧削平地・切岸・竪堀・堀切・土塁・横堀　⑨280m×260m
⑩標高242m　比高100m

1. 歴史

残念ながら一次史料は存在しない。江戸期の地誌類『越登賀三州志故墟考』(以下、故墟考と略す)によれば、鷹之巣城のことを「南を正門として尾山(金沢城)の番城とす」と記載しているように、金沢城の南側に位置する。

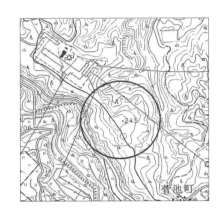

故墟考によれば、天正4年(1576)平野神右衛門が居城したという。天正8年佐久間盛政が尾山(金沢)城に居城すると、配下の柘植喜左衛門を置いたとしており、また一説として柴田勝家の部将拝郷家嘉を置いたともしている。天正13年(1585)3月佐々成政は鷹之巣城を襲撃し、付近の村々に放火するが、前田利家が金沢城から出撃してきたため、成政は越中へ退却している(『末森記』)[1]。これは利家の部将村井長頼が同年2月に越中蓮沼城付近で焼働き[2]をしたことによる報復とされている。この天正13年3月成政鷹之巣城襲撃については、寛文8年(1668)長頼の子孫・村井藤十郎が加賀藩家老奥村因幡守に提出した書状[3]にも記述されている。合戦の内容は長頼方の大勝になっているが、それはともかくとして、成政が襲撃に失敗して、越中に退却したことは事実であろう。

2. 縄張り

鷹之巣城は、浅野川と犀川に挟まれた丘陵上に位置する(図1)。遺構の保存状態は概ね良好だが、城跡を貫くようにして林道が造成され、一部遺構が破壊されている。従って旧状を復元する必要がある。江戸末期に作成された絵図が三枚現存しており、その内文政4年(1821)河野通義が写した「鷹巣山城跡之図の一・二」(『金沢市鷹巣城址緊急調査報告書』 金沢市教育委員会 1980 以下、報告書と略す)が縄張図及び報告書の測量図と酷似した平面形状を示している。「鷹巣山城跡之図の一・二」(以下、絵図と略す)を参考に復元したのが図2である。以下、図2に基づいて説明する。

C・B曲輪間の横堀

主郭はA曲輪である。三方に土塁を巡らせ、B・C・D曲輪との優位性を高めている。南方から主郭Aに入るには、まず土塁通路①から土橋を渡り、馬出曲輪Dに入らなければならない。このとき櫓台②やC曲輪の横矢に晒される。D曲輪からは土橋を渡り、C曲輪に入る。小規模な竪堀③が残っていることから、内枡形虎口だったと考えられる。このときも主郭Aからの横矢に晒される。C曲輪からは土橋を渡って漸く主郭Aに辿り着く。土塁通路①から主郭Aまで計画的に設定された見事な通路と言える。

北方からは、二本の堀切を越え、二重内枡形虎口⑦を突破してB曲輪に入らなければな

鷹之巣城址(石川県金沢市市瀬)
H5.3.6 調査測量 佐伯哲也

図-1

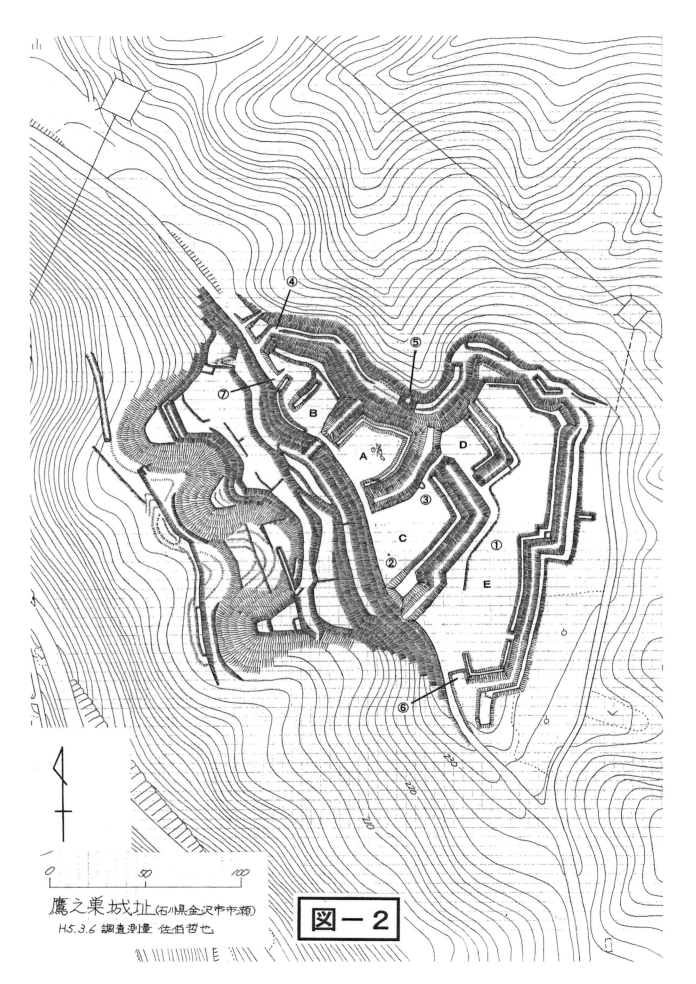

鷹之巣城址(石川県金沢市市瀬)
H5.3.6 調査測量 佐伯哲也

図-2

らない。二重枡形虎口⑦を入らない敵軍は、④地点から⑥地点まで延々400mに亘って惣堀内を進むことになる。進軍中常に頭上から弓矢攻撃を浴びせられ、⑤は井戸兼落とし穴としての役割を果たしていたことであろう。さらに惣堀は所々鋭く折れて横矢が掛かっている。鉄壁の備えと言えよう。

E曲輪は城内最大規模の外郭で、その外側には塁線土塁と横堀がセットになった長大な惣堀を持つ。緩斜面が広がっているため、各所に横矢折れや櫓台を設けて防御力

B曲輪土塁

を増強している。惣堀を設けることにより、主郭A～E曲輪を一体化させ、敵軍を拡散させ、敵軍を主郭Aに近づかせないことに成功している。

E曲輪には大軍を駐屯させることができる。それは南方から敵の主力部隊が襲来することを想定していたのであろう。南方からの敵進軍を想定して、馬出曲輪Dを構築したのであろう。従って、大手方向は南方であったと考えたい。伝承では、鷹之巣城は「南を正門として尾山（金沢城）の番城とす」とあるが、縄張りもそれを裏付けており、⑥が大手門として良いであろう。

石川県内の平野部（台地も含む）に立地する中世城郭で、鷹之巣城のように惣堀が残る城は、西谷内城（七尾市）・甲山城（穴水町）・御舘館（宝達志水町）・和田山城（能美市）・舟岡山城（白山市）がある。この中では織豊政権が関与する以前から惣堀を持つものもあり、従って惣堀イコール織豊系城郭という図式は成立しない。

しかしD曲輪のような完璧な馬出曲輪を持つのは鷹之巣城のみである。前田（利長）氏は天正11年（1583）松任城（松任市）を改修し、馬出曲輪を構築している。鷹之巣城の改修年代・改修者を推定する上で重要な要素となろう。

林道西下にも、遺構は認められる。しかし惣堀に囲まれておらず、虎口も明確ではない。明らかに惣堀内の曲輪群とは異質の縄張りであり、古い構造の縄張りと考えられる。恐らく平野神右衛門時代の縄張りであり、天正8年佐久間氏時代以降に惣堀とA～E曲輪が整備されたのであろう。

3．発掘調査

1979年金沢市教育委員会によって緊急調査が実施された（「報告書」）。しかし地表面観察の調査であり、しかも縄文遺跡として調査されたため、中世の遺物は採取されなかった。中世城郭としての考古学的見地は不明である。

4．まとめ

鷹之巣城の構造は、金沢城の南方を守備する出城という伝承を裏付けていることを推定した。さらに改修者をD曲輪の存在から前田氏と推定した。改修年代は天正11年（1583）～天正13年となろう。一方、平野氏時代の遺構は不明な点が多い。考古学的調査の成果に期待したい。

（佐伯哲也）

注
(1) 加賀藩史料第一編所収
(2) 「（天正13年）2月29日前田利勝感状写」『新修七尾市史3武士編第1章257』七尾市2001
(3) 「村井家伝（抄）」『金沢市鷹巣城緊急調査報告書』金沢市教育委員会1980

幾度となく城郭化した加越国境の要城
24. 松根城 （まつねじょう）

①金沢市松根町、竹又町、中尾町、小矢部市内川町　②－　③南北朝期か　④16世紀後葉
⑤16世紀後葉　⑥桃井氏、洲崎氏、佐々氏　⑦山城　⑧平坦地、切岸、堀切、土塁、礎石建物、土橋、馬出、枡形虎口、竪堀　⑨440×140ｍ　⑩標高308ｍ、比高30ｍ

1. 歴史

　加賀と越中の国境、砺波丘陵の最も高い尾根筋である標高308ｍの山頂部を中心に造成されており、加賀平野や砺波平野への眺望がとても良好である。

　松根城の歴史は源平合戦から始まったと伝わる。1次史料は見つかっていないが、治承・寿永の内乱にて、木曽義仲が陣を張ったと伝承されている。

　1次史料に登場するのは南北朝時代で、貞治2年（1363）と応安2年（1369）の古文書に「松根之陣」などとある。江戸時代の書上帳や地誌類には、先に述べた源平合戦に登場する木曽義仲や加賀一向一揆の武将である洲崎兵庫、戦国時代末期の佐々成政の城と記載されている。

　加賀と越中の国境を舞台に繰り広げられた前田利家と佐々成政の争いの痕跡を現在に伝える「加越国境城跡群及び道　切山城跡　松根城跡　小原越」は、平成27年10月に国史跡に指定された。この史跡は、城と道を一体的に価値付けして指定された日本で最初の事例であり、極めて貴重な歴史遺産であると評価されている。

　ここでいう加越国境とは、概ね現在の石川県金沢市と富山県小矢部市の県境付近にある旧加賀国と旧越中国の国境を指している。この国境越えには、北陸道の他、短距離で越中へ到達する複数の山越え道が利用されており、国境付近の沿道に対峙して築かれた山城は現在もその姿を留めるものが多い。

　本能寺の変から2年後の天正12年（1584）、織田信長亡き後の天下統一へ向け、羽柴（後の豊臣）秀吉と信長の次男である織田信雄・徳川家康連合軍が尾張（現在の愛知県）の小牧・長久手で争った。当初秀吉方であった越中の佐々成政は、この合戦の後反秀吉へと方針転換し、同年8月に秀吉方である前田利家家臣の村井長頼が守る朝日山城を攻撃するも失敗する。そして、9月には奥村永福が守る末森城

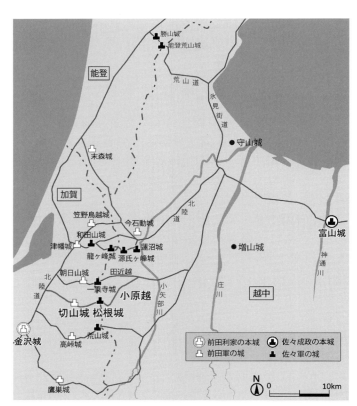

加越（能）国境城跡群と道の分布
天正12・13年頃を想定

（宝達志水町）を攻撃するが、これも利家の援軍によって失敗してしまう。天正13年になると、両者が国境付近への侵入を繰り返す中、前田勢が優勢になりつつあったが、秀吉遠征軍の登場によって成政は降伏したのである。この後、越中の西半分が利家の長男利長に与えられたことで、加越国境付近の緊張状態は解消され、城郭群は不要になったと考えられる。

２. 城の特徴

　城は南北440ｍ、東西140ｍの規模があり、曲輪、切岸、堀切、横堀、竪堀、土塁、櫓台、虎口などから構成されている。主郭は南北、東西共約30ｍの不整形な平坦面を呈す。主郭と土橋等で接続する曲輪群とそれらを囲む横堀、曲輪間を区切る竪堀、城郭の北端と西端を遮断する大堀切によって構成され、外枡形虎口や馬出を随所に配置している。主郭①南西隅の張り出しmは内枡形状になっており、その南側には定型化前の馬出lが配されている。主郭南側の曲輪南端には外枡形iを設け、その南側の曲輪南東には馬出eを設けて防御力を向上させている。大堀切が加賀側に認められることから、前田方からの侵攻に備えた佐々成政方の築造もしくは改修を示しているものと考えられる。

　では、細かく見ていこう。加賀側から攻め込むと、まずは手前で街道小原越に設けられた堀切aがある。それを越えると大堀切bに阻まれ、城側からの横矢を受けながら南方の横堀cへと進軍する。大堀切bの堀底には土塁と堀による仕切り状遺構が存在し、堀底内の移動を制限すると共に、逆茂木などを用いて、土塁（仕切り）上を歩かせるような仕掛けも推察される。横堀cは後に小原越として利用された。虎口dは通路の拡幅で改変を受けており、当時の形状は不明であるが、両サイドからの横矢を備えた虎口である。dを通過すると、右前方に馬出eが備わる。通路により旧状は不明だが、そのまま直進すると西側の横堀f、北進すると馬出の堀g、横堀hと城郭の縁辺を北に進むことになる。馬出eは南隅が掘り残されており、ここからの出入りも想定される。

　馬出eは内部にも高低差を用いて、折れ構造と横矢が仕掛けられており、高い防御力を備えている。馬出eから続く土橋は、幅5ｍと細くない。曲輪③へ入った箇所には発掘によって柱間1間の門が検出されている。曲輪③は南と西に土塁が残るが、北側には認められない。南西隅は、櫓台と考えられるが、発掘で明確な遺構は検出されなかったが、越前焼の甕が出土している。曲輪③から②へは外枡形虎口iを備える。曲輪②は細長い平坦地で、主郭①へ向かって緩やかに傾斜する。主郭①へは、両サイドの竪堀j、kによって馬出機能を備えたlと内枡形虎口m、櫓台nによって防御を固めている。主郭①は不整形な平坦地で、昭和54年の発掘調査で掘立柱建物の柱穴と思しき穴が複数見つかっているが、建物規模などは不明である。

　北側からに関しては、大堀切oによって、直接尾根を攻め込めないため、竪堀pなどから曲輪に攻め上ることになる。曲輪⑤から④へは土橋によって接続するが、曲輪④側には土塁を配置し、守りを固めている。細長い曲輪④から主郭へは内枡形虎口qを要し、やや太めの土橋を渡ると主郭①の外枡形状遺構rがある。このように、各曲輪間は防備した上で城道が確保されている。

　城郭の周囲は、基本的には横堀が回されており、曲輪間の土橋は両サイドの竪堀によって構築されている。松根城は、加賀から越中への脇街道「小原越」ルート上に築城されている。その加賀側には幅約25ｍ、深さ約10ｍの大堀切bを配置するが、発掘調査によって、堀底には基底部幅5.7ｍ、高さ2.5ｍの土塁状遺構とその両側には幅2ｍ、深さ0.8ｍ、同じく1.2ｍ、1.1ｍの溝による堀底仕切りが確認された。木橋の土台である可能性もあるが、神奈川県河村新城のような柱穴は検出されなかったため、堀底内の移動を制御するための遺構と考えられる。また、北側へ続く尾根についても大堀切oが配置されている。未発掘だが、現況で段差や畝状の遺構が確認されるので、同様の遺構の存在が推察される。1次史料ではないが、松根城から朝日山城を攻めたことが知られており、西側の横堀に接して、朝日山城方面の道跡の存在が知られるが、恐らく当初は尾根上の道があり、大堀切oは朝日山城方面への道を遮断するためのものではないかと考えている。なお、大堀切bの西側には堀切aを配置する。越中側には、城外の小原越に堀切sを配置しているが、加賀側には大規模

な防御施設を設けていることとは対称的であることから、越中の佐々方が整備した城郭と考えられる。

3．発掘調査

　発掘調査によって、門跡や小原越跡、堀底、盛土跡などが確認され、16世紀後葉の土師器皿や越前焼甕、珠洲焼甕の他、9世紀頃の灰釉陶器や13～14世紀頃の土師器皿、鉄釘なども出土した。複数時期に使用された複合遺跡であるが、現在残る遺構は16世紀後葉のもので、前田・佐々による抗争時期と概ね一致していることがわかった。

　また、旧小原越を初めて発掘で確認できた。幅約0.5～1mの旧道を2本確認しており、大堀切で遮断されていることから、戦国時代末を遡る道跡と考えられる。これは、山城が軍事的に道路を切断したことを初めて確認した事例といえ、加賀側からの侵攻を防ぐために小原越を切断する幅約25mの大堀切を構築していることから、小原越を戦時封鎖した可能性が考えられる。これによって、今後は加越国境城跡群を検討する際には、「街道封鎖」を念頭に置くことが必要となった。

4．まとめ

　小原越は、松根城跡の調査で尾根筋に旧小原越と考えられる道跡が見つかったことを受け、切山・松根両城跡間の小原越が推定される尾根筋についても発掘をした。その結果、旧小原越と考えられる道跡が見つかったことにより、中世段階の小原越は基本的には尾根道であると判断される。そして、近世から近代にかけては現況遺構に見える幅が狭い道跡から、荷車などが通るための幅が広い道跡へと変遷したことが推察される。

　切山・松根の両城では、過渡的な形態の馬出を備えている。両城跡の年代が城郭構造と出土遺物、文献などから天正12・13年にほぼ限られることから、これまで織豊系城郭の馬出は東国の北条や武田の技術系譜上に成立したとされることが多かったが、独自に外枡形の知識を基礎にしながら馬出が成立する過程が判明する希有な城郭群と位置づけることができ、織豊系城郭による近世城郭の成立過程を実証的に知る上での貴重な資料であり、城郭プランの変遷を把握する標識遺跡になると評価できる。

　また、城と道の関連については、城郭が主要街道を封鎖していると判断され、具体的な遺構として城郭と道の関係に新たな視点を示すとともに、当時の加越国境における緊迫した状況を伝える遺構群だと言える。

　城郭群は広範囲に分布しているが、金沢市域には小原越の切山・松根、二俣越の高峠・荒山、田近越の朝日山の各城跡が所在している。城郭を比較すると、越中側に所在する推定佐々方城郭は規模が大きく、高度な縄張り技術を駆使しているのに対して、加賀側に所在する推定前田方の城郭はそうではない。秀吉は、成政が山（加越国境付近か）を占拠したからといって、軽率な行動は慎むように利家に厳命している。約400年の時を超えて現在に残された城郭群の構造が、すでに味方がなく孤立した成政と秀吉の援軍を待つ利家の政治的状況を示しているのかもしれない。

（向井裕知）

【参考文献】
金沢市『加越国境城郭群と古道調査報告書』2014
佐伯哲也「松根城」『加賀中世城郭図面集』桂書房 2017
向井裕知「松根城」『北陸の名城を歩く　石川編』吉川弘文館 2022

松根城　赤色立体図（S=1/2,500、金沢市提供）

二俣越を掌握した加越国境の堅城
25. 荒山城 （あらやまじょう）

①金沢市荒山町　②枇杷落城　③16世紀後葉　④16世紀後葉　⑤16世紀後葉
⑥佐久間氏、佐々氏　⑦山城　⑧平坦地、切岸、堀切、土塁、土橋、枡形虎口、竪堀
⑨440×290m　⑩標高269.3m、比高40m

1. 歴史

松根城同様に、天正12・13年の前田利家と佐々成政による国境を舞台とした争いで使用された城郭と考えられる。歴史的背景は138頁をご参照されたい。

当該期以外に荒山城が使用された痕跡は、現段階では文献上も考古学上でも明らかとなっていない。

近世の地誌類によると、城主として佐久間盛政や佐々成政の名前が挙がっている。

2. 城の特徴

越中との国境から加賀へ約2km入り込んだ尾根筋に占地する。加賀と越中を北陸道よりも短距離で結ぶ街道二俣越を掌握しており、約4km西方には二俣越を介して高峠城が対峙している。天正12年(1584)、小牧・長久手の戦いに連動して勃発した加賀前田利家と越中佐々成政による加越能国境の戦いに際して築城・改修等されたと考えられる、小原越を介して対峙する松根城、切山城同様に佐々軍の荒山城、前田軍の高峠城と想定されている。

標高269mの細長い尾根上に、概ね南北290m、東西440mの範囲に造成されており、主郭、曲輪、堀切、竪堀、土塁、虎口、櫓台、切岸で構成される。松根城同様に加賀側には大規模な堀切aを配置すると共に、主郭へ至るまでの計画的なルート設計が読み取れる。最高所の主郭①は南北約29m、東西約30mの規模で、不整形を呈する。越中側には堀切b、二重堀切c、堀切dと三重の堀切で防御するが、b以外は北側には延びていない。それに対して加賀側の堀切aは規模が大きく、延長も北側まで大きく延びており、加賀側に対する防御意識が高い。同じ加越国境城跡群の松根城と同様であり、加賀前田軍に対する佐々軍の城郭の特徴といえる。現況では、城郭の北側に接するように二俣越が延びているが、当時の状況は不明である。松根城の例では街道小原越を堀切で遮断していることから、廃城後に横堀を小原越として利用したことが推察される。二俣越も小原越同様に元は尾根道であったものが、城郭の出現で一時期は街道が遮断された可能性があり、そうであれば現在の道は城郭北側を東西に延びていた横堀であった可能性も考えられる。なお、二俣越は参勤交代に使用された時期があり、一部石

二重堀切c

敷きがみられるが江戸時代の造成によるものである（写真参照）。

堀切aを越えても、深い切岸によって主郭方向へは進めず、虎口eから侵入することになる。そこから虎口fを通過して曲輪②に侵入し、外桝形虎口gから曲輪③を通過し、外桝形虎口hによって180°屈曲して主郭①へ到達する。複数の折れを設けて常に横矢がかかるように計画的な城道及び桝形という当時最先端

二重堀切c

の縄張りが構築されており、まさに織豊期の特徴といえる。

また、虎口fを通過しない場合は、犬走り状の緩斜面を西に向かい、曲輪④を通過し、虎口iから侵入、主郭①へ向かうルートも予想される。

3．発掘調査

発掘調査は令和4～5年度に主郭、曲輪、大堀切、二俣越などで実施されている（報告書は未完）。正式な調査成果は、報告書の刊行を待たねばならないが、ここでは、年報の記載から現状での調査成果を紹介しておきたい（金沢市2024）。

まず、主郭①の調査では、西端部で小穴2基が検出され、地山を掘削して平坦地を確保していることが確認された。また、焼土塊が多数出土したが、木舞の痕跡が確認されたために土壁であることがわかり、主郭には土壁の建物が存在した可能性が指摘されている。

主郭北側の曲輪③では、切岸の裾に沿って、幅約1m、深さ約0.6mの溝が確認された。排水溝であろうか。

二俣越では、近現代、江戸時代、江戸時代以前の道路遺構もしくは横堀を確認した。江戸時代のものは、参勤交代で使用する際に石敷にしたという記録があり、実際に敷石が検出され、また掘割の規模もわかるために貴重な事例といえる。その江戸時代の道路を造成する際に埋められた幅約1.5m、深さ約0.5mの溝が検出されており、戦国期の道路遺構即ち中世二俣越の遺構ではないかと推察される。ただし、二俣越として利用される前は横堀であった可能性も考えられる。現況の二俣越と曲輪との比高差が大きいために、経年による浸食等で深くなったとも考えていたが、現況とほぼ同じ高さで近世の敷石、そしてそれ以前の推定中世二俣越（もしくは横堀）が見つかったことで、城郭が築城された当初より、この大きな比高差であったことがわ

二俣越

かる。これはとても大規模な土木工事を行っていた可能性を示している。

4．まとめ

以上、街道二俣越を掌握すると共に、加賀側からの攻撃を強く意識した構造となっている。現況が示すこの構造は、枡形虎口や出土した16世紀代の土師器皿から、16世紀後葉、さらにいうと天正12・13年の前田利家と佐々成政が争った頃に築城もしくは改築されたものといえる。なお、検証が必要だが14世紀代の珠洲焼が出土しているということなので、松根城同様に南北朝期にも城砦として使用されていた可能性がある。

二俣越の発掘調査

また、街道と城郭との関係において、特筆すべきは堀切a直下の二俣越の掘割の深さである。比高差は10ｍ以上にも及び、到底切岸を登ることはできない。それどころか、上方からの攻撃を一手に受けることになる。築城前と二俣越の関係は不明だが、松根城同様に恐らく城内となる尾根筋を通過していたのではないかと考えている。今後の発掘調査に期待したい。堀切aよりも、その間に設けられた掘割に多くの土木作業を費やした可能性も考えられる。

（向井裕知）

【参考文献】
金沢市『加越国境城郭群と古道調査報告書』2014
金沢市『令和5年度　金沢市埋蔵文化財調査年報』2024
佐伯哲也「加賀荒山城」『加賀中世城郭図面集』桂書房 2017
向井裕知「荒山城」『北陸の名城を歩く　石川編』吉川弘文館 2022

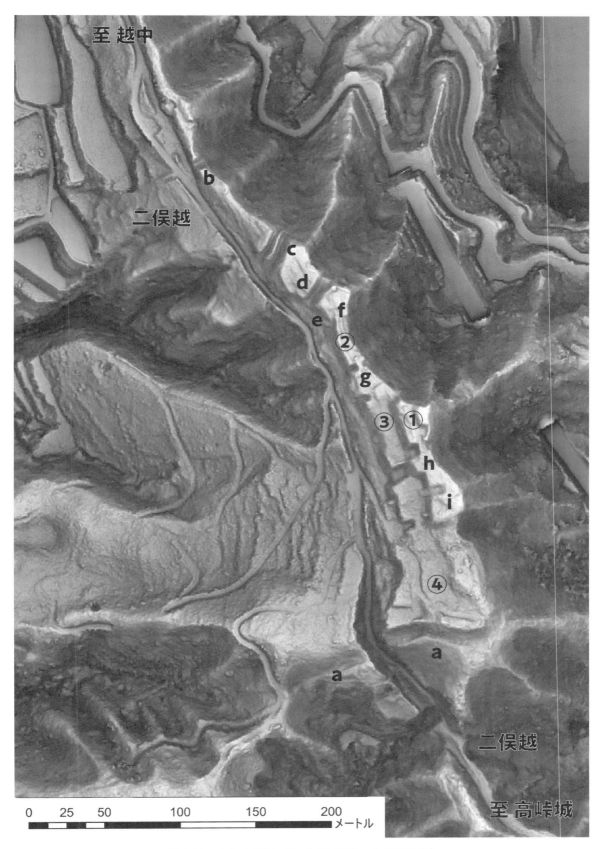

荒山城　赤色立体図（S=1/2,500、金沢市提供）

加賀守護家・富樫氏の詰め城
26. 高尾城 (たかおじょう)

①石川県金沢市高尾　②多胡城・富樫城　③室町時代前期か　④16世紀後半　⑤16世紀後半　⑥富樫氏・一向一揆　⑦山城　⑧削平地・切岸・堀切・竪堀・畝状竪堀群　⑨290×140ｍ　⑩標高191ｍ　比高140ｍ

1. 歴史

　高尾城は金沢市南部の富樫山地に属し、手取川扇状地の東縁をなす位置にある。加賀国守護の富樫氏によって築城された山城で、平野部に伸びる舌状尾根を利用して構築されている。

　富樫氏は藤原利仁を祖とする加賀斎藤氏の庶流で、富樫氏の名字の地である富樫郷は高尾周辺を含む手取川扇状地の東縁一帯と推定される。承久3年(1221)の承久の乱で加賀斎藤氏の本流であった林氏が上皇側に付いて没落したため、それに代わり富樫氏が加賀国で頭角を現し北条一門の加賀国守護の下で代官の役割を勤めた。建武2年(1335)9月27日、足利尊氏は中先代の乱で功績のあった富樫高家に対して加賀国守護職を勲功之賞として充て行った(『如意宝珠御修法日記裏文書』)。その後高家は尊氏派として活躍した。高尾城の築城年代については暦応2年(1339)7月、南朝方の脇屋義助に越前黒丸城を落とされた斯波高経は加賀国に退却、夜間に"多胡城"に入ったという(『太平記』)。また、応安2年(1369)9月頃、越中の南朝方桃井直和が加賀へ侵攻、平岡野に陣取って富樫昌家を攻撃、"富樫城"が難儀に及んだため、能登の吉見氏頼の軍勢が出兵、桃井勢と野市で日夜合戦に及んだという。前者の多胡城は高尾城だと考慮されるが、後者に関しては富樫館の可能性があるが、高尾城の最初の構築は南北朝期だと考慮される。

　嘉吉元年(1441)6月18日に加賀国守護の富樫教家が将軍足利義教の怒りに触れて逐電し、弟の富樫泰高が加賀国守護に補任される。しかし、6月24日の嘉吉の乱により義教が赤松満祐に暗殺されたことによって、教家は加賀国守護返還要求をしたことにより、加賀両流相論と呼ばれる家督争いが勃発した。文安4年(1447)5月に泰高を南加賀半国守護に、教家の子の富樫成春を北加賀半国守護とすることで和解し、長禄4年(1460)には、泰高の後継として長禄2年(1458)に北加賀半国守護を罷免された成春を南加賀半国守護としたりするなど和解路線が進みつつあった。寛正4年(1463)に成春病没後に泰高の中継ぎを経て寛正5年(1464)に成春の子の富樫政親が守護となった。

　応仁・文明の乱では当初政親は西軍に属していたが東軍へと寝返り、北加賀半国守護であった赤松政則が播磨・備前・美作の守護職を回復したことにより、政親は加賀一国守護となった。文明3年(1471)に越前の朝倉孝景が東軍へと寝返り、越前国の西軍と対峙することになり、政親に支援を要請したが非協力的だった為、孝景は弟の富樫幸千代を加賀国守護とするように幕府に働きかけた。それに対し政親は本願寺一向一揆に支援を要請し、一時は幸千代に守護を奪われるが、文明6年(1474)の蓮台寺城の戦いで政親は勝利した。この戦いで一向一揆は威勢を誇るようになり加賀国内の寺社領の年貢が未進状態となり、幕府も幕府評定衆の所領における違乱停止を一向一揆に要請するなど政親の守護の立場は不安定であった。そのため政親は不安定な立場を挽回するために義尚に接近した。文明18年(1486)7月に義尚の右近衛大将補任をうけ土御門天皇への拝賀に供奉するため、政親は上洛した。長享元年(1487)9月には義尚の六角高頼追討に従った。しかし、加賀国内で反政親の気運が高まり、同年12月には義尚に許しを得て加賀国へ下国し、高尾城に籠城した。

反政親勢力は前守護の泰高を軸に一向一揆の・白山宮衆徒が結集した。泰高は大乗寺に一向一揆の洲崎慶覚・河合藤左衛門尉は上久安に陣取った。『官地論』によれば守護代の山川高藤が両者の和睦仲介交渉をしたが決裂、長享2年(1488)5月26日に蜂起した。政親は越前の朝倉貞景に援軍を要請し、反政親勢力は合流を阻止するため、越中口に河北郡一揆を越前口に江沼郡一揆を配置した。6月7日から高尾城総攻撃が始まり、6月9日に政親は自刃した。

高尾城　遠景

その後加賀国守護は泰高に再度補任されたため、従来富樫氏を滅亡させ、以後「百姓ノ持チタル国」へと変貌したと考えられた長享の加賀一揆は、約40年間続いた富樫氏の家督争いの決着であると考慮される。

2．縄張り

主に"ジョウヤマ"と"コジョウ"の一城別郭の城と考慮される。

"ジョウヤマ"は昭和45年の北陸自動車道建設による土砂採集により大部分は破壊されたが、鋭角の高切岸・堀切土塁の遺構が確認される。"コジョウ"は基本的には単郭の城で東・南・西の三方向は堀切により遮断されている。"ジョウヤマ"との間には堀切は設けられておらずまた、虎口も"ジョウヤマ"の方向に向いているためこの2つの郭は密接な関係にあったと考慮される。北側には畝状竪堀も設けられて攻め手の横移動を阻止している。また、令和5年の発掘調査では熙寧元寶や中世の陶器や土師器皿が出土した。

高尾城のコジョウで確認される虎口・高切岸・畝状竪堀群は堅田城や一向一揆が築城した日谷城や黒谷城と構造が酷似しているため、一向一揆が柴田勝家の加賀侵攻に備えて、天正8年(1580)に金沢御堂を守る支城として整備したと考慮される。

『高尾城址調査概報』では高尾城麓には"館"等の地名が確認され、そこでは須恵器等の土器片が発掘された。麓の高尾村北西部には明治時代まで長土居がありこれも高尾城に関連すると考慮される。

高尾城　堀切

3．まとめ

通説では、高尾城の戦いこと長享の加賀一揆は加賀守護の富樫氏が滅亡し、本願寺が加賀国を支配した出来事とされているが、嘉吉年間から続く加賀両流相論と呼ばれる富樫氏の家督争いの決着として見ることができる。また、高尾城はその後一向一揆により金沢御堂を守る支城として整備されたと考慮される。

（尾藤洸希）

【参考文献】
金沢市史編さん委員会『金沢市史　通史編1』金沢市 2004
石川県教育委員会『高尾城址調査概報』石川県 1971

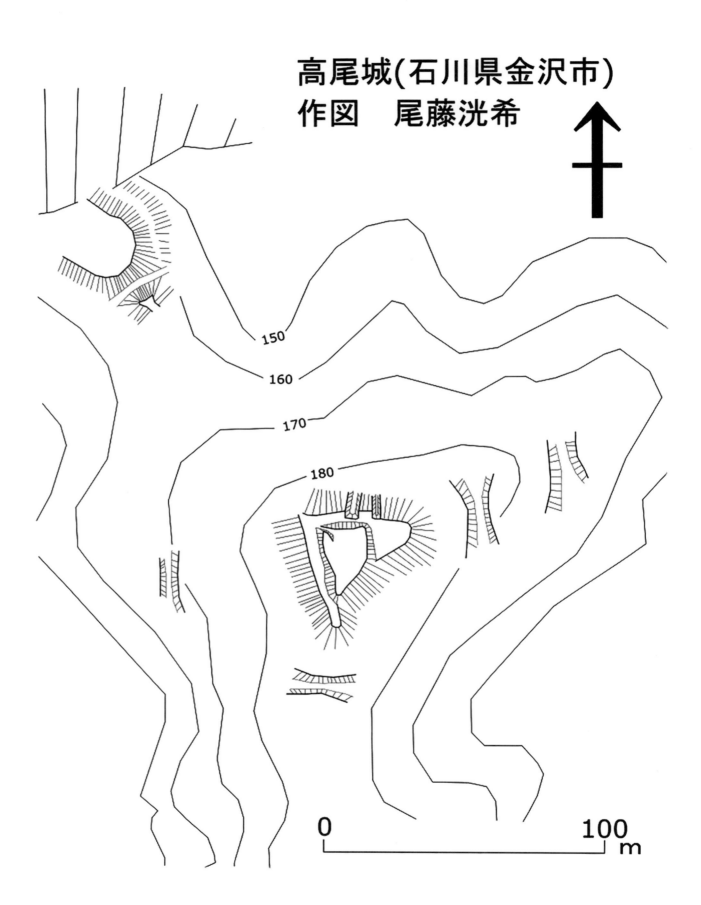

中世城郭の建物

　よく聞かれる質問として、中世城郭の建物がある。答えとしては「よくわからない」というのが正解である。

　よくわからない最大の理由は、現存建物が皆無ということが挙げられる。近世城郭ならば、各地に建物が残っているため、それらを基に推定が可能となる。しかし中世城郭は現地に残っている建物が皆無のため、推定すら不可能に近い。

　現地に建物は残っていないが、移築された伝承を持つ建物は残る。しかし墨書や同時代史料で裏付けれるわけでもなく、伝承の域を出ず、信憑性が低いのが実情である。移築の痕跡は残るものの、中世城郭の建物として建てられたことを確認できる事例は、ほぼ皆無である。

　設計図や絵図が存在していれば、建物は推定できる。しかし中世城郭全体を詳細に描き、信憑性が確認されている設計図・絵図は存在しない。絵巻物に断片的に描かれている中世城郭は存在するが、どこの城を描いているのかはっきりせず、信憑性に欠ける。

　そのような中において注目されているのが、「越後国瀬波郡絵図」である。文禄4年（1595）～慶長2年（1597）までの間に成立したとされており、絵図のほぼ中央に「村上ようがい」と記載された村上城（新潟県村上市）を描く。山上に白壁の屋敷・御殿や櫓（一部は二重）・塀・柵などの建物を描き、建物の屋根は柿葺き、塀は草葺きとなっている。まさに我々が推定する中世城郭のイメージと一致した姿である。

　ただし、疑問点も存在する。それは現状の村上城と絵図の村上城では、縄張り（平面構造）が一致しないということである。どうやら作者が現地を詳細に観察して描いた絵図ではなさそうである。一般的な中世城郭がイメージできる貴重な絵図と言えるが、信憑性に若干問題が残る絵図とも言える。

　発掘をすれば、建物が判明するかというと、ほぼ判明しない。判明するのは、大きさ・間取りのみであり、立体構造は不明のままである。瓦が出土すれば瓦葺き建物だったことが判明するが、どのような外観だったのか、単層か重層なのか、ほぼ不明のままである。

　同時代史料からは、おぼろげながら建物の様子を窺うことができる。まず元亀4年（1573）上杉謙信は宮崎城（富山県朝日町）の「みぢやう」・「二のくるわ」・「三のくるわ」に「へい」を設けるように指示している。恐らく土塀ではなく、板塀だったのであろう。天正10年（1582）前田利家は穴水城（石川県穴水町）に「穴水城普請之用」として「竹弐百束・板六十間」を用意するように命じている。普請とは土木工事と思われがちだが、これは明らかに建築工事であり、恐らく板塀用の資材であろう。

　天正2年（1574）8月から天正3年8月まで、木ノ芽峠城塞群（福井県南越前町）の主将として専修寺賢会が在城する。賢会の書状により、賢会が雨漏りがする小屋で寝起きしていたことが判明する。主将といえども貧弱な小屋に居住していたのである。

　以上が同時代史料から判明する建物である。板塀や小屋が存在していたことは判明するが、具体的な構造は、全く不明である。

　このように、中世城郭の建物は不明だらけである。にもかかわらず、各地で詳細な復元イラストが氾濫している。発掘もせず、文献史料も残っていないのに、なぜこんなに詳細な復元図が描けるのか、首をかしげたくなる。苦々しい限りである。

　中世城郭に建物は非常に少なく、かつ簡素だったと考えられる。このことが中世城郭の建物の実態を不詳にさせている要因の一つなのであろう。

（佐伯哲也）

発掘成果が物語る一進一退の攻防
27. 鳥越城 （とりごえじょう）

①白山市三坂町　②-　③16世紀　④16世紀後半　⑤16世紀後半　⑥加賀一向一揆・柴田勝家軍　⑦山城　⑧切岸・削平地・横堀・土塁・竪堀・堀切・石垣・礎石
⑨440m×130m　⑩標高313m　比高120m

1．歴史

　戦国時代の加賀国は「百姓ノ持タル国」という『実悟記拾遺』の有名な記載が示すように、一向一揆が勢力を持つ地域であった。鳥越城が位置する白山山内地域も、その中に含まれる。

　天正年間の山内地域は鈴木出羽守が支配しており、鳥越城もこの時に築城されたと考えられている。鈴木出羽守は石山本願寺に従っていたため、加賀国に織田信長家臣の柴田勝家が侵攻した際には攻防の舞台になったと考えられる。天正8年（1580）、柴田軍の攻撃によって加賀国における一向一揆の中核である金沢御堂が落とされると、各地の一向一揆方の拠点も順次陥落

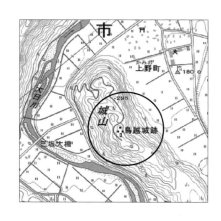

したようだ。『信長公記』によると鈴木出羽守もこのときに殺害されている。ただし一向一揆の抵抗は続いたようで、天正9年（1581）に一揆勢が300人の柴田軍を破り、城を取り返している。しかし佐久間盛政によって再度城を攻め落とされている。『鷺森日記』によると山内地域の一揆勢は天正10年にも城に籠ったようだが、同じく佐久間方の軍勢によって攻め落とされている。この時にも鳥越城が使用された可能性がある。

2．縄張り

　西から北にかけて蛇行する大日川と東流する手取川によって囲まれた城山のピークに築かれている。曲輪群はおおよそ尾根の南北方向に連続するように存在する（図1）。以後曲輪の呼称、また発掘調査の成果については石川県白山市教育委員会による報告書にまとめられている内容（石川県白山市教育委員会2016）の表記・記述に従いながら紹介する。

　尾根の最高部に本丸を置き、南側に設けられた虎口を下ると中の丸、その先の二の丸に至る。そこから堀切を超えると三の丸に至る。三の丸の南面は土塁状の高まりと堀切によって外部と寸断される。三の丸の外側にも尾根が続いていくが、顕著な防御施設は確認できないため、三の丸の南側を城の南限と考えて良い。

　中の丸から北方向に目を向けると、西の丸、北西の丸と下っていく。西の丸の西側下段には尾根の長軸方向に細長い腰曲輪が設けられている。また西の丸から本丸裾を北方向に回り込むと後二の丸に至る。また西の丸から切岸を一段上がったところには後三の丸が構築されている。後三の丸の北側は高い切岸となっており、ここを城の北限と考えて良いだろう。

　鳥越城では1970年代から継続的な発掘調査が実施され、城内の広域で遺構や遺物の様相が明らかになっている。その成果は多岐に渡るが、ここでは特徴的なものを順番に紹介したい。

　まず本丸を確認したい（写真1）。本丸曲輪内の北側は盛土によって造成されている。一方、南側は地山の岩盤を削り出して削平している。このように岩盤を削り取って削平された場所は本丸以外にも中の丸・二の丸の東部、後二の丸の南部、後三の丸の南部で確認されている。本丸から南の曲輪では東側を切土・西側を盛土し、本丸から北の曲輪では南側を切土・北側を盛土して造成していたと考えられる。硬質な岩盤を削り取ってまで曲輪を成型

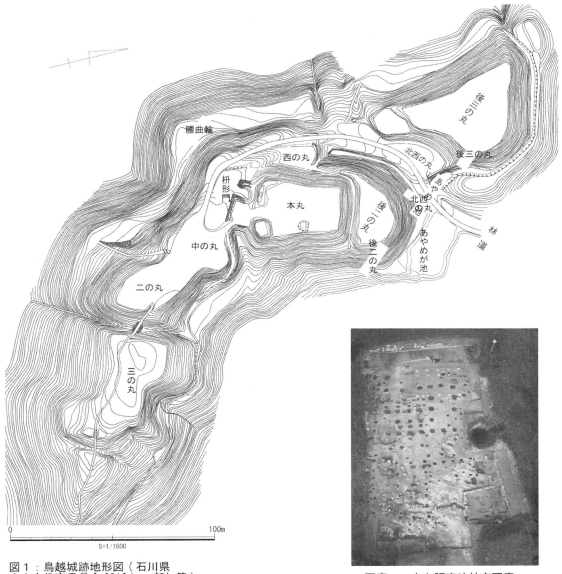

図1：鳥越城跡地形図（石川県
白山市教育委員会2016に一部加筆）

写真2：枡形門空堀側石垣

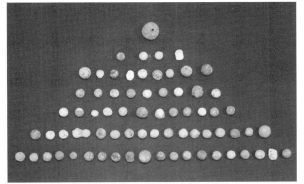

写真3：出土鉄砲玉（銅・鉛）

※写真1～3はいずれも石川県白山市教育委員会2016を転載

する当時の普請技術の一端がうかがえるし、最も岩盤の標高が高い場所に後述する望楼を設置しており、自然地形を考慮した築城の工夫も見てとれる。

　本丸平面では複数の柱穴・礎石が検出された。複数棟の掘建柱建物・礎石建物が重複する形で曲輪全体に建てられていたのである。土層の堆積状況から、焼土に覆われた2つの生活面が確認されており、少なくとも2回は城内で火災が発生したようだ。さらに礎石建

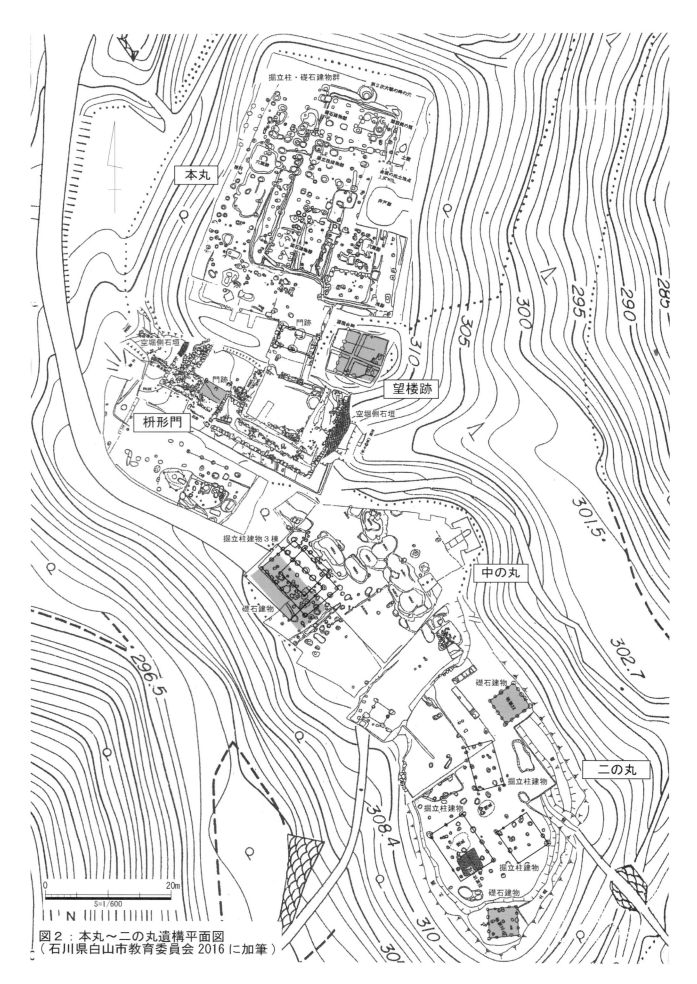

図2：本丸〜二の丸遺構平面図
（石川県白山市教育委員会 2016 に加筆）

物は最大４棟重なった状態で確認され、同じ場所に４回建てられたことがわかる。何次にもわたる攻防戦のたびに建て替えられたのだろう。

次に本丸の虎口を確認しよう（図２）。虎口は土塁の開口部に設けられ、東側には望楼跡とされる土壇が造成されている。土壇上には礎石建物が検出された。さらに土壇と土塁の間の開口部では門の柱穴が検出されている。また土塁を出ると枡形門と呼ばれる石垣・石塁で構築された小空間に至る。外側から枡形門に侵入するためには内部で２回、進路の変更を強いられる。また枡形門と名の付くとおり、虎口には礎石建ての門が検出されており、閉塞された空間を形成している。このような石垣・石塁を伴う複雑な虎口は本丸南面に存在した堀切を一部埋め立てて形成されており、落城対策の改築であると考えられている（写真２、富原道晴1987等）。

次に中の丸と二の丸の調査成果も確認しよう。中の丸では４棟の建物が検出されている。これらはすべて重なり合う位置で確認されているから、４者が同時期に存在しえないのは明白である。つまり、同じ場所で４回建てられた理由があったことになる。なお、４という数字は本丸で確認されている建物が重なる数と一致しており興味深い。

二の丸では掘建柱建物が３棟、礎石建物が２棟確認されており、前者は曲輪の内側、後者は曲輪の縁辺部に建てられている。礎石建物のうち１棟は二の丸先端の土壇上に設けられており、三の丸から二の丸へ続く土橋が非常に監視しやすい位置である。少なくとも二の丸では、掘立柱建物と礎石建物を建てる場所に一定の使い分けの意識が働いたのだろう。

城内で出土した遺物は土師器、陶磁器といった饗膳具をはじめ、刀子等の金属製品や木製品等多岐に渡る。貿易陶磁を整理した結果によると、城内のうち、本丸・二の丸出土資料を分析する限りでは、青花の出土量が最も多く、白磁が次点の量となる、このような組成から16世紀後半の範疇に収まると考えられている。文禄頃まで時期が下る金沢城跡白鳥堀地点から出土している貿易陶磁の組成との類似性も指摘されている。

なお、報告書内では瀬戸美濃焼による時期比定もされている。分析の結果、藤澤良祐氏の編年（藤澤良祐ほか2007）で大窯２段階から３段階にかけての資料が多い。実年代に変換すると前者はおおよそ1530 ～ 1560年頃となり、後者は1560 ～ 1590年頃となる。ただし少数ではあるが大窯４段階（1590 ～ 1610年）に該当する資料も出土している。時期の傾向は貿易陶磁と一致していると言えるだろう。したがって、貿易陶磁・瀬戸美濃焼の年代観からは、文献史料から城が主に機能していたと考えられる時期と遺物の時期のピークは概ね重なるものの、文献史料には登場しなくなる16世紀末にも城が何らかの形で利用されていた可能性があると言えよう。

特筆すべき出土遺物には鉄砲玉がある（写真３）。城内各所で合計100点以上出土しており、戦国時代の１城の出土数とみればかなり多い。それらの中には一般的な鉛製の玉の他に、銅製の玉が多く含まれている。一般的に弾丸に硬質の金属を使用するのは、銃の内腔を損傷させる可能性があるため向かない。城内では銅の断片や金属を熱するのに必要な炉の壁、鞴の羽口等も出土していることから、何等かの金属の加工をしていたことは間違いない。鉛以外の金属を鉄砲玉に加工して使用せざるを得ない、ひっ迫した状況が察せられる。

３．まとめ

一向一揆と柴田勝家軍との戦争の舞台となった鳥越城の発掘調査では、何度も建て替えられた建物に象徴される改修の痕、度重なる火災を受けた生活面、大量の鉄砲玉等が確認された。いずれも戦争の痕跡を色濃く残すものである。戦いが起こった痕跡を残す城郭は全国的に見ても少なく、その中でも火災の痕跡が残る城はさらに少ない。度重なる落城の痕跡を追える鳥越城は、全国的に見ても貴重な事例と言えるだろう。　　　　　（佐藤佑樹）

【参考文献】

石川県白山市教育委員会『鳥越城跡発掘調査報告書』2016

富原道晴「鳥越城」『中世城郭事典』新人物往来社 1987

藤澤良祐ほか『愛知県史　別編窯業２中世・近世　瀬戸系』愛知県 2007

加賀三大坊主の一つ
28. 波佐谷城 （はさたにじょう）

①小松市波佐谷町　②−　③13～14世紀？　④16世紀後半　⑤慶長3年（1598）？
⑥宇津呂丹波・村上勝左衛門　⑦山城　⑧削平地・切岸・土塁・堀切・竪堀・畝状空堀群
⑨400m×160m　⑩標高102m　比高60m

1. 歴史

「加賀三山の大坊主」の一つ、波佐谷松岡寺の跡とされている。松岡寺は長享の一揆（長享2年＝1488年）で加賀守護富樫政親を滅ぼしたあと、加賀を支配した加賀三山の一つであり、本願寺八世蓮如の三男蓮綱によって創建された寺院である。松岡寺は享禄の錯乱（享禄4年＝1531年）により焼失する。すなわち『白山宮荘厳講中記録』(1)には「又蓮谷（波佐谷）ヲ為山内放火シ、坊主ヲ虜捕後、九人生厓（涯）也」とあり、山内衆が松岡寺を放火し、坊主9人を殺害している。このときの様子を『賀越闘諍記』(1)は、「御堂・客殿・膳所・休処・楼門・中門悉放火シテ、法印（松岡寺蓮綱）ノ御殿ヲ始トシテ、悉ク指殺」とある。二次史料なので確実とは言えないが、当時の松岡寺の構造を想定する資料となろう。

天正年間に入ると、加賀一向一揆は本願寺から派遣された内衆と金沢御堂、そして在地領主との内部対立が表面化する(2)。このような状態を察知してか、天正8年（1580）閏3月5日柴田勝家は加賀中央部に攻め込み、奥郡（石川・河北郡）を制圧し(3)、能登末森城も攻め干したと豪語している(4)。加賀一向一揆の拠点・金沢御堂も天正8年（1580）4月頃陥落する(5)。

金沢御堂陥落後も、一揆軍の部将達は各城塞に立て籠もって抵抗する。松岡寺移転後は宇津呂丹波が波佐谷城を構え、在城していたとされている。丹波は能美郡旗本（門徒在地領主）である。『秘笈叢書』(6)によれば、粟津合戦（天正5年と推定）のとき波佐谷城には、宇津呂丹波・岸田新四郎・三林善四郎が守備していたと記述する。

『信長公記』によれば、天正8年11月17日柴田勝家は加賀一向一揆首謀者19人を謀殺し、首が安土城に届けられる。その中に宇津呂丹波・藤六父子の名も見えていることから、波佐谷城も柴田軍の攻撃を受けて落城したのであろう。ちなみに19人の中に、前述の岸田新四郎・三林善四郎の名も見えている。なお『越賀記』(6)等の記載により、天正8年9～10月は岸田新四郎は日谷城（加賀市）、三林善四郎は松山城（加賀市）に在城していたと考えられる。

天正11年小松城に村上頼勝（義明）が入城すると、『故墟考』によれば波佐谷城にはその家臣の村上勝左衛門が入ったという。廃城は村上氏が越後に転封となった慶長3年（1598）と推定される。

2. 縄張り
（1）全体（図1）

城域は4区に大別される。まず蕪城山あるいは出丸と称されるB曲輪（『波佐谷町史 ～百戸の町の風と土～』小松市波佐谷町内会2011、以下、町史と略す）。本丸と称されるA曲輪（町史）。松岡寺跡と伝えるC地区（町史）。C地区は上畑とも称されている（町史）。土塁が残るD地区。以上4区に大別できる。

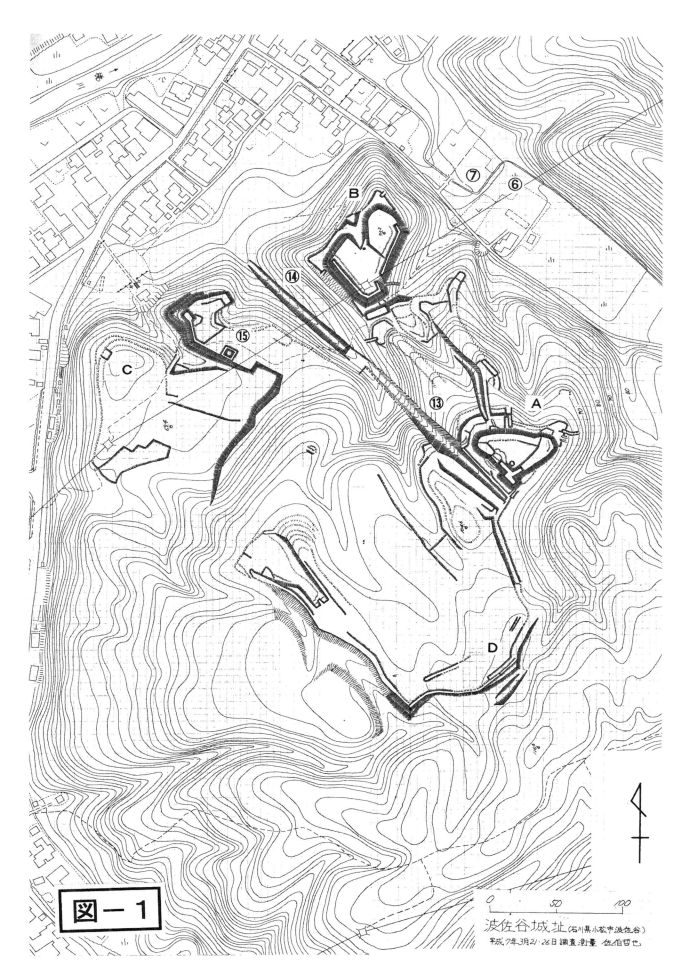

（2）B曲輪（図2）

B曲輪は上下二段の平坦面から構成され、北側に腰曲輪が巡る。西・南・東側に土塁が巡り、南側に堀切①を設けて尾根続きを遮断している。逆に北側に土塁を巡らさず、あまり警戒していない。B曲輪の場合、尾根続き方向が弱点部となるため、土塁・堀切といった防御施設を集中させたのであろう。

尾根を遮断する堀切①

注目したいのは土塁の開口部②である。入るとき③地点から横矢が掛かり、虎口としては最適の場所である。しかし送電鉄塔を建設したときの破壊虎口の可能性もあり、城郭としての虎口として良いのか、判断に苦しむ。これを推定する一つの手掛かりとして『波佐谷町史』（波佐谷公民館1969）所収「波佐谷古城之図」（以下、「絵図」と略す）がある。絵図には「十村文兵エ屋敷」という記述があるので江戸末期の作成と考えられる。絵図には虎口②が明確に描かれており、多少原形は変化しているかもしれないが、虎口②は城郭の虎口として良いことが判明する。

絵図では「御屋敷」と記載された⑥地点（図1）からムジナ谷⑤を遡り、虎口②に入る山道を描いている。ムジナ谷を遡る山道はA曲輪にも繋がっており、こちらが大手方向と推定される。町史もムジナ谷を大手と述べる。ムジナ谷に大手道を通せば、B曲輪の土塁④から長時間横矢が掛かる。理想的な大手道の設定といえる。御屋敷⑥は大手道の入口に位置していることから、城主居館跡としても最適の場所だが、詳細は不明。

注目したいのは、絵図は⑥地点には「御屋敷」の他に「禅宗聖興寺跡」・「泉水庭ツクリノアト」も記述し、さらに⑦地点（図1）にも「爰モ寺跡カト云々」と記述していることである。

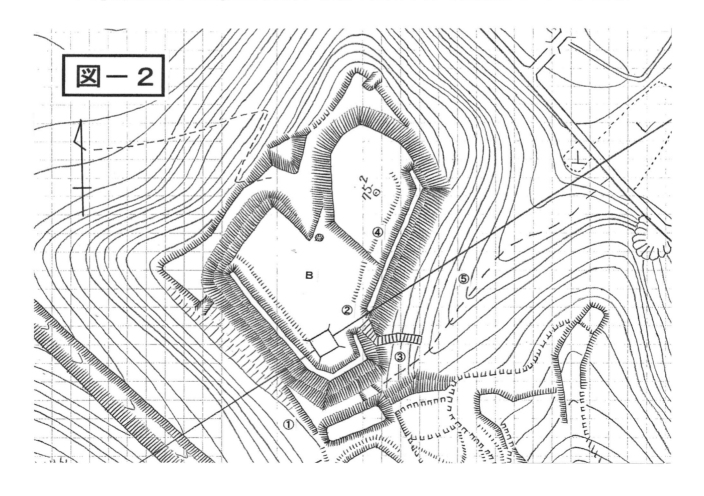

聖興寺は明応4年(1495)建立された浄土真宗寺院で、創建当時は白山市徳光にあった。その後白山市宮保に移転し、現在は白山市中町に存在する。残念ながら聖興寺は禅宗であったという史実はなく、波佐谷にあったという史実も無い。中町の聖興寺とは全く別の寺院なのであろうか。ただし、後述の通り、禅宗寺院存在の伝承は、非常に重要な意味を持つ。

主郭A櫓台⑫の石垣

(3) A曲輪 (図3)

　A曲輪はB曲輪を見下ろす地点にあり、両曲輪は約190m離れている。伝承では本丸となっているが、位置、構造からいっても主郭として良いであろう。しかし両曲輪の間には、両曲輪を繋ぐ施設 (曲輪等) は全く設けられておらず、自然地形が広がるのみである。従って両曲輪は繋がっておらず、極めて独立色の強い曲輪となっている。一城別郭の城郭である。

　このような縄張りになると、従郭 (B曲輪) に対する主郭 (A曲輪) からの求心力は弱くなり、また両曲輪の間に敵軍が進攻してしまえば、両曲輪は孤立してしまう。合戦時は極めて不利な縄張りと言えよう。

　ただし、主郭AはB曲輪方向に堀切を設けておらず、また、城道もB曲輪方向に向けている。恐らくムジナ谷⑤ (図2) から尾根に取り付きA曲輪に入ったと考えられるが、ムジナ谷⑤通行時は、B曲輪南直下を通行することになる。このときB曲輪から監視、あるいは援護されながら通行することになり、若干ながら両曲輪の連動性を窺うことができる。独立性は高いものの、対立関係にはなかったと言える。対立関係にあったのなら、同一の尾根上

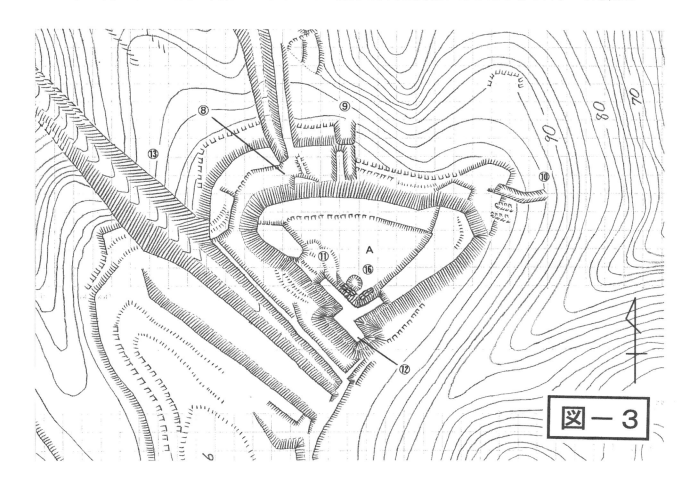

図-3

に曲輪を構築しないであろう。

主郭Aは全周に幅広の低土塁を巡らす。西・北・東側に腰曲輪を巡らせ、敵軍の直撃される北側には横堀状に加工して防御力を増強している。尾根から虎口⑧に入る前から、竪堀・土塁道を用いて、少人数の敵軍しか到達できないようにしている。虎口⑧に入らず、東側に迂回する敵軍を阻止するために、竪堀と土塁がセットになった⑨を設けている。また東側の尾根から進攻した敵軍が、主郭Aの南側に廻り込むのを阻止するために、畝状空堀群⑩を設けている。畝状空堀群は天正年間に構築された加賀一向一揆城郭に多く見られる防御施設のひとつである。

主郭Aを巡る横堀

虎口⑧からは長時間A曲輪からの横矢攻撃を受けながら、虎口⑪に入る。虎口⑪そのものは平虎口だが、内側を石垣で固めた櫓台⑫からの横矢が掛かる虎口であり、虎口⑧から90度大曲りしなければ到達できない位置に設置されている。形式だけを見ればB曲輪の虎口②と同じだが、縄張りの使い方に技術の進歩を認めることができる。

主郭Aの西側には、自然の谷を利用した竪堀⑬・⑭（図1）を設けて西側からの攻撃を遮断している。これによって西側からの敵軍の攻撃は遮断できるが、松岡寺跡とされているC地区との連絡性も完全に遮断されている。逆に竪堀⑬・⑭を繋げることにより防御ラインを構築し、主郭Aのみならずb曲輪も防御している。このことから若干ながらも主郭A・B曲輪の連動性を窺うことができよう。

主郭Aを巡る土塁

竪堀⑯は主郭Aの西側を遮断し、さらに腰曲輪側に土塁を構築しており、明らかに一体化している。このような理由により、主郭Aを構築すると同時に竪堀⑬を構築したことが推定され、さらに同一防御ラインの竪堀⑭も同時に構築していることが推定できる。

櫓台⑫の石垣は、現況高さは約1.0m、推定高さは1.3～1.7m、石材の大きさは50cm弱で、自然石をそのまま用いている。裏込石は用いていない。これは虚空蔵山城の石垣と同類型の石垣となる。

(4) C地区（図1）

松岡寺の跡とされ、上畑と称されている。しかし昭和30年頃まで畑として耕していた（町史）ためか、寺院跡を推定させるような遺構は残っていない。さらに町史によれば、地元に残る松岡寺跡の伝承地はC地区ではなく、B曲輪の北方奥谷川を隔てた対岸の御城町（ウシロマチ）とする伝承も残る。土塁囲みの方形の竪穴⑮は氷室跡と伝わっており、寺院遺構ではない。

仮に松岡寺跡がC地区だとしても、防御ライン（竪堀⑬・⑭）の外側に位置しているため、主郭A・B曲輪から切り捨てられたような状態となっている。ただし、C地区とB曲輪は200mしか離れていないことから、全く違った勢力が構築したとは考えられない。時期差を考慮する必要があろう。

（5）D地区（図1）

平坦な自然地形に、土塁と切岸がライン状に構築されている。一部堀切状の地形も見られるが、はたしてこれがどのような性格の遺構なのか不明とせざるをえない。主郭A・B曲輪やC地区と全く連動していないため、全く性格の異なった遺構と考えられる。広大な範囲で土塁と切岸がライン状に巡っているため、牧場の可能性も指摘できよう。

主郭A井戸⑯

3．考 察

（1）主郭AとB曲輪の構造の違い

主郭Aの虎口は平虎口だが石垣で固めた櫓台を併設し、横矢を掛けている。また虎口に計画的に設定された通路を付属させ、虎口に到達する前から長時間敵軍に対して横矢攻撃ができるように設定されている。そして虎口⑧・⑪と二段構えにしていることにも注目したい。また敵軍を分散させないように（主郭Aの南側に廻り込まないように）竪堀・土塁・畝状空堀群を効果的に配置している。

一方、B曲輪も虎口に横矢を駆けているが、計画的な通路は付属させておらず、その結果虎口は敵軍の攻撃をダイレクトに受けてしまう。

このように主郭AとB曲輪では、縄張りが大きく違っていることを指摘できる。

（2）既刊報告書の記述について

それではなぜ主郭AとB曲輪では、縄張りが大きく違っているのであろうか。『小松市内遺跡発掘調査報告書Ⅴ』（小松市教育委員会2009、以下、報告書と略す）では、B曲輪の方が曲輪の面積が広く、そして遺物の出土様相の違いから、主郭Aが「純然たる軍事施設」、B曲輪が「居住性をある程度考慮したもの」という可能性を示している。しかしB曲輪からの出土遺物は、居住性を指摘するほど種類・量は多くない。また城郭として存在していた16世紀代の遺物はほとんどが日常雑器であり、純軍事施設の城郭からも出土している。筆者は平常時における日常品である遊具・文具・化粧道具が出土しなければ居住性は問えないと考えている。筆者最大の疑問は、B曲輪から標高差にして僅か20m下れば御屋敷に到着できるのに、なぜあえて不便な山上に居住しなければならないのか、全く理解できない。従ってB曲輪を「居住性をある程度考慮したもの」という考えには賛同できない。B曲輪は主郭Aに比べて長期間使用されたため、持ち込まれた器具類も多少多かったと評価すべきであろう。

また両曲輪の独立性は高く、合戦時孤立してしまう恐れがある。つまり自曲輪のみで軍事性を発揮しなければならなかったのである。さらに主郭Aから見れば、あと80m降りれば平地に辿り着くのに、なぜあえて不便な山上のB曲輪に居住地を求めたのか全く説明はつかない。従って筆者は主郭Aは軍事施設、B曲輪は居住性という機能差の可能性を示す報告書の説には賛同できない。

さらに絵図には主郭A・B曲輪共に井戸を描いている。主郭Aには井戸と考えられる窪地⑯が存在するが、報告書では水がしみこんでいくことから井戸とは考えにくいと述べている。しかし内側に油紙や粘土をはめていた可能性もあり、完全に否定することはできない。B曲輪にも井戸を推定させる窪地があることから、両曲輪共に、長期籠城戦に耐える機能を備えていたということが言えよう。

報告書は主郭Aを「広さを犠牲にして三角形状という防御しなければならない面を減らす構造であるから、いよいよという時に籠城するための郭とみて、機能差と説明することができる」と述べる。しかし主郭Aが三角形状なのは、地形から見て山容が三角形だったからであり、防御しやすいために、あえて三角形状にしたのではないと推定している。主郭Aが三角形なのは、機能差ではなく、単に山容が三角形だったからという単純な解答なのであ

る。その証拠に主郭Aの周囲に、幅がほぼ同一の腰曲輪が巡っている。それは三角形の山容を均一に三角形に加工したことを物語っている。仮に円形・四角形の山なら、幅が不揃いの腰曲輪ができたであろう。

たしかに報告書が述べるように敵軍の攻撃を受ける面積をできるだけ狭くすることも必要である。この場合、面の数を減らすのではなく、敵軍の攻撃を受ける面積を考えなければならない。すなわち主郭Aの外周面積を考えなければならない。現在の主郭Aの外周面積は約2590㎡、これをあえて

波佐谷城登城口

四角形にした場合の外周面積は約2730㎡となる。従って四角形を三角形にしても、わずか5％しか外周面積は減らず、防御しやすいために三角形状にしたという報告書の説には、この点からも賛同はできない。

報告書は「独立性の高い郭配置をとる城郭は他の一揆の城郭にもみられるが、これを一揆の組織内の内部対立の縄張りへの影響と見る解釈については、慎重を期さなければならない。組織内の合議制で意思決定していた一揆勢にとって、城郭の縄張りに内部抗争を反映させる意味を説明せねばならないだろう」と述べる。つまり一揆勢が内部抗争していたから独立性の高い縄張りとなった、と解釈した論文の存在を示唆している。しかし、そのような解釈をした論文がどれなのか、具体名を記述していない。ちなみに筆者は「加賀一向一揆の城郭について」（『石川考古学研究会々誌』石川考古学研究会1997）や「波佐谷城跡」（『石川県中世城館跡調査報告書Ⅲ』石川県教育委員会2006）で、「独立性が高い」・「内部構造の脆さ」とは述べたが、一揆内部で抗争が発生していたとは述べていない。

ただし前述の通り、加賀一向一揆の中枢部とも言うべき金沢御堂では、内部抗争が発生していたことは事実である。金沢御堂が司令塔としての機能を果たさなくなった結果、在地領主達は独自の動きを始めた。その結果、独立性の高い縄張りを持つ城郭が出現した、という仮説も当然成立するのではなかろうか。

（3）なぜ主郭AとB曲輪の構造は違うのか

それではなぜ主郭AとB曲輪の構造は違うのか。主な理由として、a) 構築された時期差とb) 主郭と従郭という「格の違い」の二つが考えられる。

しかし、主郭Aの効果的な曲輪・通路の設定は、B曲輪に対して技術的な進歩を認めて良いであろう。主郭Aの築城年代を決定する一つの根拠として、石垣が挙げられる。櫓台⑫に残る石垣は、虚空蔵山城に残る石垣と同類型の石垣である。虚空蔵山城の廃城年代が天正8年と考えるため、波佐谷城の石垣も天正8年に一揆方の宇津呂丹波・藤六父子によって構築されたと推定することができる。ほぼ同年代に柴田軍に構築された鳥越城の石垣には裏込石が用いられていることからも、この推定は妥当と考えられる。なお報告書は石垣⑬が目地が通らず、石垣⑭が目地が通るとして、構築の年代差を指摘している。しかし石垣⑬は立木によりわかりにくくなっているが、目地は通ると推定されるため、同時期に構築されたと考えたい。

それでは、B曲輪の縄張りは、主郭Aより古いのであろうか。残念ながら、縄張りではそこまで言及することはできない。塁線土塁を巡らすことにより虎口を明確化し、折れを設けて虎口に横矢を効かしている点から、16世紀後半の所産と推定される。つまり縄張り的には同時代の構築とも言えるのであり、構造差は「格の違い」とも言える。

ただし、B曲輪の平坦面はきれいに削平されていて長期間使用されたことが推定できる。これに対し、主郭は自然地形が残っていることから、短期間の使用と考えられる。つまり主郭Aは天正8年頃のみ使用された短命の曲輪であり、B曲輪との時期差を推定することが可能となる。

（４）主郭ＡとＢ曲輪の成立順序
　以上の理由により、以下のような成立順序と推定する。まずＢ曲輪が築城される。初原的ではあるものの、横矢が掛かる虎口を構築していることから、城郭として築城されたのは16世紀後半まで下るであろう。平地居館と推定される御屋敷と密接に繋がるため、当初は在地領主の城郭として築城されたのかもしれない。Ｂ曲輪築城期に主郭Ａは存在していないため、堀切①で完全に尾根を遮断したと考えられる。またＣ地区に松岡寺が存在していたとしても、享禄４年（1531）に焼失しているので、Ｂ曲輪構築時には既に存在していなかったと考えられる。
　主郭Ａが築城されたのは、天正８年頃であろう。築城者は宇津呂丹波・藤六父子が推定される。恐らく金沢御堂が陥落した４月頃築城され、11月の落城と同時に廃城になったのであろう。主郭Ａの防御力を増強するために防御ライン（竪堀⑯・⑰）を構築し、Ｂ曲輪を城域内に取り組む。このとき松岡寺は存在していないため切り捨てられ、城域外となる。しかし一向一揆は既に組織としての行動ができず、独自の行動を開始しており、Ｂ曲輪と密接に繋がるような縄張りに改修しなかった。主郭Ａの城主はＢ曲輪の曲輪主より上位者ではあるものの、主従関係を結ぶような間柄ではなかったために、現存のような独立性の高い縄張りになったのであろう。
　主郭Ａの縄張り技術は非常に高く、それはそのまま天正８年当時における一向一揆の縄張り技術が高かったことも物語っている。しかし虎口は枡形にまで発達していないという技術的な限界も露呈している。同じく天正８年に一揆方の長山九郎兵衛・荒川市介が改修した虚空蔵山城にも平虎口は残るが、枡形にまで発達していない。恐らく天正８年当時の一向一揆は、虎口を枡形にまで発達させる縄張り技術を保有していなかったのであろう。これは当時の一向一揆城郭を考える上で重要な事実となる。
　問題となるのは、天正11〜慶長３年までの間、村上氏によって使用されたのかどうかである。使用していても、宇津呂丹波・藤六父子段階の縄張りをそのまま利用しての使用と考えられよう。

４．発掘調査の成果
　小松市教育委員会により、平成14〜15年にかけて発掘調査が実施された（『小松市内遺跡発掘調査報告書Ⅴ』小松市教育委員会2009、以下、報告書と略す）。

（１）Ｂ曲輪
　復元可能な建物遺構は検出されなかった。礎石と推定される石が一個検出されている。出土遺物は、中世土師器皿・備前（あるいは作見）瓶子・磁器染付小碗・瀬戸大窯稜皿・加賀甕・越前擂鉢・瀬戸系（？）擂鉢・磁器染付碗がある。全体的には15〜16世紀の遺物で、なかでも中世土師器は1560〜80年代と推定され、一向一揆段階に使用された物証となった。瀬戸大窯稜皿は16世紀中〜後半頃、越前擂鉢は15世紀後半〜16世紀前半の所産のため、現存遺構に先行する施設が存在していたことになる。それが城郭なのか、別の施設なのか不明。
　加賀甕は、生産年代の下限が15世紀初頭となる（『波佐谷城跡確認現地説明会資料』小松市教育委員会埋蔵文化財調査室2002）ため、13〜14世紀に何らかの施設の存在が指摘された。加賀甕は虚空蔵山城でも出土していることから、山岳宗教施設から出土する遺物として捉えることも可能となる。備前（あるいは作見）瓶子は16世紀末〜17世紀初頭の所産と考えられるため、村上氏時代の遺物となる。あまりにも少量のため断定はできないが、一揆滅亡後、波佐谷城を村上氏が使用していた物証となるかもしれない。

（２）Ａ曲輪
　柱穴と推定されるピットはいくつか確認されたが、建物を復元するまでには至らなかった。出土遺物は、越前甕・青磁碗・白磁皿・磁器染付碗・土師質土製品がある。15〜16世

紀という大雑把な時期しか判明しないが、城郭遺構の時代とラップする。ただし青磁碗は
それより時代が上がる可能性がある。

（3）C地区
　中世の遺構・遺物は出土しなかった。従って当地区が松岡寺跡だということを、考古学的
に証明することはできなかった。

（4）小結
　主郭A・B曲輪から15～16世紀の遺物が出土していることから、一向一揆・村上氏時
代に波佐谷城が存在していたことが考古学的に証明された。しかし主郭A・B曲輪どちら
が先に構築したかまでは判明しなかった。ただし、主郭Aと比較してB曲輪から出土した
遺物が圧倒的に多いため、主郭Aは短期間の使用で廃絶し、B曲輪は長期間使用されたこ
とが推定できる。
　B曲輪から出土した遺物量は多いが、居住性を特定できる遺物は出土していない。使用
期間が長いため、籠城の度に持ち込んだ遺物量が多くなったと解釈すべきである。

5．御城町出土の遺物
　明治34年に、B曲輪の北方約400ｍの位置、通称御城町（ウシロマチ）と呼ばれる畑より
陶磁器類が出土した。発見当時の状況を記した覚書[7]には「信楽焼ニ類スル大壺一個ヲ発
掘ス。此壺中ニ銅製花瓶・香炉・陶磁製香炉・食器等ノ類数十点埋蔵シアリ」とある。出土
遺物は現在東京国立博物館に保管されており、陶磁器は、瀬戸美濃天目茶碗１点、青磁碗２
点、青磁香炉２点、白磁皿４点がある。陶磁器類は15紀後半～16世紀初頭が主体となって
いる。
　注目したいのは「銅製花瓶」で、恐らく本堂の仏前に安置する花瓶のことであろう。波佐
谷城周辺には地下式坑５基と中世横穴13基が存在する（波佐谷中世遺跡）。しかし波佐谷中
世遺跡も含めて南加賀の地下式坑と中世横穴から「銅製花瓶」が出土した事例はなく[8]、地
下式坑・中世横穴の副葬品として埋納された可能性は薄い。「食器等ノ類数十点埋蔵」とあ
ることから、花瓶や陶磁器類が雑多な感じで信楽焼の大壺に入れられて埋納されていたと
推定される。覚書の記述が正しければ、有力寺院が戦乱を避けるために一時的に埋納した
と考えるのが、最も素直な解釈であろう。
　報告書では「場内（波佐谷中世遺跡）に多数存在する横穴・地下式坑とその造成主体との
関連性も考えられる」としている。「造成主体」は「数十点埋蔵」した有力寺院であろう。宮
下論文では江崎武氏の論文を引用して、地下式坑は「禅宗系ならびに種々の面で禅宗葬法
に近似する内容をもつ真言宗の寺院境内に立地していると思われる」としている。残念な
がら松岡寺は浄土真宗である。
　そこで注目したいのは、B曲輪直下の「禅宗聖興寺跡」である。絵図が正しければ聖興寺
は禅宗であり、地下式坑は聖興寺が造成し、「数十点埋蔵」したのは聖興寺の可能性も出て
くる。聖興寺は松岡寺に先行する寺院と考えられており、松岡寺は長享の一揆（長享２年＝
1488年）後に建立されたと考えられるため、聖興寺は少なくとも15世紀末には廃絶してい
たことになる。しかし陶磁器類の年代は15世紀後半～16世紀初頭であり、若干年代が合致
しなくなる。ただし下限が16世紀初頭とされた瀬戸美濃天目茶碗１点、白磁皿１点の上限
は15世紀末であり、上限を採用すれば聖興寺の存続年代と一致する。
　しかし陶磁器類は伝世品の可能性もあり、また地下式坑の造成主体と、陶磁器類の埋蔵
者を必ずしも一致させる必要はない。従って聖興寺廃絶後に建立された松岡寺が、戦乱（享
禄の錯乱等）を避けるために一時的に埋納したとする考え方も成立する。ここでは結論を
出さず、両方の可能性を模索していきたい。いずれにせよ、筆者は有力寺院が戦乱を避ける
ために一時的に埋納した可能性が一番高いと考えている。
　なお町史によれば、地元では御城町を松岡寺跡とする考えも存在する。「銅製花瓶」が出
土していたのなら、松岡寺が存在していた可能性は高いと言わねばなるまい。

６．まとめ

以上、縄張り研究を主体として長々と述べてきた。まとめると以下のようになる。

（１）主郭Ａ・Ｂ曲輪共に15～16世紀の遺物が出土し、波佐谷城築城以前から何らかの施設が存在していたことが判明した。それが寺院なのか、城郭なのかは不明。

（２）特に加賀甕は、生産年代の下限が15世紀初頭となるため、13～14世紀に何らかの施設の存在が指摘された。加賀甕は虚空蔵山城でも出土していることから、山岳宗教施設から出土する遺物として捉えることも可能となる。

（３）備前（あるいは作見）瓶子は16世紀末～17世紀初頭の所産と考えられるため、村上氏時代の遺物となる。あまりにも少量のため断定はできないが、一揆滅亡後、波佐谷城を村上氏が使用（単なる管理にすぎない使用）していた物証となるかもしれない。

（４）Ｃ地区に長享２年（1488）～享禄４年（1531）に松岡寺が建立される。ただし、Ｃ地区ではなく、波佐谷城北側の通称御城町（ウシロマチ）にあった可能性もある。

（５）16世紀後半に、在地領主の城郭としてＢ曲輪が構築される。通称御屋敷⑥に城主居館があった可能性がある。

（６）天正８年（1580）宇津呂丹波・藤六父子により主郭Ａが構築される。主郭Ａの防御力を増強するために防御ライン（竪堀⑯・⑰）を構築し、Ｂ曲輪を城域内に取り組む。同じ防御ライン・大手道を使用していることから、主郭Ａ・Ｂ曲輪は同じ一揆方だったと考えられる。しかし一向一揆は既に組織としての行動ができず、Ｂ曲輪と密接に繋がるような縄張りに大改修できなかった。このため独立性の高い縄張りになったのであろう。

（７）今後の課題としては、御屋敷⑥を考古学的に調査することである。城主居館と推定されるため、質・量ともに豊富な遺物が出土するものと思われる。より正確な波佐谷城の実態が把握できるであろう。

（佐伯哲也）

注

⑴ 『加能史料』戦国Ⅷ（石川県2010）所収

⑵ 本願寺が派遣した内衆と金沢御堂との間では、加賀の支配権を巡って内部対立が表面化していた。この様相を『鶴来町史歴史編原始・古代・中世』（鶴来町1989）は「金沢御坊（御堂）では、本願寺派遣の御堂衆間の対立や地元の門徒武士である旗本衆と御堂衆の抗争が表面化しており、著しい内部矛盾に陥っていた」と述べる。天正８年６月に内部対立を象徴する事件が発生している。本願寺教如は（天正８年）６月９日書状（『加能史料』戦国ⅩⅦ石川県2019所収、以下、『加能史料』戦国ⅩⅦと略す）で内衆の寺内織部佐・井上善五郎を派遣したことを述べている。ところが僅か二ヶ月後の８月３日書状（『加能史料』戦国ⅩⅦ）で教如は寺内・井上両人は「狼藉之働、前代未聞曲事次第候間」なので「速可令成敗事」と述べる有様だった。当時の加賀一向一揆の上層部は分裂状態にあったといってよかろう。

⑶ （天正８年）閏３月23日柴田勝家書状（『加能史料』戦国ⅩⅦ）

⑷ 『信長公記』角川書店発行1969　奥野高広・岩沢愿彦校注

⑸ 金沢御堂の正確な陥落時期は不明である。柴田勝家は（天正８年＝1580）閏３月24日書状（『加能史料』戦国ⅩⅦ）の中で、「金沢一城」の陥落間近を述べている。金沢一城とは金沢御堂のことであろう。（天正８年）４月２日書状（『加能史料』戦国ⅩⅦ）で本願寺教如は「其国（加賀）無正体由聞及候」と、無秩序状態になったと述べる。金沢御堂という司令塔が陥落して、統制不能になっているのであろうか。（天正８年）７月６日書状（『加能史料』戦国ⅩⅦ）で金沢御堂家臣波々伯部秀次が同年６月23日の合戦で、柴田軍のことを「御山（金沢城）之人数」と述べていることから、この時点での陥落は明確である。以上の状況から、金沢御堂は天正８年４月頃陥落したと考えられよう。

⑹ 『加能史料』戦国ⅩⅦ所収

⑺ 橋本澄夫「波佐谷城」『日本城郭大系7』新人物往来社1980

⑻ 宮下幸夫「南加賀における地下式坑と中世横穴」『小松市立博物館紀要第43号』小松市立博物館2007、以下、宮下論文と略す

鳥越城攻めの織田城郭
29. 岩倉城 （いわくらじょう）

①小松市原町　②仏ヶ原城　③16世紀　④16世紀末　⑤16世紀末
⑥沢米左衛門・織田政権　⑦山城　⑧削平地・切岸・土塁　⑨210m×180m
⑩標高298m　比高240m

1．歴史

ほぼ謎の城で、一次史料は残っていない。『故墟考』は「佛原」城の名前で記載し、堀切等が残ると述べている。さらに天正3年（1575）8月「賊」が籠城する鍋谷城・岩倉城を織田信長軍が攻め、降伏させたと記載している。同月織田軍は越前に進攻し、南加賀を制圧しているため、このことを伝えているのであろうか。

『原町の歴史』（川良雄1967）は、城主を沢米左衛門、家老は勘右衛門・惣左衛門としているが、詳細は不明。

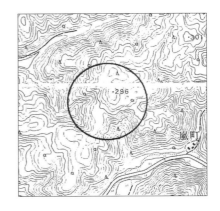

2．縄張り

城跡眼下に三坂越えの街道が通る交通の要衝である。北陸街道から滓上川を遡る三坂越えの街道は、織田軍を苦しめた鈴木出羽守・山内衆が蟠踞する鳥越城に直結していた。特に天正8年金沢御堂が陥落するまでは、小松と鳥越城を繋ぐ主要街道として注目され、鳥越城陥落・山内制圧を目指す織田軍にとって必要不可欠の街道となっていた。

しかし麓の集落から城跡はほとんど見えず、集落と密接に繋がっているとは言いがたい。むしろ集落から隠れるような山上に選地している。このような選地が岩倉城の性格を示しているのかもしれない。

主郭はA曲輪（図1）。主郭Aも含めて主要曲輪は、横堀を伴わない塁線土塁を全周に巡らす。主郭Aには、一際高く大規模な櫓台①（図2）を設ける。この櫓台①が城内の司令塔の役割を果たしている。北側の尾根続きから進攻してきた敵軍は、細く加工された尾根を通り、C曲輪の前面で大きく迂回して虎口②に入る。虎口②は平虎口だが、長時間C曲輪からの横矢攻撃を受け、さらに空堀により土橋状に細くなった通路を通らなければ虎口②に到達できない。仮に敵軍が虎口②を突破してC曲輪を占領し

登城口に立つ案内板

ても、頭上の櫓台①から攻撃され、敵軍はC曲輪を維持することは困難だったであろう。同様のことはB曲輪にも言える。

これを城兵側から見れば、B・C曲輪に進撃するにあたり、櫓台①からの援護射撃を受けることが出来る。つまりB・C曲輪は虎口空間と評価することができ、櫓台①が厳しく監視している。BC曲輪に設けられた虎口②・③・④は全て平虎口だが、屈曲しなければ次の虎口には進めず、虎口空間を伴った枡形虎口と評価することができよう。また櫓台①を中心として主郭AとB・C曲輪が完全に連動しており、主郭は従郭に対して強い求心力を発揮していると言えよう。

虎口⑤も櫓台を備えているが、基本的には平虎口である。しかしD曲輪も虎口空間とみ

図-1　岩倉城址(石川県小松市原町)
平成4年12月20日調査測量　佐伯哲也

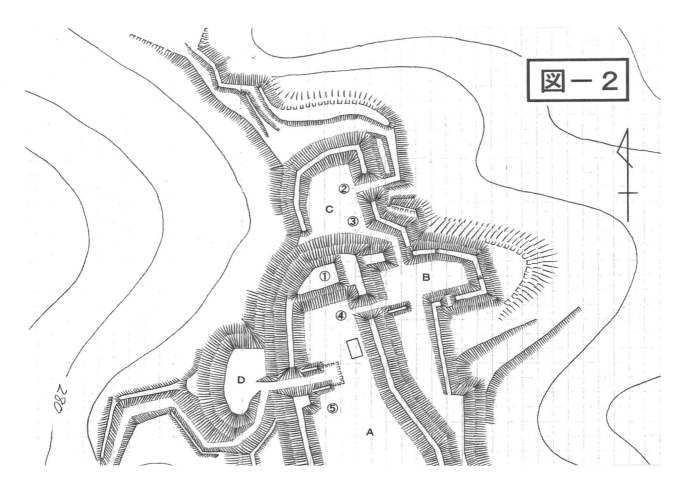

なすことができ、従って虎口⑤も外枡形虎口とすることができるのである。

主郭Aは広々とした平坦面で、他の曲輪も含めて平坦面はきれいに削平されている。岩倉城の特徴の一つである。主郭Aに石礫の塚がある。説明板によれば投石用の礫とのことだが、投石用としては小さすぎる。近くに岩倉観音があることから、登拝者が登拝記念のため、山麓から持ち上げた礫の可能性がある。

⑥（図1）は岩倉観音堂。⑦は観音堂境内に下りる直線道路。先ほどの虎口とは全く

土塁で構築された虎口④

性格が異なっており、廃城後に造成された参拝道と考えられる。⑧は岩倉清水と呼ばれ、城兵の飲料水だったことが考えられる。

注目したいのはE曲輪。伝承では米左衛門屋敷と呼ばれ、米蔵や味噌蔵があったと伝えられている（現地説明板）。伝承通り米蔵や味噌蔵もあったと思われるが、山上主要曲輪群には収容できない下級城兵の駐屯地でもあったと考えられる。通常このような駐屯地はほとんど見られない。恐らく下級城兵は、山麓あるいは自然地形の平坦面に駐屯していたと考えられる。つまり無防備の駐屯であり、このように主要曲輪群に近い山上に、あえて駐屯地を設けるのは珍しい。

3．考　察

以上が岩倉城の縄張りの概要である。横堀を伴わない塁線土塁・主郭と従郭との連動性・虎口空間を伴った虎口形態は織田政権城郭の特徴を示している。これに対して天正8年（1580）一向一揆が使用し、その後の改修が認められない波佐谷城（小松市）・虚空蔵山城（能

美市）の虎口は、櫓台や横矢を設けているが平虎口であり、枡形までに発達していない。さらに主郭と従郭はほぼ独立しており全く連動していない。従郭に対する主郭の求心力が極めて弱いのが特徴である。

　筆者は天正8年頃における加賀一向一揆の城郭は、虎口等のパーツの技術力は高いものの、各曲輪の独立性が高く、従郭に対する主郭の求心力が低かったと推定している。これは主従関係になかった同格の在地領主（あるいは一族関係）が、山上で城郭を築城した結果発生した構造と推定している。天正8年金沢御堂が陥落し統制機関を失ったため、旗本（在地領主）達が独自にとった行動なのであろう。天正8年頃の金沢御堂は内部抗争が表面化し、統制機関としての機能を既に失っていたのかもしれない。

　金沢御堂だけでなく、旗本衆達も内部抗争に陥り、その結果、各曲輪の独立性が高くなった、と勘違いしている説も存在している。筆者はそんなことは言っておらず、書いてもいない。思ってもいない。対立関係にあったのなら、同じ山上に城郭を築くはずがない。ここで改めて筆者の自説を述べる次第である。

　話を元に戻す。岩倉城と波佐谷城・虚空蔵山城の縄張りが違っていることを述べた。従って岩倉城の築城者は一向一揆ではなく、織田政権の可能性が高くなったといえる。伝承を尊重するのなら、沢米左衛門の城郭を織田政権部将が大改修したことになる。しかし前述のように、岩倉城は山麓集落から隔離されたような選地となっているため、在地領主の城郭としては、違和感を覚える。

　岩倉城は三坂越えを見下ろす位置に構築されていることから、鳥越城攻めをにらんだ大改修であろう。平坦面もきれいに削平され、縄張りの完成度も高い。初めから拠点として、そして居住性を考慮して築城されたことを物語っている。『故墟考』は岩倉城は天正3年（1575）織田軍に攻略されたとする。これが事実とすれば、白山山内と鳥越城の重要性を認知した織田軍が岩倉城を攻め落とし、攻略拠点として岩倉城を大改修したことが考えられる。当時はまだ金沢御堂は健在しているため、小松方面から最短距離で鳥越城に到達できる三坂越えは、軍事街道として重要視されていたのであろう。

　岩倉城のように険しい山上を大々的に改修して常駐することの意義を疑問視する声があるという。しかし織田軍とすれば狭隘な地形ゆえに大軍を投入するわけにいかず、そして白山山内衆の勢力が強大なこの地にあって、あえて険しい山上の城郭に常駐することが、最善の方法だったのではなかろうか。なお『故墟考』は岩倉城の別名を仏ヶ原（佛原）城としている。あえて否定する材料も無いため、故墟考の説に賛同したい。

　さて、三坂越え沿いには、岩倉城と同様の構造を持つ城郭が点在する。岩淵城（図3）と覆山砦（図4）である。共に山麓集落から隔絶した山上に位置しており、在地領主の城郭とは言い難い。同様の構造を持つことから、岩淵城・覆山砦も織田政権の築城（あるいは大改修）としたい。

　『故墟考』は岩淵城主を「徳田志摩」としている。徳田志摩は天正4年（1576）5月28日付加賀四郡旗本衆連署状案[1]に見える「徳田志摩守重清」と考えられる。徳田志摩は岩淵城と4km離れた千代城主としても名が伝わっているため、小松方面を管轄する一揆方の武将だったのであろう。松山城（加賀市）に在城し、天正8年首を安土に送られた徳田小次郎との関係は不詳。

　岩淵城の主要曲輪群の平坦面は未整形となっており、また不必要な段も多く残っていることから、臨時的な城郭だったことを物語る。軍事的緊張が高まった結果急遽築城されたことを物語っており、鳥越城攻めの緊張感が漂ってくる。しかし岩淵城には違う時代の遺構がラップしている箇所は見られない。また岩淵城は臨時城郭であり、長期間使用された形跡もない。恐らく岩淵城は千代城と鳥越城を繋ぐ城として徳田志摩に築城されたあと、天正8～10年の間に織田政権により大改修されたと考えられよう。

　岩淵城・覆山砦両城は構造も岩倉城と共通しているが、特に注目したいのは、共に多数の城兵が収容できる平坦面を山上に保有していることである。つまり三城共に主要曲輪群とは別に、山上に平坦面を保有していることになる。覆山砦は峻険な山容で付近に適当な平坦面を構築できないため、120m離れた場所に通称城屋敷という平坦面を構築している。

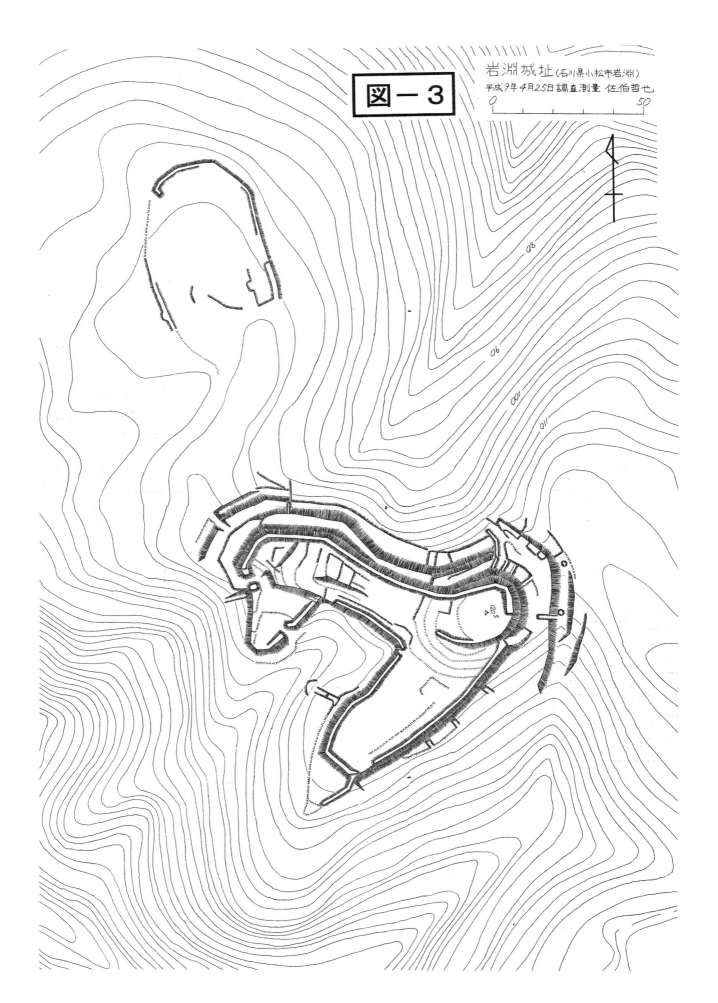

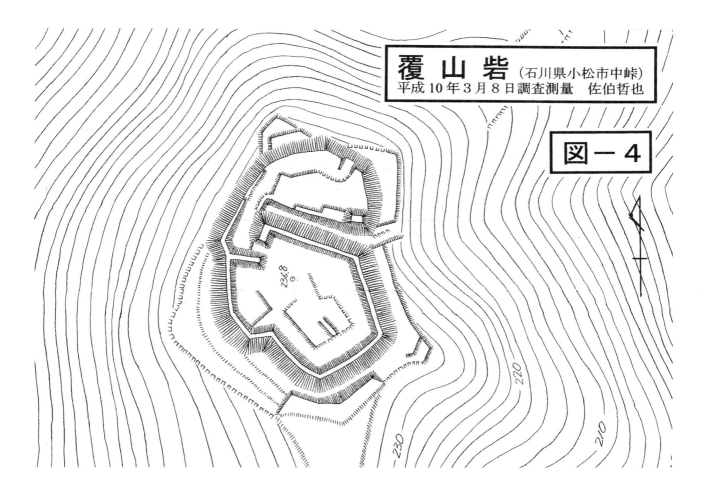

いずれにせよ、山上に平坦面を保有している点は一致している。

　岩倉城・岩淵城・覆山砦はいずれも三坂越え沿いに位置し、しかも僅か4.1kmの間に3城もひしめき合っている。3城共に織田政権が築城（あるいは大改修）したと考えられるが、その選地は山麓集落から隔絶された山上で、さらに平坦面も山上に設けている。なぜなのであろうか。それはまるで山麓からの逆襲に怯え、備えているかのようである。

　恐らくそれが答えなのであろう。通常下級城兵は城内に収納しきれないため、山麓に駐屯していたと考えられる。しかし二度の落城悲劇を経験した織田鳥越城攻城軍にとって、ゲリラ戦の怖さを身にしみており、臨戦体制化にあって下級城兵を山麓に駐屯させる不利を悟っていたのであろう。これを克服するために、常時下級城兵も主要曲輪群の付近に駐屯させた。これが隣接する平坦面と考えて良い。

4．まとめ

　岩倉城・岩淵城・覆山砦は共に構造的には織田政権が構築した城であることは、ほぼ確実である。さらに山上に平坦面を保有していることが最大の特徴でもある。しかしその選地は、何かに怯えるように、山麓から隔絶した山上に位置し、下級城兵駐屯用の平坦面までも山上に設けている。

　この理由は、鳥越城に蟠踞する山内衆のゲリラ戦に備えてと推定した。二度の逆襲という大損害を被った織田軍にとって、山内衆に対する恐怖は生半可なものではなく、それが岩倉城等の選地という形で具現化したと言えよう。

　このように織田軍と山内衆との戦いは、鳥越城だけではなく、三坂越えの街道周辺でも勃発していたのであり、岩倉城等は戦いの緊張感を実感できる貴重な城郭といえよう。

（佐伯哲也）

注
(1)『加能史料』戦国ⅩⅥ（石川県2108）所収

前田家が手がけた総石垣の城
30. 舟岡山城 （ふなおかやまじょう）

①白山市八幡町　②剱（剣）城　③天正3年（1575）か？　④16世紀末期　⑤慶長6年（1601）～元和元年（1615）までの間　⑥若林長門守、拝郷五左衛門？、高畠定吉　⑦山城　⑧石垣、土塁、空堀、切崖、削平地　⑨約200m×約130m　⑩標高186.2m、比高50m

1．歴史

　天正8年（1580）、織田信長勢は100年にわたり加賀国を実質的に支配していた一向一揆衆をついに制圧した。舟岡山城は、「山内衆」と呼ばれる一揆衆の活動拠点があった白山麓の集落をつなぐ重要な拠点にあり、天正3年（1575）に石山本願寺の若林長門守らが入城したというのが通説である。なお、天正元年（1573）～天正3年まで、織田方は丹羽長重の家臣・拝郷五左衛門が舟岡山城主だったという解釈(1)もあるが、織田政権が当該地域まで入り込めたのか賛否あるため(2)、研究者によっても意見が分かれるところである。
　天正8年閏3月より柴田勝家が加賀へ入り、白山麓や越中、能登へと侵攻。11月7日には、討ち取った頸（くび）が安土城下に晒され、その中に若林長門守や2人の子のものもあったという（『信長公記』）。賤ヶ岳合戦を経て、天正11年（1583）に加賀国河北・石川2郡は前田利家に託された。利家は、妹婿で重臣の高畠定吉を舟岡山城の城主に置く。在城期間は、天正11年～慶長6年（1601）に定吉が隠居するまでの18年間。この間に城の大規模改修を実施し、この時期の加賀国では珍しい総石垣の城へと蘇らせた。城主不在になると城は使われなくなり、元和の一国一城令で廃城になる。舟岡山城は豊臣政権下における前田氏の支城を知る貴重な山城といえよう。

2．縄張り

　次に、縄張りから舟岡山城を見てみる。今見る最終段階の舟岡山城は、主郭（A）を挟み込むように「コ」の字型の曲輪（B、C、D、E）を配置する構造だ。この大型化したような馬出しを連続で配置させ、主郭から全曲輪を管理下に置く防御体制となる。まさに織豊系城郭の縄張りの特徴をもった城といえるだろう。この縄張りは、松任城、金沢城、高岡城など「初期の前田氏が築城した形態」に類似している点も指摘されている(3)。さらに、佐伯哲也氏は惣堀ライン（F）で城域をコンパクトにまとめている点にも注目し、これも織豊系城郭の特徴の一つだと述べた(2)。以上が南側の主要曲輪群であるが、城主・高畠定吉が在城した18年間（天正11年～慶長6年）のどこかのタイミングで改修した部分であると考えられる。城を訪れたら、ぜひ大手口と考えられる北曲輪（C）の虎口を通って中に入ってみて欲しい。目の前には、主郭（A）に設けられた高さ8m～10mの櫓台が現れる。しかも、往時は石が下から上までびっしり張りついていたことだろう。この見せ方は、想像を超える感動が味わえる。
　また、舟岡山城は定吉以前である一揆衆が拠点としていた頃の遺構も確認できる。平成30年の調査(3)では、北西曲輪（G）において16世紀中葉の人工的造成面が見つかった。西二曲輪（H）も、主要曲輪群と比べて構造が異なり、土塁を崩したような破城痕も認められるという。これらの曲輪は定吉改修前にあたる一揆衆在城時期のものだろう。ただし、舟岡山城は元禄年間から昭和まで畑地として活用されており、廃城後何百年もの間、人の手が入っていたことは留意したい。

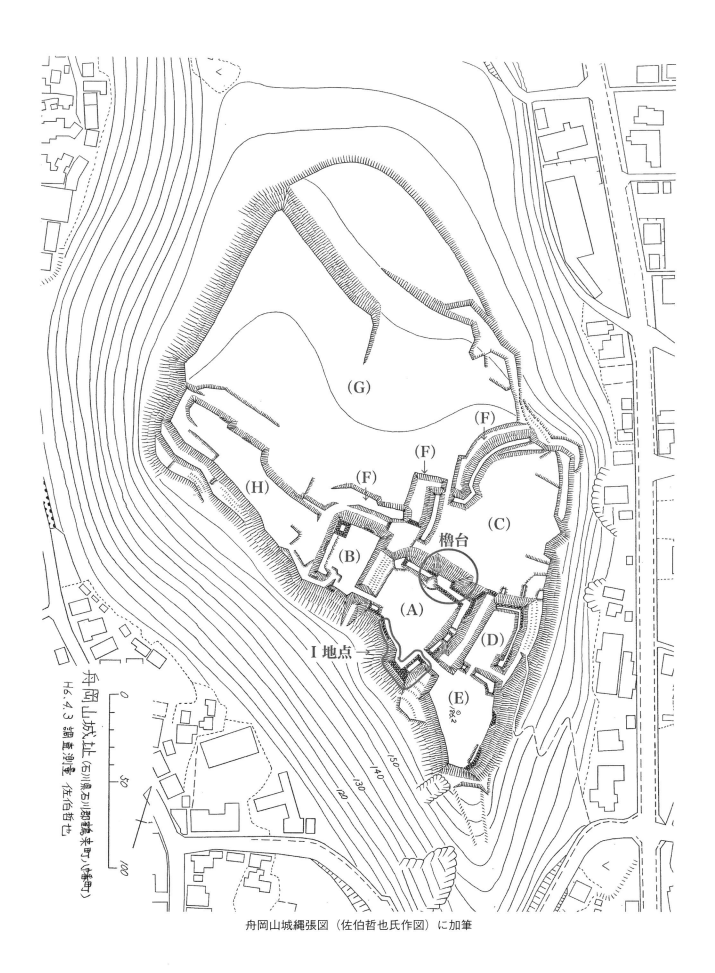

舟岡山城縄張図（佐伯哲也氏作図）に加筆

３．石垣

　白山市の『舟岡山城跡確認調査報告書』⑶を参考に主要部にある石垣について考えてみたい。舟岡山城の石垣は、主に主郭（A）と東西の曲輪（B,D）、南曲輪（E）で見られ、曲輪外縁の斜面上部を高さ２〜４ｍの石垣が鉢巻状に張りついている。主郭の中央北側にある張り出し部分には、城内最大となる櫓台（約10m×6mの規模）があり、高さ８ｍ以上の石が積まれていた。そして、主郭（A）と西曲輪（B）の曲輪の縁にあたる土塁の内側部分にも、一部に石が積まれている点が特徴だ。

　舟岡山城の石垣でとくに注目したいのは、主郭（A）南東隅の崖上に張り出した隅の部分である。高さ３ｍ〜６ｍの石垣が折れを設けながら30mほどにわたり続く。ここは、東曲輪（D）から土橋を渡って主郭（A）へと入る虎口を抑えるポイントであり、櫓のような構築物の存在も想定できる場所だ。まして、街道から見上げる位置にあることから、見せつけるような石垣に昔の人はさぞ圧倒されたことだろう。この箇所を「I地点」、I地点以外を「その他の地点」として話を進め検討していく。「I地点」の石材は「その他の地点の石材」と比べると、①石材の大きさと加工面、②算木積み、③岩石種において異なる点がある。

　具体的にみてみよう。

（１）石材の大きさと加工面

　白山市の確認調査報告書によると、「その他の地点」の築石の大きさは、幅20cm〜90cm、高さ10〜80cmの範囲に収まる。一方、「I地点」では、多くが幅40〜120cm、高さ40〜60cmの石材になるという。つまり、後者は石材のサイズがひとまわり大きい上に、石材の高さが規格化されている印象を受ける。さらに、石材面の加工に注目してみると、「その他の地点」では風化面（自然の風化面）59％・割面（工具などでの人為的な割面）34％・加工面（割面より進んだ平坦な加工面）7％に対し、「I地点」では、風化面35％・割面49％・摂理面（摂理による破断面）16％になるという。「I地点」では割石が多いのに対して、「その他の地点」では自然石が多いという結果だ。したがって、「I地点」の石は他の地点に比べて整形の度合いが進んでいて、サイズも大きいものを積んでいるといえる。

（２）算木積み

　隅角部にも注目してみよう。舟岡山城の石垣は大半の隅角部が失われているが、「その他の地点」では、自然石を用いた隅角部がかろうじて２カ所だけ確認できる。その内訳は、主郭（A）南西隅に４段の隅角部、そして、主郭（A）北側櫓台の北東隅に２段の隅角部が残っているが、いずれも算木積みにはなっていない。しかし一方で、「I地点」で確認できる南東隅角部は、６段にわたる見事な算木積みが見られるのだ。ちなみに、文禄年間に構築されたと推定できる金沢城の隅角部でも初期の算木積みが確認できる。よく見ると、「長短長短」が連続せず「長短短長短短」などとまだ不規則な隅角部があることを考慮すると、算木積み技術がほぼ完成している舟岡山城「I地点」の構築年が、天正期まで遡る可能性はかなり低いだろう。

（３）岩石種

　「I地点」と「その他の地点」の岩石種は明確な違いがあるというのも面白い。「I地点」は角礫凝灰岩が92％、その他（砂岩や安山岩など）は8％なのに対し、「その他の地点」では、角礫凝灰岩が74％、その他26％と比率が異なる。この差は、おそらく石を持ってきた場所の違いで生じた結果だろう。場所が違うということは、「I地点」と「その他の地点」の石材を積んだ時期が異なる可能性も考えられる。

　したがって、以上①②③の検討事項から城内の石垣構築年代に時期差がある可能性が高くなってきた。「その他の地点」の石垣の方が古く、「I地点」の石垣の方が新しいと推測できる。だが、「I地点」の詳細な石垣構築年代を特定するのは難しい作業だ。下限は、定吉が隠

I地点、算木積みの隅角部

その他の地点の石垣

I地点の石垣

居した慶長6年に設けるとして、上限はいつになるのだろうか。文禄年間に構築された金沢城の隅角部を観察すると、この頃には算木積みの技術をほぼ習得していたと見受けられる。ということは、文禄年間前後の構築だろうと考えられるが、現段階では結論をつけられないため今後の課題としたい。

4. 矢穴

　最後に、石材を割る時についた痕跡「矢穴（やあな）」を検討してみよう。実は、かなりの少数例だが、舟岡山城の石材からも矢穴痕が見つかっている。近世初頭の規格化された矢穴に多く見られるような台形・大型サイズではなく、矢穴断面が三角形をした小さな矢穴列痕となる。しかも、報告書によると、場所は「I地点」だけではなく「その他の地点」の石材でも確認できるという。白山市は「当地の角礫凝灰岩に分割技法として通有のものであったとみてよかろう」と見解しているが、各地域の文化財担当の方々が苦労して調べつくし

舟岡山城「I地点」で見つかった三角形矢穴痕（白山市教育委員会観光文化スポーツ部文化課提供）

た報告書を参照させていただきながら、舟岡山城の近隣にある同時代の城の矢穴痕と比較し、筆者なりの考えを述べてみたい。

　その前に、矢穴について整理しておこう。佐藤亜聖氏は、割採り分割型と割採り剥離型では、矢に重点を置くのか、矢穴に重点を置くのかによって大きな差があるという。矢穴技法の最大の特徴は、「矢の先端が矢穴底に届かず、ゲンノウやカケヤによって上方から加えられた力が100％矢穴の側面にかかり、石を押し広げる力に転嫁される点にある」とし、一方で、矢割技術は「軟質石材や剥離において使用されるクサビ状工具の場合、矢の先端が矢穴底を超えて石材に食い込み、石を押し広げて分割する。その場合、矢には相当な強度が必要で、逆に矢穴は矢にかかる力を矢の先端に導くための補助的な機能を果たすのみである」と述べた(4)。まとめると、要点が矢ではなく矢穴なのが矢穴技法、矢穴は補助的な機能で要点となるのが矢なのが矢割技術なのである。これは、舟岡山城の矢穴痕を考える上で重要な定義となるだろう。

　まずは七尾城だ。七尾城は、天正9年（1581）8月に能登一国の大名となった前田利家が入城した。天正12年（1584）には兄・安勝を置き重要拠点としていたが、文禄5年（1596）の前田利家条目写では、すでに城が廃墟になっていた様子が窺える。七尾市教育委員会は、平成27年（2015）の石垣調査(5)で中近世に遡る可能性のある矢穴痕をもった石材を2点発見した。一つは、縦67cm、横85cmの安山岩に4つの矢穴列痕が見られ、矢穴縦断面の形状は台形、両隅に丸みがある堀底をしている。矢穴口は長辺8.3cm。しかも、矢場取り（風化で脆くなった表面を溝状に除去することで、石を割りやすくする技法）の痕跡が確認できる点が面白い。こちらは前田家入城当初のものと考えられている「桜の馬場」曲輪斜面の石垣にある。

七尾城、温井屋敷石垣の天端石に穿った矢穴痕（七尾市教育委員会提供）

　もう一つは、縦50cm、横最大73cmの花崗岩についた、3点ないしは4点の矢穴列痕だ。矢穴口長辺は8.5cm、矢穴縦断面の形状は、上記と同様に台形で両隅に丸みがある堀底をしている。ただし、この矢穴のある石材は破壊や改修の痕跡が見られる「温井屋敷」の石垣の天端にあるため、後から乗せたという可能性もあり同時代とするには怪しい。まとめると、七尾城で確認できた矢穴痕は台形をしていて両隅に丸みがある堀底が特徴だ。

　次に、守山城（富山県）の矢穴痕をみておきたい。守山城は、神保氏張が城主の時、佐々成政方の有力支城として位置付けられていた。成政が豊臣秀吉に降状した天正13年（1585）には前田利長の居城となり、慶長2年（1597）に富山城へ移ったことでほぼ廃城となる。主郭下の西側斜面に石垣が積まれ、その構築年代には佐々期と前田期と2つの説があるが、筆者は後者と考えている。岩石種は砂岩が主体だ。矢穴痕が見られる石材は現状1石のみであり、表面は矢穴を穿って割る前の状態のものが4口横に並んでいる。矢穴口長辺は12〜14cmと大型な点が特徴だ。矢穴縦断面の形状は台形、丸みのある堀底をしている。

　さらに、金沢城の矢穴痕をみてみよう。金沢城の石材は、そのほとんどが約8km離れた戸室山一帯から採石された安山岩を使用している。石切丁場は、石川県金沢城調査研究所が調査で1,300ヶ所以上が確認された。最初の採掘記録は文禄元年（1592）2月(6)。寛文9年

守山城の矢穴列と、矢穴痕の縦断面形

(1669)には戸室山での採石を中止し石切丁場を閉山したものの、安永5年(1776)には石切丁場での採石を再開し、幕末・明治以降も石材採掘は続いた。金沢城の文禄期構築と推定される丑寅櫓や辰巳櫓付近の石垣で確認できる矢穴縦断面の多くは、やはり方形を呈するものであった。しかしながら、城内や採石場の石材で三角形の断面をもつ矢穴痕も確認されているので併せて紹介したい。三角形矢穴痕の確認例は、

①宝暦の大火(1759)後に積み直しされ、明治15年(1882)に石垣が解体された、河北門の一ノ門及びニラミ櫓
②文化6年(1809)に修築された橋爪門続櫓
③城外ではあるが、金沢市東山一丁目にある文久2年(1862)の供養碑
④戸室山西麓の6箇所以上の丁場跡で、近代に採掘がなされたと推測される箇所(7)

がある。つまり、三角形矢穴痕がつけられた年代は、江戸時代の終わり〜明治期にかけて割った石材断面に多いのだ。石川県金沢城調査研究所では、矢穴断面の形状が方形から三角形に変化したことについて、石割道具の変化に伴うものであると考えている(9)。クサビの変更に併せて、矢穴痕の形状やサイズが変わるのは当然のことだ。

金沢城の三角形矢穴痕（石川県金沢城調査研究所提供）

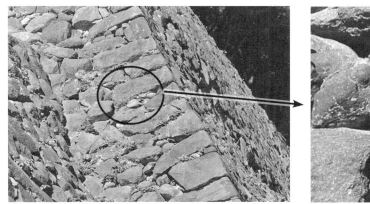

金沢城辰巳櫓台石垣。文禄年間に構築された算木積みと、石材に見られる矢穴痕

最後に、三角形ではないが小さいサイズの矢穴痕の類似例として、次の城を紹介したい。佐伯氏のご教示によって、飛騨の山城に天正年間まで遡る可能性のある矢穴痕があることが判明した。

小島城（飛騨市）は、天正13年（1585）に飛騨へ侵攻した金森長近に攻撃され落城。増島城を築くまで金森氏が拠点としていた城だ。主郭西側の内枡形虎口周辺に残る石垣は、その際改修されたものと考えられる。注目すべきは、隅角部に算木積みの萌芽が見られる点と、裏込め石が伴う点だろう。増島城の着工が天正16年（1588）頃ということを考慮すると、小島城の枡形虎口周辺の石垣が築かれた時期は天正13年～16年に絞られる[10]。そして、矢穴痕のある該当石材はこの内枡形虎口周辺にあるのだ。矢穴口は長辺2～3cm、約7cm間隔で5点の矢穴列痕が見られる。確認できたのはこの1石だけだ。三角形矢穴痕とも思える見た目だが、写真は断面ではなく矢穴口を上から見たもので、矢穴を穿ったというよりも、ノミか何かの道具を石に刺す程度で簡単に割れたという印象である。したがって、矢穴技法とまではいえない程度の痕跡であるが、石割りの過程で石工がつけたものとみていいだろう。

小島城主郭西側の曲輪にある虎口周辺の石材に見られる矢穴痕と、その拡大

以上、4城の矢穴痕を取り上げた。舟岡山城と同時期に築かれた城に共通していえることは、矢穴痕がある石材が1城に数例ほどと極めて少ない点だ。坂本俊氏は「自然石を主体とする石垣が主に構築される16世紀末までの段階では、石切丁場を設けずに採石し、応急的な場合にのみ矢穴技法を用いた」[11]と考える。道具を使用して石割り作業ができる人が特定の石工に限られ、しかも必要に応じて作業を行なっていたのだとしたら、矢穴痕の少なさも腑に落ちる。また、岩石種について言及すると、金沢城の三角形矢穴痕は舟岡山城と同じく凝灰岩のような軟石につけられており、小島城に関しては砂岩であった。舟岡山城のそれは、比較的柔らかい部類の石材を分割する際に必要に応じて穿った石割りの痕跡であり、誰でも割れるように規格化された近世初頭の矢穴技法とは別物だ。佐藤氏が定義づけした用語でいえば、工具の先端が矢穴底に食い込むことで分割する「石割技術」に該当するだろう。北陸特有のローカルな分割方法というよりも、軟質石材の採石場で見られる、古くからある伝統的な技術ではなかろうか。

5．まとめ

天正11年に城主となった前田利家の重臣・高畠定吉は、根強く残る一揆衆への備えとして、さらには、隣接する丹羽長重との領地境に位置するこの城を強固にするために城を大改修した[2]。舟岡山城は織豊系城郭の特徴が顕著に見られ、また、権力を誇示することを目的に加賀では珍しい総石垣の城へと変貌を遂げたのである。石川県内で確認できる石垣遺構としては、金沢城で見られる文禄期の石垣よりも古い可能性が高く、天正9年（1581）に構築された七尾城の石垣に次ぐ貴重なもので歴史的に大きな価値をもつ城であることは間違いない。

（いなもとかおり）

注

(1)「舟岡山城の様相」『金沢城関連城郭等の初期の様相』(石川県金沢城調査研究所、2015)

(2) 佐伯哲也「36.舟岡山城」『加賀中世城郭図面集』(桂書房、2017)

(3)『白山市舟岡山城跡確認調査報告書』(白山市教育委員会、2018)

(4) 佐藤亜聖「中世採石・加工技術の諸相」『中世石工の考古学』(高志書院、2019)

(5)『史跡七尾城跡石垣調査報告書』(七尾市教育委員会、2015)

(6) 滝川重徳、他「諸大名家の石垣 1前田家(加賀)他16家」『金沢城史料叢書16 城郭石垣の技術と組織』(石川県金沢城調査研究所、2012)

(7) 戸室山西麓の6箇所の石丁場

なお、下記は(8)を参考に列挙した。

・「新保大渡丁場跡」…戸室石曳道の通称「大渡」東側谷奥部の斜面に立地する。V字形の矢穴痕を確認しており近代の手が入っているものと見られる。対して、方形の矢穴痕もあり近世前期の採掘された様子も混在している。

・「別所オオヤマ丁場跡」…戸室山西麓、戸室別所集落の北方、近世後期の戸室石曳道の東側丘陵上に展開する。近世初期に開発された丁場で方形矢穴痕が見られる。一部にV字型矢穴痕があり、近代に再度採掘が行われたのであろう場所。

・「別所コミヤ丁場跡」…戸室山西麓の前山域、戸室別所集落南側の低丘陵斜面に所在する。一部は近代まで採掘されておりV字型矢穴痕も見つかっている。

・「別所ヤマナカ丁場跡」…戸室山西麓の前山域に位置する。大型採掘坑があり近代以降の再掘削によって形成されたものと考えられV字型矢穴痕がある。

・「別所アンバ丁場跡」…戸室山北西部の尾根上に位置する最も高標高地点にある。V字型の矢穴痕があることから、近代に集中的に採掘したであろう丁場。

・「清水ショウズ溜池南丁場跡」…方形矢穴痕もあるがV字の矢穴痕も認められ、近世前期の採掘跡を近代に再利用したと見られる。近代の再利用は戸室山西麓に散見されるが、北部地区では珍しい。

---

(8)『戸室石切丁場確認調査報告書I』(石川県金沢城調査研究所、2008)

(9)『戸室石切丁場確認調査報告書II』(石川県金沢城調査研究所、2013)

(10) 佐伯哲也『飛騨中世城郭図面集』(桂書房、2018)

(11) 坂本俊「中近世移行期の採石・加工技術の諸相と技術平準化」『中世石工の考古学』(高志書院、2019)

一向一揆と織豊期の遺構を残す山城
31. 日谷城 （ひのやじょう）

①加賀市日谷町シロヤマ　②桧屋城　③天文年間及び天正3年　④戦国期及び天正年間
⑤不明　⑥戸次広正　⑦山城　⑧削平地・切岸・横堀・堀切・土塁　⑨200ｍ×800ｍ
⑩標高約118ｍ　比高約100ｍ

1．歴史

　天文年間に加賀の一向一揆勢の首領檜屋義久が築城したという。天文24年（1555）越前の朝倉宗滴が、一揆を殲滅すべく加賀に侵攻した際、大聖寺城とともに攻め落とし、一揆方を攻撃する拠点とした。永禄10年（1567）朝倉方であった堀江景忠が、一向一揆と結んで朝倉義景に反旗を翻した際、室町幕府将軍足利義秋の調停で大聖寺城などの四城とともに焼き払われたという。

　天正3年（1575）織田信長軍が加賀に侵攻して江沼郡を占領した際、織田方の戸次広正によって修築され城主となり、佐々長穐を城代とした。戸次広正が一揆平定の不首尾によって解任されると、佐々長穐も解任され、変わって佐久間盛政が城主となった。廃城時期は不明であるが、前田利長が加賀の領主になった頃には廃城になっていたと推定される。

2．縄張り

（1）全体的な縄張り

　日谷町集落東側の通称シロヤマといわれる尾根上に構築された城跡である。南から北に伸びる尾根の、高所を中心とする200ｍ×800ｍの広範囲に遺構が広がっている。標高118ｍの山頂に主郭を配し、主郭の南は細い尾根が一本あるだけであるが、北側は日谷川によってさらに北側にある尾根と分断されており、主郭側に向って谷と尾根が複雑に入り組んでおり、こうした地形を生かした後堅固の城として構築されている。

　当城跡には少なくとも新旧二種類の城跡が混在している。歴史的には当初加賀の一向一揆勢がここに拠り、越前朝倉勢によって陥落した後、朝倉方の拠点となり、破却後織豊系城郭に改修されるという3段階の画期があるものの、朝倉方は殆ど改修しなかったようである。

（2）一向一揆期の城郭遺構

　一揆方が築いた日谷城跡は、主郭から派生した各尾根上の広範囲に曲輪を点在させ、尾根上を平坦に削平しているが、切岸は不明瞭なものが多い。主郭部分から北に伸びた尾根は、途中で東西方向に分かれ、その両端はさらに北北西に延びており、この部分に当該期と推定される曲輪が顕著に残されており、この方角の防衛を重視していたと想像される。北方曲輪群と主郭部を繋ぐ細尾根上に堀切が設けられているが、完全に尾根を分断するものではなく、片側を土橋状に削り残しており、加賀市内の一向一揆方が拠ったとされる城跡に共通する手法である。

　南尾根には目立った遺構は少なく、ほとんど自然地形であるが約400ｍ近く離れた尾根に大規模な堀切が存在する。それが一揆方が築いたものか織田方が築いたものかは即断できない。主郭周辺は後に織豊系城郭に改修されているため、一揆方の主郭は地表から確認することはできない。

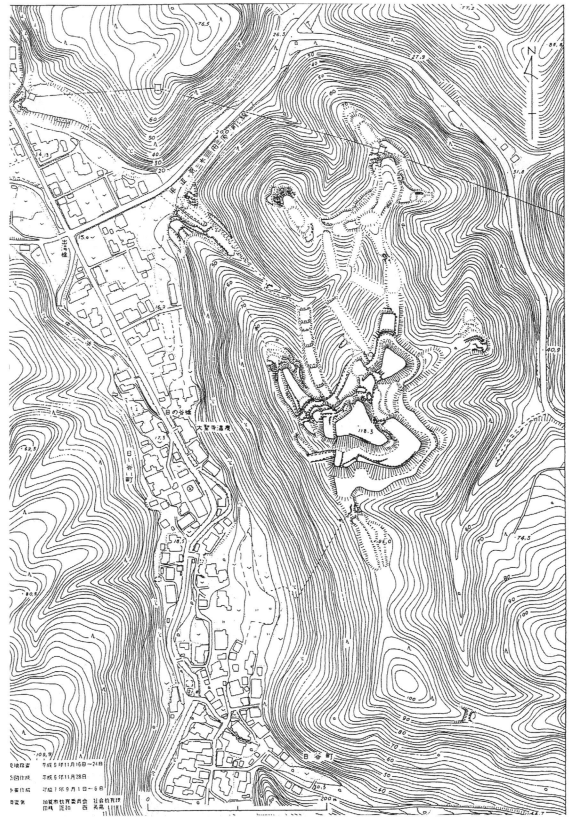

日谷城跡縄張図

（3）織豊系の城郭遺構
　織豊系城郭に改修後と推定される主郭は60ｍ×40ｍ程の三角形に近い形状で、ほぼ平坦に削平されており、南辺にわずかに土塁状の高まりが残る。
　主郭周辺は周囲に横堀を巡らせて、明確に城内と城外を区分しており、織豊系城郭の特徴を示している。主郭北東の10ｍ程度下位に20ｍ×15ｍ程の曲輪があり、堀切を挟んでさらに北東に40ｍ×30ｍ程の三角形状の曲輪がある。横堀はこの曲輪も取り巻いており、主郭の南下から東に取り巻く曲輪も横堀に囲まれている。西側に横堀は認められないものの、険峻な斜面に面していることから、堀を巡らす必要がなかったため省かれたものであろう。横堀の大胆さに比べて土塁はほとんど認められず、各曲輪の虎口も明瞭ではない。
　北東尾根の横堀の先の尾根先端に二折れの虎口状になった部分があり、この遺構もこの時期に整えられた可能性が高いと思われる。北北西に延びる尾根にも、横堀を越えた先に切岸が明瞭な細長い曲輪が延びている。この尾根の東側に沿った谷が北東から主郭側に入り込んだ谷部分が大手道と推定されることから、これを防備するために設けられた曲輪であったと推定される。
　大手は谷口から約40ｍ入った所に巨石によって鍵折れに屈曲した部分があり、これが大手虎口であったと推定している。主郭下の横堀が升形状に方形に広がった部分があり、ここから北北西尾根との間にある横堀を通って、3～4段の帯曲輪状の平坦面を通り、主郭に至る城道が通じていたものと思われる。
　縦堀は明確なものは確認されないが、唯一主郭の南西下にそれらしき溝状の遺構が認められる。
　南尾根の横堀外に二折の虎口状遺構があり、これが搦手であったと推定される。先に述べたように、そこから約350ｍ南の細尾根上に堀切が設けられている。規模の大きさと構築手法から、織豊期の遺構である可能性が高いと考えられるが、何故これほど離れた位置に設けられたのか判然としない。
　前時期に比べて面積は狭くなっているものの、この時期の日谷城は、主郭を中心として求心性を持たせ、大胆に横堀を巡らせて、各尾根の曲輪に上下の差をつけるなどの機能分化を果たしている。

3．発掘調査
　発掘調査は行なわれていないため断定できないが、現在のところ石垣や瓦などは確認されておらず、礎石等も確認されていない。

4．まとめ
　日谷城は、天文年間に加賀の一向一揆勢が築いたと伝えられるが、『朝倉始末記』によれば、永禄10年（1567）将軍足利義秋の調停で、朝倉氏と一揆勢が和睦した際、その証しとして焼き払われたという。この段階では朝倉方の城として登場している。朝倉宗滴によって陥落されたのち、一揆攻めの拠点とされたものであろう。この際、修築された可能性もあるが、記録上も現状観察でもこれを積極的に示す痕跡は確認できない。
　天正3年（1575）朝倉氏を滅ぼした織田信長軍は、大聖寺城とともに日谷城を修築し、戸次右近広正を配したという。大規模な横堀はこの時設けられたと見てよい。
　織豊系城郭の特徴としては前述のように横堀が顕著に認められる程度で、虎口などは不明瞭なままであることから、必要最小限の改修であったと考えられ、支配拠点としては大聖寺城を重視していた結果であろう。この段階では日谷城は大聖寺城を擁護するための、山側の備えとして構築されたと考えられる。
　この城跡は保存状態も良く、加賀の一向一揆方城郭の実態と、織豊系城郭の地方伝播を知る上でも重要な城跡といえる。

（田嶋正和）

日谷城跡遠景

推定大手虎口跡（西北西より）

主郭東斜面（南東より　平成20年）

主郭東側の横堀（主郭より見下ろす）

東側の横堀から主郭を見上げる

主郭北側の帯曲輪群（北西より）

【参考文献】
石川県教育委員会『石川県中世城館跡調査報告書Ⅲ（加賀Ⅱ）』2006
新人物往来社『日本城郭体系　第7巻　新潟　富山　石川』1980

冬の山城はどうなっていた？

　かつての定説として、山城は純軍事施設の臨時施設で、平常時は麓の居館にいて、合戦の時だけ籠城したと考えられてきた。しかし、各地では居住施設・居住器具を備えた山城の発掘事例が相次ぎ、従来の説を覆しつつある。しかも、山麓の居館を自らの手で破却して、あえて不便な山上（山城）に居住地を移転しているケースもある。戦国期に入ると防御力の弱い居館では防戦できないため、あえて不便な山城に居所を移したと考えられる。

　それはそれで理解できる。筆者の疑問は、冬期間も居住していたのであろうか、ということである。特に北陸は豪雪地帯で、真冬に山上いたのか、すこぶる疑わしい事例も存在する。

　文献史料から、山上居住が確認されたことになっているのが七尾城（石川県）である。山上に華麗な建物が存在していたことから、七尾城主（畠山氏）も山上に居住していたとされている。しかしそう考えるのは早計で、華麗な建物は迎賓館のような施設で、特別な行事のときだけ使用した建物と考えることも可能である。これだけで恒常的な山上居住を決定すべきではない。

　筆者最大の疑問は厳冬期である。実証主義の筆者は、厳冬期における七尾城登山を決行した。しかし途中で積雪が身長を越え、これ以上進めば遭難する恐れが出てきたので、雪中歩行を断念し、麓に引き返した。恐らく山上の積雪は2m以上、日本海から吹き付ける強風が吹きまくっていたことであろう。厳冬期の七尾城（山上）は、キコリ程度ならいざしらず、とても殿上人が居住できる状況ではないと断言したい。やはり厳冬期は山上施設を閉鎖して、山麓に降りていたのではなかろうか。

　しかし、戦国人の忍耐強さは、筆者の想像を遥かに越えていたようである。天正4年（1576）に七尾城を攻めた上杉謙信は石動山城（石川県）に陣取って、なんと12月から翌天正5年3月まで攻め続けたのである。つまり謙信は標高500mの山上に越冬したのであり、畠山氏も厳冬期の七尾城に籠城したのである。戦争というよりも、両者ともひたすら豪雪と強風に耐え続けたガマン比べともいえよう。末端の雑兵に至っては凍死する者もいたであろう。

　このような驚異的な事例も存在する。畠山氏は厳冬期、雪に埋まるようにして山上で居住していたのであろうか。イヤハヤ、恐ルベシ

（佐伯哲也）

蓮如による北陸布教の拠点となった真宗の「聖地」
32. 吉崎御坊 （よしざきごぼう）

①福井県あわら市吉崎　②—　③文明3年　④戦国時代　⑤永正3年　⑥文明3〜7年
⑦寺院　⑧削平地　⑨420m×280m　⑩標高33.2m　比高30m

1．蓮如の北陸進出と吉崎居住

　福井県の北端に位置する吉崎御坊跡は、北潟湖畔段丘の先端、大聖寺川の河口で日本海の内浦に位置し、かつて本願寺8世の蓮如が一時期滞在し、北陸地方教化の中心となった場所である。北・西・南の三方を北潟湖に囲まれた丘陵である吉崎山（通称「御山」「蓮如山」「御坊山」）に布教拠点となる坊舎（吉崎御坊）が建てられた。吉崎御坊がはたして「城館」と言えるかどうかの前に、まずはこの地に坊舎が創建された経緯を述べたい。

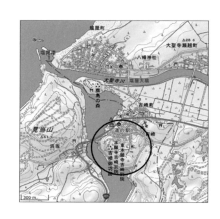

　寛正6年（1465）正月、延暦寺の僧侶に大谷本願寺を破却された後、蓮如は、近江国堅田などに身を寄せたが、文明3年（1471）4月上旬に北陸に向かい、越前国・加賀国を廻った後、6月上旬には越前の吉崎に居を定め、7月に坊舎を建立した。蓮如自身、文明5年9月の消息（御文）に「文明第三初夏上旬ノコロヨリ、江州志賀郡大津三井寺南別所辺ヨリ、ナニトナク不図シノビイデ、越前・加賀諸所ヲ経廻セシメオハリヌ。ヨテ当国細呂宜郷内吉崎トイフコノ在所、スグレテオモシロキアヒダ、年来虎狼ノスミナレシコノ山ヲヒキタイラゲテ、七月廿七日ヨリ、カタノゴタク一宇ヲ建立シテ」と書いている。越前・加賀各地を巡った後、越前の細呂宜郷の中にある「スグレテオモシロ」（=優れておもしろ）いが「虎狼」が住むような吉崎の山を平らかにして、坊舎を建立したというのである。

　蓮如が新たな拠点として吉崎を選んだ理由は様々に言われており、その主なものとしては、①越前の戦国大名朝倉氏による寄進、②吉崎がある細呂宜郷を含めた河口庄を領有する興福寺大乗院門跡経覚と蓮如の血縁関係、③細呂宜郷の別当であった和田本覚寺による勧誘、④吉崎が天然の要害だったこと、などがある。近年では吉崎が、加賀・越前の国境に位置するとともに、防御にも適する地理的重要性があったことが強調されている【仁木1999、大澤1999】。すなわち吉崎は、日本海運において加賀の安宅と越前の三国湊の中間に位置する入江「竹の浦」に面しており、北潟湖、大聖寺川による水運、さらに吉崎道を介して北陸道にも接続するなど、遠隔地流通および越前北部から加賀南部の地域流通・交通における結節点に位置していたというのである【仁木1999】。先ほど紹介した文明5年9月の蓮如御文にも「吉崎トイフコノ在所、スグレテオモシロキ」、また同年8月2日の御文に「カヽル要害モヨク、オモシロキ在所」とある。後に室町時代の公卿冷泉為広が延徳3年（1491）に細川政元と越後国に下った際の下向記でも、北潟湖を背に大聖寺川河口に位置する「鹿島の森」を眺望できる吉崎周辺を「入海ノ景スクレタリ、か嶋トアリ」と評している。まさに吉崎は景勝の地であり、交通の要地だったのである。

写真1　吉崎御坊跡から鹿島の森と日本海を眺む

さらに吉崎は、加越国境に位置したからこそ、加賀の守護富樫氏、越前の朝倉氏双方からの干渉・圧力が届きにくい「国境」の地でもあった【金龍1997】。蓮如が吉崎を拠点として選んだ理由は様々だが、複合的な要因とともに、自然・交通上に好条件であったということが言えよう。なおこの吉崎は、伽藍の背後にあたる西側に無住の空間が確保されており、堂舎と阿弥陀如来像が、極楽浄土と阿弥陀如来に直結して、宗教的一体意識を感得できる点も指摘されている【小泉2016】。

　ちなみに同じ文明3年、斯波氏の有力家臣の朝倉孝景が東軍から西軍に転じて、将軍足利義政より、越前の支配を事実上認めた御内書を得ており、この後、朝倉氏は甲斐氏などを退けて越前を掌握することになる。後に越前はじめ北陸に本願寺派門徒が爆発的に増加するきっかけとなった蓮如の吉崎進出と、越前朝倉氏が5代にわたり越前を治めるきっかけとなった、越前の実効支配の認可は、奇しくも文明3年という同じ年に起こっている。越前、また北陸の戦国史にとって、大きな画期となった年であったと言えよう。

　吉崎に拠を定めた後の蓮如自身の言葉によると、加賀・越中・越前の門徒たちが「他屋ト号シテ、イラカヲナラベイヘヲツクリシホドニ、イマハハヤ一・二百間ノムネモカズモアリヌラントゾオボヘケリ。アルヒハ馬場大道ヲトヲシテ、南大門・北大門トテ南北ノソノ名アリ」（文明5年8月2日蓮如御文）とある。ここでいう「他屋」（＝多屋）とは、吉崎へ参詣する信徒のための宿坊で、それが100軒から200軒近く並び、「馬場大道」が通り、「南大門」「北大門」があったという。文明6年3月28日の御文には「南大門ノ多屋ヨリ火事イデ、北大門ニウツリテ焼シホドニ」と、吉崎の南大門から出火して北大門に延焼した記事もあり、ふたつの門の存在が誇張でないことがわかる。なお近世の記述であるが「吉崎御建立縁起」によると、本願寺の血縁・姻戚寺院を含めた和田本覚寺、田島興宗寺、桂島照護寺、荒川興行寺、藤島超勝寺、横根乗願寺、川島専勝寺などが「吉崎ノ山上ニ屋宇ヲ立テナラベテ」いたという（「真宗懐古鈔」）【大澤1999】。

　実悟（蓮如の十男）が著した『拾塵記』には、吉崎に諸人が群集するのを、越前の平泉寺や豊原寺、さらに加賀の白山寺、那谷八院など旧来の有力寺院勢力が妬んだという記述がある。もちろん蓮如の子が書いたことを考慮する必要はあるが、実際に蓮如は文明5年9月の御文にて、信徒たちがこれまでの「諸法ヲ誹謗」することを戒め、続けて「マツ越中加賀ナラハ立山白山ソノホカ諸山寺ナリ。越前ナラハ平泉寺豊原寺等ナリ」と、越中の白山、加賀の立山、越前の平泉寺・豊原寺を挙げている。これら古来仏教勢力との軋轢や緊張感をうかがわせ、それだけ吉崎と蓮如の存在感が大きかったことを示している。

　門徒が多数集まり繁栄した吉崎を、蓮如は「あら不思議や、一都に今はなりにけり、そも人間のわざともおぼえざりけり」（帖外御文28）と述べている。蓮如は人力以外の「仏法不思議の威力」によるものとしているが、蓮如の表現を借りるならば「虎狼ノスミナレシコノ山」だった吉崎は、数年を経ずして「人都」に変貌を遂げたといい、蓮如が本拠として数年で寺内町が形成され、北陸における布教拠点とし隆盛を迎えたことがうかがえる。

２．吉崎御坊をめぐる歴史

　先述したように、吉崎御坊は文明6年（1474）3月に火事で焼失したが、翌年2月下旬に再建工事が着工し、7月には本坊が完成したという【小泉2016】。

　さてこの頃、応仁・文明の乱が北陸にも波及して、越前では東軍の朝倉勢と西軍の甲斐勢が衝突し、加賀では東軍の富樫政親と、その弟で西軍に与していた富樫幸千代が対立していた。幕府および東軍の人脈と政治的に近い蓮如、また吉崎を拠点とする本願寺門徒は政親と自然に結びつき、本願寺派の勢力伸長に危機感をもっていた高田派は、幸千代方に与する。文明6年、政親は、吉崎の多屋衆をはじめ本願寺門徒を味方に誘い、幸千代や高田派に対する一揆を起こす。北陸最初の一向一揆である。戦いの結果、幸千代と高田派門徒らは敗れ加賀を追われた。

　翌文明7年、今度は富樫政親と本願寺門徒との間に衝突が起こる。政親との戦いの最中に、越前から朝倉経景と平泉寺が吉崎に攻め寄せ、これに政親勢も加わって、御坊は攻め落

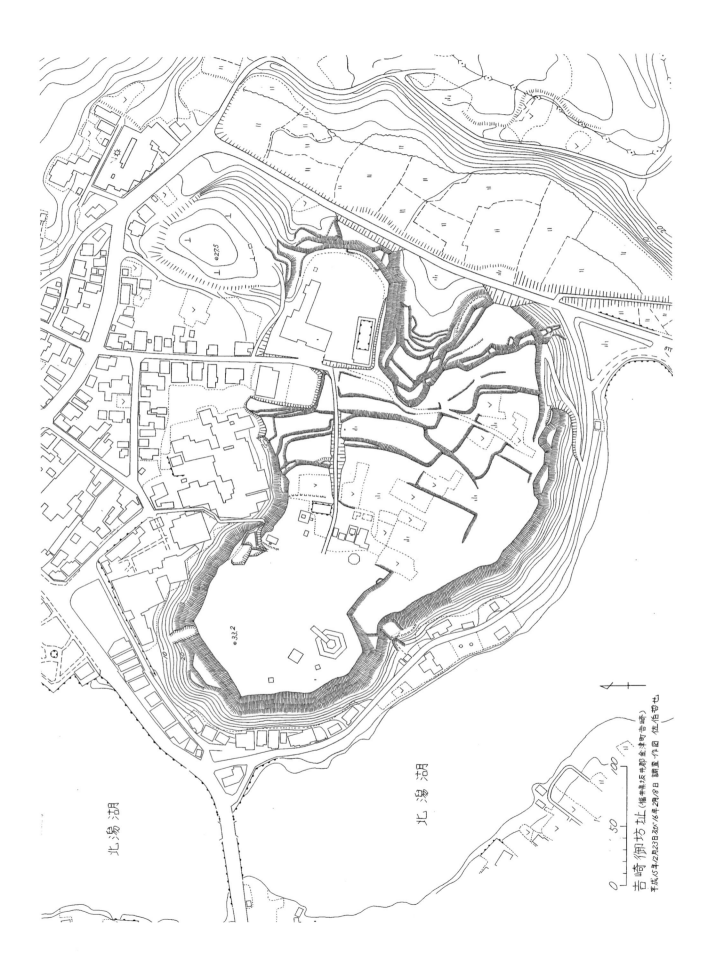

とされ焼かれてしまう。敗北して一旦越中に退いた門徒たちは、蓮如に調停を求めたが、それを取り次いだ蓮如の側近の下間安芸蓮崇が、抗争を煽るためわざと偽りの回答と取り次ぎをして、一揆の継続を促したという（『天正三年記』『捨塵記』等）。

　これまでの門徒の行動について、信仰を守るためと是認した蓮如だったが、喧騒の中で、文明7年8月下旬に下間蓮崇を残して船で吉崎を退去した。蓮如は若狭国に上陸し、それから河内国の出口に居を定め、やがて山科に坊舎（山科本願寺）を建立することになる。そして蓮如は吉崎に戻ることはなかった。

　なお蓮如の吉崎滞在は文明7年までの4年間だったが、その間に蓮如は、教義を分かりやすく人びとに伝える目的の御文（御文章）を多数つくり、また信仰の対象として「南無阿弥陀仏」の六字名号を多数下付した。実際、吉崎が位置するかつての坂井郡（当時は坂北郡、坂南郡）はじめ、越前各地に蓮如筆とされる六字名号が多数現存している。さらに北陸・東海一帯の寺院の由緒書の多くには、その先祖が吉崎に行ったことや、北陸滞在時の蓮如に会い帰依して改宗したことが記されている。蓮如が吉崎に滞在した4年間は、新たな経典類や六時名号の下付、また北陸最初の一向一揆の勃発など、蓮如の生涯においても、教団にとっても、最大の画期となった期間であった【金龍1997】。

　なお吉崎にまつわる伝承としては、文明6年に起こった火災の際に、本光坊了顕という僧が自分の腹を切り裂いて親鸞直筆の聖教を入れ火から守ったという「腹篭りの聖教」の言い伝えや、息子夫婦の吉崎参詣を疎ましく思って止めさせたかった母が鬼の面をつけ嫁を威したところ、面がはずれなくなり、母が改心すると顔からはずれたという「嫁威肉附」の面の伝承などが伝えられる。

　文明7年の富樫政親勢による攻撃で焼失した吉崎御坊だが、その後の再建は和田本覚寺を中心とする越前・加賀門徒衆に委ねられ、長享2年（1488）に加賀門徒衆の蜂起で政親が滅んでから本格化し、延徳元年（1489）末に本坊が完成。翌年には付属する堂舎も建設されたという【小泉2016】。なお吉崎は蓮如の退去後も、諸国の門徒から旧跡として参詣を受けていたようだ（源光寺蔵「吉崎御坊参拝記」）。坊舎の管理は、加賀の一門（一家）寺院である波佐谷の蓮綱（蓮如の三男）や若松本泉寺の蓮悟（蓮如の七男）が行っていたというが、実際は和田本覚寺の蓮光・蓮恵が代わりに預かっていたらしく（『大乗院寺社雑事記』）、蓮如退去後の吉崎の実質的な代務者は本覚寺であったとされる【金龍1994】。

　永正3年（1506）、本願寺の実如の命を受け、加賀の一向一揆衆が越前の一揆衆に呼応して、大軍で加賀から越前に侵入。これを防ぐ朝倉軍との間で九頭竜川を挟んで合戦が行われた。朝倉軍は一揆勢を撃破し、その後、本覚寺や超勝寺など一向宗寺院門徒は加賀へ追放された。この時に吉崎の坊舎も破却され、以後廃坊となった。浅草（東京都）の唯念寺の寺社書上（国立国会図書館蔵）中の、永正3年と思われる8月10日付け専修寺眞恵の書状写には「越前之儀、今月五日・六日合戦候て、加州一揆等百五十計三打候、然間、吉崎・敷路・橘外、自焼いたし」とあり、教団側が自ら吉崎に火を放ったこともうかがわれる。

　時は移り、慶長期に本願寺が東西両派に分派すると、吉崎門徒の大半は東本願寺に帰したようだ。寛文13年（1673）、東本願寺が福井藩に吉崎の旧跡に堂建立を願い出て許可されるや、西本願寺がこれに異議を申し入れ、東西両本願寺の争論に発展する。延宝5年（1677）に幕府の裁定が下り、東西両派ともに御山での御坊建立は却下されるが、両派の寺院は旧跡の山下に建立された。以後、蓮如の五〇回忌ごとを周期的な画期として、吉崎は一大門前町の様相を呈する。加えて『二十四輩巡拝図会』などの名所案内ガイドブッ

写真2　現在の吉崎御坊跡

クの刊行も背景として、多くの民衆や、それを目当てとする商人・芸能者も集った【澤2008】。

　また越前・加賀国境近くに位置した吉崎は、近世にも連続して藩境・国境を超えた寺檀関係が錯綜し、地理的には越前であるにも関わらず、東西両派とも大聖寺藩領の加賀江沼郡同行中が吉崎御坊の重要な取り持ちのひとつとなった。文化2年（1805）以降には、大聖寺藩による吉崎参詣禁止令、また同13年には「越前不通」令が出されるも、これらを空文化するような、国を越えた門徒・僧侶らの交流が行われた【澤2008】。

　さらに史料上確認されるものとして、寛政元年（1789）6月に西本願寺門主の法如、天保9年（1838）に広如、弘化4年（1847）に東本願寺宗主の達如などが吉崎に下向している【澤2008】。江戸時代においても、明らかに吉崎は真宗各派にとって「聖地」として認識されていたことがわかる。そして明治15年（1882）、吉崎山上は東西両派の共有地と定められた。吉崎は近世以降、再び「聖地」としてよみがえるのである。

3．吉崎御坊の構造

　照西寺（滋賀県多賀町）に「吉崎山絵図」が伝えられており、この絵図を転写して注記を加えたものに、本覚坊（新潟県上越市）所蔵の享保18年（1733）の古図がある。「吉崎山絵図」によると、本坊は桧皮葺で、麓の多屋が西門で隔てられて、丘の西面には茅葺の多屋9坊が点在するとともに、外域とは南大門・東門・北大門で隔てられていることがわかる【金龍1994】。なおこの絵図は吉崎御坊が再建された延徳年間から明応年間にかけて描かれ、初期の吉崎御坊の景観が追想的に描かれているという【小泉2016】。

　それでは現状の残存遺構からみた、吉崎の空間構造はどうなっているだろうか。北潟湖に突出し北・西・南を湖面に囲まれた丘陵上の平坦地（東西約150m、南北130m）が吉崎の中心地で、人工的に削平され、御坊の本堂等の中心伽藍が建っていたことが推定される。また蓮如の御文の「馬場大道ヲトヲシテ」（文明5年8月2日）という文言から、「馬場大路」と呼ばれる大路が存在したことが知られる。現在の吉崎公民館から南へのぼり、吉崎小学校の前で西へ直角に折れ曲がって御山に至る道路が、本堂につながる唯一の道路といってよく、かつての「馬場大路」に相当すると考えられる。さらにその道両脇に小平坦平面群が残り、おそらくこれが多屋と呼ばれる宿坊や子坊の跡と考えてよいだろう。

　現存する痕跡から吉崎御坊が城郭だったかどうかについてだが、御坊があった中心部の周囲には、防御施設としての土塁・空堀・堀切がみられない。また現在認められるのは削平段だけであり、それらも本坊や多屋といった御坊の宗教的空間の痕跡という。蓮如が御文で述べた「要害」は、三方を北潟湖で囲まれた自然地形そのものを指し、人工的な普請や作事を指すものではなかった【中井2020】。吉崎は要害の地に築かれた純然たる寺院と考えられる【佐伯2019】。しかし城郭の痕跡が見られないものの、蓮如が造営した段階の構造をそのまま残していると言え、蓮如の生涯中に造営された吉崎御坊、山科本願寺、大坂御坊（のち大坂本願寺）といった寺内町のうち、その遺構が残されているのはこの吉崎御坊のみで、寺内町というものを考えるうえで、その構造は貴重である【中井2020】。

　なお吉崎御坊は越前・加賀の国境に位置しながら、戦国期における加賀一向一揆側と朝倉氏の攻防のなかで、両者から利用された痕跡が認められない【中井2020】。対立を繰り返した両者の境目にあって陣所にも城砦にもならなかったのは、蓮如が拠点とした頃から、江戸時代を通じ今に至るまで純然たる寺院、「聖地」だったことの一端を示していよう。

4．現在の吉崎

　吉崎御坊跡は昭和50年（1975）、国史跡に指定された。現在、吉崎周辺には、浄土真宗本願寺派の本願寺吉崎別院（西別院）、吉崎寺、また真宗大谷派の真宗大谷派吉崎別院（東別院）、願慶寺など、本願寺各派の寺院がある。さらに一般財団法人本願寺文化興隆財団によって建てられた「吉崎御坊 蓮如上人記念館」では、蓮如の足跡を紹介している。そして「道の駅 蓮如の里 あわら」が令和5年（2023）4月にオープンし、多くの観光客であふれている。

　また毎年4月23日から5月2日にかけて、京都の東本願寺から蓮如の御影道中を迎えた

吉崎での法要と再び東本願寺に帰る、「蓮如忌」が行われ、多くの信徒が集い、当地の風物詩となっている。この蓮如御影の下向と吉崎での法要は、近世後期までは西派でも行われていたようだ【澤2008】。さらに吉崎に程近い石川県加賀市塩屋町などに残る、独特な形式の盆踊り「シャシャムシャ踊り」（加賀市無形民俗文化財）は、蓮如が吉崎御坊を建てた当時、一面笹に覆われた中を信者がかき分けて登っていく様を踊りの振りにしたと伝えられ、別名「蓮如踊り」とも呼ばれている。

　蓮如が吉崎を本拠としてからおよそ550年。構造的には「城館」と認められない吉崎だが、その歴史をみると、まさに信仰の拠り所としての「城」といえ、現在でも人々の「聖地」であり続けている。

（角明浩）

【主要参考文献】
・『福井県史 通史編2』（福井県、1994）〔第4章第5節　金龍静執筆担当分〕
・金龍静『蓮如』吉川弘文館 1997
・『大阪学調査研究報告書2　中世大阪の都市機能と構造に関する調査研究—越前吉崎「寺内」の調査研究—』大阪市立博物館 1999〔仁木宏、大澤研一執筆担当分〕
・『歴史の道調査報告書第1集　北陸道Ⅰ・吉崎道』福井県教育委員会 2001
・『加賀市の文化財』加賀市教育委員会 2007
・『吉崎御坊跡　国指定史跡保存修理事業報告書』あわら市教育委員会 2008
・澤博勝『近世宗教社会論』吉川弘文館 2008
・神田千里『蓮如　乱世の民衆とととともに歩んだ宗教者』山川出版社 2012
・小泉義博『本願寺蓮如の研究　上』法藏館 2016
・佐伯哲也『越前中世城郭図面集Ⅰ　越前北部編』桂書房 2019
・中井均『中世城館の実像』高志書院 2020

朝倉氏の国境城郭か
33. 神宮寺城 （じんぐうじじょう）

①あわら市金津町指中　②－　③16世紀中頃　④16世紀中頃　⑤16世中頃　⑥朝倉氏？
⑦山城　⑧削平地・切岸・土塁・堀切・横堀・竪堀・畝状空堀群　⑨160ｍ×160ｍ
⑩標高50ｍ　比高40ｍ

1．歴史

　加賀・越前国境付近に位置する城郭である。残念ながら一次史料は残っていない。また『越前国古城跡并館屋敷蹟』（享保5年＝1720福井藩主松平吉邦の命により編纂）等江戸期の地誌類にも、神宮寺城として明記された城郭は存在しない。

　地元では神宮寺城として知られており、案内板も設置されている。案内板によれば、当地には春日神社（E）の別当神宮寺が置かれ、戦国時代には神宮寺城も築かれた。戦国時代中頃には一向一揆や織田信長の兵火にかかり、神宮寺・春日神社・神宮寺城も焼亡する。しかし神宮寺は僧坊の一つ常楽院が残り、江戸期に復興したという。

　ちなみに神宮寺は明治期まで存続し、神宮寺廃寺後、建物は寺子屋として使用され、明治6～7年は沢小学校の仮校舎として使用されたという[1]。

　伝承通り春日神社は中世に存在していたことは、ほぼ事実である。すなわち春日神社は「永正十二年」（1515）の年号を持つ石造狛犬を所蔵しているからである[2]。後述するが、神宮寺墓地跡には15～16世紀の五輪塔や板碑、14～15世紀と推定される越前焼が散乱している[1]。また、境内跡にも中世土器が散乱している。14～16世紀に神宮寺と春日神社は同時に存在し、密接な関係（別当）にあったことが推定される。

　当地は加賀・越前国境付近であることから、天文・永禄年間は常に加賀一向一揆との軍事的緊張状態にあった。特に永禄10年（1567）3月12日、堀江氏及び加賀一向一揆が国境付近の越前金津に進攻している。朝倉氏は防戦するとともに、翌3月13日朝倉景鏡は細呂宜（木）郷神宮寺沢村に禁制を掲げている[3]。この時点で、神宮寺城周辺は朝倉氏が制圧していたことが推定できよう。

2．縄張り

（1）神宮寺城

　標高約50ｍの微高地に位置する城郭である（図1）。最高所に位置するAが一曲輪と称される[6]主郭である（図2）。中央の土壇は高さが約50cmしかなく、城郭施設としては不自然。古墳の残骸か、あるいは神宮寺関連の宗教遺構かもしれない。周辺に広がる平坦面の削平は甘く、自然地形が残る。これでは大規模かつ恒久的な建物は建たず、神宮寺施設を一時的に城郭として取り込み、短期間使用したことを物語っているのかもしれない。

　主郭A・B曲輪（説明板は二曲輪）は堀切③に面した部分のみに土塁①・②を設ける。従って土塁①・②は堀切③を警戒して土塁を設けたと考えられる。それは、堀切③の南側に設けられた細長い土塁が通路だったことを物語っており、合戦時そこを通過する敵軍に対抗するために土塁を設けたのであろう。ただし、土塁①は切岸から5ｍ奥まった場所にあり、単純に防御施設とするには違和感がある。

　堀切③を通路として使用していたなら、その先に虎口があるはずである。それが虎口④と考えられる。竪堀⑤や三本の竪堀⑥を設けて北側からは入れない構造となっていること

図-2

からも、この推定は妥当と考えられる。つまり虎口④はＦ尾根から出入りする虎口ではなく、城内の曲輪等から出入りする虎口だったと考えられる。虎口④は不完全ながらも通路を設定した虎口であり、内枡形状になっていることから、一定の評価を与えることができる。しかし、土塁①を延長させて防御力を増強させようとした形跡は無い。織豊系城郭とは違った系統の枡形虎口と言える。なお新谷和之氏作成縄張図（⑷以降、新谷図と略す）に虎口④は記載されていない。

山麓の神宮寺城入口

　Ｆ尾根からは、前述のように三本の竪堀⑥と竪堀⑤を設けて遮断しているため、虎口④には入れない。従って主郭Ａに入るには、Ｅ曲輪を経由することになる。

　Ｅ曲輪は主郭Ａと横堀を隔てた対岸に位置し、土橋によって主郭Ａと繋がっている。現在主郭Ａ側に虎口の痕跡は残っていないが、土橋で繋がっていたことにより、木製階段等の昇降設備を設置した平虎口の存在が推定できる。また両サイドに通路状の土塁⑧・⑨を設ける。⑨は高さ1.5ｍの切岸となっているが、⑧は10㎝程度の段差でしかなく、出入口としての想定は可能である。Ｆ尾根から主郭Ａに入るには、⑧を出入口としてＥ曲輪を経由して入るルートしか考えられず、また、本堂跡Ｇからの通路にもなっている。新谷氏は新谷論文で「意図して馬出としたか検討を要す」と述べている。筆者には「意図して」という意味がよくわからないが、a）主郭よりも小型の曲輪、b）主要曲輪群と堀切等の対岸に位置する、c）外部から小曲輪に出入りして、主郭に連絡していること、これらが確認できるため、現状の縄張りとしては、Ｅ曲輪を馬出として良い⑸。なお、新谷図に通路状土塁⑧は描かれていない。

馬出Ｅと主郭Ａを繋ぐ土橋

　Ｆ尾根から通路状土塁⑧に到達するには、主郭Ａからの横矢に晒されながら、堀底道を通ることになる。畝状空堀群⑦を設けていることにより、少人数しか通れないが、通路そのものを遮断していないから、通行は可能である。この点、三本の竪堀⑥と竪堀⑤を設けて遮断している東側とは対照的である。堀底道・畝状空堀群は、明らかに馬出Ｅに入るための防御施設と言える。この傾向は、本堂跡Ｇからも同じで、二本の竪堀を設けて大軍の進攻を阻止している。防御施設を設けて警戒していることからも、馬出Ｅに繋がる道が存在していて、やはり馬出ということが理解できる。

　畝状空堀群⑦は、竪堀が三本密集しているため、一応畝状空堀群とすることができる。しかし100本以上設けている一乗谷城と同列で扱うべきではない。ただし、馬出Ｅ（特に通路状土塁⑧）と連動している点に注目したい。

　二曲輪と称される⑹Ｂ曲輪は新谷氏は自然地形と理解し、「削平されておらず、自然地形のままである」とする。堀切③については「堀底が二段に造成されており、後世に改変されている」とする⑷。Ｂ曲輪の扱いだが、新谷氏が述べるように尾根頂部は削平されていない。しかし堀切③に隣接するように土塁②を設け、土塁①と連動して堀切③を挟んでいる。そこには虎口④に続く城道があったと推定した。つまり土塁②は堀切③に存在していた城道を通る敵軍を警戒して設けられた防御施設と理解できる。従って城兵の駐屯も推定できる。さらに東側切岸直下には不明瞭ながらも横堀が巡っている（新谷図に記載なし）。曲輪の平坦面は削平されていないが、城兵の駐屯が推定でき、土塁・横堀が確認できることか

ら、筆者はB曲輪を、城郭としての曲輪と理解した。

新谷氏は堀切③については「堀底が二段に造成されており、後世に改変されている」とするが、なぜ二段造成だから後世の改変なのか、根拠を述べていない。筆者は城道を通すために二段造成にしたと理解した。単なる二段造成では危険なため、土塁状の通路としていることも根拠の一つである（土塁状通路は新谷図に描かれていない）。

筆者が悩んでいるのは、三曲輪と称される(6)C曲輪と、中世墓地とされる(6)D曲輪の扱いである。新谷氏は堀切⑩については「位置的に堀切の可能性もあるが、E（⑪）と同様に山道として改変を受けている」とする。堀切⑪について「尾根筋に対して直角ではなく、堀切とはみなしがたい。山麓から続く山道の延長線上にあり、明らかに後世の造作である」とする。

確かに新谷氏が述べるように、堀切ではなく、山道の可能性も捨てきれない。ただし、問題はその時期である。新谷氏は、なぜ山道だから後世の造作なのか根拠を述べていない。堀切⑩・⑪を仔細に観察すると、⑩はコの字型⑫、⑪は塚⑬と推定される遺構に隣接していることが判明する。はたしてこの遺構の性格は詳らかにできないが、明らかに人工的な遺構であり、近世以降の山作業で構築したとは思えない。中世墓地に伴う遺構という可能性も存在するのではなかろうか。中世において春日神社Mと神宮寺は密接に繋がっていたはずであり、両者を繋ぐ道だった可能性も十分存在する。

D曲輪（中世墓地）に散乱する五輪塔（火輪）

以上の理由により、後世の改変を受けているかもしれないが、筆者は堀切⑩・⑪は中世の神宮寺の遺構として捉えたい。勿論神宮寺城の堀切としての機能も発揮したはずである。

D曲輪には大小様々な15〜16世紀の五輪塔や板碑、14〜15世紀の蔵骨器と推定される越前焼が散乱している(1)。神宮寺の中世墓地として良いであろう。墓地を見下ろす⑬は塚状となっており、一際大きな五輪塔等の存在が推定される。主郭Aには土壇遺構、B曲輪には集積遺構が散布していることから、A〜Dは一連の宗教遺構（墓地関係か）として存在し、16世紀に城郭（神宮寺城）として改変した可能性が指摘できよう。

（2）神宮寺跡

Gは通称本堂跡(6)で、そこから山麓に向けて一直線の道が延びており、左右に削平地が附属する。これが神宮寺の境内と推定される。削平地には中世土器が散布しており、さらに近代の瓦も散布している。神宮寺は明治初期まで寺子屋として存続したので、近代瓦はそれを物語っているのであろう。

本堂跡Gには、現在江戸期の神宮寺住職等の墓が建つ。恐らくGは中世は本堂として使用されたが、江戸期は墓地として使用されたのであろう。Hも本堂跡と称されて

本堂跡Gの近世墓地

いることから(1)、江戸期の本堂はHにあったのであろう。Hには井戸も残り、さらに石列も残っていることから、庭園が存在していたのかもしれない。

このように中世墓地Dは近世に使用されず、新たにGに建立され、中世本堂Gは近世にHに移ったと考えられる。移った理由として、戦国期に一旦廃絶したことが考えられよう。

ただし境内の構造は中世そのものである。基本的には中世境内をそのまま使用し、明治期を迎えたのであろう。

Ｉは八幡神社の跡と伝わる（筆者現地調査による）。近世以降と推定される瓦片や石垣が現存するが、神社に伴うものであろう。Ｊも神社関係と推定されるが詳細は不明。Ｉ・Ｊは神宮寺主要境内を見下ろしていることから、神宮寺関係宗教遺跡と思われやすい。しかし出入口等の関係では、むしろ平坦面Ｋとの関係を指摘できる。地表面観察だけで判断するのは困難である。

神宮寺跡では、中世土器を多数確認することができる。筆者は過去の調査で⑭地点で石造物を一点を確認している。笏谷石製で、凹面をきれいに整形し、凸面にノミ痕を残していることから、平瓦の可能性が高い。厚さが5.6cmもあることから、大規模な建物（本堂？）に使用されていたと考えられる。

神宮寺は明治期まで存続していることから、石瓦の使用年代も中世〜近世とせざるをえない。

石造物　石瓦（平瓦か）の可能性が高い

石造物　石瓦（平瓦か）　厚さが5.6cmもある

（３）平坦面Ｋ

平坦面Ｋは、神宮寺の西側に広がる広大な平坦面である。平坦面には細長い溝が縦横無尽に走る。これは耕作地に漏れ出す湧水を処理するための排水溝と考えられる。

かつて耕作地として使用されていた平坦面Ｋだが、180ｍ×40ｍもある広大な平坦面で、耕作だけの目的で広大な平坦面が削平されたとは思えない。平坦面造成の目的は、寺院あるいは城郭の構築で、それら廃絶後に耕作地として再利用されたのであろうか。残念ながら現地聞き取り調査でも、寺院としての伝承を確認することはできなかった。

平坦面Ｋの前後（⑮・⑯）に土塁や竪堀を設けているが、遮断性に低く、背後の尾根や山麓から簡単に攻め込まれてしまう構造となっている。以上の理由から、城郭とするには無理がある。ただし、前後（⑮・⑯）を固めている点は着目すべきで、単なる耕作地ではないことを物語る。

筆者が着目したいのは、前後の出入口（⑮・⑯）、特に⑮である。遮断性は低いものの、土塁を構築して屈曲して入るような構造となっている。中世の山岳寺院では、土塁を設けて屈曲して入る出入口が散見される。光寿庵土門（岐阜県高山市国府町）が代表的な例であろう(7)。前後の出入口（⑮・⑯）を人工的に屈曲させていることから、中世山岳寺院の可能性が高いと筆者は考える。

平坦面Ｋを見下ろす高台に、指中神社Ｌがある。指中神社にも永正14年（1517）銘を持つ石製狛犬が伝来している(8)。従って指中神社も中世には存在していたのであり、指中神社の別当として平坦面Ｋに寺院が存在していたという仮説を提唱することができよう。

堀切状遺構⑰は、新谷氏は城郭としての堀切としている(4)。しかし神宮寺城主郭Ａ西側切岸の角度が45〜50度もあるのに対して、⑰は25〜30度しかなく、防御用としての機能を果たしていたとは思えない。北側に塚（古墳か）が存在することから、塚（古墳か）の背後を遮断した堀としたい。

春日神社は永正12年銘、指中神社は永正14年銘の石製狛犬を持つ。従って両神社はほぼ

同時に存在していたのである。⑯は竪堀状遺構・土壇を構築して屈曲出入口を構築しているが、神宮寺境内を意識しているのは明白である。平坦面Kの寺院と神宮寺も同時に存在していたことは、ほぼ明らかであろう。

3．考察
（1）城域
　明確に城郭と断定できるのは、主郭Aと馬出Eだけであろう。B曲輪も土塁・切岸・横堀が確認できるため、曲輪として使用されたことは事実である。ただし、南端を明確にすることはできない。恐らくB・C・D曲輪は神宮寺墓地等をほとんど改修せず、城域として取り込んだのであろう。

　神宮寺城と神宮寺は、馬出E（通路状土塁⑧）を経由して繋がっていた。西尾根に竪堀二本を設けて大軍の進攻を阻止していることから、中世に尾根道が存在していたことは確実である。つまり神宮寺と神宮寺城の存続期間はラップするのである。しかしそれは神宮寺はあくまでも寺院であって、城域に含むべきではない。神宮寺と神宮寺城には同一勢力が存在していたということである。平坦面kは寺院、堀切状遺構⑰は塚（古墳か）に伴う堀としたい。

　明確な城域は主郭Aと馬出Eだけで、決して大城郭とは言えない。しかし馬出・畝状空堀群・横堀を用いた本格的な城郭であり、単調な縄張りが多い加賀・越前国境城郭の中では、一際目立つ存在である。朝倉氏は、北潟周辺に集中した諸街道を監視・掌握するために築城したのではなかろうか。

（2）築城年代
　まず神宮寺城で目立つのが、平坦面削平の甘さである。防御施設は完成しているのに平坦面はほとんど削平せず、自然地形が多く残る。これは防御施設を優先し、平坦面削平を後回し（あるいは当初から予定なし）にした結果である。陣城等臨時城郭に多く見られる築城法であり、神宮寺城も一時的に使用された臨時城郭としたい。

　次に畝状空堀群⑦と馬出Eである。馬出が大軍に直撃されるのを阻止するために、畝状空堀群を構築したと考えられる。従って同一勢力が同一時期に構築したと考えてよい。馬出Eの特徴として、通路状土塁⑧を設けて入るとき主郭Aから強力な横矢が掛かることである。このような特徴を持つ福井県内の城郭として、河上城（坂井市）・御茶ヶ端城（大野市）・春日山城（大野市）・西光寺城（南越前町）・狩倉山城（美浜町）がある。さらに福井県に隣接する地域として、松山城（石川県加賀市）・二日町城（岐阜県郡上市）がある。これだけ広範囲に築城できるのは朝倉氏しか考えられず、築城者を朝倉氏として良いであろう(9)。

　朝倉氏の陣城として有名なのが、中山の付城等美浜町の陣城群である(10)。永禄9（1566）～天正元（1573）年の築城・使用と考えられる。この陣城群の特徴として塁線土塁を巡らし、明確な虎口を設けることにある。勿論例外もあり、狩倉山城は設けていない。また、永禄末年頃の改修と推定される金ヶ崎城（敦賀市）も設けていない。金ヶ崎城で目立つのは畝状空堀群である(11)。

　このように永禄年間の朝倉氏の陣城は、塁線土塁・明確な虎口を持つ城・持たない城、そして畝状空堀群を持つ城・持たない城が混在していたことになる。過渡期と言えよう。

　元亀年間になると、塁線土塁・明確な虎口を持つ城が圧倒的多数となる。従って塁線土塁・土塁で構築された虎口を持たない神宮寺城の築城年代の下限を永禄末年と設定することができよう。従って馬出Eと同時に構築された畝状空堀群⑦の構築下限も永禄末とすることができる。金ヶ崎城の畝状空堀群の構築年代を永禄末年、一乗谷城畝状空堀群の構築年代が天文～永禄年間(11)なのも、論拠の一つである。

　上限については、内枡形虎口④がポイントになる。堀切③で通路設定をしていることから、後の改修とは考えられず、やはり畝状空堀群・馬出と同年代の構築であろう。朝倉氏城郭で天文年間の枡形虎口は確認されていない。内枡形虎口ということを考慮しても、永禄年間とするのが妥当であろう。つまり神宮寺城の築城は、永禄年間と推定することができ

るのである。

前述の通り、当地は加賀・越前国境付近であることから、天文・永禄年間は常に加賀一向一揆との軍事的緊張状態にあった。特に永禄10年（1567）3月12日、堀江氏及び加賀一向一揆が国境付近の越前金津に進攻している。朝倉氏は防戦するとともに、翌3月13日朝倉景鏡は細呂宜（木）郷神宮寺沢村に禁制を掲げている⑶。この時点で、神宮寺城周辺は朝倉氏が制圧していたことが推定できる。縄張りからは築城年代を永禄年間とすることができるが、そこからの絞り込みは不可能である。ただし禁制の存在により、永禄10年3月を一つのポイントとすることも可能なのではなかろうか。

加賀一向一揆と朝倉氏は永禄10年12月和睦し、一応加賀・越前国境の軍事的緊張は解消される。神宮寺城のような陣城は廃城になったのであろう。築城を3月とすれば、僅か9ヶ月間となる。神宮寺城の平坦面に自然地形がおおく残されているのも、これで納得が付く。

4．まとめ

確実な神宮寺城の城域は、主郭Aと馬出E周辺のみであり、候補としてB・C・D曲輪とした。また、神宮寺城の性格を臨時的な陣城とした。そして築城年代・築城者は、永禄年間の朝倉氏の築城とした。短命の城郭だが、北潟周辺に集中した諸街道を監視・掌握するための築城とした。

畝状空堀群は永禄年間の構築としたが、永禄年間既に朝倉氏が畝状空堀群を用いていることが判明する事例として、金ヶ崎城とともに重要な事例となろう。ただし、100本以上用いている一乗谷城と同列に扱うべきではなく、一時的な軍事拠点としての性格を考慮すべきであろう。

神宮寺と神宮寺城との存続年代がラップしていることは、遺構からも確認できる。今後は寺域・城域の線引きが重要な課題となろう。 （佐伯哲也）

注

⑴ 石田雄士「神宮寺城」『北陸の名城を歩く　福井編』山口充・佐伯哲也編　2022
⑵ 『第11回特別展　石をめぐる歴史と文化　－笏谷石とその周辺－』福井県立博物館1989
⑶ 『福井県立一乗谷朝倉氏遺跡資料館古文書調査資料3　越前・朝倉氏関係年表』福井県立一乗谷朝倉氏遺跡資料館2010　以下、「朝倉氏関係年表」と略す。
⑷ 新谷和之「戦国期の加賀・越前国境域における朝倉氏の軍事行動と築城　－越前国神宮寺城を中心に－」『民俗文化　第35号』近畿大学民俗学研究所2023　以下、新谷論文と略す。
⑸ どのような形態の曲輪を馬出とするのか、残念ながら研究者によって細部は食い違っており、定義は定まっていない。第35回全国城郭研究者セミナー（2018）では「馬出を考える　－定義と分布－」が討議され、筆者もパネラーの一人として出席したが、結論は出なかった。八巻孝夫氏は「馬出を考える　－その概念とことばの由来－」『中世城郭研究』第3号（中世城郭研究会1989）の中で馬出の定義として、(1) 主たる曲輪の虎口の保護のために堀を隔てた対岸におく小曲輪をいう。(2) 一般に馬出自体は堀で囲まれること、省略もある。(3)馬出の大きさは、虎口を守るのにふさわしい程度の大きさ。(4)主たる曲輪に従属するため、馬出の堀は、主たる曲輪の堀の大きさを越えることがない。としている。なお (2) については八巻氏は「堀で囲まないで、壁（切岸）で代用する場合もある」としている。高田徹氏も馬出の定義について、『歴史群像シリーズ図説縄張りの全て』（学習研究社2008）でも同様のことを述べておられる。このような定義に照らし合わせても、現状の縄張りにおけるE曲輪は馬出であることは明白である。
⑹ 現地説明板による
⑺ 『飛騨中世城郭図面集』佐伯哲也2018
⑻ あわら市郷土資料館ＨＰによる
⑼ 佐伯哲也「朝倉氏城郭の馬出について」『越前中世城郭図面集Ⅰ』（佐伯哲也2019）
⑽ 佐伯哲也「中山の付城と周辺の陣城群について」『若狭中世城郭図面集Ⅰ』（佐伯哲也2022）
⑾ 佐伯哲也「一乗谷城現存遺構の構築年代について」『越前中世城郭図面集Ⅱ』（佐伯哲也2020）

交通の要衝を見下ろす山城
34. 東郷槇山城 (とうごうまきやまじょう)

①福井市子安　②東郷城・牧山城　③16世紀末　④天正期　⑤慶長6
⑥朝倉氏・長谷川氏　⑦山城　⑧平坦面、切岸、土塁、堀切、石垣、竪堀　⑨600m×360m
⑩標高116m、比高100m

1．歴史

東郷槇山城は福井市の東、一乗谷朝倉氏遺跡より南に位置している。標高116mの槇山に縄張りされた山城である。尾根は北を流れる足羽川が形成した河岸段丘に延びるような形をしている。尾根を挟んで東側に一乗谷がある。朝倉氏が一乗谷の支城として整備されたことをはじめに、秀吉の支配期には天正13年(1585)に長谷川秀一によって改築されたと考えられ、その後丹羽長秀の城となる。しかし、福井藩が成立すると城は役目を終えて廃城となった。

2．立地と縄張り

本城は足羽川が平野に流れ出す根本付近にあたり、川を挟んで北の対岸に成願寺城があり、川の南に町場が形成されている。本城は町場の北に位置する山にある。町場は朝倉街道と美濃街道が交差する交通の要衝でもあって、単純な防備だけでなく交易拠点・経済拠点のための役割も担っていたと考えられる(1)。

東郷槇山城の縄張りは、山頂付近に城台(曲輪A)、細い尾根の南側に千畳敷(曲輪G)を配し、本丸の北東に延びる尾根に曲輪が配置されている。大手は北西側の神社付近と思われる。神社は山腹がややくぼんだ場所に位置し(曲輪E)、取り囲むように曲輪が配置されている。神社の西側は山腹のやや高い場所に曲輪を作り(曲輪D)、北側は尾根上に曲輪を設けている(曲輪F)。大手より北側の山頂、曲輪Fにつながる山頂に比較的広い曲輪を設けている(曲輪I)。北東と東に延びる尾根上にも平坦面が延びている。

大手から登った谷の南西側に腰曲輪と曲輪(曲輪C)を設け、さらに南西側に城台と呼ばれる曲輪Aがある。曲輪Cから東に下る小さな尾根上にも曲輪を設けており(曲輪H)、近年赤色立体地図の分析からさらに東にも曲輪が広がっていることが指摘されている(曲輪J)(石川2021)。城台は一部石垣が残り、石瓦が表採できる。石垣は矢穴のない荒割石を積んだ野面積みで、本来は石垣が全周していたと思われる。南の細い尾根の先に千畳敷(曲輪G)がある。この尾根を二の丸とする見解もあるが(岩田1980)、現状で破壊が激しく断定することは難しい。千畳敷南寄りに土塁があり、平坦面の南側に切岸がある。城台と千畳敷の連絡を考えると、現在駐車場になっている付近を二の丸とする理解は首肯できるのではないだろうか。一方で、千畳敷は土塁や切岸によって南側の尾根からの連絡性を明確な意思を持って切断しているように見える。南側の尾根が一乗谷城から続く尾根であることを考えると、東郷槇山城側から遮断する意図があるように思われる。

東郷槇山城の整備は、先学諸氏が指摘するように二つの時期に分けられる。一つは朝倉氏の支城としての時代で、もう一つは朝倉滅亡後の長谷川氏の時代である。石垣と石瓦が見つかった城台(曲輪A)と土塁と切岸を持つ千畳敷(曲輪G)は長谷川氏による整備とするのが妥当であろう。一方で、曲輪I、F、Dは朝倉氏の時代かそれ以前に整備されたと考えて良い。ただ、一乗谷城にみられる連続した畝状竪堀群が見られない点は興味深い。

また、本城は曲輪Eの大手など、破城の可能性が示唆される部分もあり、福井藩成立後にその役割を終えたことに伴って城としては破壊された可能性が考えられる。

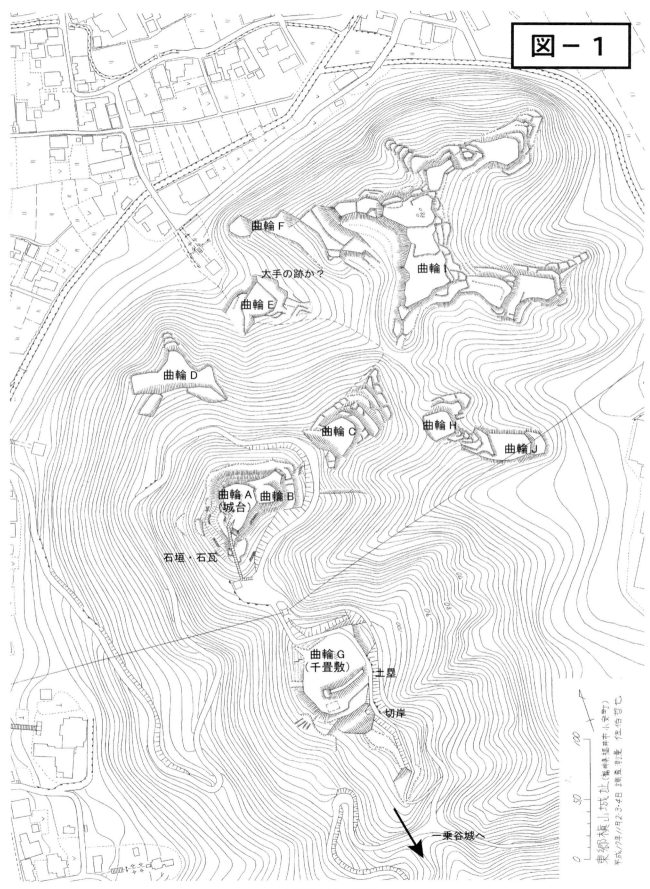

東郷槇山城の縄張

東郷槙山城（左：曲輪Aの石垣　右：堀切）

3．東郷槙山城の石瓦

　東郷槙山城の特徴の一つとして、石瓦が出土していることがあげられる。本城で確認されている石瓦は丸瓦と平瓦である。本城の石瓦の重要な意味は、城の存続期間が限定的であるため、笏谷石製瓦の基準遺跡と位置付けることができる点である。東郷槙山城は曲輪A付近で特に石瓦が採取される。採取されるのは丸瓦と平瓦があることから本瓦葺建物があったと想定できる。また、屋根状の石造物も見られたが、建物に伴うものではなく、石祠や塀の屋根ではないかと考える(2)。

東郷槙山城（左：曲輪Aの石垣　右：堀切）

　ここで、石瓦葺建物について概観しておく。現在把握されている石瓦葺建物と建築時期は図2のとおりである。石瓦の製作開始は朝倉氏の一乗谷まで遡るが、一乗谷では現段階で鬼瓦しか確認されておらず、石製本瓦葺建物は無かったと考えて良いだろう。笏谷石製本瓦葺建物の登場は、柴田勝家が築城した北庄城（天正3（1575）年）が最初である。ルイスフロイスの記録にも石瓦葺大天守があったことが書かれている。柴田氏北庄城は天正11（1583）年に焼失している。柴田氏北庄城のものと推定される石瓦は福井城跡発掘調査の石垣裏込めから出土しているものがある。平瓦、丸瓦、軒平瓦、軒丸瓦、鬼瓦、棟瓦、蓑甲瓦が出土しており、軒丸瓦は左三つ巴紋が陰刻され、黒漆が残っていた。現段階で北庄城と同時期に越前地方で総石瓦葺建物を持つ城郭は確認できない(3)。石瓦葺建物はその臣下には普及していなかったと考えられる。柴田氏滅亡後、北庄城は堀氏が入り、次いで青木一矩、関ヶ原以降に結城氏が入る。結城氏福井城天守は慶長12（1607）年で、寛文9（1669）年に焼失し、以降再建されなかった。

　東郷槙山城はこの北庄城と福井城の間を埋める時期にあたる。次いで整備されたのが越前府中城である。府中城は前田利家が天正3（1575）年に本格的な整備を開始したとされ、慶長6（1601）年に結城秀康の附家老・本多富正が入り、天守を築いたとされる。石瓦葺建物がどの程度であったかは確認できないが、府中城の遺構である正覚寺の山門は笏谷石製本瓦葺であることから、少なくとも天守があったとすれば石瓦葺であったと思われる。

　次いで、丸岡城天守、金沢城東照宮があり、両者の丸瓦の形状はよく似ていることからほぼ同時期と推定する。金沢城では北ノ丸御宮地点発掘調査で笏谷石製瓦が出土しており、

出土状況から東照宮に使われていたものを保管していたと考えられている。東照宮の竣工時期は寛永20（1643）年で、多くの瓦はこの時期のものであろう。

　丸岡城天守は近年の調査により、現在の天守が寛永期の建築であることがわかった。加えて、建築当初の屋根は柿葺でであったが、正保期の絵図は瓦葺で描かれていることから、石瓦は正保期（1644〜1648）までに葺かれたと推定される。丸岡城天守は江戸時代に複数次の屋根修理が実施されており、その結果複数形式の石瓦が残っている。

　石瓦葺建物を時系列に整理したところで、石瓦の編年について述べたい。わかりやすく変化しているのは軒丸瓦である。北庄城出土例と思われるものは瓦当に三つ巴紋を彫り、漆が塗られていた。形状は瓦当に向かってやや膨らむラッパ状の形状である。福井城のものもラッパ状に膨らむものもあるが、円筒形に近いものが多くみられ、瓦当は無紋である。また、形状の整形に不ぞろいなものがあり個体差がある。この特徴は東郷槇山城のものや丸岡城天守の古い丸瓦にも見られる。

　後続する丸岡城天守の軒丸瓦は、ほぼ円筒形で瓦当は無紋。なお、昭和15〜17年に実施された解体修理時に、天守周辺から瓦当に右三つ巴紋の軒丸瓦が発見され、これに倣って現在はすべての瓦当に三つ巴紋を彫っているが、同じく瓦当に円のみ彫るものも見つかっており、すべての瓦当に三つ巴紋があったかは不明である。同時期と思われる金沢城北ノ丸御宮地点出土例も、ほぼ円筒形で軒丸瓦の瓦当は右三つ巴紋を彫る。ただし、こちらは浮彫である。両者は軒で平瓦と葺いたときに、平瓦同士が接触する部分の瓦当側において、ほとんど覆い隠すほど深く垂れ下がる。なお、形状の整形は斉一的で整っている。

　次に、府中城の遺構・正覚寺山門では、平瓦同士が接触する部分の瓦当側において、ほとんど瓦当が隠れない。また、平瓦両側の反りも小さく平坦である。こうした時系列変化をまとめると図2のようになる。

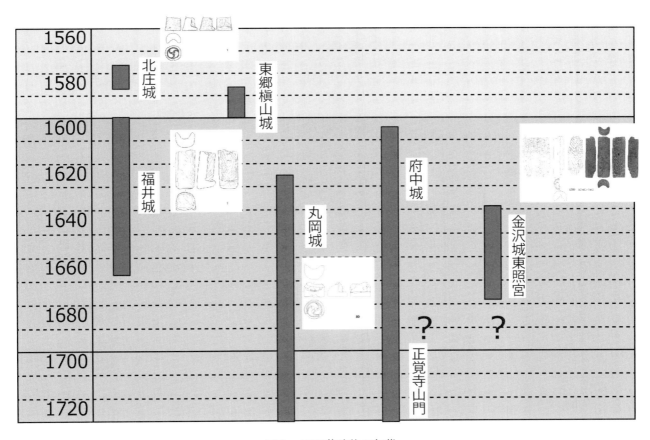

図2　石瓦葺建物の年代

以上のように、軒丸瓦は導入当初は瓦当に向かって膨らんで瓦当を大きくしていた。これが次の段階では形状が円筒形に近くなり、瓦当が小さくなる。一方で製作は斉一的になって整ってくる。次の段階では円筒形の形状はそのままに、丸瓦瓦当が平瓦瓦当を覆う範囲が小さくなる。

　丸岡城天守の石瓦を検討し、丸瓦同士を繋げる玉縁（連結部）の部分と、内面を削る工具痕によっていくつかに分類できることが分かった。その結果、古様式の丸瓦はa類の連結部とB種斫りの組み合わせで、断面は半円筒形に近い。これは石瓦があくまでも粘土瓦を石材で代用したことが発生の契機であったためと考えられる。

　東郷槙山城の石瓦について、曲輪A付近で散布していた丸瓦は幅13～14センチ程度である。連結部は上面が山形で下面も山形のa類である。断面は半円よりも小さい半円筒形で、小口の下面は半円筒形である。内面の工具痕はB種斫りである。

　また、『石の鬼　一乗谷の笏谷石』（1988　水野和雄　福井県立朝倉氏遺跡資料館）に掲載されている東郷槙山城で採取された平瓦には、裏面に半円錐形の突起がある。これは、平瓦を重ねたときに下になる瓦に引っ掛ける役割があると考えられる。北庄城や福井城、丸岡城のものでは裏面の3分の1ほどを薄くして段差を作り、同じ機能を持たせている(4)。本城以降の平瓦には見られない要素で興味深い。

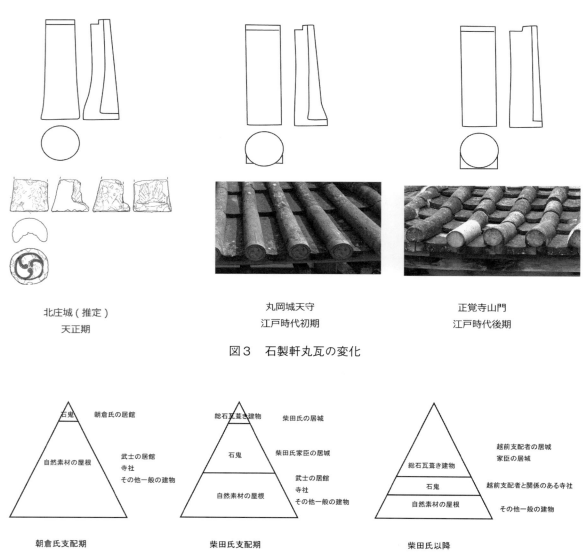

図3　石製軒丸瓦の変化

図4　石鬼と石瓦葺建物の拡大過程

本城の平瓦は、ほかの城郭に使用されているものと異なる形式と思われる一方で、丸瓦の断面が半円筒形に近い点は、北庄城のものによく似ている。これは、石瓦が当初粘土瓦を模倣して製作が始まったためではないかと考えられる。しかし、後続する例では内面が谷状に近づく。おそらく時代が下る過程で製作工程の省力化が図られ、丸瓦内面を削る量が減り、結果半円筒に近い丸い内面から谷状の内面に変わったと思われる。こうした形式変化を追ううえでも、天正13（1585）から慶長6（1601）までの、限定的な期間に利用されたことが明確な本城の石瓦の例は極めて重要な意味を持つ。また、石瓦の採用は図4のように変遷したと考えられ、柴田氏以降に石瓦葺建物が拡大する過程で、東郷槇山城はその先駆事例と考えられる。

４．まとめ

　東郷槇山城は朝倉期に整備が始まり、長谷川期に大規模な改変を受けている。切岸が中心の縄張りで畝状竪堀が見られない点から、当初の築城時期は一乗谷城よりも先行すると評価する意見がある（2023新谷）。長谷川期には石垣を積んで石瓦葺建物を整備するという、朝倉期とは異なる要素を見出すことができる。長谷川秀一の知行高は12万石ともされ、同時代に北庄城を領した堀秀政が16万石であるから⑸、越前地域では主要な支配者の一人と考えてよいだろう。こうした点からも、長谷川期の東郷槇山城に石瓦が導入されたのは必然と考える。同時代・同規模の城郭で石瓦の使用が認められないところからも長谷川期の東郷槇山城が越前地域において北庄城に次ぐ重要拠点と認識されていたと考えて良いだろう。また、当時石瓦葺建物は限定的で、越前の支配者以外で石瓦葺建物を導入する先駆的な城郭であることも注目される。

　　　　　　　　　　　　　　　　　　　　　　　　　　　　　　　　　　　（堤哲也）

注
⑴『戦国・職豊期の都市と地域』2005小島道裕
⑵石祠であった場合は、東郷槇山城と直接関連しない可能性が考えられるが、塀の屋根であった場合は、建物だけでなく塀まで笏谷石製とした大規模な建造物群が想定できる。今後の調査に期待したい。
⑶越前府中城は朝倉期には府中奉行所が置かれ、天正3（1575）年に前田利家が築城を開始したとされる。平成29年に実施された発掘調査で石瓦が出土している。天守が整備されたのは本多富正が入る慶長6（1601）年以降である。石瓦は、出土状況から本多氏以前のものと思われる。その場合、前田氏から青木氏の間に石瓦葺建物があったことになり、東郷槇山城とほぼ同時期にあたる。府中城の石瓦葺建物が天守以外であったとすれば、東郷槇山城も天守ではなかった可能性も考えられ、今後府中城の調査にも注目したい。なお、江戸後期とされる石瓦葺の門は正覚寺山門として現存しており、笏谷石製本瓦葺高麗門である。
⑷この裏面突起がある平瓦が府中城でも出土していた。府中城の石瓦が東郷槇山城と同時代のものか、東郷槇山城から持ち込まれたもの、さらに、本来石瓦葺建物があった城郭から、東郷槇山城とともに配布された可能性が考えられる。
⑸「職豊期における越前・若狭の領主」『福井県史研究12』1994藤井譲治

参考文献
越前市「府中城跡H地点・I地点」2021
「越前国東郷槇山城の歴史と構造」2021新谷和之　『民俗文化』33
「東郷槇山城」2020佐伯哲也『越前中世城郭図面集Ⅱ　―越前中部編（福井市・越前市・鯖江市）―』
「東郷槇山城」2022石川美咲『北陸の名城を歩く』山口充・佐伯哲也編
「東郷槇山城」『日本城郭体系第11巻　京都・滋賀・福井』1980岩田隆
『朝倉氏の城郭と合戦』2021佐伯哲也

戦国大名朝倉氏の居城
35. 一乗谷城（いちじょうだにじょう）

①福井市城戸ノ内　②-　③15世紀前半？　④16世紀末　⑤天正2年？　⑥朝倉氏・前波（桂田）氏　⑦山城　⑧削平地・切岸・土塁・堀切・石垣・竪堀・礎石・畝状空堀群　⑨590m×380m　⑩標高473m、比高420m

1．歴史

朝倉氏代々の居城である。有名な朝倉氏の居城だが、築城期は必ずしも明確ではない。『流水集』(1)によれば、朝倉家景（固山）の居館が「越之前州一乗城の畔にありて」と記載されている。これを素直に解釈すれば、一乗城の麓に家景の居館があったことになり、山上に一乗城があったことになる。一乗城は一乗谷城として良いであろう。家景は宝徳2年（1450）に死去していることを考えれば、一乗谷城は15世紀前半に存在していたことになる。一乗谷城の築城期を推定する上での一つの目安となる。

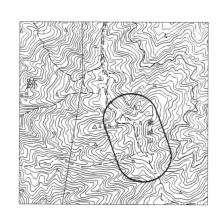

元亀元年（1570）から朝倉氏は、織田信長との抗争期に突入する。そして天正元年（1573）8月13日刀根坂の戦いで織田軍に大敗した朝倉義景は、8月15日一乗谷に帰陣する。一乗谷に帰陣した義景だが、重臣朝倉景鏡の勧めにより翌16日一乗谷を出て、景鏡の居城亥山城のある大野郡に移る。

一乗谷は信長軍により8月18日放火され、三日三晩燃え続け、一宇も残さず焼けつくしたと言われている。織田信長が毛利輝元に送った書状（乃美文書）(2)によれば、「一乗之谷押寄之處、朝倉（義景）退散候條、谷中不残一宇放火候」と述べ、一乗谷を焼き払ったことを記載している。

景鏡の献策により大野郡に移った義景だが、「織田信重（信忠）書状」(3)とあるように、景鏡の裏切りにより8月20日義景は自刃する。こうして朝倉氏は滅亡する。

朝倉氏を滅ぼした織田信長は、8月24日朝倉氏旧臣前波吉継を守護代に任じ、越前の支配を命じている。朝倉始末記によれば、吉継は「一乗ノ谷ノ義景ノ館ニ居置給イケリ」と義景の館に入ったという。しかし一乗谷は三日三晩燃え続け、一宇も残さず焼きつくしたはずである。当然義景館も徹底的に破壊され、焼き払われたはずである。吉継が入った「一乗ノ谷ノ義景ノ館」は、具体的にどの建物を示すのか判然としない。

吉継は朝倉旧臣時代の名を改名し、桂田長俊と名乗る。長俊の登用に不満を持つものが多く、さらに不平等な権力行使を行ったため、天正2年（1574）1月20日越前一向一揆に居所の一乗谷を攻められ敗死する。

天正3年（1575）8月織田軍越前進攻にあたり、越前一向一揆は一時的に一乗谷城に籠城する。しかし、同月19日「一乗可然者共三百餘」が氏家直通・武藤舜秀に攻められ討ち取られている（村井長頼宛織田信長書状）(2)。その後、信長は同月23日一乗谷に入り、28日豊原寺に移す。このときの信長の本陣は、義景館跡に置かれたと考えられる。以上、一乗谷城は天正3年8月19日の落城をもって廃城になったのであろう。

2．縄張り

筆者は拙稿(4)で、一乗谷城の縄張り・城歴を詳細に述べているので、本稿では概要を述べるにとどめる。

（1）縄張りの概要

朝倉義景館背後の一乗城山山頂に位置する山城である（図1）。標高は473ｍで、比高は実に420ｍを測る。この比高は福井県内でもトップクラスの比高である。

山城は、山頂部の防御地区と一段下がった居住空間に大別される。居住空間はA～D曲輪及びその周辺の曲輪。A曲輪は通称千畳敷。100～80cmの礎石が残っており、11.8ｍ×10.2ｍの建物が建っていたと考えられる。現在も石製棟瓦が散乱しており、過去には石製石瓦も採取されている。石瓦を使用した堅牢な建物が推定される。

大手道入口付近に刻まれた線刻摩崖仏

B曲輪は観音屋敷、C曲輪は赤淵神社、D曲輪は宿直と呼ばれており、いずれも礎石が残っている。しかし大きさは50cm前後であり、千畳敷との違いを指摘できる。C曲輪には石製棟瓦や石製鬼瓦の一部が散乱している。

A～D曲輪は居住スペースであり、礎石や石瓦は居住施設に使用していたものと推定される。しかし別の考え方も成立する。それは宗教施設の存在である。A曲輪には中世の石仏が散乱している。これに呼応するかのように、大手道入口付近には線刻摩崖仏が刻まれており、途中には狛犬を半肉彫りした石板、石祠の屋根部分が存在している。山城の伝承がなければ、まさに山岳宗教施設であり、大手道は登拝道になろう。山麓の義景館の礎石は、主殿・常御殿すら50cm前後しかない。A曲輪（千畳敷）の礎石の大きさは異常である。観音屋敷・赤淵神社という名称も気になる。礎石は居住施設の礎石と断定せず、宗教施設としての研究も必要ではなかろうか。

筆者はA曲輪において須恵器の存在を確認している。この他、北陸地方の守護・守護代クラスの拠点では、七尾城（石川県）・守山城（富山県）・増山城（富山県）・松倉城（富山県）でも確認している。なぜ守護・守護代クラスの拠点から須恵器が確認できるのか、結果的には不明だが、宗教施設の神器として奉納されることが多いという(5)。ということは、A曲輪に宗教施設が存在していたということであろうか。

飲料水は、不動清水Qが有名だが、水の手状に加工されたLも捨てがたい。Lを流

広々としたA曲輪（千畳敷）

れる沢は山頂部にありながら、常に水が流れている。恐らく両方が飲料水として利用されたのであろう。

山頂部の防御施設は、E～K・O曲輪である。主郭はE曲輪だが、前後のF・G曲輪と明確な身分差は生じていない。主郭と従郭の明確な差が生じていないのも、一乗谷城の特徴と言える。

山頂曲輪群、とくに主要曲輪群といえるE～H曲輪は、地表面で確認できる虎口は存在せず、勿論枡形虎口も存在しない。さらに塁線に土塁を巡らして防御力を増強している縄張りも確認できない。これは元亀年間朝倉氏が近江で構築している陣城群と大きく異なっている。従って現存縄張りは、それ以前の永禄～天文年間の縄張りと推定し、畝状空堀群の構築年代も永禄～天文年間と推定する(6)。

M尾根に存在する直径・深さ共に1ｍ程度の竪穴は、かつて「伏兵穴」と呼び、城兵が潜んで敵兵に対して弓矢を射る施設とされていた。しかし昭和59年筆者が城戸内集落の古老から聞き取った調査により、一般家庭で日常的に使用するケシ炭穴ということが判明している。

（２）畝状空堀群の構築年代

　一乗谷城最大の特徴は、何と言っても畝状空堀群であろう。しかし畝状空堀群の構築年代について確実な根拠なく、現在二つの仮説が提唱されている。一つは朝倉最末期の元亀元年（1570）〜天正元年（1573）に、織田信長との抗争に危機感を募らせた朝倉氏が構築したとする仮説。八巻孝夫氏はこの時期に朝倉氏が構築し、それは腰曲輪を連続空堀（畝状空堀群）で潰したとしている(7)。つまり畝状空堀群を構築した場所には、構築する以前に腰曲輪が存在したことになる。

　南洋一郎氏も上記期間に構築したとする説を主張し、さらに廃城後の破城行為ではないかとも推測しておられる(8)。さらに南氏は腰曲輪を畝状連続竪堀（畝状空堀群）で腰曲輪を潰したと述べておられる。従って畝状空堀群を構築した場所には、構築する以前に腰曲輪が存在したことになる。

　二つ目の説として、筆者が提唱する天文〜永禄年間の構築である(6)。理由は前述のとおり、元亀年間朝倉氏が近江で構築している陣城群より古い縄張りとなっているからである。さらに元亀年間朝倉氏陣城群では、畝状空堀群をほんんど使用していないことも根拠の一つである。元亀年間の朝倉氏にとって畝状空堀群は、既に時代遅れの防御施設となっていたのではなかろうか。

　さて、八巻氏・南氏の主張では、畝状空堀群を構築する以前に、切岸直下に腰曲輪が存在していたことになる。この考えに以前から筆者は違和感を覚えていた。その理由として、かつてあったとする腰曲輪の傾斜が強く、曲輪として使用するのは不可能と考えていたからである。幸いなことに、平成8年福井市により1mコンターの実測図が作成されており、断面図を作成できる状況になっている。今回は断面図を用いてこの説を立証してみたい。断面図の位置は、図2を参照されたい。

断面①　まず実際に腰曲輪として使用されている断面①を見る。山頂部の曲輪から高さ5m、角度44度の切岸を構築し、その直下に幅5mの削平地を設ける。削平地はほぼ水平。注目したいのは切岸の法尻aと平坦面との境を明確に区別することができ、さらに平坦面終端bと自然地形との境も明確に区別することができる点である。平坦面を構築し、腰曲輪として利用していた特徴と言える。腰曲輪を潰して畝状空堀群を構築したのなら、畝状空堀群を有する断面は、この特徴をもっているはずである。以下、各断面を見てみたい。

断面②　城戸ノ内外側（断面右側、以下、外側と略す）の切岸の角度は42度。切岸法尻aと平坦面との境は不明瞭。平坦面終端bと自然地形との境も不明瞭。平坦面も傾斜がきつく、平坦に削平されておらず、腰曲輪として利用されていたとは考えられない。

　城戸ノ内内側側（断面左側、以下、内側と略す）の切岸の角度は36度。切岸法尻aと平坦面との境は不明瞭。平坦面終端bと自然地形との境も不明瞭。平坦面も傾斜がきつく、削平もされていない。腰曲輪が存在していたとは思えない。

断面③　外側切岸の角度は46度。切岸法尻aと平坦面との境は不明瞭。平坦面終端bと自然地形との境も不明瞭。平坦面も傾斜がきつく、平坦に削平されていたとは思われず、腰曲輪として利用されていたとは考えられない。

　内側切岸の角度は42度。切岸法尻aと平坦面との境は不明瞭。平坦面終端bと自然地形との境も不明瞭。平坦面も傾斜がきつく、削平もされていない。腰曲輪が存在していたとは思えない。

断面④　外側切岸の角度は47度。切岸法尻aと平坦面との境は不明瞭。平坦面終端bと自然地形との境も不明瞭。平坦面も傾斜がきつく、平坦に削平されていたとは思われず、腰曲輪として利用されていたとは考えられない。

　内側切岸の角度は44度。切岸法尻aと平坦面との境は不明瞭。平坦面終端bと自然地形との境も不明瞭。平坦面も傾斜がきつく、削平もされていない。腰曲輪が存在していたとは思えない。

断面⑤　外側切岸の角度は45度。内側切岸の角度は37度。畝状空堀群なし

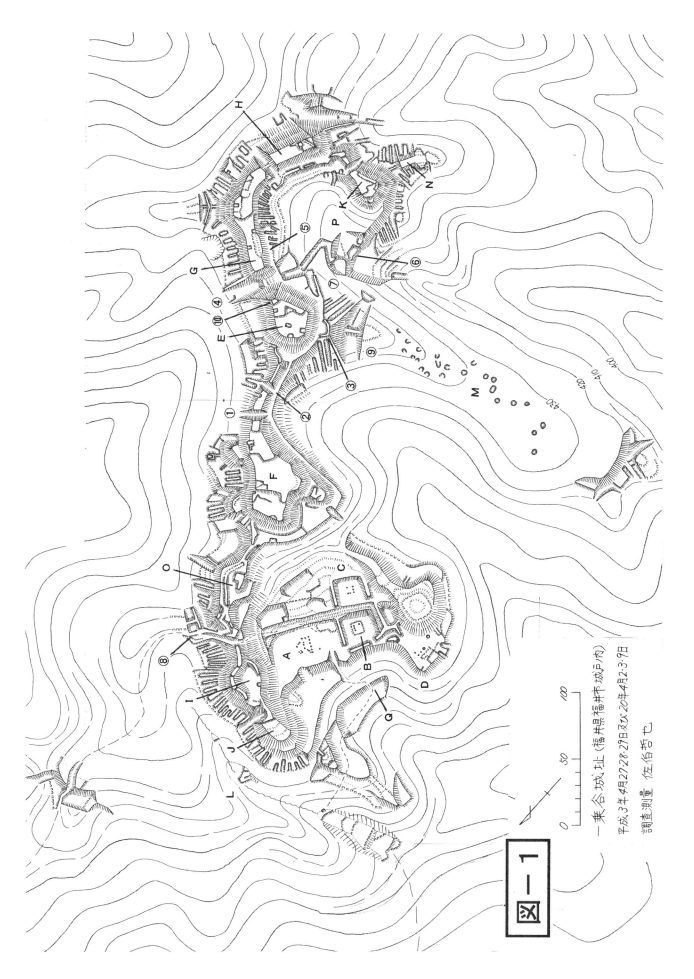

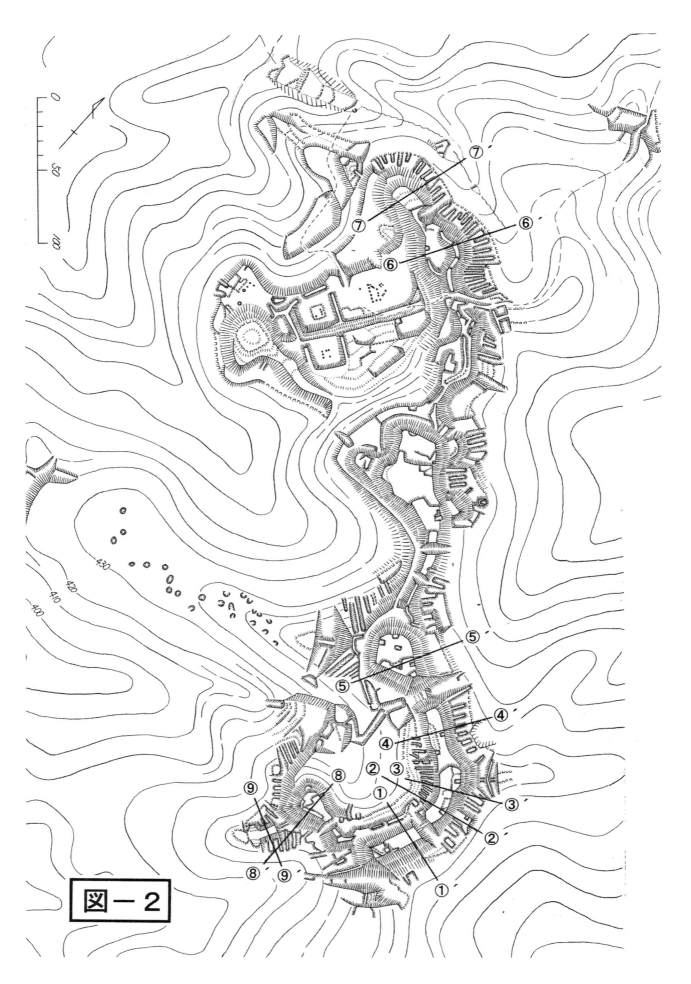

図－2

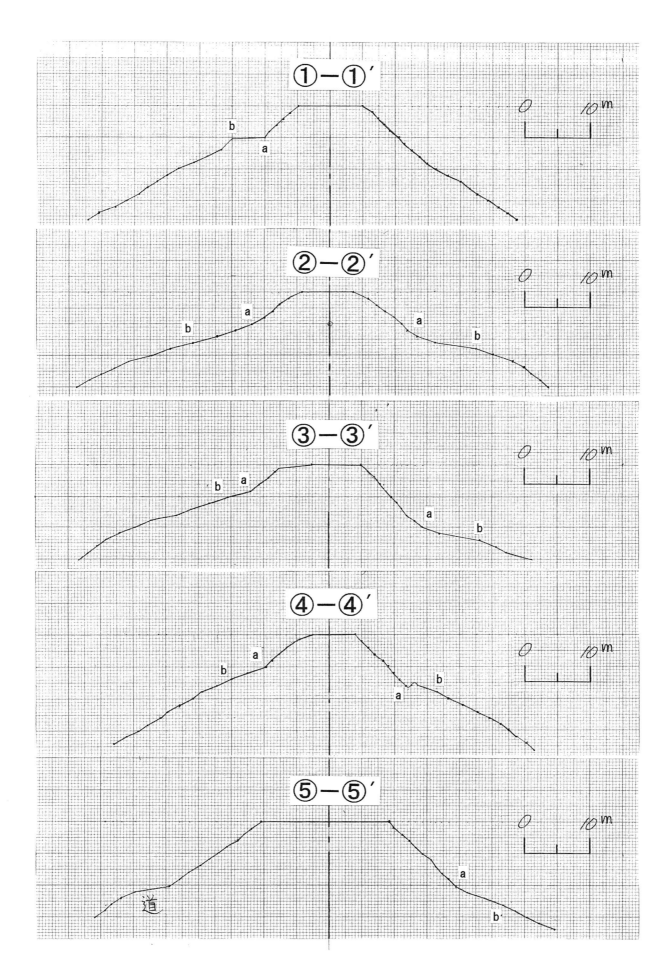

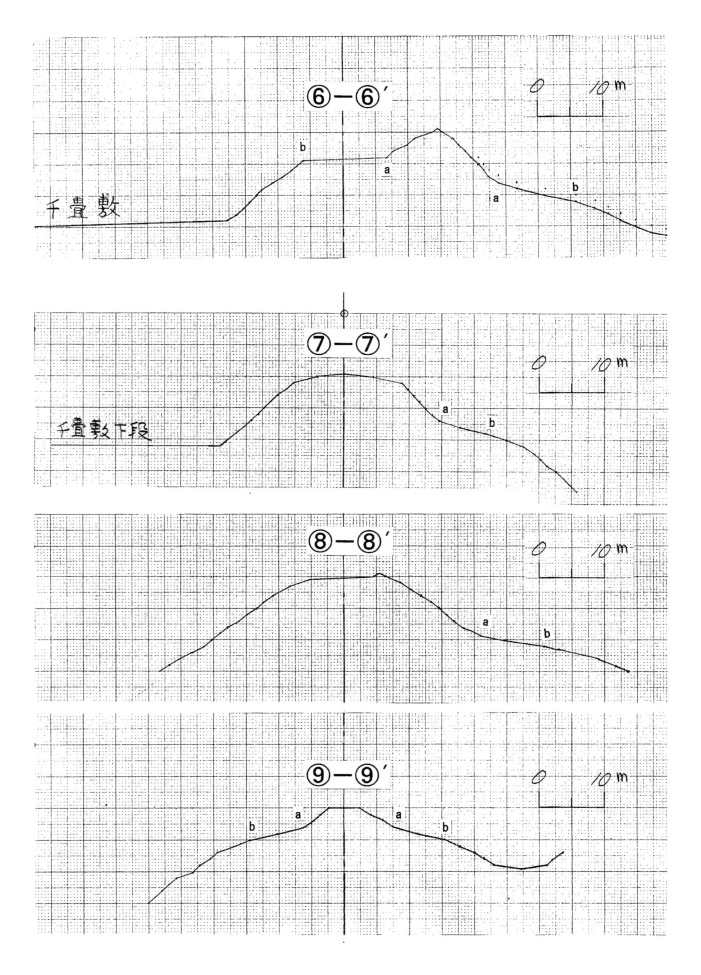

圧倒的な土木量と畝状空堀群を残す山城
36. 戌山城 （いぬやまじょう）

①大野市犬山　②犬山城　③14世紀末　④16世紀　⑤天正前期　⑥斯波氏・朝倉氏・金森氏　⑦山城　⑧削平地・切岸・堀切・竪堀・横堀・畝状空堀群　⑨760m×360m　⑩標高324.3m、比高140m

1．歴史

『城跡考』によると、斯波高経の3男義種が築城したとしている。義種による大野郡支配は、『戦国期の領国支配』によると、康暦2年(1380)越前守護になった斯波義将が弟義種のために大野郡支配を認めたのではないかと推定している。従って義種が築城したのであれば、康暦2年頃と推定される。

『城跡考』に従えば以降は、斯波氏・大野氏・朝倉氏が居城し、朝倉景鏡が亥山城へ居城を移すまで、大野郡の主城として機能したという。その後天正3年(1575)大野郡の2/3を拝領した、金森長近は一旦戌山城に入るも、翌天正4年に越前大野城を築いて移る。その結果、戌山城の存在価値は無くなり廃城になったという。

2．縄張り

(1) 全体

犬山山頂に位置する山城となり（図1）、山頂からの眺望は非常に良く、大野盆地を一望することができる。戌山城の北麓から東麓にかけては、越前国と美濃国を繋ぐ美濃街道が通り交通の要衝でもあった。山麓のV地区（図1）は殿屋敷と呼ばれ、現在遺構は存在しないが城主の越前守護代である、斯波氏の居館跡と伝わる。（『改訂版山城は語る』）

V地区から鍬掛坂を経由して、鍬掛集落に至る峠道があり大手道候補の1つと考えられるが、判然としない。城域はⅠ地区・Ⅱ地区・Ⅲ地区・Ⅳ地区と、大別される（図1）。主郭はⅠ地区と考えられ、いずれの地区も主郭Ⅰ地区との間に強い遮断線となる、大堀切が設けられ独立性が強くなっている。主郭からの独立性が強いということは、主郭からの求心力が弱いことになり、中世城郭の特徴を備えている。

(2) Ⅰ地区

Ⅰ地区のAが主郭となり（図2）、東端に櫓台①を設けている。櫓台①の東側直下には、堀切④を設け東側尾根を完全に遮断している。堀切④の北側端は竪堀に落とし、敵兵の主郭北側への取り付きを防いでいる。北側堀切④の東側下には、曲輪Cを設けL字の土塁を付随させており城兵の駐屯が推定される。曲輪Cの東側直下には堀切⑤を設け城外には土塁を付随させている。主郭から派生する東側尾根側には、櫓台・2条の堀切・曲輪を設け尾根下を警戒している。主郭北側には虎口②が設けられている。虎口②は平虎口となり曲輪Bと連絡する。曲輪Bには窪地③があり、虎口②と連動していたと考えられる。窪地③は虎口②に向かう敵兵を阻止するために、設けられていたと考えられる。曲輪Bの東側には、曲輪を分断するように竪堀⑥が設けられている。城兵の駐屯する曲輪を分断することから、曲輪構築後の改修が伺われる。竪堀⑥の下部には平坦面⑦があり、平坦面⑦は土塁を付随させる。竪堀⑥は平坦面⑦との通路を兼ねていたと考えられる。主郭北側直下から、竪堀⑧が設けられており竪堀⑧は途中でクランクしている。竪堀⑧を登る敵兵は、クランクにより平坦面⑦で守る城兵に対して背を向けることになり、平坦面⑦は竪堀⑧に対し横矢が

あるが、現状の山道（城道）は土塁の脇を南北に突き切る格好となっている。曲輪Ⅲ（E）が曲輪8（⑩）と堀切Ⅰ（④）で南東方向に備えているにもかかわらず、土塁K（③）の脇を通すような動線を設定するだろうか」と述べる。

　まず新谷氏は土塁③を西尾根に対する防御施設とする。確かにその役割も果たしているが、主郭Eの直下に位置していることから、城道を出入りする城兵等の監視施設としての想定も可能である。従って南北に開口部が必要となり、南北を突き切る動線となる。新谷氏は櫓台⑩と堀切④で防御しているのだから、土塁③を南北に通す動線は不自然と述べる。しかし、防御（安全対策）を施しているからこそ、動線設定が可能になったのである。城道⑥～⑦と主郭Eを繋ぐには、土塁③南側の開口部は必要不可欠であり、主郭E南直下腰曲輪に駐屯する城兵の避難路としても、土塁③南側の開口部は必要である。

　このように、少なくとも土塁③南側開口部の存在は指摘できるのではなかろうか。また、主郭Eに拮抗するF曲輪との連絡路としても、土塁③北側開口部は必要である。新谷氏は土塁③の開口部が、当時塞がっていたことを、地表面観察だけで結論づけられるのであろうか。

　以上の理由により、筆者は新谷氏の指摘に賛同できない。少なくともO曲輪から⑤に至る城道は、一乗谷城の施設として存在していたと推定したい。

３．まとめ

　拙稿では、断面図を用いて畝状空堀群構築年代を推定した。従来の説では腰曲輪を潰して畝状空堀群を構築したとしていた。しかし切岸構築によって必然的に発生した緩斜面を畝状空堀群で潰したと推定した。

　さらに、主要曲輪群の切岸の角度が統一されており、同時代・同一人物によるものと推定した。切岸という基本的なアウトラインの構築は、朝倉最末期ということは考えにくく、やはり天文～永禄期とするのが素直な解釈であろう。従って切岸とセットの防御施設である畝状空堀群の構築も天文～永禄期としたい。残念ながら、千畳敷等居住施設との年代的な前後関係を明確にすることはできなかった。

　少なくともO曲輪から⑤に至る城道は、一乗谷城の施設として存在していたと推定し、一乗谷城の特徴と位置づけた。

　以上が結論である。ただし地表面観察が主体となっているため、仮説の範疇としたい。

（佐伯哲也）

注
⑴『福井市史資料編2』（福井市 2008）所収
⑵『加能史料戦国ⅩⅥ』（石川県 2018）所収
⑶『第15回企画展古文書が語る朝倉氏の歴史』（福井県立一乗谷朝倉氏遺跡資料館 2006）所収
⑷佐伯哲也「一乗谷城」『越前中世城郭図面集Ⅱ』佐伯哲也 2020　以下、佐伯論文①とする
⑸澄田正一「荘川神社の出土品について」『荘白川総合学術調査報告書上』岐阜県教育委員会 1957
⑹佐伯哲也「一乗谷城現存遺構の構築年代について」『越前中世城郭図面集Ⅱ』佐伯哲也 2020　以下、佐伯論文②とする
⑺八巻孝夫「一乗谷城」『図説中世城郭辞典第二巻』村田修三編 1987
⑻『一乗谷城の基礎的研究』南洋一郎 2016
⑼新谷和之「一乗谷城の縄張構造」『一乗谷朝倉氏遺跡資料館紀要2019』福井県立一乗谷朝倉氏遺跡資料館 2019。新谷氏はLやP谷に残る遺構を「いずれも炭焼き窯を伴うことから、後世の山林用益に伴う造成と評価した」ことから、図化していない。しかし水の手状に加工したLやP谷を塞ぐ切岸は城郭遺構の可能性が高く、さらに縄張りの評価にも影響するため、筆者は図化した。城郭遺構か類似遺構なのかを明確にし、読者に理解してもらうためにも、たとえそれが類似遺構であったとしても図化は必要と筆者は考える。「伏兵穴」もその一例で、図化したからこそ、孤立し各個撃破されやすく、城郭遺構の可能性が低いことを理解できたと思う。図化は必要である。
⑽『新視点朝倉氏の山城資料集』福井県立一乗谷朝倉氏遺跡資料館 2022

間とするのが妥当ではなかろうか。

　N曲輪の畝状空堀群のみ元亀年間の構築（追加）という可能性も否定できない。元亀年間の朝倉氏畝状空堀群構築も一例だけ確認できる（一乗寺城　京都府）からである。しかし一乗寺城には土塁で固めた虎口や塁線土塁が確認できる。それらがN曲輪で確認できない以上、その可能性は低いと言いたい。

　主要曲輪群E〜Kの基本的なアウトラインは、天文〜永禄年間に構築されたことを推定した。しかし縄張り論で言及できるのは、ここまでである。一乗谷城は15世紀前半から存在していたことが推定される。天文年間とは約100年の開きがある。15世紀前半から天文年間の一乗谷城の構造については、全く言及できない。さらにA曲輪（千畳敷）等の居住空間との構築年代の前後関係も全く不明である。

（３）城道について
　筆者が一乗谷城でもう一点注目したいのは、城内に設けられた一本の城道である（図１）。地表面観察で確認できるのは、O曲輪から始まり、F・E曲輪の西直下を経由して、G曲輪の⑤地点まで確認できる。特に注目したいのが、途中堀切①・②・④を経由しているのに、堀切で尾根そのものを遮断していないことである。道とは反対側は完全に掘り切っているのに、道側は掘り切らず、通行性を確保している。堀切①・②の道側の幅は、4.5〜5.7mもあり、小広場のようになっている。また堀切④は竪堀とセットで用いているが、堀切と竪堀の間に城道を通して通路性を確保している。完全に尾根を遮断せず、通路性を確保していると言えよう。主郭であるE曲輪西直下の土塁③の南北に開口部があることからも、城道が一乗谷城時代に存在していたと推定される。この傾向は堀切⑧にも該当し、堀切⑧は北側を掘り切らず、やはり城道を確保している。

　城道の南端は⑤までしか確認できない。恐らく城道の設定は⑤までであったのであろう。P谷は両側を切岸で塞ぎ、畝状空堀群で武装していることから、重要な谷だったと考えられる。開口部⑥から⑦地点までの城道が確認できる。⑦からは③を経由して主郭Eに入ったのであろう。つまり⑥〜⑦は主郭に至る城道だったのである。土塁③の南側は、城道⑥〜⑦から主郭に入るためにも開口していたと考えられよう。

　このようにO曲輪から⑤に至る城道は、堀切で孤立しやすい山上主要曲輪群O曲輪〜G曲輪を、ある程度一体化させ、連絡性を維持するために導入されたと考えられる。導入された時期は判然としないが、一つの仮説として、主要曲輪群E〜Kの基本的なアウトラインが固定した天文〜永禄年間に導入されたことを提唱することができよう。

　これに対して異議を唱えたのは新谷和之氏である⑼。新谷氏は「佐伯の縄張図では、前述の山道（筆者が言う城道）の一部が帯曲輪のような形で表現され、各曲輪が有機的に結びついているかのようにみえる」と述べる。

　まず、筆者の縄張り図の正しさは、自画自賛で心苦しいが一乗谷城赤色立体図⑽で裏付けられた。赤色立体図には南北を貫く太い城道が写っており、堀切①・②付近の道幅は4.5〜5.7mもある。まさに「帯曲輪」のような景観である。

　次に新谷氏は「連絡道（城道）を確保するのであれば、堀切の中央に土橋を設けるのが定石であり、現状の位置関係は登城道としては不可解である」と否定しておられる。確かに新谷氏が指摘する縄張りも存在する。しかし堀切に土橋を設けるということは曲輪内に敵軍を導入してしまう危険性を伴う。また堀切④は上幅が25mもあり、当時の土木技術としては土橋も木橋も不可能であろう。F曲輪のようにスペースがあれば曲輪直下に横堀を巡らせ、その外側に城道を通す方が、敵軍を曲輪外に通し、敵軍を曲輪から監視でき、安全性・防御性の点で優れている。

　以上の理由により、筆者は新谷氏の指摘に賛同はできない。山城の縄張りは地形によって常に変化し、「定石」として決めつけるべきではないと思う。細尾根であれば、新谷氏が指摘するような縄張りになったかもしれない。城主は曲輪直下に余地があることから、曲輪直下に城道を通す縄張りを選択したのであろう。

　次に新谷氏は「土塁K（③）は堀切J（⑨）とともに西尾根からの進攻に備えた防御施設で

断面⑥ 外側切岸の角度は49度。切岸法尻aと平坦面との境は不明瞭。平坦面終端bと自然地形との境も不明瞭。平坦面も傾斜がきつく、平坦に削平されていたとは思われず、腰曲輪として利用されていたとは考えられない。

　内側切岸の角度は42度。切岸法尻aと千畳敷との境は明瞭。

断面⑦ 外側切岸の角度は49度。切岸法尻aと平坦面との境は不明瞭。平坦面終端bと自然地形との境も不明瞭。平坦面も傾斜がきつく、平坦に削平されていたとは思われず、腰曲輪として利用されていたとは考えられない。

　内側切岸の角度は42度。切岸法尻aと千畳敷下段との境は明瞭。

断面⑧ 外側切岸の角度は41度。切岸法尻aと平坦面との境は不明瞭。平坦面終端bと自然地形との境も不明瞭。平坦面も傾斜がきつく、平坦に削平されていたとは思われず、腰曲輪として利用されていたとは考えられない。

　内側切岸の角度は37度。畝状空堀群なし。

断面⑨ 外側切岸の角度は30度。切岸法尻aと平坦面との境は不明瞭。平坦面終端bと自然地形との境も不明瞭。平坦面も傾斜がきつく、平坦に削平されていたとは思われず、腰曲輪として利用されていたとは考えられない。

　内側切岸の角度は38度。切岸法尻aと平坦面との境は不明瞭。平坦面終端bと自然地形との境も不明瞭。平坦面も傾斜がきつく、平坦に削平されていたとは思われず、腰曲輪として利用されていたとは考えられない。

　以上のようになる。断面図②～⑨は断面①のような特徴を持っていない。従って畝状空堀群を構築する以前に、腰曲輪の存在を想定するのも無理である。山頂曲輪の防御施設として切岸を設け、その直下に必然的に発生した緩斜面と理解できよう。そしてその緩斜面を潰すために畝状空堀群を構築したと推定される。

　曲輪を防御する防御施設として切岸を構築したのなら、その直下に発生した緩斜面を長期間放置するはずがない。なぜならば進攻した敵軍の行動の自由を許してしまうからである。切岸構築直後に畝状空堀群を構築し、緩斜面を潰したと考えられる。つまり切岸と畝状空堀群はセットで構築されたのである。

　K曲輪とN曲輪の間の堀切には、堀底に畝状空堀群が構築されている。これは堀底が広すぎて敵軍の行動を許してしまうため、それを阻止するために畝状空堀群を構築したと考えられる。これも切岸（堀切）構築直後に畝状空堀群を構築した論拠である。

　もう一点注目したいのは、主要曲輪群E～K外側切岸が45度±5度の角度で統一されていることである。さらに腰曲輪を構築したH曲輪を除くE～K内側切岸が40度±5度の角度で統一されていることである。これは統一された意思により、計画的に構築されたことを物語る。従って同時期・同一人物によって構築されたと推定されるのである。内側が鈍角で外側が鋭角なのは、敵軍に直撃される外側を鋭角に構築したとする仮説は成立しないだろうか。

　唯一例外なのが、N曲輪両側の切岸（⑨断面）である。内側38度、外側30度と両側とも鈍角となっている。これについてN曲輪の畝状空堀群のみ、後世の付け足しという考えも可能である。しかし、N曲輪を曲輪と決めつけるのではなく自然の尾根と捉え、尾根の両側を潰すために切岸と畝状空堀群を構築した、と考えるのであれば、主要曲輪群の切岸角度と必ずしも一致しなくても良い。つまりN曲輪畝状空堀群と主要曲輪群の畝状空堀群は、同時に構築したという考えも仮説の範疇では成立しよう。

　それでは畝状空堀群は、いつ構築されたのであろうか。従来の説であった腰曲輪を潰して構築したという考えは否定できたと思う。そして主要曲輪群E～Kの切岸及び畝状空堀群は、セットの防御施設としてほぼ同時に構築されていることも確認できた。しかし時代を特定する特徴を見出せていない。勿論畝状空堀群のみで時代を特定することは無理である。しかし、曲輪にとって切岸を巡らすということは、基本的なアウトラインを構築するということである。基本的なアウトラインを巡らす土木工事は、常識的に考えて朝倉最末期ではあるまい。塁線土塁や明確な枡形虎口が確認できないことから、やはり天文～永禄年

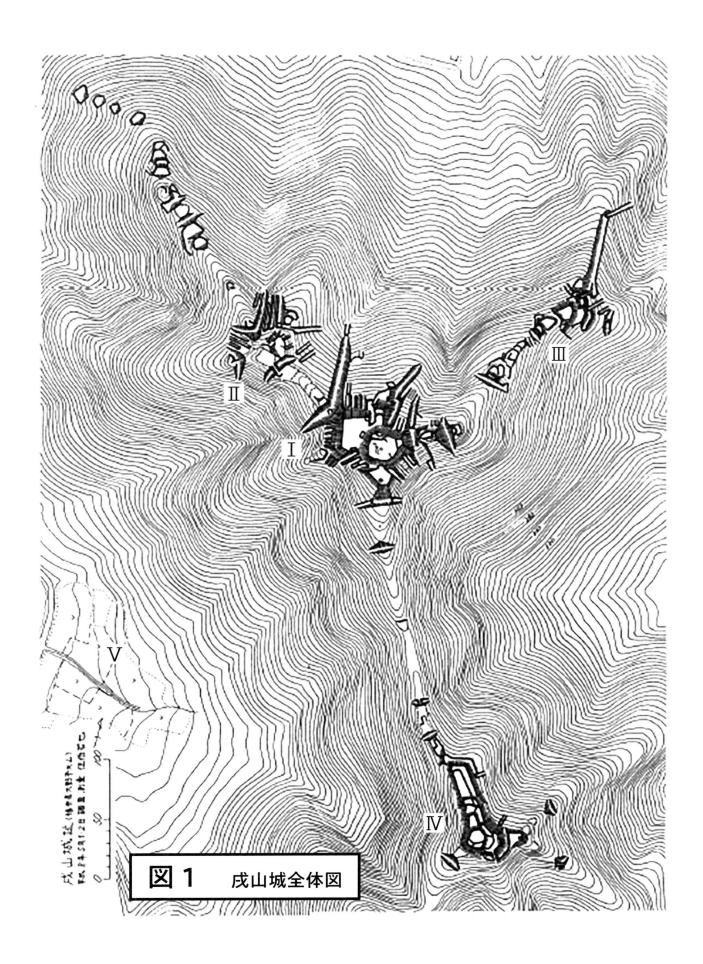

図1　戌山城全体図

掛かる。曲輪Bの西側直下には、戌山城で最大規模となる堀切⑨が設け北側端は竪堀に落とし、さらに東側には畝状空堀群⑩を設け敵兵の曲輪B北側への取り付きを防いでいる。主郭曲輪Bの、北側には堀切から落ちる竪堀や単独の竪堀、畝状空堀群が設けられており、お互いに連動し主郭と曲輪Bの北側直下に取り付く敵兵を防いでいる。主郭と曲輪Bの、南側や西側にも畝状空堀群が設けられているが北側と比べ、規模は小さいことから主郭と曲輪Bの防御の主眼は北側となっている。

（3）Ⅱ地区

Ⅱ地区はピークの曲輪Dが中心となり（図2）、曲輪D背後の南側直下には堀切⑪を設け、中央には土橋を設けている。堀切⑪の土橋の存在から、曲輪Dは独立性は高いもののⅠ地区の主郭と、セットで機能していたと考えられる。曲輪Dの西側下には、堀切⑫を北側下には堀切⑬を設け、堀切⑬は両端部をV字型に竪堀で落としている。堀切⑬は、西側に畝状空堀群⑭、東側に畝状空堀群⑮を付随させ堀切⑬を越えない敵兵が、東西に迂回するのを防いでいる。曲輪Dの東側下には、曲輪Eを設けて直下に畝状空堀群を付随させている。曲輪Eの北側下には、竪堀⑯を設けている。竪堀⑯は畝状空堀群⑮と連動しており、V字型に配置している。曲輪Eは派生する北側尾根下Fから攻め上る敵兵をV字に配置した、竪堀⑯と畝状空堀群⑮により尾根中心部に誘導し、弓矢等の照準を絞りやすくしている。曲輪Dは派生する北西側尾根下Gから攻め上る敵兵をV字に配置した、堀切⑬と付随させた畝状空堀群⑭⑮により尾根中心部に誘導し、弓矢等の照準を絞りやすくしている。曲輪Dと曲輪Eは、戌山城の北側方面から攻め上がる敵兵を、最初に迎え撃つ曲輪となり、北側方面に大規模な竪堀や畝状空堀群を配置していることから、防御の主眼は北側となっている。

（4）Ⅲ地区

Ⅲ地区は尾根下部の曲輪Lが中心となり（図3）、背後の尾根上に向かって階段状に曲輪を配置し、途中に堀切①と尾根上最上部に堀切②を設け、いずれも城外側に土塁を付随させ防御力を強化している。曲輪Lの北側下には、竪堀③を設けている。竪堀③は東側の竪堀と連動しており、V字型に配置している。V字型の竪堀③の基部には、土橋状の通路があり土橋状の土塁上を通る虎口となっている。さらに下部には通路上の平坦面④を設け最下部は竪堀に落としている。平坦面④は、尾根を攻め上る敵兵を平坦面④により縦列でしか進軍できないようにし、横列の大人数での進軍を防いでいる。さらにV字に配置した、竪堀③により尾根中心部に誘導し、弓矢等の照準を絞りやすくしている。曲輪Lの東側下には、低土塁を巡らした横堀⑤、さらに下部には堀切⑥を設けている。戌山城は尾根を遮断する防御施設の、ほとんどは堀切となっている中で横堀を配置しているのは、Ⅲ地区とⅣ地区の一部となっている。Ⅲ地区には、戌山城の特徴となる畝状空堀群は設けられていない。

（5）Ⅳ地区

Ⅳ地区は尾根先端の曲輪Hが中心となり（図4）、主郭のⅠ地区から派生する南側の尾根先となり、主郭から最も離れた地区となっている。曲輪Hの東側下に曲輪Ⅰを設けている。曲輪Ⅰには虎口①が開口している。曲輪Ⅰの東側直下には、横堀②が設けられている。戌山城の尾根を遮断する防御施設の、ほとんどは堀切となっている中で大規模な横堀を配置しているのは、この場所のみとなっている。横堀の東側には曲輪Jを設けている。曲輪Jは、曲輪Ⅰと横堀②の前面に出た馬出曲輪の性格を備えている。馬出曲輪Jからは、通路③を通過し虎口①を通り曲輪Ⅰに入ったと考えられる。その間敵兵は、曲輪Ⅰを含め上部曲輪から長時間横矢を受けることになる。馬出曲輪Jから曲輪Ⅰ間は、計画的な通路設定がされており戌山城で計画的な通路されているのは、この場所のみとなっている。馬出曲輪Jから通路③に向かわない敵兵が、北側に迂回するのを防ぐため竪堀④を設けている。馬出曲輪Jの東側下には、堀切⑤を設けている。堀切⑤は土橋が設けられており、通路性が残る。曲輪Hから派生する尾根下には、堀切⑤・⑥・⑦が設けているが通路性が残るのは堀切

図2 Ⅰ・Ⅱ地区拡大図

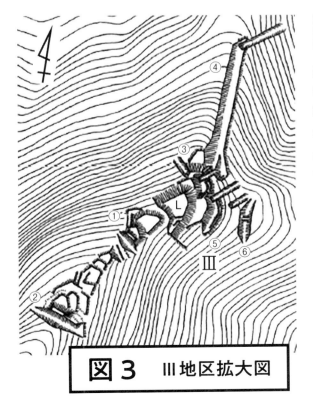

図3 Ⅲ地区拡大図

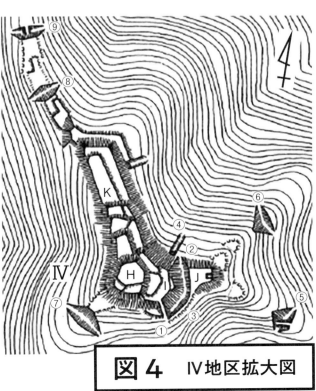

図4 Ⅳ地区拡大図

⑤のみとなり、虎口①・計画的な通路設定・通路性の残る堀切⑤から、東側尾根下の洞雲寺方面には城道が設定されていた可能性が高い。対してⅤ地区の殿屋敷方面には、　虎口が開口しておらず堀切⑦で完全に遮断しているため、殿屋敷の居住者とⅣ地区の構築者は、別人であったことを伺わせる。

　曲輪Hの北側下には、曲輪Kをはじめ大小の曲輪群を設けている。戌山城では広い曲輪が多く設けられているのも、Ⅳ地区の特徴となる。曲輪Kの北側尾根先には、堀切⑧・⑨の２条の堀切が設けられている。Ⅳ地区にも、戌山城の特徴となる畝状空堀群は設けられていない。

（６）畝状空堀群と横堀の有無

　戌山城の最大の特徴は畝状空堀群となるが、畝状空堀群を有する地区と有さない地区が存在する。主郭を中心とした主要曲輪群に、畝状空堀群を配置したとも考えられるが、そうではないと考えられる。その理由は、Ⅰ・Ⅱ地区は主郭を中心とした主要曲輪であり、畝状空堀群が設けられているが、横堀と計画的な通路設定が存在しないことである。横堀も重要な防御施設であることから、Ⅳ地区も重要な曲輪群であると考えられる。さらにⅣ地区には、馬出曲輪と計画的な通路設定がされていることからも、重要な曲輪群であったことを物語り、技術的な新しさがみられる。重要な曲輪群のⅠ・Ⅱ地区と、Ⅳ地区には、畝状空堀群・馬出曲輪・計画的な通路設定の使い分けがされているのである。なぜ同じ重要な曲輪群に、使い分けがされたのだろうか。その理由は時代差であると考えられる。Ⅰ・Ⅱ地区の畝状空堀群が最初に築かれ、その後の改修でⅣ地区が築かれたと考えられる。Ⅲ地区も、低土塁を巡らした横堀と土橋状の通路の虎口の存在から、その後の改修で築かれた可能性が高いと考えられる。Ⅰ・Ⅱ地区は、遮断線が強い防御施設が設けられている反面、曲輪の上下を繋ぐ明確な城道や、一部を除き曲輪間の明確な虎口が設けられていない。大規模であるが、技術的な新しさが見られない縄張りとなる。これと同型の縄張りが、岐阜県郡上市の篠脇城と二日町城となる。文献資料からは、朝倉氏の改修は認められないが、篠脇城の近年の発掘調査からは、朝倉氏の改修が指摘されている。天文９年(1540)、朝倉氏は篠脇城を攻め城主の東氏は撃退するも、翌年天文10年に居城を篠脇城から赤谷山城（東殿山城）に移したとされ、篠脇城は天文９年から10年頃に朝倉氏によって改修されたと考えられている。Ⅰ・Ⅱ地区の畝状空堀群は、篠脇城との類似性から天文９年から10年頃に先行する曲輪群を改修し構築された可能性を提言する。Ⅳ地区の横堀を構築した時期は、朝倉氏は元亀年間（1570〜1573）に若狭国・近江国の陣城で、横堀を多数導入している。織田信長との抗争が激化した、元亀年間頃にⅠ・Ⅱ地区の南側尾根の防御力を増強するために、朝倉氏が構築した可能性を提言する。

（７）まとめ
①康暦２年（1380）頃、斯波義種が築城。
②天文９年（1540）〜10年頃、朝倉氏がⅠ・Ⅱ地区を改修し畝状空堀群を構築。
③元亀年間（1570〜1573）頃、朝倉氏（景鏡か）がⅣ地区を新たに構築。
④天正３年（1575）に、金森長近が入城。
⑤天正８年（1580）に、越前大野城の完成により戌山城が廃城。
　文献や発掘調査によらないため、可能性の範疇とする。　　　　　　　　　　（森本勝巳）

【参考文献】
佐伯哲也『越前中世城郭図面集Ⅰ』桂書房2019
岐阜県教育委員会『岐阜県中世城館跡総合調査報告書 第２集』2003

Ⅰ地区⑨ 堀切

Ⅱ地区⑮ 畝状空堀群

Ⅲ地区⑤ 横堀

Ⅳ地区② 横堀

城郭遺構を有する越前の古刹
37．大谷寺（おおたんじ）

①丹生郡越前町大谷寺　②－　③9世紀〜16世紀　④16世紀中頃　⑤16世紀後半（寺院は再興され現在に至る）　⑥大谷寺　⑦山寺　⑧堀切・平坦面　⑨240m×330m
⑩標高196.7m　比高約100m

1．歴史

山岳信仰の霊地として信仰されてきた越知山の東方にある金毘羅山南東麓に、越知山三所大権現の別当寺として建立された越知山大谷寺が所在する。大谷寺は泰澄により開基されたと伝えられ、晩年に入寂した地として知られる。泰澄ゆかりの古代から存続する越前を代表する古刹である。

山麓に移った現在の大谷寺大長院奥にある石造九重塔は「元亨三年」(1323)の紀年銘を有し、国重要文化財に指定されている。このほか木造の十一面観音坐像・阿弥陀如来坐像・聖観音坐像の三所権現（平安時代末期）や木造泰澄及二行者坐像（室町時代）といった多くの寺宝が伝えられ、霊山登拝の拠点として栄えていたことが窺われる。

大谷寺は、嘉元4年(1306)の時点では真言宗寺院であったが、天文元年(1532)には天台宗寺院となっていたようである。越知山を中心とする広大な寺領を有し、平泉寺に匹敵する勢力を誇っていた。朝倉氏からの複数の発給文書が残されており、朝倉家歴代当主と関係が深かったことがうかがえる。しかし、地頭の横暴や周辺農民の領域侵略も絶えず、天正2年(1574)には一向一揆によって全山焼失し、次第に衰退していく。

明治4年(1871)に神仏分離令により越知山大権現は越知神社となるが、明治12年(1879)に天台宗寺院として再興され、現在に至っている。

2．縄張り（構造）

(1) 大谷寺の遺構

遺構は元越知山と呼ばれる標高192〜196m付近の山頂部を中心に大規模な平坦面（Ⅰ・Ⅱ）が展開する。平坦面Ⅱの南西谷部には平坦面Ⅲが、さらに南西尾根上には小堂が建つ標高約194m付近を中心に複数の平坦面（Ⅳ）が確認できる。平坦面以外の遺構は、平坦面Ⅰ・Ⅱから北西に位置する「奥の院」に至る尾根上に堀切Aが、平坦面Ⅲと平坦面群Ⅳとの間に堀切Bが、そして平坦面群Ⅳから南西に続く尾根上に2条の堀切C・Dが設けられる。

平坦面Ⅰは楕円形を呈する平坦面上に、越知山大権現の本地堂などの建物が現存する。平坦面Ⅰの東下段に位置する平坦面Ⅱは、約60m×80mの範囲で広く緩やかな傾斜地形となっている。現況では中央部に方形基壇状の高まりが残り、その周囲に浅い溝が広範囲に巡っている。平坦面の北東と北西には土坑状の窪みが確認できる。また、この付近では部分的ではあるが発

平坦面Ⅰ（中央の建物は本地堂）

大谷寺（福井県丹生郡越前町大谷寺）

踏査・作図：小林裕季

掘調査が実施されており、9～12世紀の遺物が出土している(3節で詳述)。当地点では戦国期に下る遺物は出土していないことから、平坦面Ⅱは古代寺院の遺構が良好に残るエリアと考えられる。

平坦面Ⅲは谷地形の起点となる部分に設けられている。平坦面の規模は約30ｍ×25ｍを測り、南端部で土塁とともに堀切Bが確認される。

平坦面群Ⅳは小ピークに位置する平坦面から東側に向かって幅の狭い平坦面が連なる。帯曲輪状の様相を呈するが、削平はやや甘い。そして、平坦面群Ⅳの南西の尾根上に2条の堀切C・Dを設けている。

（2）城郭遺構

城郭施設と考えられる遺構は堀切であり、寺域の縁辺部の尾根筋を分断するかたちで設けられている。大谷寺の山上主要部と考えられる平坦面Ⅰ・Ⅱと奥の院を繋ぐ尾根上に堀切Aを配置している一方で、南西は平坦面群Ⅳを挟んで合計3条の堀切B～Dを設けていることから、南側の尾根筋を重点的に遮断しようとする意図が読み取れる。

北西屋根筋にある堀切A

これらの堀切は尾根筋の移動を遮断する防御施設と捉えられる一方で、寺域を画する境界として設けられたとする見方もある。寺域を画する境界あるいは結界を示す目的で堀切を設ける事例もあるため即断することはできないが、大谷寺ではこれらの堀切を除いて寺院色の強い遺構のみが確認され、文献史料等からみられる動向からも一貫して寺社勢力が運営を担っていたと考えられる。

ほかに明確な城郭遺構は確認されず、確実な防御施設と言い切ることは難しいが、山頂付近の主要部に至る尾根筋のみに遺構が認められることから、大谷寺自身が有事に備えて平易な尾根筋の移動を遮断するための防御目的で設けられた堀切とみておきたい。

このほか、堀切Bについては平坦面Ⅲ内部で折れを伴う点に着目し、横矢が掛かる構造であるとする見解や、あるいは折れを伴う虎口とする見解も提示されている。横矢を掛けるための折れとすれば、土塁もしくは上段の平坦面からの攻撃が想定されるが、現況では足場となる平面規模が小さく、効果的に機能するものであったか疑問が残る。また、虎口説に対しては、平坦面Ⅲが谷筋の起点に造成された独立的な平坦面であり、主要部とみなされる平坦面Ⅰ・Ⅱを防御対象とするものではない。本来は主要部下段に存在した寺院施設

平坦面Ⅲの南西にある堀切B

平坦面群Ⅳの南西にある堀切D

への出入口となっていた部分を、のちに有事に備えた堀切として造り変えたことを想定したい。

3．発掘調査

　前述のとおり平坦面Ⅱを中心に、部分的な範囲ではあるが平成14 ～ 17年度に発掘調査が実施されている。以下、発掘調査報告書によると、平坦面Ⅱからはおおむね9世紀中頃から12世紀にかけての遺物が出土している。

　現況地形から遺構を確認することができる大型の基壇状遺構は、約25ｍ×16ｍの長方形を呈し、建物に関連すると考えられる柱穴等の遺構が検出されている。また、周辺に礎石と考えられる石材が散在することから礎石建物が存在していた可能性が指摘されている。平坦面上から裾部を中心に11 ～ 12世紀の土師器皿や陶磁器が出土し、基壇状遺構は少なくとも12世紀まで機能していたと考えられ、講堂などの大型建物の基壇であったことが推測されている。

　基壇状遺構の周囲を巡る溝遺構は、遺物が出土していないため詳細な年代は不明であるが、基壇状遺構と方向が異なることから基壇に先行する遺構であった可能性が指摘されている。

　このほか平坦面Ⅱの北東部分でも約13ｍ×15ｍを測る小型の基壇状遺構が検出されており、塔跡であった可能性が指摘されている。基壇状遺構の造成土等から9世紀中頃から10世紀前葉の大量の須恵器が出土している。

　また、周辺からは9世紀中頃から10世紀代の灰釉陶器の浄瓶や緑釉陶器の香炉といった仏具等も採集されており、墨書土器や転用硯なども数多く出土している。このように平坦面Ⅱは9世紀から12世紀まで機能していた大谷寺の中心施設が存在していたと考えられ、13世紀初頭頃には当地点での活動は停止したとみられる。戦国期などの城郭に関わる成果は当地点では確認されなかったものの、古代から存続する有力寺院であったことを裏付ける成果が得られている。

4．まとめ（評価）

　城郭遺構と考えられるのは山頂主要部から延びる尾根筋に設けられた堀切のみであるが、大谷寺は天正2年（1574）の一向一揆による全山焼失の憂き目に遭う戦国時代末期まで勢威を誇った、越前を代表する有力寺院のひとつである。そのため、防御施設と理解される大谷寺の堀切は有事に備えて構築されたもので、防御施設が最小限に留まる様相は、本来人々の往来を拒絶するものではない「寺院」としての性格が反映された結果であるとも考えられる。堀切を設けた城郭化という現象は、大谷寺にとって盛衰がありながらも古代から現在まで存続する長い寺院史の一コマであり、寺院色が色濃く残る中で防御施設の構築が最小限に留まるあり方は、「寺院」と「城郭」を考えていく上で重要な事例と評価できる。

（小林裕季）

【参考文献】

佐伯哲也『越前中世城郭図面集Ⅱ』桂書房2020

佐々木志穂「中世大谷寺遺跡の城郭構造」『越前町文化財調査報告書Ⅰ』越前町教育委員会2006

新谷和之「大谷寺」『北陸の名城を歩く（福井編）』山口充・佐伯哲也編、吉川弘文館2022

『朝日山古墳群・佐々生窯跡・大谷寺遺跡』越前町教育委員会2006

佐々成政の居城
38. 小丸城 (こまるじょう)

①福井県越前市五分市町　②-　③天正3年　④天正3年～天正11年　⑤天正11年
⑥佐々成政　⑦平城　⑧石垣、櫓台、土塁、堀　⑨360m×160m　⑩標高45m　比高0m

1. 地理的状況

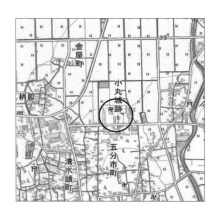

　小丸城は、福井県越前市五分市町に所在する。越前市味真野地区を流れる鞍谷川と浅水川の2本の川により扇状台地(味真野扇状地)が形成され、小丸城はその扇状台地の末端に位置する。付近には、北小丸、小丸、的場、鉄砲町、鉄砲河原町、人切場、御館などの城郭に関係する小字が残る。この地は、北陸街道の脇往還である朝倉街道が通る交通の要衝であり、中世以来、武家勢力により拠点が構えられた。小丸城から南東に約1.3kmの場所に、斯波氏の一族鞍谷氏の拠点である鞍谷御所跡(越前市池泉町)があり、西南に約1kmの場所に、朝倉氏の家臣であった真柄直隆の屋敷跡(越前市宮谷町)がある。

2. 歴史的状況

　天正3年(1575年)に織田信長は越前一向一揆を鎮圧し、北庄を中心とする八郡を柴田勝家に、府中近辺二郡を府中三人衆の前田利家、佐々成政、不破光治に与え、彼らに越前支配を任せた。府中三人衆はこの地を治めるに当たり、前田氏が府中城、不破氏が竜門寺、そして成政が小丸城を居城にしたと伝わる。ただし、成政が小丸城の城主となったことを裏付ける同時代史料はないものの、貞享2年(1685年)に成立した『越前地理指南書』の「五分市村」の項に、「北ニ佐々内蔵助成政跡アリ」と小丸城が成政の城であったことが記されている。

小丸城　Ⅰ郭

　小丸城が築かれたのは、府中三人衆による府中近辺二郡の支配が始まった天正3年以降でほぼ確実視されているが、廃城時期については諸説がある。現在定説となっているのが、成政の越中移封に伴い、天正9年(1581年)に廃城となった説である。佐伯哲也氏は、この説は定説となっているものの、明確な根拠が今のところ示されていないとし、成政

小丸城　Ⅰ郭石垣

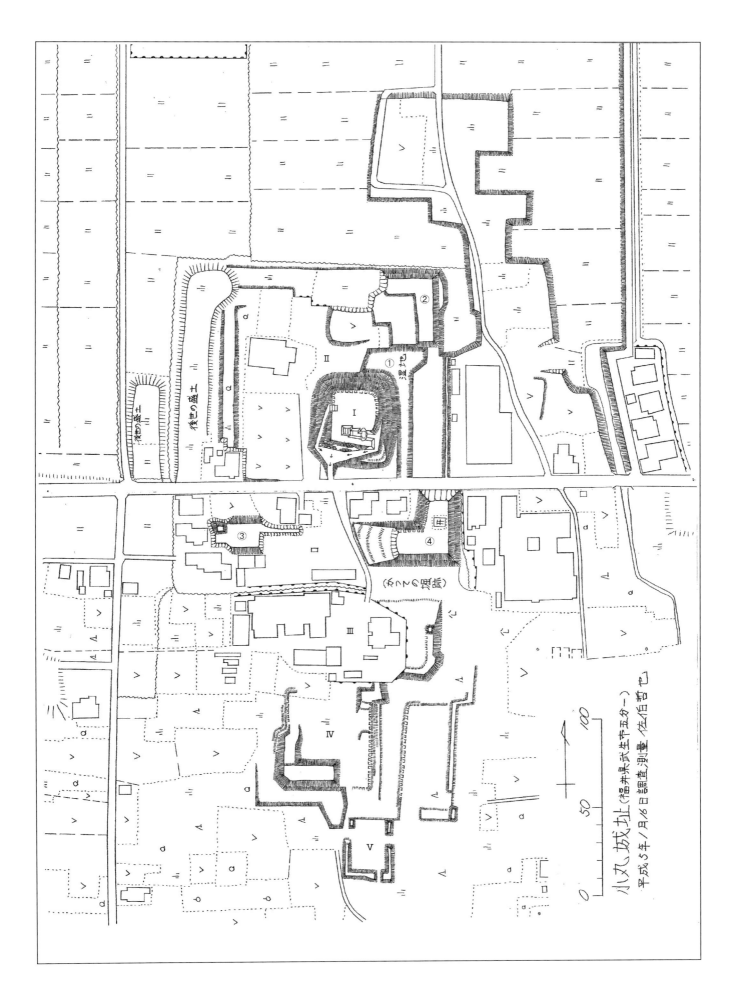

が天正10年（1582年）4月14日に小丸城周辺の在地領主である鞍谷氏に「随而其地番以下被入御精之由承及候、御苦労之至候」と書状を宛てていることに着目して、「其地」を小丸城に比定し、成政による支配が継続していたことを指摘している。また、成政が越中に移封し、即小丸城を破却する必要性もなく、柴田氏の支城として存続していた可能性も示唆している。

現状、廃城に関する良質な史料が無い以上、少なくとも天正11年（1583年）4月の柴田氏滅亡まで機能していた可能性を想定しておく必要があろう。

なお、江戸時代から小丸城について調査が行われており、先述した『越前地理指南書』に「百八拾間四方」と規模が記されており、また享保5年（1720年）に福井藩が編さんした『城跡考』には、本丸台、穴蔵、櫓台3か所、大手口櫓台が存在していたことが記されている。

3．城郭構造

通称城山と呼ばれている小丘陵が小丸城の中心となるⅠ郭（Ⅰ）である。主郭は約50m四方で、高さは約8mを測る。Ⅰ郭北側の一部と東側に横堀（①）が残り、現在は湿地となっていることから、当時は水堀であったことがうかがえる。また、Ⅰ郭の南辺に石垣が残る。

Ⅰ郭の外側には土塁に囲まれたⅡ郭（Ⅱ）を配する。このⅡ郭は、通称二の丸と呼ばれている場所である。Ⅱ郭の北東隅（②）・南西隅（③）・南東隅（④）の3か所に櫓台が残る。この中でも南東隅の櫓台（④）の残存状況が良く、底幅約25m、上幅約15m、高さ約7mを測り、上幅の規模から重層櫓の存在が推測される。現在、この櫓台には祠が設けられている。なお、南西隅櫓台（③）の東半分は、土取り工事により削り取られて消滅している。

Ⅱ郭の南側には堀を挟んでⅢ郭（Ⅲ）が存在する。このⅢ郭は通称三の丸と呼ばれている。Ⅲ郭は南東に一部土塁を残すのみとなっている。このⅢ郭の南には、Ⅳ郭（Ⅳ）、Ⅴ郭（Ⅴ）と続く。Ⅳ郭は北東側、南西側に土塁が残り、方形の曲輪が復元できる。そしてⅤ郭は土塁が四周する方形の曲輪で、佐伯氏はⅤ郭をⅣ郭の馬出と評価し、この方面を大手と位置付けている。ちなみに、このⅤ郭は白鳳期の寺院である野々宮廃寺の推定地でもある。

以上、小丸城の城郭構造について概観したが、その中でも特筆すべき遺構として、Ⅰ郭に設けられた穴蔵

小丸城　横堀

小丸城　Ⅴ郭（野々宮廃寺推定地）

小丸城　穴蔵

（五間×三間）があげられる。昭和の忠魂碑建立により、穴蔵の石垣の一部が改変されているものの、おおむね当時の様相を留めているとみられる。

　この穴蔵については、加藤理文氏、中井均氏、佐伯哲也氏の三氏が織田信長の強い関与を指摘している。特に、加藤氏は天守に相当する二重櫓の存在を示唆している。また、佐伯氏は越前大野城や丸岡城の穴蔵が小丸城の穴蔵が同規模であることに加え、大野城の城主金森長近や佐々成政が約3万石の小大名であったことから、信長による貫徹された天守建設指示があったことを想定しており、小丸城の穴蔵を初期天守の具体的な構造が分かる貴重な事例としている。

4．発掘調査成果

　小丸城の発掘調査は、これまで昭和7年（1932年）と昭和61年（1986年）の2回行われている。昭和7年の開発工事に伴う発掘調査により、Ⅱ郭の西側、現在の常安楽院の境内地において大量の燻し瓦が出土したと伝わる。

　昭和61年の発掘調査は、城域内で宅地開発が計画されたことから、当時の武生市教育委員会（現：越前市教育委員会）により実施された。この調査はⅡ郭南側を巡る外堀と土塁の一部で実施され、この外堀は調査後に埋め立てられ消滅している。この昭和61年の調査では、出土遺物が10点報告されているが、小丸城の時期のものはかわらけ2点、瀬戸美濃の皿1点、越前焼の擂鉢1点のみである。これらの遺物の年代は16世紀に比定されている。

　出土遺物のうち特筆すべき遺物として、昭和7年の発掘調査で出土した瓦があげられる。出土した瓦は、現在味真野苑資料館万葉館にて軒丸瓦5点、軒平瓦1点、丸瓦7点、平瓦4点の計17点が保管されている。そのうち、軒丸瓦1点と丸瓦2点を紹介したい。

　まず、軒丸瓦について紹介するが、この瓦は土山公人氏により、坂本城、勝龍寺城と同范であることが指摘されている。三城が同范瓦を使用していることから、信長による城郭の瓦使用に強い関与が想定されている。また、中井均氏は、坂本城、勝龍寺城が元亀2年（1571年）の築城で、天正3年（1575年）に築城された小丸城と4年の時間差があることから、他の2城で使用されたものが小丸城に運ばれてきた可能性を指摘している。

　次に文字瓦について見ていくが、1つ目の文字瓦には、「此書物後世ニ御らん志られ　御物かたり可有候　然者五月廿四日　いきおこり其ま、前田　又左衛門尉殿いき千人ばかりいけどりさせられ候也　御せいはいはりつけ　かまニいられあぶられ候哉　如此候　一ふて書ととめ候」と陰刻されており、天正年間に前田利家が一揆衆1000人を処罰した様子が分かる。あまりにも処罰の様子を生々しく記されていることから、一時期後世の作とする説も浮上したが、久保智康氏の調査により、小丸城の時期の瓦であることが改めて確認された。しかし、なぜ前田利家の所業を記した瓦が小丸城から出土したのかは今のところ不明である。

　発見されたもう一つの文字瓦には、「此の□□人夫、ひろせ、池上」と陰刻されている。ここで記されている「ひろせ、池上」は、越前市広瀬・池ノ上のことを指し、この地域は中

小丸城　出土文字瓦

世から現在に至るまで瓦を生産しており、この文字瓦はこの土地の瓦工人によって焼かれたとみられる。先述した軒丸瓦とこの地元産を示す文字瓦により、小丸城の瓦生産について2通りの可能性が考えられる。まず1つ目は、范が移動して地元で生産された可能性である。2つ目が、丸瓦、平瓦など汎用性の高いものは地元で焼かれ、軒瓦は他の地域で焼かれたもしくは他の城郭からの転用の可能性である。現状、出土点数が少量であることから、これ以上の言及は難しいが、今後出土点数の増加や瓦の胎土分析などにより明らかになる

だろうと考えている。

　最後に石瓦についても紹介したい。小丸城から約600ｍ離れた場所に城福寺という寺院があり、ここに小丸城の鬼瓦と伝わる石瓦がある。石瓦は東郷槙山城跡や北之庄城跡からも出土しており、石瓦の使用は越前において特別珍しいものではないが、小丸城は燻し瓦と石瓦が併用されていたようで、越前における瓦使用の過渡期を示していると言えよう。

　以上、小丸城について概観したが、小丸城は約8年と機能した期間が短いことから、越前で築かれた織田氏の城郭を研究する上で指標となる城郭と言えるだろう。加えて、天正年間の瓦工人の動態、織田氏の瓦の規制、越前における一向衆に対する織田氏の対応をうかがい知ることができる瓦が出土していることから、その歴史性も高く評価できるだろう。

（石田雄士）

【参考文献】

石川美咲「小丸城」『名城を歩く　福井編』、株式会社吉川弘文館 2022

久保智康「越前における近世瓦生産の開始について　－武生市小丸城跡出土瓦の検討－」『福井県立博物館紀要　第3号』、福井県立博物館 1989

佐伯哲也『越前中世城郭図面集Ⅲ－越前南部編・補遺編－』、桂書房 2021

武生市教育委員会『小丸城跡』（武生市埋蔵文化財調査報告書Ⅴ）、武生市教育委員会 1987

土山公仁「信長系城郭における瓦の採用についての予察」『岐阜市歴史博物館研究紀要4』、岐阜市歴史博物館 1990

中井 均・加藤理文『近世城郭の考古学入門』、高志書院 2017

中井 均『信長と家臣団の城』（角川選書633）、株式会社KADOKAWA 2020

中井 均『織田・豊臣城郭の構造と展開　上』、戎光祥出版株式会社 2021

普請は土木工事？

　一般的に普請とは土木工事、作事は建築工事と言われている。本当はどうなのであろうか。当時の文献史料から実態を探りたい。
　天正13年（1585）7月、上杉景勝は宮崎城（富山県朝日町）に派遣する家臣に対して、「用心普請等者勿論、別而於励軍功者」と激励している。家臣は部隊長クラスで、城主ではない。部隊長クラスの部将に土木工事（縄張）を命ずるはずがない。これは城の守備を万事怠りなく実施するように述べているのであり、準備・管理・守備といった広範囲の指示である。このことからも、普請とは土木工事に限らず、広い範囲で使用していたことが判明する。
　天正5年（1577）9月15日、七尾城（石川県七尾市）を落とした上杉謙信は、家臣に七尾城の普請を命じ、その日の内に普請が終了すると述べている。落城後に大規模な土木工事を実施することはよくあることだが、落城したその日の内に終わると言っているのだから、土木工事ではあるまい。素直に考えれば、落城後の後片付けと解釈したほうがよかろう。やはり普請は土木工事に限定できないのである。ちなみに謙信は落城11日後に「鍬立為可申付、令登城」と述べる。こちらは本当の土木工事なのであろう。現在七尾城には、上杉氏による大規模な改修（＝普請＝土木工事）の痕跡が認められる。「鍬立」の痕跡なのかもしれない。
　天正10年（1582）前田利家は、穴水城（石川県穴水町）の「普請之用」として、「竹弐百束、板六十間」を用意するように命じている。これも素直に考えれば「竹弐百束、板六十間」は板塀の材料と考えられる。つまり利家は、板塀構築を「普請」と述べているのである。もっとも板塀設置にあたっての土木工事となる基礎工事もある。板塀本体構築・基礎工事を含めて「普請」と述べたのかもしれない。
　天正9年（1581）松倉城（富山県魚津市）主上条宜順は、「打続大雨、所々崩申候、涯分御普請相触、尤御用心等無道之義城内谷中堅申付」と大雨で城内の各所が崩れたので「普請」したいと述べる。松倉城は峻険な山上に築かれている。恐らく降雨のたびに斜面の崩落・がけ崩れが発生していたのであろう。宜順が述べる「普請」とは土木工事と考えてよかろう。
　天正13年（1585）前田利家は、佐々成政が増山城（富山県砺波市）で「普請」を実施しているらしいと述べる。これにより現存の大規模な防御ラインや石垣は、天正13年佐々成政が構築したとする説も存在する。しかし前述の如く普請とは土木工事に限定できず、「普請」という言葉が存在するからといって現存遺構を天正13年に比定することはできないのである。筆者は増山城の現存遺構で、成政が改修したものは存在しないと考えている。現存遺構は神保〜上杉氏時代と推定している。成政の増山城の普請は、土木工事を伴わない改修だったと考えられよう。
　このように中世城郭において「普請」とは、土木工事は勿論のこと、建築工事・準備・後片付けを含めた広い範囲で使用されていたのである。普請を土木工事に限定することはできないのである。

（佐伯哲也）

山麓居館と城戸を残す山城
39. 杣山城 （そまやまじょう）

①南条郡南越前町阿久和　②－　③南北朝期　④14・15世紀　⑤16世紀後半
⑥瓜生氏・斯波氏・河合氏　⑦山城　⑧削平地・切岸・堀切・土塁・竪堀
⑨1060×410ｍ　⑩標高492.1ｍ　比高380ｍ

1．歴史

　南越前町教育委員会の書籍にまとめられており（南越前町教育委員会2007・2008）、抜粋して概説する。杣山城周辺は鎌倉時代から「杣山庄」という荘園が広がっていた。城の名前が登場するのは鎌倉時代末期頃からであり、瓜生氏によって築かれたと言われている。『太平記』には杣山城に瓜生氏が立て籠った記事がある。建武3年（1336）〜暦応4年（1341）にかけて、足利方と新田方の争いによって争奪された様子が記され、当城の戦略的な重要性が窺える。

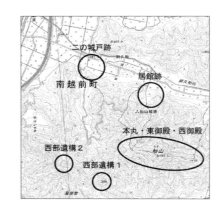

　瓜生氏の後は斯波氏が杣山城を利用する。貞治5年（1366）には斯波高経が幕府内の政争に敗れ、一族とともに越前に下り杣山に籠る事件が発生している。翌年には斯波高経の死去に伴い子の義将が上洛し、赦免を得ることで終結したようだ。

　戦国時代になると、越前守護代の甲斐氏を破った朝倉氏が越前を支配する。杣山城には家臣の河合氏が配置された。河合氏の支配は永正3年（1506）から続くが、天正元年（1573）の織田信長による越前侵攻で河合吉統が戦死すると、杣山城は廃城となったようだ。ただし天正2年（1574）に一向一揆の勢力が杣山城に籠ったともされている。

2．縄張り

　山上の遺構から見ていこう。本丸から東御殿のある尾根には曲輪群が連続して造成されている。曲輪の削平も比較的丁寧に実施されている印象を受ける。本丸から尾根を伝って西方向に進むと西御殿とその周辺の曲輪群にたどりつく。西御殿は本丸や東御殿と同様に削平が比較的丁寧である。

　西御殿から土橋を渡った先にも曲輪群が尾根上に展開し、複数本の堀切によって遮断されている（図1・2）。曲輪の削平は前者に比べて甘く、デコボコした地形が残っている。同じ様子は本丸の北側でも確認できる。本丸から尾根上を東に進むと犬戻駒返と呼称される区画に到達する。ここでは地山の岩盤がほとんど垂直に近い角度で地表面に露頭している。当時、ここを通行するのはほとんどできなかったのではないかと考えられる。さらに一人が通れるほどのやせ尾根を東に向かって進むと、城内東端の曲輪群と堀切に到達する。ここも曲輪の削平が非常に甘い。

　以上のように本丸・東御殿・西御殿から形成される山上中心部分は削平が徹底されている。一方、外側に位置している曲輪は削平が甘く、尾根を堀切で遮断している箇所が多い。以上のような相違から両者の間に時期差や利用方法が違った可能性を考えておきたい。

　先ほどの検討から中心部分と設定した曲輪群について、より詳細に見てみよう。東御殿・西御殿では発掘調査が実施されている（朝倉氏遺跡調査研究所編1978）。この調査では東御殿で3棟、西御殿では1棟の礎石建物跡が検出されている。このうち、東御殿の建物1はその礎石配置から持仏堂ではないかと推測されている。

　出土遺物に着目すると、東御殿では土師器が279点出土している。詳細は明らかではないが、皿類が多数を占めていると推察される。他には越前焼20点や少数ではあるが瀬戸美

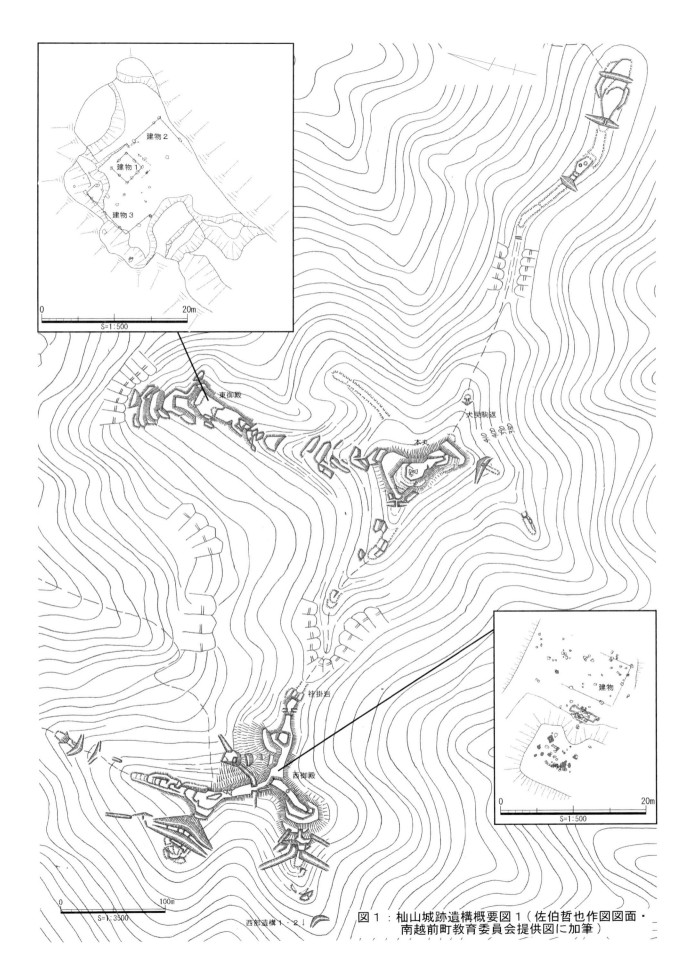

図1：杣山城跡遺構概要図1（佐伯哲也作図図面・南越前町教育委員会提供図に加筆）

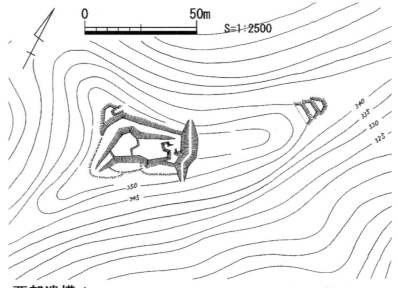

西部遺構1

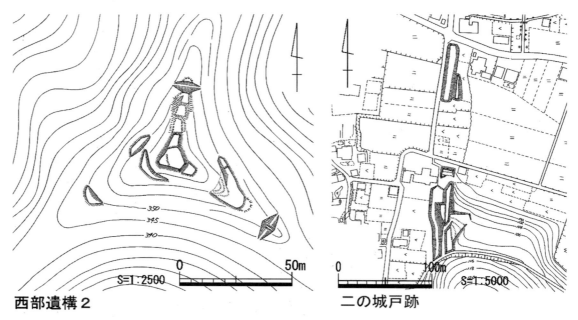

西部遺構2　　　　　　　　**二の城戸跡**

図2：杣山城跡遺構概要図2（佐伯哲也作図に加筆）

写真1：杣山城空中写真
（南越前町教育委員会提供に加筆）

写真２：杣山城跡居跡出土土器
（南越前町教育委員会提供）

杣山城跡居館跡遺構平面図（南越前町教育委員会提供に加筆）

濃焼や青花が出土している。一方、西御殿で出土しているのは越前焼42点のみである。越前焼の出土量は東御殿を上回っているが東御殿で卓越していた土師器が１点も出土していないこと、瀬戸美濃焼や青花も出土していないという点で対照的である。報告書の図面を見ると甕が多かったようである。一方、土師器皿・瀬戸美濃焼・青花は一般的に饗膳具や茶道に関わる製品が多数を占めている。以上から、東御殿は生活空間としての機能、西御殿は貯蔵施設が存在していたと考えられる。

　遺物の年代観は後の報告書で13世紀末〜16世紀後半までと言及されている（南越前町教育委員会2007）。しかし小野正敏は東御殿出土遺物の年代観を14〜15世紀後半のものと評

価している（小野正敏1981）。なぜ年代観の違いが生じているのだろうか。発掘調査報告書をもとに考察してみたい。

　掲載遺物のうち、越前焼は4点が木村編年II3期（1290～1320）、4点がIII1期（1320～1350）、2点はIV1期（1380～1420）である（木村光一郎ほか2016）。また瀬戸美濃産陶器は1点が藤澤編年古瀬戸後III期（14世紀末～15世紀前葉）、1点が古瀬戸後IV期新（15世紀後葉）である（藤澤良祐ほか2007）。滑石製石鍋は森田分類のC-2類（室町前期～15世紀後半）である（森田勉1983）。したがって、点数は少ないものの、概ね13世紀の末から15世紀に収まるのであり、主体を占める遺物の年代観は小野正敏の評価の通りとなる。ただし3点ではあるが青花が出土している。青花の流通量は全国的には16世紀後半に増える。したがって遺物の年代については、13世紀末から16世紀後半の時期幅、主体を占めるのは14・15世紀である、と整理できよう。

　次に山麓の遺構を見てみたい。谷の入り口では二の城戸跡と呼ばれる土塁と堀の遺構が断片的に残っている。城機能時は一乗谷のように谷が土塁と堀によって区画されていた。一乗谷朝倉氏遺跡の上城戸・下城戸と同様の城戸遺構が残る事例として貴重である。

　二の城戸跡周辺でも発掘調査が実施されている（南条町教育委員会1978）。堀の肩は現在の地割に沿った方向で検出されている。城戸の城内側に設定された調査区では、後世の開墾の影響で建物跡は検出されていないものの、井戸や溝、通路状の遺構が検出された。出土遺物は12世紀代が若干含まれるものの、概ね13世紀～15世紀のものが出土している。

　居館跡は谷の最も奥に位置し、多くの遺構が検出されている（南越前町教育委員会2007）。検出されている遺構は礎石建物、掘立柱建物、門、土塀の基礎、溝、井戸等である。居館跡の中央では礎石建物の礎石直下で柱穴が確認されている。また居館跡の北西部では中央の礎石建物とは別方向の掘立柱建物が見つかっている。したがって、検出された遺構は掘立柱建物が存在した段階と礎石建物が存在した段階の少なくとも2段階以上に分かれる。

　出土している遺物は14万点に上るとされ、内容は9割以上を占める土師器のほか、越前焼、瀬戸美濃焼、青磁、白磁等といった土器・陶磁器類の他に刀子や釘等の金属製品、碁石等が認められる。出土している遺物の時期はおおむね14世紀末～15世紀後半までに位置づけられるという。ただし報告書の表からは染付（青花か）が出土していることがわかるため、館の廃絶時期も16世紀後半まで下がる可能性がある。年代については今後の資料整理の進展を待つところだが、当該期にこの場所には御殿が建築され、饗宴が催されるような政治的な拠点として機能していたことは遺構・遺物から指摘できよう。

3．まとめ

　杣山城は南北朝期頃からの使用が史料から読み取れる城郭であり、出土遺物の時期からも追認することができる。主な利用は山上・山麓ともに14・15世紀であるが山上部は16世紀後半まで使用されていたし、山麓もその可能性がある。16世紀後半まで隆盛する点では異なるが、類似した遺構の配置・構造をとる一乗谷朝倉氏遺跡と対比できるという点でも興味深い城である。

（佐藤佑樹）

【参考文献】
朝倉氏遺跡調査研究所編『史跡　杣山城跡』I、南条町教育委員会 1978
小野正敏「杣山城」『日本城郭大系』第11巻、新人物往来社 1981
木村光一郎ほか『越前焼総合調査事業報告』福井県庁埋蔵文化財調査センター 2016
南条町教育委員会『史跡　杣山城跡』II 1978
南越前町教育委員会『史跡杣山城跡　居館跡発掘調査報告書』2007
南越前町教育委員会『史跡杣山城跡保存管理計画書』2008
藤澤良祐ほか『愛知県史　別編窯業2中世・近世　瀬戸系』愛知県 2007
森田勉「滑石製容器-特に石鍋を中心として-」『仏教芸術』148、毎日新聞社 1983

江戸時代の子育て

　いつの時代も子育ては大変だ。筆者も3歳の子を育てる母だが、毎日が手一杯である。育児に悩んだ時には育児参考書に目を通し、自治体の専門家に育児相談するが、昔の人はどのように子育てをしていたのだろう。

　一説によると、江戸時代の乳幼児の死亡率は、全体の70～75%を占めるという。この時代の平均寿命は28歳前後と低く、その原因は乳幼児の死亡率がずば抜けて高かったからだ。彼らにとっては、子供の成長が一番の喜びで、子育てはかけがえのない時間だったのではないだろうか。そのためか、江戸時代の親は子育てにとても熱心で、教育や育児について記された書物は数多く出版された。儒学者の貝原益軒や医師の香月牛山、浮世草子作家の永井堂亀友らが挙げられる。今の教育論に共通する教えもあれば、これは面白いと笑ってしまうものもあるので、いくつかご紹介したい。

　「胎教」という言葉を聞いたことがあるだろうか。お腹の中にいるうちから胎児に良い影響を与えることだ。現代では、学習というよりも音楽を聞かせリラックスさせ、親子でコミュニケーションをとることを目的としたものが多い。江戸時代には、すでに子育ては胎教から始まっていると重要性を説いた人もいて、江戸初期の儒学者・中江藤樹は女性向けの教訓書『鑑草』で次のように述べた。「胎児は看過されやすいため、母の心持ちや行いにある」「胎教には慈悲と正直を根本とし、邪念を起こしてはならない。食べ物も慎み、居ずまいや行ないは正しくして、目にいやな色を見ず、耳に邪なる声を聞かない。古の賢人や君子の行いとか、親孝行を尽くし、忠と信を貫くなどの故事を記した書物を読むように心がけること」。どちらかといば、胎教というよりは親になる心得である。また、『比賣鑑』を著述した中村惕斎（てきさい）は、「母の心の善悪が胎児に伝わり子の本性になる」と書き記した。他にも、「胎内では母と子は一気で、母の心持ちや身持ちがそのまま胎児に映る。子の悪心・悪行は妊娠中に母親が慎まなかった結果だ」と述べた稲生恒軒の『いなご草』や、「育ちとは誕生後だけでなく胎内からの育ちが基本になる」と記した松寿軒の『妊娠心得記』などがある。調べただけでも、江戸時代には胎教論を展開した書物が20近く出されていた。実に熱心であるがデマと思われるものも多い。

　次に、誕生後の子育てをみてみよう。なんと、子煩悩な父親は批判の対象になったという。貝原益軒は『和俗童子訓』の中で、子供は「善をほめると善をなくし、芸をほめると芸をなくす」から、褒めてはならないと論じた。褒めて育てる子育てが良いと考えている現代とは真逆で面白いではないか。益軒いわく、父親が愛に溺れ子供を甘やかすと、自分の才能を鼻にかけ人を侮る人に育ってしまうからだという。けっして子煩悩が悪いわけではなく、伝えを間違えないようにするための教訓だ。ちなみに、江戸時代は父親も教育に参加していたようである。幼い頃は男女関係なく母親が愛情を注ぐが、男子は家業を継ぐのが一般的だったため、成長すると男の子の教育は父親が担当で、女子のしつけは母親が受け持つように分担した。女性は社会に出て仕事をする機会はほとんどないため、女子は家庭に入って困らないよう習字や裁縫、そろばん、三味線などを教えられる。はじめは家で母や姉が教えていたが、江戸後期には庶民の経済力が増し、女子でも寺子屋で読み書きを習うのが当然となっていった。なかには、1階を男子、2階を女子と部屋を分けている寺子屋もあったという。教育に熱心だったとしても、性別を理由に教えられるものの差があることに心苦しく感じる面でもある。

　私が妊娠していた時は、毎日のように城の本を読んでいた。気持ちは、慶長年間～寛永年間の江戸にいたし、体調に気をつけながら訪れた城や石丁場は60ヶ所以上にも及んだ。もし、教育は胎教から始まるとしたら、我が子はすごく立派な武士に育ちそうだ。3歳までに訪れた城だって40を超える。城もバンバン築く普請奉行にだって任命されよう。ただ一つ、生まれた年代が江戸時代ではないことだけがもったいない。

（いなもとかおり）

参考文献
中江克己『江戸の躾と子育て』（祥伝社、2007）
小泉吉永「勝五郎の胎内記憶と江戸の胎教論」（2021年10月10日開催　第13回 藤蔵・勝五郎 生まれ変わり記念日WEB講演会より）

越前・若狭の境目の城
40. 金山城 （かなやまじょう）

①福井県敦賀市金山・関　②-　③永禄6年頃か　④永禄6年〜天正元年
⑤天正元年か　⑥朝倉氏・徳万坊　⑦山城　⑧平坦面、切岸、土塁、竪堀　⑨200m×100m
⑩標高180.2m　比高114m

1．地理的状況

　金山城は、福井県敦賀市金山・関に所在する。敦賀市と美浜町の行政界上に旗護山（標高318m）があり、その旗護山の南東尾根に連なる、通称徳万坊山の山頂に金山城は位置している。この徳万坊山の南麓には、丹後と越前を結ぶ丹後街道が通っており、この地はちょうど丹後街道の旗護山と野坂岳に挟まれた狭隘な区間を抜けた場所で、言わば越前側の入口に当たる要衝の地である。また、当時は越前と若狭の国境に位置しており、交通の要衝であると共に国境の境目でもあった。このことから、金山城は丹後街道をおさえる役割と共に境目の城としても機能していたことが立地から分かる。

2．歴史的状況

　金山城の城主として、『疋田記』に一向宗の徳万坊名が記されている。ちなみに、徳万坊は朝倉方について織田軍と戦った人物とされる。

　金山城の詳細な築城年代は不明であるが、『国吉籠城記』に、「去程に越前勢も其日は金山に陣取ける…」とあり、永禄6年（1563年）9月2日に金山に陣を張り、翌日金山城から出陣し国吉城を攻めたことが記されている。少なくとも、その頃には存在

金山城　遠景

しており、朝倉氏の城として機能していたようである。ただし、永禄6年の朝倉軍による国吉城攻めは行われなかった可能性が指摘されており、永禄6年の朝倉氏による金山城の使用は検討を要するものの、それ以降度々朝倉氏は若狭に出兵しており、少なくともその頃には朝倉氏によって使用されていたと考えられる。廃城時期については、『信長公記』の天正元年八月十三日条に「若州粟屋越中所へさし向ひ候付城共に拾ケ所退散」とあり、その後文献に登場しないことから、天正元年（1573年）を境に金山城は廃城となったとみられる。

3．構造

　金山城は、徳万坊山の頂上にⅠ郭（Ⅰ）を設け、そのⅠ郭の南東側にⅡ郭（Ⅱ）、北側にⅢ郭（Ⅲ）が連なり、南北に細長く延びる構造となっている。

金山城　Ⅰ郭

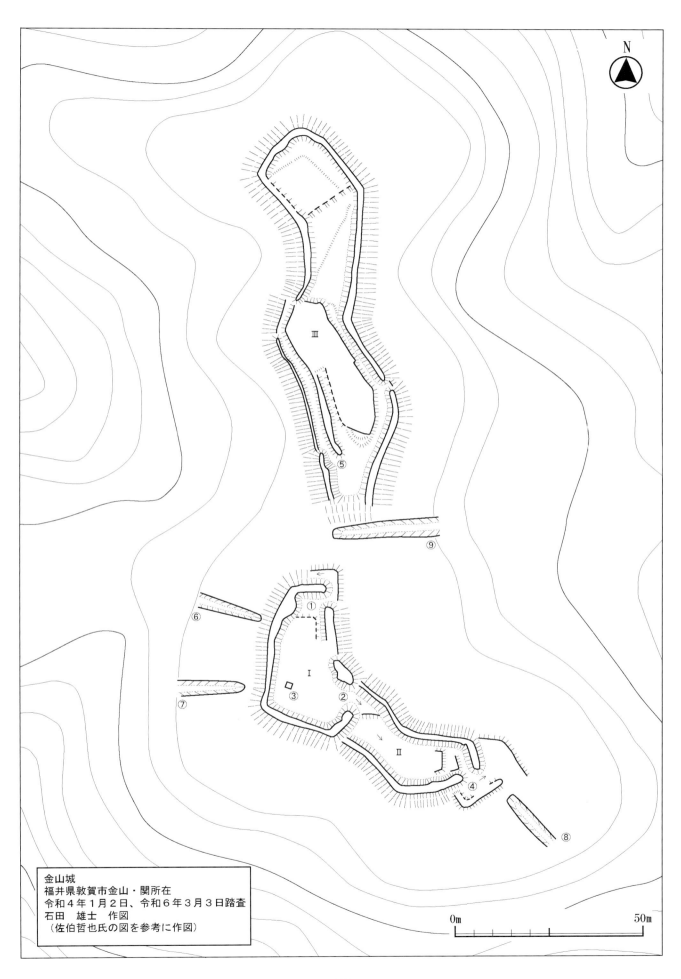

Ⅰ郭から順に見ていくが、Ⅰ郭は三角形状を呈し、塁線上を分厚く高い土塁が巡る。虎口はⅡ郭とⅢ郭が接続する、北側(①)と南東側(②)の2か所に設けられ、両虎口とも土塁の一部を開口し虎口を形成している。ただし、北側虎口(①)は平虎口であるものの、虎口前面に小さな平坦面を設け、そこから右に折れて曲輪内へと進入する構造となっている。なお、Ⅰ郭の曲輪内には、愛宕神社(③)が祀られている。

金山城　Ⅱ郭虎口

Ⅱ郭はⅠ郭の南東側から延びており、Ⅰ郭よりも1段低い土塁が地形ラインに沿う形で湾曲しながら曲輪を囲繞する。曲輪は、北西から南東方向にかけて緩やかに傾斜している。虎口(④)は、曲輪の東側の土塁の一部を開口して設けており、一見するとⅠ郭の北側虎口と同じ構造であるように見えるが、虎口前面に設けられた小さな平坦面の外側に土塁状の高まりがあり、外枡形状の虎口であった可能性がある。

Ⅲ郭もⅡ郭と同様に、曲輪の周囲を地形ラインに沿う形で湾曲しながら土塁が巡る。Ⅲ郭は南西部に虎口(⑤)が設けられ、虎口を形成する土塁を微妙に食い違いさせている。また、虎口かどうかの判断が難しいが、東側の土塁にも一部開口部が存在している。

なお、Ⅰ郭の西側に2本の竪堀(⑥、⑦)が、Ⅱ郭の南側に1本の竪堀(⑧)を設けることで斜面の横移動を阻止している。また、Ⅰ郭とⅡ郭の間にはひときわ巨大な竪堀(⑨)が設けられている。

4．評価

金山城の築城年代について、文献から見ていくと、永禄6年(1563年)の朝倉氏による国吉城攻めの有無についての議論はひとまず置いておき、『国吉籠城記』の記述を積極的に評価すると共に、『信長公記』の「若州粟屋越中所へさし向ひ候付城共に拾ケ所」に金山城が含まれていたと仮定すると、永禄6年から天正元年にかけて朝倉方の城として機能していた可能性が推測される。

次に城郭構造から見ていくと、金山城のⅠ郭の構造は、元亀元年(1570年)に浅井長政が朝倉氏の協力の下で築城した長比城(滋賀県米原市)の西曲輪と非常に類似しており、またⅠ郭、Ⅱ郭の虎口(①、④)も須川山砦(滋賀県米原市)の南北虎口とも類似する構造をしている。そしてⅢ郭の虎口(⑤)は、永禄7年(1564年)に築かれた中山の付城のⅠ郭西側虎口と類似している。このように城郭構造から、金山城は永禄7年頃から元亀年間の間に朝倉氏によって築かれた可能性が高いことが分かる。

以上、文献および城郭構造から、金山城は朝倉氏によって永禄6年から元亀元年の間に築城され、天正元年まで機能したと想定したい。

(石田雄士)

【参考文献】

河村昭一「『国吉籠城記』における朝倉軍の侵攻年次について」『若越郷土研究　第65巻2号』、福井県郷土誌懇談会 2021

佐伯哲也『越前中世城郭図面集Ⅲ－越前南部編・補遺編－』、桂書房 2021

トイレの衛生管理

　戦国時代の山城に登るといつも見つけられないものがある。それはトイレ遺構だ。汚物が曲輪内に点在する劣悪な環境も想像したが、きっと彼らは生活空間と排泄空間を分離していた。堀苑孝志氏は「遅くとも15世紀後半までには、城郭や館の中に恒常的な排泄施設、つまりトイレが普遍化していた」[1]と述べている。では、彼らは衛生管理をどのように行なっていたのだろうか。トイレに関する価値観が読み取れる絵図、遺物、史料に触れてみたい。なお、昔は「厠（わかや）」や「雪隠（せっちん）」と呼ばれていたが、ここではトイレという呼び名で統一する。

　まずは、少し時代を遡って絵図を観察してみよう。平安時代に制作された『餓鬼草紙』の「伺便餓鬼」や鎌倉時代の名品『春日権現験記絵』には、路上で排便する人の絵が描かれている。また、南北朝時代に模写された『弘願本法然上人絵伝』の法然上人は、便所で用を足しながら念仏を唱えているらしい。現代から考えるとギョッとする描写だが、彼らはみな高下駄を履いている点に注目したい。今を生きる我々にとっては、トイレの床に菌がたくさんいるというのは常識である。それゆえ、下駄やスリッパに履き替えて生活空間に菌を持ち帰らないようにする。平安時代の質素な「共同トイレ」は、排泄物そのものや籌木（ちゅうぎ）、紙が散らばっていたため、汚物や跳ね返りを防ごうと、安価な藁草履ではなく高下駄を履くことで身を守っていたようだ。それは汲み取り式のトイレになった戦国時代も同様で、潔癖症だった加藤清正は約30センチもある高下駄を使っていたという逸話も残っている。

　具体的に、発掘されたトイレ遺構の中で下駄が出土した事例がある。一乗谷城（福井県）では、城下から枡形状の石組施設が見つかり、中から「金隠し」が発見されたことで日本最初のトイレ遺構と考古的に確認された[2]。石組施設には、櫛や将棋の駒、灯明皿や銭などたくさんの落とし物があり、下駄も含まれている。その一部の下駄に、下鼻緒の穴が破損し新たに穴を開けたものがあった。秋田裕毅氏は、新しい鼻緒の位置に注目し、それが実用的ではないほど端部にあたることから、屋外で履くことを想定していないトイレ専用の履物と推測した[3]。つまり、排泄空間でのみ使用する限定的な履物の存在を示す証拠であり、この時代なりの衛生管理が確認できるポイントではないか。一乗谷城の武家屋敷や町屋は、すでに汲み取り式のトイレが備わった衛生管理の行き届いた城下町だったのだ。

　最後に、戦国時代の山城の衛生管理が窺える史料をみてみよう。小田原北条領と武田領の境目に、小田原北条氏の家老・松田憲秀の家臣、小沢孫七郎らが管理した浜居場城（神奈川県）がある。天正9年（1581）、小田原北条氏はこの城の城番に対して「はまいは掟」を出した（『相州古文書』）。城兵の行動規範を定めたものだが、ここに排泄物に関するルールが載っている。それによると、人馬の糞水は毎日城外に取り出し清潔を保つよう言いわたされており、さらには矢を遠くに放ちそれが届く範囲より外に捨てるよう場所まで指定しているのだ。トイレの衛生管理について、トップダウンで指示がおりるのも面白いが、山城では排泄物を遠くに捨てていたという事例もまた興味深い。寝食をする空間は、衛生的にしておきたい、そんな意図が読み取れる。

　以上3件の事例からヒントを得ると、山城や館で暮らした人々は日常空間と排泄空間を分離していた様子が窺える。トイレがない山城では、遠方の区画に排泄物を処理するなど衛生管理がなされ、また、トイレのある施設では専用の下駄に履き替える風習が見られた。もちろん、全ての城や館が整った衛生環境だったわけではないだろうが、彼らには、汚物を日常空間に持ち込みたくないという意識があったのだろう。これから山城を散策する時は、城内だけではなく「矢を遠くに放った距離」まで意識してみるといいかもしれない。そこにも彼らの残り香が漂っているかもしれないから。　　　　（いなもとかおり）

注
[1] 堀苑孝志「排泄空間における変遷の一考察」『地域相研究』25号（地域相研究会、1997）
[2] 福井県立一乗谷朝倉氏遺跡資料館編『特別史跡一乗谷朝倉氏遺跡発掘調査報告17』（2020）
[3] 秋田裕毅『下駄　神はきもの』（法政大学出版局、2002）

朝倉氏の侵攻を退けた難攻不落の堅城
41. 国吉城 （くによしじょう）

①三方郡美浜町佐柿　②佐柿城　③南北朝期か　④16世紀　⑤17世紀前半
⑥粟屋勝久・木村定光・堀尾吉晴ほか　⑦山城　⑧曲輪・切岸・堀切・土塁・石垣
⑨500m×400m　⑩標高197.3m　比高約150m

1. 歴史

　国吉城は若狭国守護武田氏の重臣であった、粟屋越中守勝久が弘治2年(1556)に南北朝期の古城跡を利用して築城したと伝わる。国吉城の名を著名なものとしたのは「国吉籠城戦」である。この争いは永禄6年(1563)から越前朝倉氏が滅亡する天正元年(1573)にかけて、繰り返し侵攻してくる朝倉勢を国吉城に立て籠もった粟屋勢が撃退し続けた戦いである。

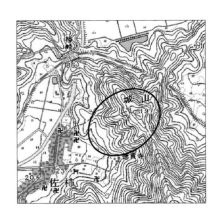

　戦いの様子は、粟屋勢として実際に参戦した地侍の田辺半太夫安次が江戸初期にまとめた『国吉城之記』を祖本とし、江戸時代を通じて数多く書写された軍記『国吉籠城記』諸本により伝えられている。大きく三部構成となっており、①朝倉氏との国吉城をめぐる攻防戦、②織田信長の国吉城入城と越前攻め、③天正14年(1586)の国吉城主木村定光による佐柿城下の整備について記される。軍記物という性質上、細部の信憑性に欠ける点はあるものの、経過や状況について大筋を伺い知ることができる。

　永禄6年、若狭の支配権を得ようとする朝倉氏が三方郡に侵攻し、以後数年にわたって攻防を繰り返すが、結局落城することはなかった。事実、こうした攻防のなかで若越国境付近となる国吉城の周辺には、国吉城の出城となる岩出山砦や、一方の朝倉氏による中山の付城や狩倉山城、駈倉山城といった城郭が短期間に相次いで築城され、軍事的緊張状態となった緊迫した状況を如実に示している。

　元亀元年(1570)、織田信長は朝倉氏を攻めるために京都を発し、熊川(若狭町)を経て国吉城に入城した。信長は勝久と籠城戦に参加した地侍と対面して労い、本丸に登って国吉城の立地を誉め、越前攻めの軍議を開いたという。佐柿を出陣した軍勢は敦賀の金ヶ崎城や手筒山城を攻略し、木ノ芽峠に至ったところで浅井長政の裏切りにより全軍撤退となるが、国吉城は若越国境を守る織田方の最前線として堅持され続けた。天正元年、信長は近江の小谷城の後詰から撤退する朝倉勢を追撃する。再度越前に侵攻した際には粟屋勢も合流し、朝倉氏の本拠である一乗谷に一番乗りを果たすなどの活躍をみせたとしている。

国吉城から越前方面を望む

　その後、勝久をはじめとする若狭の国衆は、若狭国を治めた織田家重臣の丹羽長秀に属することとなる。本能寺の変後も勝久は長秀に従って羽柴秀吉に与し、天正11年(1583)の賤ヶ岳合戦においては越前との国境となる若狭口の防衛を担っている。戦後、国吉城は秀

吉直臣の木村常陸介定光が城主となり、一時期堀尾吉晴が、続いて丹羽氏配下の江口三郎右衛門が入るが、天正14年(1586)に再び木村定光が城主となり、城下町の整備に着手したと伝える。定光の後は、若狭国に浅野氏、木下氏、京極氏が入り、領国東方の「境目の城」として国吉城にはそれぞれ重臣を置いた。京極氏家臣の多賀越中守が最後の城代となり、寛永11年(1634)に京極氏に替わって譜代大名の酒井忠勝が入封すると、国吉城は廃城となって新たに佐柿町奉行所が設置された。現在、町奉行所跡地には若狭国吉城歴史資料館が設立され、情報発信の拠点となっている。

若狭国吉城歴史資料館

2．縄張り（構造）

（1）国吉城の縄張り

　国吉城は御岳山から天王山に連なる山系の中間部に位置し、標高約197ｍの丘陵頂部から山麓部にかけて遺構が広がる。城の北側は天王山や若狭湾を望み、眼下には若狭を横断して越前と丹後を繋ぐ丹後街道が通る、腰越坂と椿峠の２つの峠を押さえる要衝の地を選地している。また、北東部にはかつて「機織池」と呼ばれた沼地が広がり、天然の外堀の役割を果たしていたという。

　遺構は大きく山頂部を中心に築かれた山城部分と南側山麓の居館部分に大別される。山城部分は、山頂部の主郭Ⅰから４方向に尾根筋が延び、尾根上に連続する曲輪群などの遺構が広がる。山麓の居館部分は、平地へと続く３つの谷筋に曲輪群が雛壇状に連なる。

（2）山城部分の城郭遺構

　「本丸」とされる城内最高所に築かれた主郭Ⅰは、約60ｍ×15～30ｍを測る台形状の平面形である。南辺には土塁が施され、南東隅部は発掘調査により櫓台（A）の可能性が指摘されている。そこから南東方向へ延びる尾根上には小規模な曲輪状となる平坦面と３条の堀切が連続して設けられ防御を固めている（B）。Ⅰの北東方向には内桝形と推測される虎口Cがあり、発掘調査では石垣や石段を伴うものであったことが判明している。北東尾根筋に向けては帯曲輪が施され、その先は現況では緩い平坦面地形が確認されるに留まる。Ⅰの西側には大手方面の出入口と考えられる虎口Dがある。この地点の発掘調査では石垣や石段、門礎石が見つかっているほか、付近に本来は鏡石であったとみられる巨石が倒れている。城下から見上げる位置にあることからも、主郭の正門となる構造物が整えられていたことが想定される。

　主郭Ⅰの南西尾根上には「二ノ丸」と伝えられる曲輪Ⅱがあり、現況では山麓居館から主郭に向かう際に横切る位置にある。曲輪Ⅱの平面規模は約55ｍ×15～20ｍを測る。曲輪の南北に土塁が設けられ、中央付近で屈曲させて互い違いに配することで喰違虎口（E）を形成している。西側の尾根筋からの侵入を警戒して施された遺構と考えられる。現在、登城道は山麓居館部分からつづら折れの道を通り、曲輪Ⅱの東を通って主郭Ⅰに向かう動線となる

曲輪Ⅱにある喰違虎口E

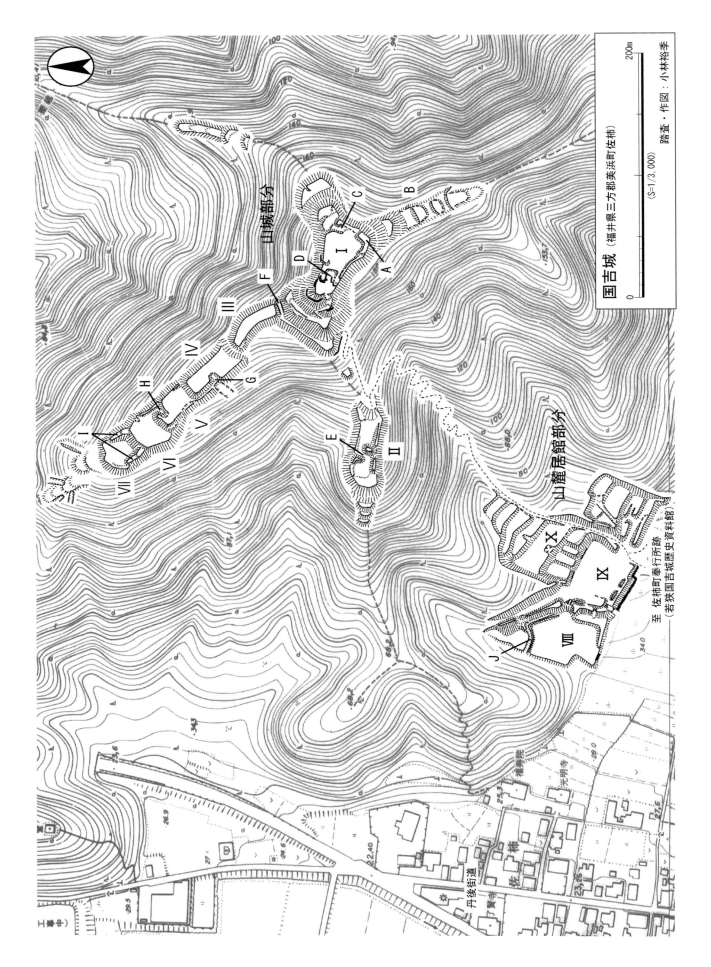

が、これでは防御施設を備えた曲輪Ⅱを素通りしてしまうため、本来の登城道であったか疑わしい。合理的に考えるならば、山麓居館の西側の谷筋あるいは丹後街道沿いの西側の尾根筋に本来の大手道が存在したと推測される。

主郭Ⅰの虎口D西側は現況ではつづら折れ状の道（帯曲輪か）となっている。ここから堀切Fを隔てた北西方向の尾根筋には、連郭曲輪群となる5段の曲輪（Ⅲ～Ⅶ）が連なる。堀切Fの発掘調査では、両岸に石垣が用いられ、堀底の石垣の際で橋脚礎石が確認され

石垣を伴う堀切F

たことから、平時は堀切を渡るための橋が存在したことが明らかにされている。連郭曲輪群の曲輪ⅣとⅤにはそれぞれ折れを伴う虎口GとHが設けられている。また、曲輪Ⅶの縁辺部両外には、上段の曲輪Ⅵに至るための土塁Iが接続している。連郭曲輪群はいずれも曲輪間の高低差が大きく、斜面をよじ登ることは容易ではないことから、土塁上や虎口を通るように動線を強制させるための仕掛けであったとみられる。また、曲輪Ⅶからその先には不明瞭ながら複数の竪堀が確認できることからも、重点的に防御を固めた意図が読み取れる。

（3）山麓居館の遺構

山麓の居館部分は、3つの谷筋に複数の曲輪が雛壇状に連なっている。こうした山麓部の曲輪群は古くから城主や家臣団の屋敷地として伝承されている。西側の谷筋は「青蓮寺谷」と呼ばれ、かつて真言宗青蓮寺が所在したと伝わる。青蓮寺は寛永12年（1635）に小浜藩初代藩主の酒井忠勝によって佐柿町奉行所跡南にある現地に移されている。土塁や溝によって画された広い曲輪Ⅷが、青蓮寺の故地であったとみられる。曲輪Ⅷ北側の土塁を伴う溝Jは、次に述べる東上段に位置する曲輪Ⅸの西端にある石組溝と繋がっていたとみられ、曲輪Ⅸの排水を受けつつ、曲輪Ⅷ内部に水が流入しないように工夫されていたとみられる。曲輪内部に溜まる排水処理についての措置が現況からも読み取れる。

中央の谷筋は最も良好に雛壇状の曲輪群が残存している地点である。谷筋を上がるほど地形に制約されて曲輪の平面規模は小さくなるが、最下段に位置する曲輪Ⅸは約50m×40mを測り、ひときわ大きな曲輪である。曲輪Ⅸの周囲では土塁や石垣、石段等を現況からも確認することが可能である。しかしながら、曲輪Ⅸにおける発掘調査では近現代の畑作等による削平・整地を受けており、南面に広がる石垣については、共伴した瓦類から17世紀初頭頃に京極氏によって手を加えられた可能性が高いとされている。一方、曲輪Ⅹでは、発掘調査により日常的に使用された土器類などとともに複数の礎石建物が検出されていることから、山麓居館の中心的空間であったことが裏付けられている。

中央の谷筋から現在の登城道を挟んだ東側の谷筋でも雛壇状の曲輪群が残っている。しかし、登城道周辺の山麓部に至るにつれて後世の改変を受けている可能性が高く、地表面観察からの考察には限界があるとともに、今後も発掘調査による実態の解明に期するところが大きい。

3．発掘調査

国吉城では、現況地形からの読み解く縄張り調査や文献史料等の成果のみならず、その詳細を把握するために、平成12年（2000）以降、考古学的な視点から発掘調査が継続的に実施されている。ここではその概要を紹介したい。

最初に結論めいた内容となるが、当初は朝倉氏との籠城戦が繰り広げられた戦国期山城の姿がそのまま残ると考えられてきたが、出土遺物や各所で検出された石垣の変遷等から

江戸時代以降も使用され、最後は石垣が均一的に破却され、「破城」が行われたことが明らかとなっている。これは山麓居館のみならず、山城部分の本丸（主郭Ⅰ）においても同様の状況である。つまり国吉城は、戦国期山城から領国統治をする大名の権威を示す城に改修され、最終的に破城にあったことが判明した。

　山麓居館の曲輪Ⅹでは、建て替えを伴う複数の礎石建物が検出されている。出土遺物は土師質土器が大半を占め、国産陶磁器などの日用雑器や少量の中国産陶磁器が出土している。遺物の年代観は16世紀中頃～末期に比定されるものが主となり、一部で17世紀初頭～前半代に位置付けられる遺物が出土している。少なくともこの地点では終始生活空間として使用が続けられていたことが明らかとなった。

　石垣については、「破城」を示すようにどの箇所でも上半分が崩され、下半分が埋められた状態で発見されている。また、残存部での特徴や分布範囲、築造技法等から大きく3つに石垣が分類されている。Ⅰ類は、人頭大の不定形石材を築石に用い、裏込石は小さく量が少ない。本丸（主郭Ⅰ）の虎口C付近や堀切Fなどにみられ、本丸周辺に限定される。Ⅱ類は、築石が人頭大で横長に置くものが主で、奥行は短い。鏡石などを含み、裏込石は拳大の小石を充填している。虎口Dや山麓居館の曲輪Ⅹ前面など、主要部の広範囲にみられる。Ⅰ類とⅡ類は共伴遺物から16世紀後半と評価されている。Ⅱ類については豊臣政権下で領国統治の拠点造りを行える立場であった木村常陸介定光によるものと推測されている。Ⅰ類については木村期の一部とみるか、本能寺の変後の対柴田勢に備えた秀吉方の粟屋勝久期に着手されたものか判断が難しいが、いずれにせよ16世紀後半～末の石垣と推測される。

　Ⅲ類は巨大な横長の築石を奥行き長く積み、隅角部は割石による直方体の石材を用いて算木積を施す。裏込石の量も多く、安定性が増している。山麓居館の曲輪Ⅸ前面の石垣に限定される。ここからは瓦が大量に出土しており、瓦葺の建物や塀などが存在していたとみられる。共伴した軒丸瓦片が京極高次築城の小浜城と同范であることと、割石を用いた算木積技法から、17世紀初頭の京極期の構築と考えられている。石垣はⅠ類→Ⅱ類→Ⅲ類の順に安定性や強度が増したものに発展したことが窺える。

　このように発掘調査によって「国吉籠城戦」にイメージされる実戦的な中世山城としての姿だけでなく、以後も改修が加えられ、国吉城の変遷が明らかにされてきた意義は大きい。

4．まとめ（評価）
　国吉城は、主郭やそこにつながる尾根筋に虎口や堀切を多用して各所で防御を厳重にしていることが現地表面に残る遺構の姿からも看取することができる。若越国境の「境目の城」として朝倉氏との戦いを耐え抜いた難攻不落の堅城であったことを物語っている。さらに、山麓居館部分や主郭周辺の状況および発掘調査成果により、領国支配の重要拠点として土造りの中世城郭から近世的な石垣造りの城郭へと変貌していったことが明らかとなった。一方でまだまだ不明な部分も多く、調査・研究の進展によりさらなる実態解明に近づくことが期待される名城と評価できよう。

（小林裕季）

【参考文献】
大野康弘「国吉城」『北陸の名城を歩く（福井編）』山口充・佐伯哲也編　吉川弘文館 2022
佐伯哲也『若狭中世城郭図面集Ⅰ』桂書房 2022
『国吉城址史跡調査報告書Ⅰ』美浜町教育委員会 2011

上杉謙信は統治ベタ

　川中島の戦いでは、単騎武田信玄の本陣に突入し、信玄を切りつけたとされる上杉謙信。颯爽と戦場を駆け巡り、軍神毘沙門天の生まれ変わりとさえ言われた。北陸最強の武将であることに異論の余地は無い。

　そんな謙信だが、戦勝後の必須業務である占領地の統治は、まことにもってヘタクソだった。最も良い例は越中である。越中の初出陣は永禄3年（1560）で、武田方の神保長職を完膚なきまでに叩き潰す。ところがどっこい、叩き潰したはずの長職は謙信帰国後、逃亡先から舞い戻り、ほぼ旧領の回復に成功している。これを謙信の家臣の側から見れば、戦勝の恩賞として与えられた土地全てを失ったのであり、全くもって「割の合わない」戦いだったのである。

　長職のあっけない旧領回復に、謙信は本当に占領地を統治しようと考えていたのかと、首をかしげたくなる。敵に痛打を与えるためだけの戦いならば、恩賞をアテにしている家臣達にとって謙信は、まことにもって迷惑な主君だったと言える。

　こんな状況だから、越中平定は遅々として進まず、大勝と反乱を繰り返す。平定が完了したのは天正4年（1576）で、なんと16年の歳月を費やしてしまう。しかも死去の2年前だから、半生を費やして平定したと言ってよい。北条・武田といった難敵がひしめき合っていた関東ならいざしらず、草刈り場同然だった越中平定に16年もの歳月を費やすようでは、「統治ベタ」と言われてもしかたなかろう。

　軍神謙信の意外な一面を一つ。謙信は元亀4年（1573）越中・越後国境の要衝宮崎城（富山県宮崎町）の城将達に対して、実に細々と指示している。まるで経理事務員が帳簿の隅々までチェックしている様子であり、馬上で颯爽と采配を振るう名将の姿ではない。しかしこれも謙信の実像のひとつであり、むしろ人間臭さを感じさせる謙信像である。ぜひ謙信ファンの方々に知ってほしい謙信である。

　越中最後の戦いは、能登口に位置する森寺城（富山県氷見市）で、天正4年9月に陥落させ、能登七尾城に進軍する。七尾城は翌天正5年9月に陥落させ、僅か一年足らずで能登を平定する。越中での苦い経験を学習した結果と思いきや、そのあとが良くない。七尾城救援に加賀国まで駆け付けた織田軍を撃破する。これほどの大勝利の余波を拡大して加賀国から織田軍を駆逐しようともせず、矛を収めて七尾城に帰ってしまう。この結果、織田軍は南加賀の支配を盤石なものにしてしまう。やはり謙信は統治ベタだったのである。

　ちなみに第一次七尾城攻めは、天正4年12月から翌天正5年3月まで行われ、謙信は石動山城（石川県中能登町、標高520ｍ）に布陣し、越冬する。雪深い北陸において、降雪期に合戦が行われた数少ない、明確な事例の一つである。

　織田軍を撃破した戦いは、一般的に「手取川の戦い」と言われている。この大勝利に謙信は、織田軍は弱く、簡単に天下が手に入るであろうと豪語している。いかにも謙信らしい大言壮語だが、天下取りに向けての実務的な動きは全く見せていない。家臣の手前、大言壮語はするけれども、天下取りは「夢」でしかないことを、最も感じていたのも、他ならぬ謙信自身だったのではないだろうか。　　　（佐伯哲也）

国吉城攻めの際に築かれた朝倉氏の陣城
42. 中山の付城 (なかやまのつけじろ)

①福井県美方郡美浜町佐田・太田　②芳春寺城　③永禄7年　④永禄7年〜天正元年
⑤天正元年か　⑥朝倉氏　⑦山城　⑧平坦面、切岸、土塁、堀切、竪堀　⑨90m×40m
⑩標高145.3m・比高88m

１．地理的状況

　中山の付城は、美方郡美浜町太田に所在する。この地域は北側が日本海に面し、残り三方が山に囲まれた地形を呈する。その中央部に芳春寺山が鎮座し、その頂上に中山の付城が築かれている。当時はどのような名称で呼ばれていたか定かではないが、芳春寺山は頂上から三方向に尾根が伸びており、城跡がその中央部に位置することから、中山の付城と称されるようになったと伝わる。ここから直線距離で約1.8kmの位置に国吉城があり、当城から国吉城を望むことができる。その芳春寺山の東山麓には、発光山芳春寺が所在しており、ここに朝倉氏が国吉城攻めの際に本陣を構えたとされる。

２．歴史的状況

　『国吉籠城記』に、「太田村芳春寺に陣取り、其後芳春寺山に向ひ城を構へ居て…」と記されており、永禄7年(1564年)の朝倉氏による国吉城攻めの際に、芳春寺山の東山麓に位置する芳春寺に朝倉軍が本陣を構え、その裏山に中山の付城を築いたことが分かる。中山の付城築城後、朝倉軍は周辺の集落で青田刈り等の狼藉を行っている。この狼藉は永禄8年(1565年)まで続き、国吉城に立て籠もる地侍らは朝倉軍の狼藉を無念に思い、「敵共目前にて我々知行分之

中山の付城　遠景

田畑共皆あらし、敵の自由にさせ申候事無念候。夜に入油断仕候処へ大勢押寄、付城へ火をかけ、退散可申」(『国吉籠城記』)と城主粟屋勝久に付城への夜襲を進言する。そして、同年9月末に粟屋勢は中山の付城に夜襲を仕掛け、不意を突かれた朝倉軍は算を乱して逃散したという。この落城により、朝倉軍は中山の付城を放棄し、永禄9年(1566年)9月上旬に芳春寺山から約1.5km離れた馳倉山に城を構える。その後しばらくは、文献上に中山の付城が登場しないことから、その間は使用されていなかったとみられるが、『朝倉始末記』に「佐柿の城の北、中山と云ふ所に城を構え…」と再び史料に登場し、天正元年(1573年)4月に再度使用されるようになったとみられる。そして、『信長公記』の天正元年八月十三日条に「若州粟屋越中所へさし向ひ候付城共に拾ケ所退散」とあり、この10か所の中に中山の付城が含まれていたのかは不明ではあるが、少なくとも天正元年までは機能しており、その頃を境に中山の付城は廃城となったとみられる。

３．城郭構造

　中山の付城は、芳春寺山の頂上に主郭（Ｉ）を構え、頂上から東に派生する尾根上に副郭

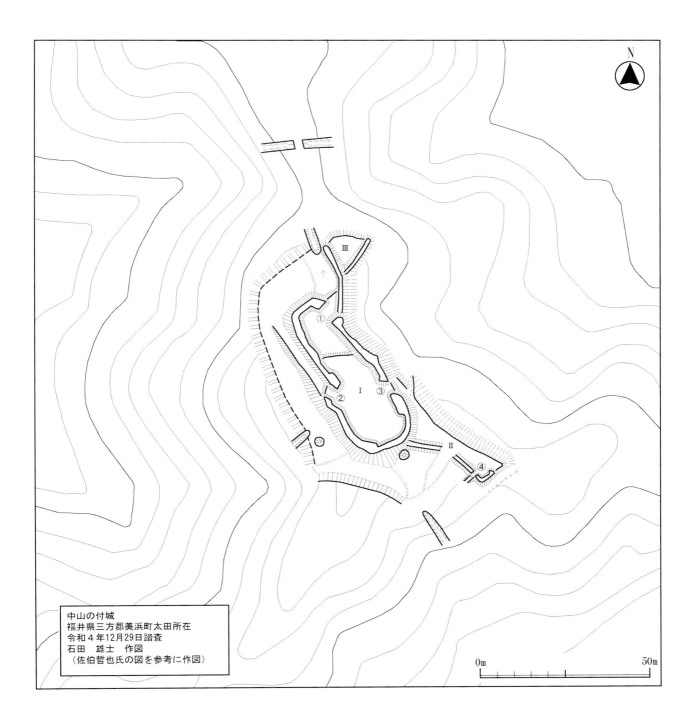

（Ⅱ）を配する。主郭の外側には、東側から北側にかけて帯曲輪が設けられている。主郭は東西20ｍ×南北50ｍの規模で、南北方向に主軸を持つ楕円形を呈する。曲輪の塁線上を分厚く高い土塁で囲み、北・西・東の三方に虎口を設ける。

　北側虎口（①）は、土塁の一部に開口部を設け、その開口部の前面に一段低い土塁を設けることで外枡形状の虎口を呈している。この虎口の構造は、浅井長政が朝倉氏の協力を得て築城した須川山砦（滋賀県米原市）の南北虎口と類似する。ただし、虎口の北東側に曲輪（Ⅲ）が設けられ、防御をより強固なものとしている点は須川山砦と異なる。また、北側虎口の前方には土橋を持つ堀切（④）が設けられている。

　一方、西側虎口（②）と東側虎口（③）は、虎口を形成する土塁を微妙に食い違いさせており、かつ虎口への動線がスロープ状になっている。こちらの虎口は長比城（滋賀県米原市）西曲輪の南虎口と類似している。曲輪Ⅱの虎口は平虎口（⑤）であるが、こちらには虎口前面に明瞭なスロープが設けら

中山の付城　主郭

中山の付城　虎口

れている。虎口のほかに、一部開口している箇所があるが、こちらは後世にブルドーザーにより破壊を受けたものである。なお、曲輪Ⅱの東側は堀切で処理されている。

　そのほか、国吉城方面に当たる南西尾根には、大きな堀切を設けて念入りに尾根を遮断している。この大きな堀切の外側は削平が甘く、曲輪としてよいのか検討が必要である。

4．評価

　中山の付城は、村田修三氏、髙田徹氏、佐伯哲也氏などの諸先学により、朝倉氏の陣城と評価されてきた。特に佐伯氏は、中山の付城は永禄7年（1564年）に朝倉氏に築城されたとし、現存遺構は「統一された縄張であり、新旧の年代差は認められない。したがって、永禄7年に構築された遺構が後世に改修されず、そのまま残っていると考えられよう」と改修すらなかったことを主張している。

　各氏が朝倉氏による築城を主張する一方で、高橋成計氏、大野康弘氏は、朝倉氏以外の勢力による築城を主張している。高橋氏は北を意識した縄張であること、国吉城の伝二の丸の縄張りに類似すること、また西にある岩出山砦との連携を感じさせる地形にあることから、中山の付城を国吉城の支城と想定している。

　また大野氏も高橋氏と同じく、西（国吉城側）に対するというよりも、東（越前側）や中山の付城の北を通る丹後街道方面を意識した構造と捉えている。そして当時、若越国境に城を構える状況にあったのは、①1563年〜73年の対朝倉氏、②1582年後半〜83年前半の対柴田氏で、越前側を意識する必要性があったのは柴田勝家と羽柴秀吉の対立であることから、羽柴方に属した若狭を領する丹羽長秀によって越前柴田氏に対する備えとして築かれた可能性を示唆している。

　以上、3通りの説が主張されているが、越前および若狭において、朝倉氏の陣城の発掘調査が行われておらず、様相が不明であり、築城主体、築城年代を考える上で、発掘調査が実施されている長比城、須川山砦が指標になるだろう。長比城は、『信長公記』元亀元年六月十九条に「去程に、浅井備前越前衆を呼越し、たけくらへ・かりやす両所に要害を構え候」と記されていることから、浅井氏が朝倉氏の協力により築城されたことが分かる。令和2

年から3年にかけて米原市教育委員会によって発掘調査が実施され、遺構面が一時期であること、遺物の出土が全くないことから、元亀元年（1570年）に築城され、短期間で廃城になったことが明らかとなった。またこの調査により、近接する須川山砦も長比城の一連の城郭であったことが判明している。

　築城年代、築城主体がはっきりしている長比城、須川山砦と中山の付城の虎口を比較すると、中山の付城の虎口②は直線的に曲輪へと進入させていることから、長比城の虎口よりやや古相を呈するものの、虎口③は動線をスロープ状にし、開口部の土塁を微妙に食い違いさせる構造をしており、長比城の西曲輪の南虎口と構造が類似している。また虎口①は、開口部の外側に土塁を設けて外枡形状にしており、こちらについては須川山砦の南北虎口と類似している。ただし、中山の付城の虎口②、③が平虎口であるのに対して、虎口①のみ外枡形状を呈しており、同じ城郭において虎口に構造の違いが見いだせることから、虎口①は、天正元年の再利用の際に改修された可能性も視野に入れておく必要があるだろう。

　以上、中山の付城の虎口が長比城、須川山砦の虎口の構造と類似し、朝倉氏が築いた城郭と同じ特徴を示していることから、中山の付城は朝倉氏が築いた城郭と言えるだろう。そして築城年代については、文献史料や城郭構造を踏まえて永禄7年から天正元年の間を想定したい。

（石田雄士）

【参考文献】

大野康弘「中山の付城」『北陸の名城を歩く　福井編』、株式会社吉川弘文館 2022

佐伯哲也「中山の付城」『朝倉氏の城郭と合戦』(図説　日本の城郭シリーズ15)、戎光祥出版株式会社 2021

佐伯哲也「中山の付城」『若狭中世城郭図面集Ⅰ　－若狭東部編（美浜町・若狭町）－』、桂書房 2022

髙田　徹「越前朝倉氏築城術の一考察　－若狭国吉城付城を中心として－」『中世城郭研究　第27号』、中世城郭研究会 2013

髙橋成計「越前朝倉氏の築城技術の疑問点　－越前国と他国築城縄張りの相違について－」『中世城郭研究　第30号』、中世城郭研究会 2016

村田修三「湖北の城館」『滋賀県中世城郭分布調査6　旧坂田郡の城』、滋賀県教育委員会 1989

国吉城に対する朝倉氏が築いた付城

43. 岩出山砦 （いわでやまとりで）

①福井県美方郡美浜町坂尻・山上　②－　③永禄～元亀年間　④永禄～元亀年間
⑤天正元年か　⑥粟屋氏・朝倉氏　⑦山城　⑧平坦面、切岸、土塁、堀切
⑨35m×25m　⑩標高89.2m・比高79m

1. 地理的状況

岩出山砦は、国吉城がある城山から北東方向に延びる尾根の頂上、通称岩出山（標高89.2m）と呼ばれる場所に所在している。岩出山は若狭湾へと突き出すような立地にあり、北麓には若狭湾が広がっている。国吉城から岩出山砦まで直線距離にして約1.2kmを測る。城山と岩出山は尾根続きであるものの、両者の間には丹後と越前を結ぶ主要街道である丹後街道が通り、この切通し部分は「腰越坂」と呼ばれている。現在、この切通し部分に自動車道が通っており、切通しの法面はコンクリートにより固められている。また、岩出山の北側岩壁は旧国道27号線改良工事に伴い削られ、こちら

もコンクリート擁壁となっている。この工事は遺構にも影響を与えており、岩出山砦の北西側の遺構が大きく削り取られてしまっている状況である。

2. 歴史的状況

岩出山砦に関する文献はほぼ存在せず、唯一『国吉籠城記』（以下、『籠城記』）に登場するのみで、その中に「粟屋五右衛門勝家、五百人を引具して岩出山へ馳り下り、弓・鉄砲・大石など用意して待居たる処に・・・」と記されており、永禄9年（1566年）8月下旬、朝倉氏の侵攻に対し、粟屋勝久の息子である粟屋五右衛門勝家が500人の兵を引き連れ、岩出山を防御したことが記されている。しかし、朝倉軍が腰越坂に向かって進軍してきたため、

岩出山砦　遠景

国吉城と岩出山砦との分断を恐れた粟屋勝久は、勝家を国吉城に呼び戻す。そして、朝倉軍が追撃してきたため火矢を放ったところ、朝倉軍は退却し、この戦いで粟屋軍は36の首を取ったことが『籠城記』に記されている。それ以降は史料に登場せず、いつ廃城となったかは定かではないが、『信長公記』の天正元年八月十三日条に「若州粟屋越中所へさし向ひ候付城共に拾ケ所退散」とあることから、天正元年（1573年）に廃城となった可能性がある。

3. 構造

岩出山砦の主郭（Ⅰ）は、岩出山と呼ばれる尾根の最高所にある。曲輪の形状は三角形状を呈し、規模は南北17m×東西12mを測る。曲輪の塁線上を分厚くて高い土塁が囲繞する。虎口（①）は、西側土塁の中央部の一部に開口部を設けて虎口を形成し、さらに曲輪を形成する南側の土塁から西方向に土塁を延ばすと共に、虎口の外側に一文字土塁を設けて複数回折れさせて進入させる構造となっている。また、曲輪の一部を外に張り出させて横

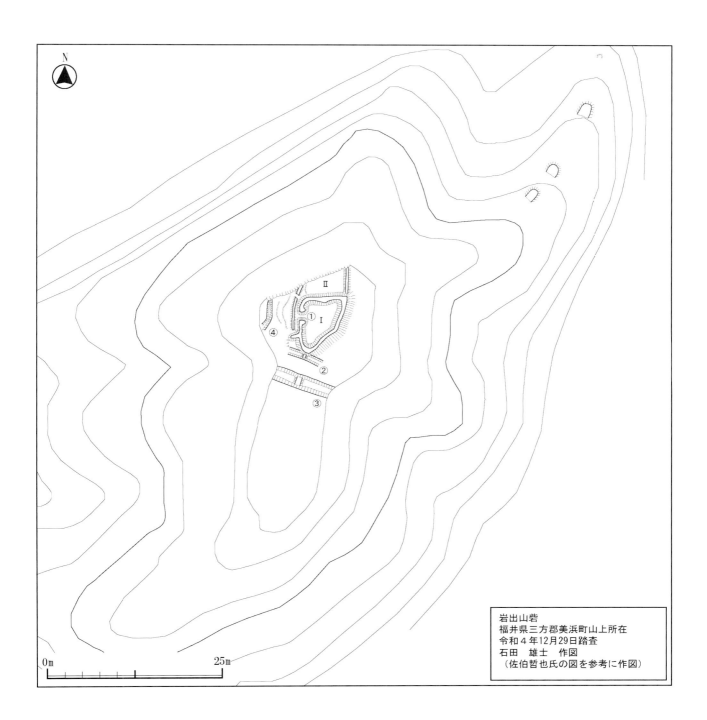

岩出山砦　主郭

岩出山砦　土橋

矢が掛かる仕組みも備える。

　主郭の北側には副郭（Ⅱ）を配しており、東西の塁線上に主郭より1段低い土塁を設けている。なお、旧国道27号線の改良工事により、北西側が破壊されており、全体像は不明である。

　主郭の南側には土橋を備える堀切（②、③）を2本設けて、腰越坂方面へと続く南尾根と遮断している。この土橋について、後世の重機による破壊である可能性も指摘されている。また、西側にも堀切（④）を設けて西尾根を遮断している。

　そのほか、城郭に伴う遺構かどうかの判断が難しいが、北西方向に派生する尾根上に連続する小規模の曲輪群がある。

4．評価

　最後に岩出山砦の築城年代について考察を加えたい。岩出山砦について、これまで先学により調査・研究が行われてきた。大森宏氏は、『国吉籠城記』の記述から、粟屋方の朝倉方に対する見張り所であると主張している。一方、中内氏は縄張り上の構成や技術面から朝倉氏による築城としており、佐伯氏は粟屋氏の築いた岩出山砦を後に朝倉氏が改修した可能性を指摘している。また大野康弘氏は、天正10年（1582年）に丹羽長秀によって、柴田勝家に対する備えとして現状構造に改修された説を主張している。現在までに提唱されている説をまとめると、①粟屋氏による築城、②朝倉氏による築城もしくは改修、③丹羽氏による改修が挙げられる。

『国吉籠城記』の記事により、国吉城の出城が先行して存在したことが想定されるが、粟屋氏の陣城とされる土井山砦と比較すると、現状岩出山砦に残る城郭遺構は、粟屋氏によるものとは到底考えにくい。粟屋氏が築いた城が後に他の勢力により改修されたとみた方が良いだろう。

　岩出山砦の城郭構造を今一度整理すると、岩出山砦は①主郭の構造が三角形状を呈する、②塁線上に分厚くて高い土塁を巡らせる、③曲輪の一部を張り出させて横矢をかける構造をし、虎口前面に一文字土塁を設けるといった特徴を備えている。①、②について、①は永禄6年頃に築城された金山城や元亀元年（1570年）に築城された長比城（滋賀県米原市）などに類例を見出すことができ、また永禄・元亀年間に築城された朝倉氏の陣城は、共通して塁線上に分厚くて高い土塁を巡らせている。そして、③については元亀年間に朝倉氏が近江で築いた中島城（滋賀県長浜市）と共通する。つまり、城郭構造から築城年代を永禄6年（1563年）から元亀年間（1570～73年）に絞り込むことができる。

　最後に、築城時期についてもう少し踏み込んだ仮説を提示しておきたい。国吉城がある城山と岩出山は尾根続きであり、国吉城と岩出山砦は目と鼻の先にある。普通に考えると、戦時下において粟屋軍が目の前で易々と朝倉軍に砦を築城させるとは到底思えない。では、非戦闘時ならどうだろうか。朝倉氏が優位な状況での休戦状態であれば、岩出山に築城することは可能ではないだろうか。

　永禄11年（1568年）に朝倉氏が若狭の守護武田元明を一乗谷に拉致したことにより、元明を傀儡とした朝倉氏による若狭支配が始まる。元亀元年（1570年）10月から朝倉氏の若狭への関与が強まり、元亀3年（1572年）の2月頃まで続いたとみられる。この朝倉氏による支配下においても、粟屋氏は降伏命令に従わず、単独で国吉城に籠って抵抗を続けていたようである。そこで朝倉氏は、国吉城に籠り抵抗を続ける粟屋氏の監視・抑えのため、国吉城の眼前にある岩出山砦を改修したのではないだろうか。この支配期間と城郭構造の年代観も一致することから、朝倉氏の若狭支配期に国吉城に対する付城として築かれた可能性も十分考えられるだろう。現状詳細を記した史料が無い以上、仮説の域を越えないが、可能性の一つとして提示しておきたい。

（石田雄士）

【参考文献】

大野康弘「岩出山砦」『北陸の名城を歩く　福井編』、株式会社吉川弘文館 2022

大森　宏・大森睦子『戦国の若狭−人と城−』、ヨシダ印刷株式会社 1996

佐伯哲也「岩出山砦」『若狭中世城郭図面集Ⅰ−若狭東部編（美浜町・若狭町）−』、桂書房 2022

中内雅憲「越前朝倉氏の国吉城に対する陣城に関する一考察」『敦賀市立博物館紀要13』、敦賀市立博物館 1998

松浦義則「戦国末期若狭支配の動向」『福井県文書館研究紀要　第17号』、福井県文書館 2020

若狭侵攻の際に築かれた朝倉氏の陣城
44. 狩倉山城 （かりくらやまじょう）

①福井県三方郡美浜町北田　②-　③永禄9年　④永禄9年～天正元年　⑤天正元年か
⑥朝倉氏　⑦山城　⑧平坦面、切岸、土塁、竪堀、横堀　⑨80m×100m
⑩標高70m　比高46m

1．地理的状況

　狩倉山城は、福井県三方郡美浜町北田に所在する。越前・若狭の国境付近に位置する標高70mの独立丘陵上に狩倉山城はあり、南麓には丹後と越前を結ぶ主要街道である丹後街道が通る。またこの城からは、南西方向約3.2kmの位置にある若狭側の国吉城を目視することができ、丹後街道をおさえる役割と共に国吉城を監視する役割を果たしていたとみられる。このように、朝倉氏の若狭侵攻における重要な役割を果たしていたことが立地からも分かる。

2．歴史的状況

　越前朝倉氏による若狭侵攻は、永禄6年（1563年）8月より開始され7年間続いた。当初、朝倉氏は太田村芳春寺に本陣を構え、その裏山（芳春寺山）に中山の付城を築いて国吉城攻めを行っていた。しかし、永禄8年（1565年）の粟屋氏による夜襲で落城したため、翌年再び若狭に侵攻した際にこの地に城を構えた。『国吉籠城記』に、「永禄九年丙寅八月下旬に又、大勢佐田村え寄来る。馳倉山に城郭を構へ、篭居て、田畠を荒し、山東・山西の堂社仏閣を焼払ひ、・・・」と記されており、永禄9年

狩倉山城　遠景

（1566年）に朝倉氏により馳倉山に城が築城されたことが分かる。しかし、この地域にはカリクラヤマと呼ばれる城が2か所あり、1つはこの狩倉山城で、もう1つがこの狩倉山城から南東方向約1.4kmの位置にある馳倉山城である。どちらがこの『国吉籠城記』で言うところの「馳倉山」を指すのか諸説ある。いずれにせよ、朝倉軍が永禄9年にこの地域に城を築いたことは確かなようである。『国吉籠城記』によると、朝倉軍はこの地に城を築いた後に、山東・山西両郷の田畑を荒らすと共に、寺社仏閣を焼き払うなど乱暴狼藉を働いている。この際に梵鐘を搬出し、その梵鐘で鉄砲玉を鋳たことも『国吉籠城記』に記されている。なお、朝倉軍は永禄10年（1567年）8月にも馳倉山に籠り、再び周辺で苅田狼藉を行ってい

狩倉山城　主郭

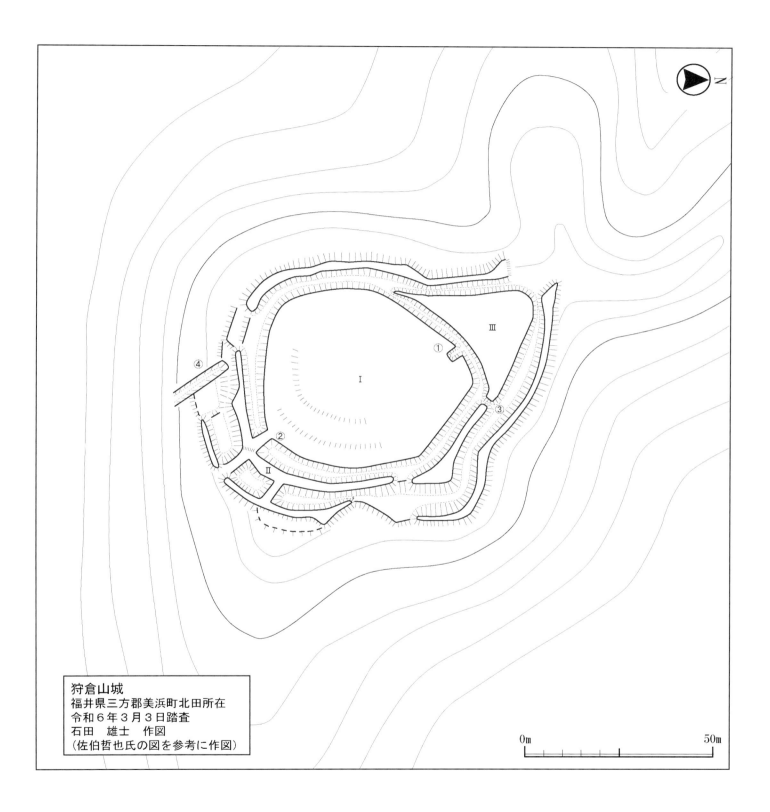

狩倉山城　横堀

狩倉山城　土橋

る。
　廃城時期については、『信長公記』の天正元年八月十三日条に「若州粟屋越中所へさし向ひ候付城共に拾ケ所退散」とあり、その後文献に登場しないことから、天正元年（1573年）を境に狩倉山城は廃城となったとみられる。

3．構造

　狩倉山城の主郭（Ⅰ）は、独立丘陵の最高所にある。曲輪の形状は円形状を呈し、規模は南北50ｍ×東西45ｍを測る、巨大な平坦面である。しかし全体的に削平が甘く、ほぼ自然地形が残る。自然丘陵をそのまま利用した可能性が高く、このことからも臨時の城であったことがうかがえる。
　主郭の周囲には、横堀（内堀）を巡らせ、さらに南から北東にかけては、外側にも横堀（外堀）を設けて二重の横堀とし、防御を強固なものとしている。しかし、二重の横堀で防御を固めているものの、主郭の塁線上には土塁は設けられていない。また、主郭の南東方向に竪堀（④）が１条設けられており、斜面の横移動を阻止する目的で設けられたとみられる。
　主郭の虎口は、①と②の２か所に虎口が設けられている。主郭を巡る横堀は、堀底道としても機能していたとみられ、帯曲輪に設けられた開口部（③）を通じて外堀から内堀の堀底道へと進入し、①はその堀底道から主郭に入るための虎口で、主郭および副郭から長時間横矢が掛かる構造になっている。また②は、土橋によって内堀の外側に設けられた帯曲輪（Ⅱ）とつながっており、その帯曲輪の外にはさらに２本の土橋が設けられており、東尾根

へと通じている。

狩倉山城の東西は尾根続きとなっており、東尾根側を二重横堀で遮断する一方、西尾根側には副郭（Ⅲ）を設けることで防御を固めている。この副郭は三角形状を呈しており、副郭の外側にも横堀が設けられている。主郭と副郭は、木橋などにより相互連絡していた可能性が指摘されており、その構造からこの副郭を馬出とする意見もある。また、主郭と副郭に高低差がないことから、髙田徹氏により当初は一つであった曲輪が後世に別々の曲輪に改修された可能性が指摘されている。

４．評価

先学の調査・研究により、狩倉山城はその構造から朝倉氏による築城と位置付けられている。朝倉氏の本拠地である越前には、狩倉山城と同じく二重の横堀を備える天目山城（福井県福井市）、上野山城（福井県あわら市）が存在していることから、狩倉山城は朝倉が築いた城郭と見なしてよいだろう。

結局のところ、問題はいつ築城されたかである。大森宏氏は『国吉籠城記』の「馳倉山」をこの狩倉山城に比定し、永禄９年の築城と推測している。一方、佐伯哲也氏は『国吉籠城記』の「馳倉山」を構造から馳倉山城に比定し、狩倉山城については、永禄４年（1561年）の逸見氏討伐の際に築城された可能性を指摘している。

現状、永禄４年もしくは永禄９年の築城の可能性が考えられ、築城年代の決定は発掘調査や良質な史料の発見を待つほかないだろう。いずれにせよ、狩倉山城は永禄年間に朝倉氏によって築かれたとみられ、永禄年間に朝倉氏が有していた陣城のパターンの１つと言うことができるだろう。

（石田雄士）

【参考文献】
大野康弘「狩倉山城」『北陸の名城を歩く　福井編』、株式会社吉川弘文館 2022
大森　宏「狩倉山城」『日本城郭大系　第11巻　京都・滋賀・福井』、新人物往来社 1980
佐伯哲也「狩倉山城」『朝倉氏の城郭と合戦』（図説　日本の城郭シリーズ15）、戎光祥出版株式会社 2021
佐伯哲也「狩倉山城」『若狭中世城郭図面集Ⅰ－若狭東部編（美浜町・若狭町）－』、桂書房 2022
髙田　徹「越前朝倉氏築城術の一考察　－若狭国吉城付城を中心として－」『中世城郭研究　第27号』、中世城郭研究会 2013

国吉城攻めの際に朝倉氏が築城した陣城
45. 馳倉山城 （はせくらやまじょう）

①福井県三方郡美浜町佐田　②-　③永禄9年　④永禄9年～天正元年　⑤天正元年か
⑥朝倉氏　⑦山城　⑧平坦面、切岸、土塁、横堀、堀切　⑨80m×100m
⑩標高212.8m　比高160m

1．地理的状況

　馳倉山城は、福井県三方郡美浜町佐田に所在し、敦賀市と美浜町にまたがって鎮座する野坂岳（標高913.3m）から北に派生する尾根の北端頂上（標高212.6m）にある。

　北麓には丹後と越前を結ぶ丹後街道が通り、越前と若狭の境であった関峠を眼下に望むことができる。また、丹後街道を挟んだ北東方向に朝倉方の金山城、反対側の南西方向には同じく朝倉方の中山の付城、さらにその先にある粟屋方の国吉城を目視することができる。馳倉山城は、丹後街道をおさえる役割と共に国吉城を監視する役割を果たしていたことが立地からも分かる。

2．歴史的状況

　『国吉籠城記』に、「永禄九年丙寅八月下旬に又、大勢佐田村え寄来る。馳倉山に城郭を構へ、篭居て、田畠を荒し、山東・山西の堂社仏閣を焼払ひ、・・・」と記されており、永禄9年（1566年）に越前朝倉氏により「馳倉山」に城郭が構えられたことが分かる。美浜町東部に位置する山東地区には、「カリクラヤマ」と称する城郭が2か所あり、どちらが『国吉籠城記』で言うところの「馳倉山」であるのか諸説ある。その2か所とは、1つはここで紹介する馳倉山城で、もう1つがこの馳倉山城から北西に約1.4kmの位置にある狩倉山城である。狩倉山城は、古くからその存在が知られており、長らく「馳倉山」の付城に比定されてきた。しかし近年、馳倉山城が確認され、その城郭構造が朝倉氏が築いた中山の付城と共通する特徴を備えることから、こちらの方が「馳倉山」の付城であるという主張もある。

　そのほか『国吉籠城記』には、築城翌年の永禄10年（1567年）に朝倉軍が馳倉山に陣取り、国吉城付近で狼藉を働いたことが記されている。その後文献には登場せず、詳細な廃城時期などは不明であるが、『信長公記』の天正元年八月十三日条に「若州粟屋越中所へさし向ひ候付城共に拾ケ所退散」とあり、馳倉山城もこの付城10か所に含まれていたとみられ、天正元年（1573年）を境に馳倉山城は廃城となったとみられる。

3．構造

　馳倉山城は、野坂岳から北に派生する尾根の最高所（標高212.6m）に、50m×70m規模で五角形状の平坦面（Ⅰ）が設けられた単郭の城郭である。朝倉氏によって築かれたほかの陣城と同じく、曲輪の周囲に分厚くて高い土塁が巡る。土塁は基本的に自然地形に沿う形で築かれているが、西側の一部

馳倉山城　主郭（Ⅰ）

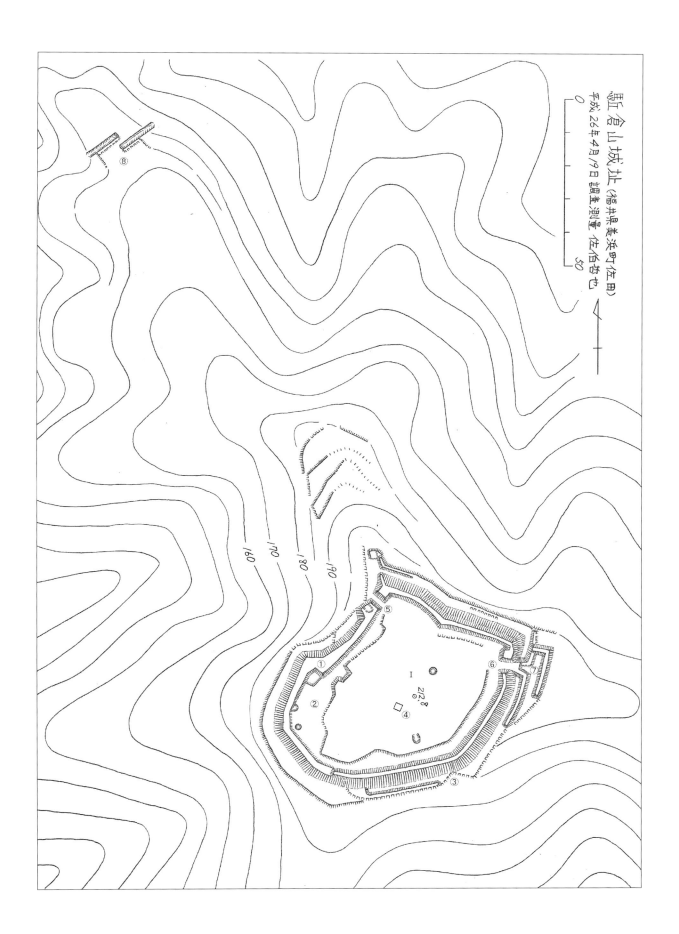

馳倉山城　虎口（⑥）

馳倉山城　馬出状空間（⑦）

に意図的な折れ（①）が設けられており、この折れについては虎口への横矢を意識して設けられたとみられる。
　曲輪は自然丘陵をそのまま利用したのか、全体的に削平が甘く、ほぼ自然地形が残る。自然地形が残る一方で、土塁の内側に人工的に掘られた溝状の凹み（②）があり、これについて、佐伯哲也氏は土塁の土を採取した結果、溝状の凹みが発生した可能性を指摘している。また、土塁の外側には帯曲輪を配し、さらにその外側に一部土塁を築き、横堀（③）を設けている箇所もある。なお現在、曲輪には笏谷石製の祠（④）が祀られている。
　虎口は、尾根が続く北西側（⑤）と北東側（⑥）の2か所に設けられている。北西側の虎口（⑤）は土塁の一部に開口部を設け、その開口部の前面に北西へと続く尾根からの動線を遮断する形で一段低い土塁を設けて、外枡形状の虎口を呈している。
　北東側の虎口（⑥）はもう一方の虎口と同じく、土塁の一部に開口部を設けて形成されているが、虎口前面に土塁を備える馬出状の空間（⑦）が設けられている。
　また、主郭から北西方向に延びる尾根を約250ｍ下ったところに低い土塁と横堀が設けられており、食違い虎口（⑧）を形成している。

4．評価

　馳倉山城は、朝倉氏によって築かれた中山の付城と共通する城郭構造を有することから、佐伯哲也氏、中内雅憲氏は朝倉氏による永禄9年（1566年）の築城を想定している。その一方で、高橋成計氏、大野康弘氏は織豊系大名による築城を主張する。高橋氏は、主郭から北尾根を250ｍ下ったところにある食違い土塁に着目し、このような土塁は織豊系の

城郭に多く見られ、特に賤ヶ岳合戦の柴田氏の陣城に使用されていることから柴田氏による築城の可能性を指摘している。また「座主文書」に、天正13年3月に丹羽長秀が敦賀郡内に出陣したことが記されていることから、丹羽氏による築城も想定している。

　大野氏は、①主郭東面にのみ廻らす横堀、②北〜東〜南面のひときわ高い土塁、③丹後街道や若越国境を望む北尾根筋や東尾根筋に遺構が多用される点に着目し、若狭と言うより越前側に対して防御を厚くしていることから、天正10年（1582年）段階に対越前柴田勢への備えとして改修された説を主張している。

　現在までに①朝倉氏による築城、②織豊勢力による築城、③丹羽氏による改修の3通りの説が主張されているが、自然地形に沿って、分厚くて高い土塁を巡らせるという点は、朝倉氏が若狭において築城した中山の付城、金山城、岩出山砦と共通し、また近江において築城した長比城、須川山砦などと共通している。そして、土塁の一部に開口部を設け、その外側に一段低い土塁を配して外枡形状の虎口を形成する点についても、中山の付城の北虎口、金山城のⅡ郭虎口、そして近江で築いた須川山砦の南北虎口などでも確認できることから、朝倉氏による築城が想定される。

　一方で、馬出状空間（⑦）および北西尾根に設けられた食違い虎口（⑧）については、管見の限り、朝倉氏が若狭、近江で築いた陣城では確認できない。むしろ、天正11年（1583年）の賤ヶ岳合戦において、羽柴秀長が使用した田上山城で確認できることから、馬出状空間（⑦）および北西尾根食違い虎口（⑧）については、当時若狭を領していた羽柴方の丹羽氏により、対越前柴田氏への備えとして改修されたとみられる。

　以上、馳倉山城は『国吉籠城記』の記事および朝倉氏が若狭、近江で築いた陣城と城郭構造が類似することから、永禄9年に朝倉氏によって築城された可能性が高いとみられる。そして、一部については、他の朝倉氏の城郭に見いだせないこと、羽柴氏が関わった城郭に類例があることから、天正10年から11年にかけて羽柴方の丹羽氏によって改修された可能性が考えられる。

　馳倉山城は、朝倉氏、羽柴氏の築城技術が分かると共に、陣城の二次利用の在り方、国吉城攻めそして賤ヶ岳合戦の戦局が分かる貴重な城郭であると言えるだろう。

（石田雄士）

【参考文献】

大野康弘「馳倉山城」『北陸の名城を歩く　福井編』、株式会社吉川弘文館 2022

佐伯哲也「狩倉山城」『朝倉氏の城郭と合戦』（図説　日本の城郭シリーズ15）、戎光祥出版株式会社 2021

佐伯哲也「馳倉山城」『若狭中世城郭図面集Ⅰ－若狭東部編（美浜町・若狭町）－』、桂書房 2022

中内雅憲「越前朝倉氏の国吉城に対する陣城に関する一考察」『敦賀市立博物館紀要　第13号』、敦賀市立博物館 1998

若狭国の守護所
46. 後瀬山城 （のちせやまじょう）

①小浜市伏原　②-　③大永2年？　④16世紀　⑤慶長6年？　⑥武田氏・丹羽氏・浅野氏・木下氏・京極氏　⑦山城　⑧削平地・切岸・土塁・堀切・竪堀・畝状空堀群・石垣　⑨540m×500m　⑩標高169.4m　比高160m

1．歴史

　小浜市教育委員会の報告書によりまとめられており（小浜市教育委員会2019）、そこから抜粋して概要を説明する。若狭守護の武田元光が大永2年（1522）に山上に城郭を築き、北側山麓に存在した長源寺を別の場所に移して守護館を築いたのが始まりである。あいつぐ軍事動員や家臣内の争いにより次第に武田氏の求心力は低下した。永禄11年（1568）には当主の武田元明が朝倉義景によって越前に連れ去られている。

　天正元年（1573）、朝倉氏が滅亡すると丹羽長秀が若狭国を領有し、後瀬山城を拠点とした。その後は天正15年（1587）に浅野氏、文禄2年（1593）に木下氏、慶長5年（1600）に京極氏と短期間で城主が変わっている。そして慶長6年（1601）、京極高次による小浜築城に伴い後瀬山城は廃されたと考えられている。

2．縄張り

　後瀬山城は小浜湾に向かって伸びる尾根の上に築かれている（写真1）。城の麓には中世から続く港湾である小浜湊が位置しており、水運を掌握するためにもふさわしい立地である。

　それでは山上の遺構から確認しよう（図1）。なお発掘調査成果については基本的に小浜市教育委員会の報告書を引用し（小浜市教育委員会2019）、必要に応じてその他の文献を参照する。山の最高所には曲輪Aが配されている。Aの周囲には石垣が構築されており、基本的には城が機能していた時期のものと考えて良いだろう。ただし西側から南側にかけて石塁状に存在する部分は廃城後の元和元年（1615）における神社建物建築に伴うものと考えられている（大森宏1996）。A周辺には瓦が散布しているが、基本的には前述の神社に伴うものと判断でき、いまのところ城機能時に瓦葺建物が存在した痕跡は認められない。

　本丸から堀切を挟んで西側には曲輪Bがある。昭和63年に発掘調査が実施されているため、その成果を紹介しよう（小浜市教育委員会1989）。曲輪の南縁辺には土塁が構築されており（写真2）、その一部は石垣を伴う築山であると評価されている。土塁は外側に2段のテラスを持つ第1期（土塁1）と、それを覆い隠す第2期（土塁2）の2時期に区分されている。ただし第1期の土塁1は曲輪の外面に50cm程度の比高差でテラスを設けているのだが、攻城戦を想定すると合理的な構造ではないし、第1期と第2期の土塁の間には表土等の間層が形成されていない。両者は時期差というよりも同時期に作られた構築単位の差ではないかとも考えるが、報告書では後に紹介する玄関遺構の時期差と2時期の土塁が対応すると述べられている。報告書の見解を尊重し、可能性を指摘するにとどめたい。

　曲輪の中央では4間×8間の玄関を伴う大型の礎石建物が検出されている（写真3）。建物に伴う玄関遺構は2基確認されており、両者には時期差がある。周囲で瓦が出土しているが、点数が少ないことから棟にのみ用いたと推察されている。丸瓦凹面にはコビキBと呼称される痕跡が認められる。この特徴を残す瓦が登場する時期は地域差があるものの、遡ったとしても天正末年以降と考えられているため（山崎信二2008）、棟に瓦が葺かれたのは城の最終段階に近い時期であったと考えられる。また、第1期の玄関遺構には修繕に瓦

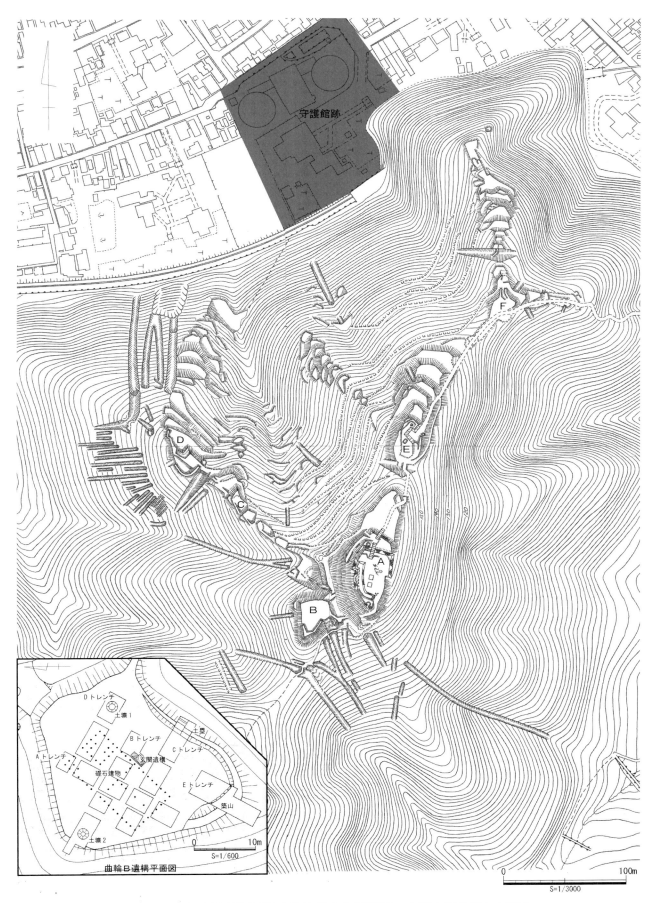

図1：後瀬山城跡概要図（佐伯哲也作図図面・小浜市提供図に加筆）

写真1：後瀬山城跡遠景（小浜市提供）

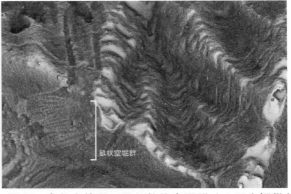
図2：赤色立体図で見た畝状空堀群（小浜市提供）

写真2：曲輪B土塁断割部分（小浜市提供）

写真3：曲輪B礎石建物（小浜市提供）

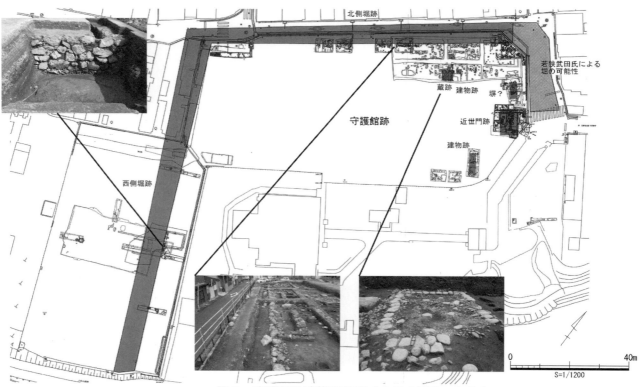
図3：守護館跡遺構平面図（小浜市提供に加筆）

が使用されているため、第1期の玄関が機能していたころから瓦葺であった可能性が高い。曲輪内では貿易陶磁の皿や碗、瀬戸美濃焼の皿や天目茶碗、土師器皿、香炉等が出土しており、時期は16世紀後半以降に比定することができるという。生活空間として機能していたと考えらえる。さらに築山という評価を追認するのであれば、会所的な機能を持っていたと推察される。

　二の丸の北側の尾根には小さな曲輪群Cが連続する。西側に通路としての使用も推定さ

れる土塁を伴うのが特徴である。さらに北へ進んで曲輪群Dに至ると西側斜面に畝状空堀群が配されるエリアが見える（図2）。この場所は周囲に比べて傾斜が緩くなるため、その弱点を克服するために畝状空堀群が採用されたのであろう。近年、小浜市によって作成された後瀬山城跡の赤色立体図では、畝状空堀群が部分的に切りあっていることが確認された。何度か掘りなおされたと考えられる（小浜市2024）。

　Aから北東方向の尾根に進んで堀切を超えると曲輪群Eに至る。Eの最高所では巨大な土壙が確認できるが、これは第二次世界大戦中に構築された対空看視所であって城機能時の遺構ではない（大森宏1996）。さらに北東へ尾根伝いに進むと尾根の分かれ目である曲輪Fに至る。Fの北側は堀切を挟んで斜面が急傾斜となる部分まで曲輪が連続する。Fの東側の尾根は現在の正規の登城ルートとなっており、こちらにも若干曲輪が連続する。登城ルートでは地山のチャート岩盤の露頭が確認できる。本丸に構築された石垣の石材もチャートであるため、このように露頭している岩盤か、曲輪造成時に表出した岩盤を割って石垣に使用したのだろう。

　次に北山麓に位置する守護館を概観する。現在守護館の中心地には空印寺が所在している。そのため当時の遺構は地表面からは確認しにくいが、小浜市教育委員会による継続的な調査で部分的に館の構造が明らかになっている（図3）。

　館の北側と西側では堀が検出されている。堀には石垣が伴っており、幅は約5.2ｍ、現地表面から堀底までは約2.8ｍを測る。堀底からは16世紀後半〜17世紀初頭とみられる瀬戸美濃焼の天目茶碗と備前焼の擂鉢が出土しているため、それ以前に石垣を伴う堀に改修されたのだろう。また堀の内側には土塁を伴っていた。土塁は石垣の裏込の上に構築されていたため、機能時は腰巻石垣であった可能性もある。館の東側は発掘調査されていないが、地中レーダー探査で堀とみられる痕跡が確認されている（小浜市2024）。このような調査成果を踏まえて、守護館は南北約130ｍ、北側の東西約100ｍ、南側の東西約140ｍの規模で平面的には台形のプランに復元されている。

　館の内部では上層と下層の少なくとも2面以上の生活面が確認されている。このうち下層は出土している土器の年代観から15世紀前葉〜15世紀後葉に比定されており、守護館が構築される前の長源寺に伴う遺構であると考えられる。発掘調査では14世紀〜15世紀の遺物が多く出土しており、守護館は小浜湊等の関係で既に発展していた地域を包摂する形で建設されたのだろう。

　守護館では複数棟の礎石建物が確認されている。特徴的なのは守護館北隅付近で検出された蔵跡である。建物の基礎として石を列状に配置し、建物基礎の外側には平瓦を突き刺していた。これは大阪湾沿岸の遺跡で多く確認されている、いわゆる「塼列建物」である。なお、この建物の構築面は被熱した痕跡があるため、火災で消失した可能性がある。

3．まとめ

　城内では曲輪Bの2段階の遺構面や、切り合って存在する畝状空堀群等、複数の時期差がある遺構が確認されている。すなわち戦国期から織豊期にかけて複数回の改修を加えながら使用されたのだ。また、山頂部の石垣は織豊期の改修を示す遺構として以前から評価されていたが、近年の調査で守護館にも堀に伴う石垣が構築されていることが判明した。堀の年代観を踏まえると、城の最終段階まで山上部と山麓部の双方が機能していたと考えられる。

（佐藤佑樹）

【参考文献】
大森宏『戦国の若狭-人と城-』私家版 1996
小浜市教育委員会『後瀬山城-若狭武田氏居城の調査-』1989
小浜市教育委員会『史跡後瀬山城跡保存活用計画書』2019
小浜市『史跡　後瀬山城跡　令和3・4年度守護館跡発掘調査報告書』2024
山崎信二『近世瓦の研究』同成社 2008

山県氏初期の城か
47. 聖嶽城 （ひじりだけじょう）

①小浜市野代　②聖谷城　③１６世紀後半　④１６世紀後半　⑤１６世紀後半　⑥山県氏
⑦山城　⑧削平地・切岸・土塁・竪堀・石垣　⑨70ｍ×70ｍ　⑩標高390ｍ　比高370ｍ

１．歴史

　元禄6年(1693)頃小浜藩士牧田忠左衛門近俊が著した『若狭郡県志』によれば、「伝言、山県氏之居所也、未詳実名」と山県氏がいたと記述しているが、詳細は不明と記述している。山県氏は若狭守護武田氏の重臣で、本貫地は太良荘にあり、賀羅ヶ岳城（小浜市）を居城としていた。戦国期には三方郡前川（若狭町）も領有していたことが知られている。武田家滅亡後も丹羽長秀に仕え、天正10年(1582)まで在地領主として存在していたことが確認できる。

　山県秀政は天文7年(1538)失脚した粟屋元隆の後任として小浜代官に抜擢される(1)。永禄11年(1568)武田元明越前連行後も代官の権限を多少なりとも維持しており、元亀2年(1571)に後瀬山城下の長源寺に下知状を下している(2)。また丹羽長秀の与力として秀政は天正8年(1580)妙楽寺僧を遠敷郡常満保福同名の名主職に補任している(3)。妙楽寺は聖嶽城の山麓に位置する寺院で、寺と城は1.3kmしか離れていない。秀政が妙楽寺周辺を支配していたことは事実であり、聖嶽城は秀政を含む山県氏が関与した城郭と推定されよう。

２．縄張り

　標高が400ｍ近いこともあって眺望は抜群。小浜市街地の中枢部を全て見渡すことができる。特に丹後・周山両街道を見ることができるのが、聖嶽城の強味と言えよう。また、比高が370ｍもあり、在地領主の居城とは考えにくい。

　さて、聖嶽城（図1）は小城だが、遺構的には重要な構造となっている。まず、A曲輪が主郭。ほぼ中央には長方形の窪地①があり、さらにその中に、内側を石で固めた井戸2基が存在する。筆者が調査したときは、きれいな清水が溜まっていたことを記

内側を石で固めた二基の井戸

憶している。確認はできないが、さらに内側にフィルターとなる砂利を用いて濾過していることから、清水が湧水しているのであろう。二基も存在していることから、飲料水の確保に腐心していたことが察せられる。そして、単なる山城ではなく、ある程度長期戦を想定した山城だったことも推定できよう。

　南の尾根続きには、分厚い塁線土塁を巡らし、中央部に櫓台⑥を配置する。勿論防御の弱点となる虎口は設けていない。櫓台⑥から土塁を東側に伸ばし、③地点でL形に曲げて東側の尾根続きを警戒している。この東側の尾根続きに現在登城道は存在していない。しかし虎口⑤が開口していることから、戦国期には存在していたと考えられる。すなわち東側の尾根続きから進攻してきた敵軍は、③地点の切岸によりそれ以上直進できず、右進することになる。細長い通路状の腰曲輪を少人数でしか進むことができない敵軍は、さらに左

折して虎口⑤に入ったと考えられる。敵軍に直撃される③部分に土塁を構築して防御力を増強し、虎口⑤に向かう敵軍に対して、主郭Ａから長時間横矢を掛けれるようになっている。さらに虎口⑤に進む敵軍の進行速度を鈍らせるため腰曲輪を階段状に加工し、④地点に横矢折れを設けている。

虎口⑤北側の石垣　化粧用と考えられる

このように、虎口⑤は単純な虎口だが、計画的に設定された通路がセットになった虎口であり、明らかに16世紀後半の構築と言える。さらに人頭大の石材を用いて虎口を固めている。実用的な石垣ではなく、出入口を飾る化粧石として用いられたと考えられる。仮に虎口⑤に入らず直進した敵軍は、主郭Ａから横矢攻撃を受け続け、遂に主郭Ａに入ることはできない。まことに合理的な縄張りと言えよう。

山麓の妙楽寺方面から登ってくる登城道に開口しているのが、虎口②である。こちらが大手虎口と思われるのだが、石垣で固めていない。しかしそれに付属する通路を配置し、その通路も溝を設けて少人数しか通過できないようにしている。また主郭Ａは、通路に面した部分のみに土塁を設けて防御力を増強している。一方、虎口②に強制的に入らせるために、竪堀2本を設けて通過するのを阻止している。石垣は設けていないものの、虎口を中心に計画的に防御施設を設けており、こちらも16世紀後半の構築と考えてよかろう。

さて、聖嶽城の築城年代・築城者は誰なのであろうか。縄張り全体がうまくまとまっており、新旧を感じさせる遺構は存在しない。従って虎口の構造から16世紀後半の築城・使用と考えて問題あるまい。

虎口付近に人頭大の石垣を配置する方法は、若狭在地領主の城郭に比較的多く見られることから、在地領主の城郭と考えられる。さらに虎口を明確化し、枡形（喰い違い状）に加工するのは、山県氏の城郭で見られる手法である。二次史料ではあるが、『若狭郡県志』の記述から、山県氏の築城・使用と考えられよう。

山県氏の城郭で年代が推定できるのは、南前川城（図2　若狭町・弘治年間）・賀羅ヶ岳城（図3　小浜市・天正年間）である。南前川城の虎口は、土塁を若干ずらして喰い違い状に入る単純なもので、附属する通路や石垣は確認できない。賀羅ヶ岳城の虎口は、櫓台を備え、石垣で固めた明確な枡形虎口である。聖嶽城の虎口は、技術的にみればこの中間に位置すると考えられ、永禄・元亀年間の構築と推定できる。これを仮説として若狭の虎口編年も可能となろう。

若干気になるのが多田ヶ岳の存在である。多田ヶ岳は行儀菩薩が開いたと伝える霊山で、聖嶽城は妙楽寺から多田ヶ岳までの登山道の途中にある。内側を石垣で固めた井戸は、山城では珍しく、違和感を覚える。廃城後、登拝者の休憩小屋が建てられ、井戸はその付属施設としても問題は無い。今後の課題の一つと言えよう。

3．まとめ

山県氏は縄張り技術の高い城郭を多く築いている。発展途上の虎口であることから、山県氏等在地領主の築城技術の発展過程を見ることができる。これらは山県氏単独の技術なのか、織豊政権からの技術提供なのか、今後の重要課題といえよう。　　　　　　　（佐伯哲也）

注
(1)『若狭武田氏と家臣団』河村昭一　戎光祥出版（株）2021
(2)「山県秀政地子銭免許状」『特別展中世若狭の「まち」』福井県立若狭歴史博物館2022
(3)『福井県史　通史編3　近世一』福井県1994

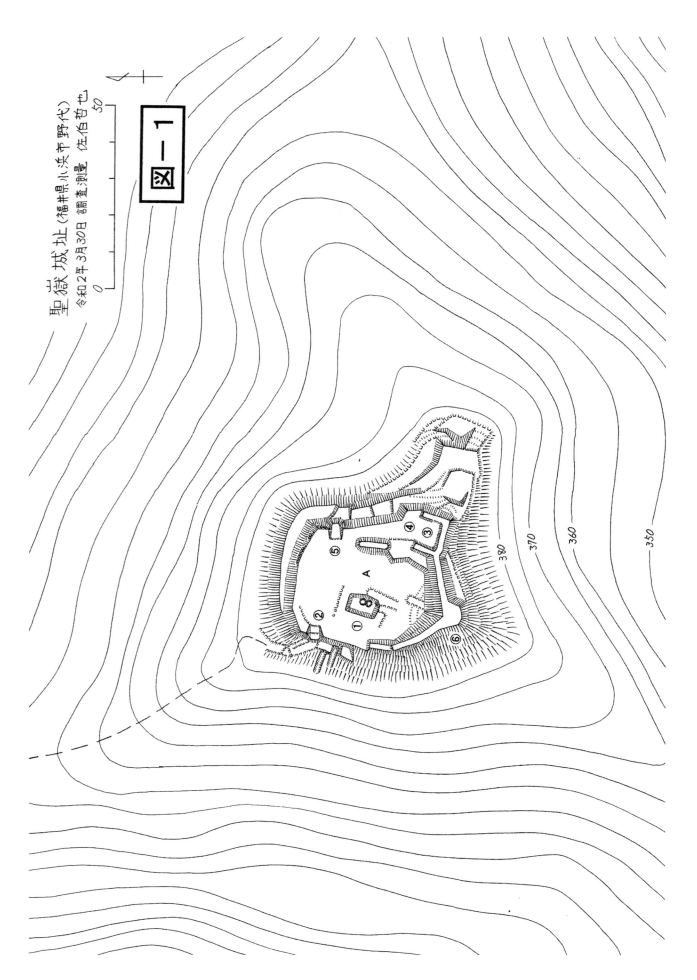

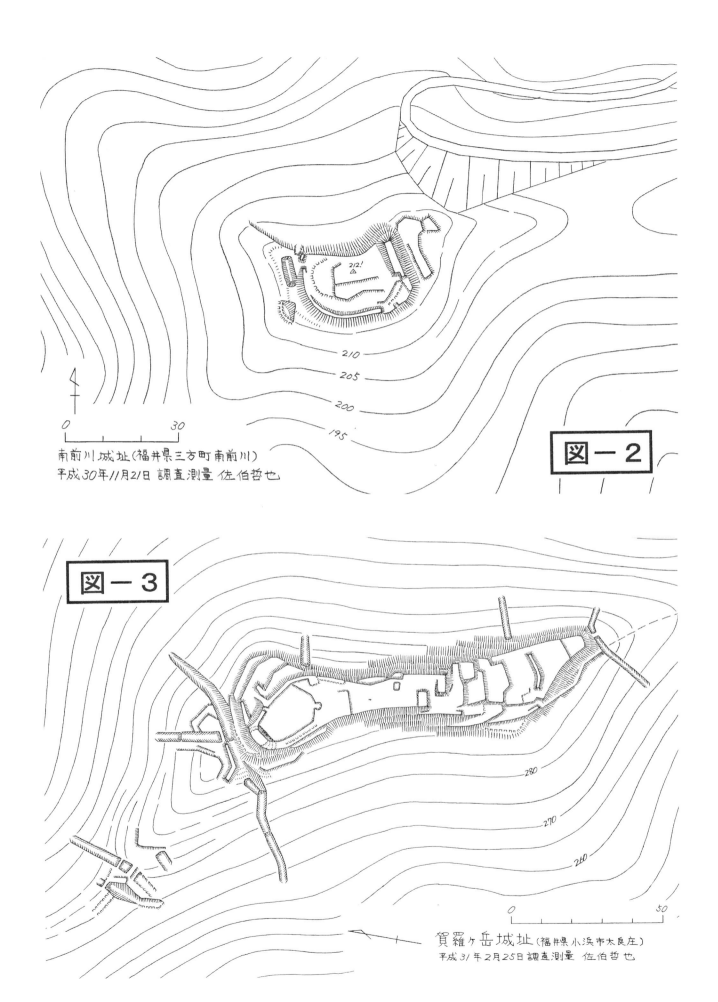

良好な石垣が残る中世城郭
48. 白石山城 (しらいしやまじょう)

①大飯郡高浜町馬居寺　②-　③永禄年間か　④16世紀後半　⑤天正12年か
⑥粟屋小次郎（粟屋右衛門太夫）　⑦山城　⑧曲輪・堀切・土塁・竪堀・虎口・石垣
⑨30m×200m　⑩標高186m　比高約150m

1．歴史

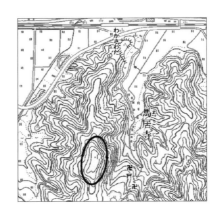

　白石山城の城主は粟屋右衛門太夫とされるが、かつて大飯郡は若狭西部の有力国人である逸見氏の所領であった。逸見氏は若狭国守護武田氏の一門衆であったが、永禄4年（1561）に反乱を起こし、8代当主の武田義統により所領の一部が没収される。これを機に逸見氏を監視するために粟屋氏が当城を築城したことが推測されている。なお、白石山城の粟屋氏は、国吉城（三方郡美浜町）城主の粟屋氏とは別系統の粟屋氏である。
　粟屋氏について、永禄12年（1569）6月15日には連歌師の里村紹巴が招かれた記載があり、「粟屋小次郎殿館より、北のふもとの一宅にかりの宿を定めぬ」とある（『天橋立紀行』）。翌日に小次郎より歓待を受けて連歌興行を行い、紹巴は小次郎の連歌を高く評価している。この記事より「粟屋小次郎殿館」とは白石山城と別の居館が存在した可能性があることと、連歌に興じる粟屋氏の素養を垣間見ることができる。
　若狭武田氏が没落すると、他の国衆と同様に粟屋氏も織田信長に与する。元亀元年（1570）の浅井氏の造反後も、「粟屋小次郎無別条之由、忠節候」とあり（『本郷氏文書』）、信長に忠節を尽くしていたことが判明する。
　天正10年（1582）10月には翌年起こる賤ケ岳合戦に際して、丹羽長秀が「粟屋右衛門太夫」等若狭国衆に近江国海津への出陣を命じている（『山庄家文書』）。「粟屋右衛門太夫」とは後年の小次郎のことと推測され、国衆達の領地支配や居城も認められていることから、小次郎が白石山城城主として活動していた可能性が高い。
　その後、粟屋小次郎や白石山城に関する動向は不明となる。天正11年（1583）の丹羽長秀の越前転封後、若狭大飯郡には堀尾吉晴が、続いて天正13年（1585）には山内一豊が入り、若狭の国人達も他に移封したのと同様に、小次郎も移封されたことが推測される。また、こうした状況下で、天正12年（1584）に若狭の中世城郭の多くが破却されたとみられることから、白石山城についても同じくして廃城となったことが通説とされる。

2．縄張り（構造）
（1）白石山城の縄張り

白石山城から和田港を望む

　若狭湾に向かって延びる丘陵先端付近の頂部に当城は立地している。眼前に古くからの良港であった和田湊を望み、丘陵裾には若狭と丹後を結ぶ丹後街道が通る。水陸交通の要衝を押さえる位置に選地している。
　白石山城は尾根上の南北約200mの範囲を中心に遺構が確認され、比較的コンパクトにまとまった縄張りとなっている。遺構が確認できる南北両端部

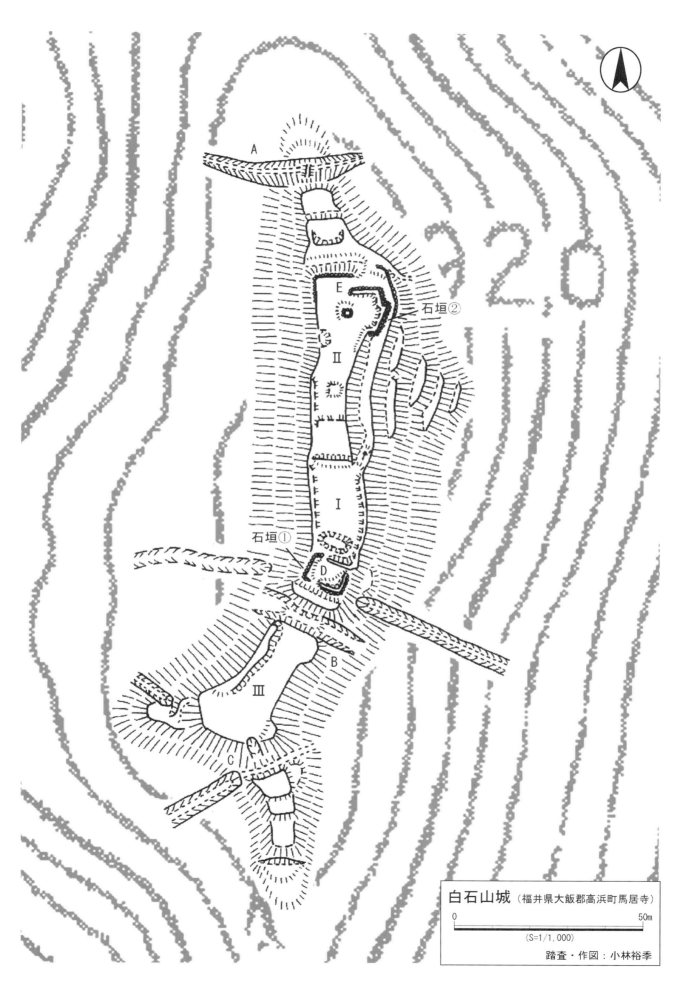

はそれぞれ堀切（A・C）によって尾根筋を分断し、その内部の尾根上に大きく３つの曲輪が設けられる。中央に位置する曲輪Ⅰが主郭と考えられ、その南北に堀切（B）あるいは土塁によって画される曲輪Ⅱ・Ⅲが連なって配置される。

（２）城郭遺構

主郭と考えられる曲輪Ⅰは、緩やかな尾根上の最高所に位置する。平面形は約15ｍ×40ｍの長方形を呈し、現況では明確な状態ではないものの、東・北・西の三方向の縁辺部に低土塁が巡っていたと推測される。Ⅰの南端には東・南・西の３方の外縁を囲うように石垣（①）が築かれ、櫓台（D）と考えられている。石垣は草木に埋もれている箇所も多いが、おおむね３〜４段程度の石材が積み上げられ、残存する高さは１ｍ程度である。石材は面を有する角礫が主体となるが、切り出しやハツリといった加工が認められない自然石と考えられる。前面の石材（築石）の隙間にはやや小ぶりな間詰石が丁寧に詰められており、単なる石積みではない「石垣」としての構築技術が認められる。３方が石垣で囲まれる一方で、曲輪内の北には土塁が残存しており、現況ではその内部が窪地状となっている。窪地状となる内部に櫓といった構築物が存在していたと考えられる。また、櫓台の周囲には南側に堀切Bが、東西の斜面部には竪堀がそれぞれ設けられている。これらの施設が相まって、尾根続きおよび斜面部の移動に対して効果的に防御機能を発揮する構造であったとみられる。

城域北端部の堀切A

櫓台Dの石垣西面（石垣①）

曲輪Ⅰの北側には約10〜15ｍ×50ｍの規模で曲輪Ⅱが連なる。Ⅱの北端には堀切Aが設けられ、ここまでが城域の北限とみられる。堀切Aから南は小規模な曲輪が続き、虎口Eに至る。虎口Eは喰い違いによって折れを伴い、加えて広域に用いられる石垣（②）で固めた構造となっている。石垣②の東側は単純な矩形ではなく、横矢が掛かるように屈曲させた張り出しを設けている。横矢が掛かる構造である曲輪

虎口Eの石垣東面（石垣②）

Ⅱの東下段は通路状の帯曲輪となっており、有事の際には虎口を閉ざして敵をこちらに誘い攻撃を仕掛ける、技巧的な防御構造であったと考えられる。石垣②について、石垣①と同様に３〜４段前後の石材で、高さは１ｍ程度が残存している。東面の隅部は石材の長短が揃わないが、算木積状に積み方を変えている。石垣①と②はいずれも織豊政権武将が手を加

えた可能性が高く、天正期頃の構築あるいは改修がなされた石垣と推測される。なお、石垣の北面と東面で残存状況が大きく異なっていることから、差異が生じた詳細は今後の課題といえる。

　南側の曲輪Ⅲは南北を堀切ＢとＣによって分断している。曲輪の西側には土塁が認められ、斜面には竪堀や堀切Ｃが延伸していることから、谷筋となる西側に防御の主眼が置かれていたと考えられる。

3. まとめ（評価）

　白石山城は、文献史料から得られる情報は限られた状況であるものの、永禄～天正年間頃に中心時期があったと推測される。現状で確認される遺構は、南北約200ｍの範囲で尾根上を中心にコンパクトにまとめられた縄張りとなっている。しかし、各所に設けられた城郭施設は効果的な防御機能が期待される構造が数多く施されている。山城で一般的にみられる堀切以外に、曲輪Ⅰ南側の櫓台・堀切・竪堀や、曲輪Ⅱ北側の虎口・横矢掛け、曲輪Ⅲ西側谷部に対する竪堀といった、技巧的な施設を有している点が特徴として挙げられる。

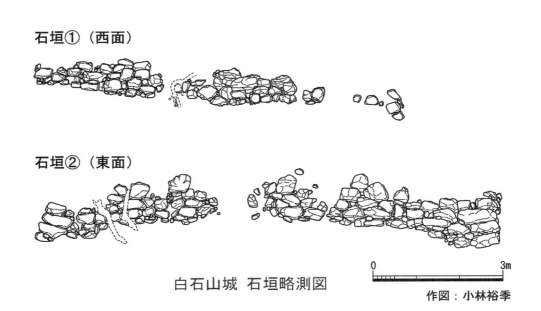

白石山城　石垣略測図　　作図：小林裕季

　また、石垣については、「土造り」の築城が主たる中世山城において、当城の石垣は良好に残存している事例として貴重なものである。若狭における石垣の普及状況や変遷を考えていくうえで重要な遺構と評価できよう。

（小林裕季）

【参考文献】
佐伯哲也「白石山城」『北陸の名城を歩く（福井編）』山口充・佐伯哲也編　吉川弘文館 2022
『日本城郭大系 第11巻 京都・滋賀・福井』新人物往来社 1980
『福井県の中・近世城館跡』福井県教育委員会 1987

県下最大級を誇る戦国期山城
49. 砕導山城 （さいちやまじょう）

①大飯郡高浜町宮崎　②—　③16世紀　④16世紀中頃　⑤16世紀中頃　⑥逸見駿河守
⑦山城　⑧曲輪、切岸、堀切　⑨900×500ｍ　⑩標高142.6ｍ、比高130ｍ

1．歴史

　砕導山城城主逸見氏は、安芸分国守護・武田信繁の嫡男である武田信栄が、誅殺した丹後国及び若狭国守護の一色義貫に代わって若狭国守護となった永享12年（1440）以降、信栄の被官として若狭国に入部し、若狭国西部の大飯郡高浜周辺を本貫として勢力を張った一族である。位置的には丹後国と国境を接し、丹後国守護一色氏への備えとした役割を担ったとみられる。

　およそ100年後、逸見駿河守昌経が登場する。昌経は、若狭国守護武田信豊に仕えた有力被官であったが、弘治2年（1556）に主家武田家で家督争いが生じると、昌経は信豊方に与したという。信豊に代わって子の義統が当主になると、昌経は明確に離反の行動を取る。永禄4年（1561）1月には義統方と合戦に及ぶ（『白井家文書』）と、同年6月には丹波国守護代の内藤宗勝（松永久秀弟）や粟屋氏と手を組み、義統方と援軍の越前朝倉氏軍勢1万1千と争い、城や郷は焼かれ（『当国御陣之次第』）、内藤・粟屋・逸見方の城数ヶ所が落ち、「逸見城」が取り囲まれ攻められたという（『厳助往年記』）。この「逸見城」が砕導山城と考えられている。

　武田・朝倉連合軍に敗れた昌経は再起を期して、永禄8年（1565）に若狭湾に面した半島状の城山に高浜城を築いたと伝わる（『常田文書』）。これまで、高浜城を拠点にした昌経の動向については、翌永禄9年（1566）に起こった武田義統に対する叛乱の加担者とされてきたが（『福井県史　通史編2　中世』、大森宏『戦国の若狭』）、近年は義統派としての動向が知られている（河村昭一『若狭武田氏と家臣団』）。永禄10年（1567）に義統が没すると、義統嫡男の孫犬丸が当主（武田元明）となるが、朝倉氏によって一乗谷に連れ去られると、昌経はじめ若狭衆は京の将軍足利義昭を頼り、36人衆が元明への忠誠を誓い、所領安堵を受けている（『小浜市神明神社文書』）。

　その後、昌経は武田氏に代わって若狭国を治める事となった織田信長の重臣、丹羽長秀の配下となった。天正元年（1573）に朝倉氏が信長によって攻め滅ぼされ、若狭国に帰ってきた旧主武田元明を庇護し、天正3年（1575）に元明が上洛すると、国吉城主粟屋越中守らと共に供奉している。天正9年（1581）4月に病没すると、逸見氏は断絶し、昌経旧領のうち武藤上野跡・粟屋右京亮跡3千石は元明に与えられた（『信長公記』）。

2．縄張り（構造）

　砕導山城は、大飯郡高浜町のほぼ中心に位置し、JR小浜線若狭高浜駅南側に広がる低山域が城跡である。見上げるといくつかのピーク（頂点）が認められ、それぞれに城跡の遺構が残る。つまり、この広域の低山地帯に城跡が広がっているというより、ピークを主郭とする小規模城郭が点在するといった方が実態と一致するかもしれない。

　次に、曲輪構造を見ていきたい。曲輪の名称は、現地表示に従う。

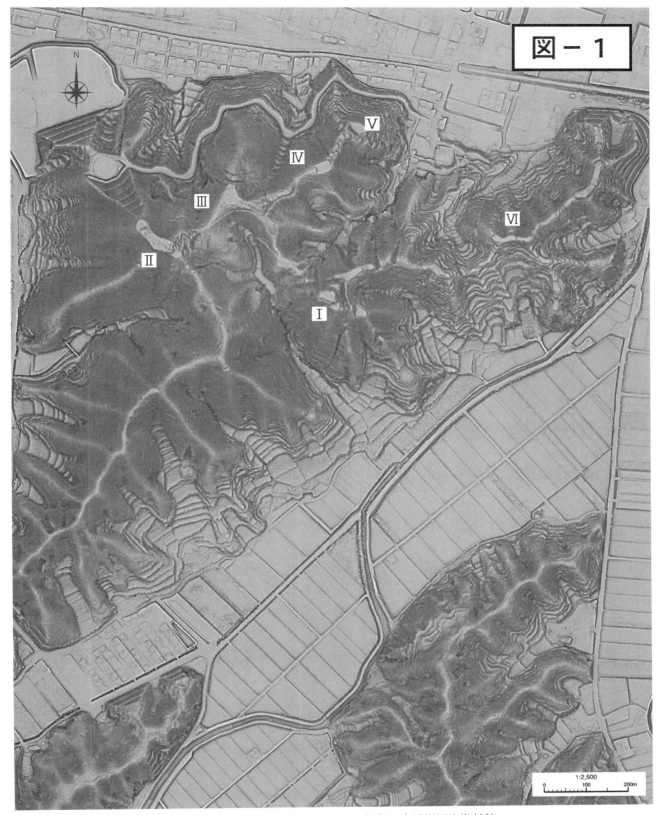

砕導山城跡航空レーザー測量図　　提供：高浜町郷土資料館

Ⅰ. 千丈ヶ嶽曲輪

　周囲の低山からは半ば独立し、四方に延びる尾根筋堀切で分断されている。東の天王山曲輪に通じる尾根筋は、大きな2条の堀切と竪堀、数条の細かい堀切を組み合わせ、侵攻の妨げとなっている（①、②）。この東から侵攻に対しては、複数の曲輪や腰曲輪を配置して中

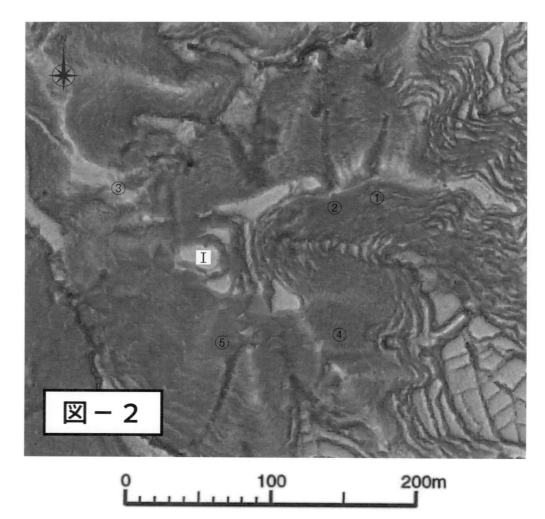

砕導山城跡航空レーザー測量図（千丈ヶ嶽曲輪周辺部分）　提供：高浜町郷土資料館

千丈ヶ嶽曲輪の堀切（②）

千丈ヶ嶽曲輪東面の切岸

心郭を遠くしている。
　一方、愛宕宮曲輪に通じる尾根筋は、両際に幾重もの竪堀を重ね、進入経路を限定している（③）。主郭下の堀切に伴う土橋も狭く、中心郭下に至る通路も狭い上、やや折れていて見通しが悪い。東～南面の法面にも大きな堀切と竪堀で厳重に守られている（④、⑤）。各曲輪の切岸も高く急斜で、この曲輪が砕導山城の主郭と考えてよいだろう。
　なお、各曲輪に土塁や明確な虎口等の構造物は認められない。

Ⅱ. 妙見宮曲輪
　砕導山城跡に広がる低山域の中で最高所（標高142.6m）に位置し、眺望にも大変優れている。
　千丈ヶ嶽曲輪との間は大きな谷地形で隔たっている。また、愛宕宮曲輪側の狭い尾根筋から急勾配に立ち上がり、周囲より一際高くなっている。現在、登り道が付く東尾根筋は小規模な曲輪段連続する。その下方には竪堀を伴う堀切が切られている（⑥）。一方、西尾根筋は中心郭の副郭的な曲輪段となっている。名称が示す通り、現在は妙見宮が鎮座し、地元民の信仰を集めている。

Ⅲ. 愛宕宮曲輪
　妙見宮曲輪の東に位置し、現在は愛宕神社が鎮座している。三角形の平面を為すが、車道工事による改変が著しい。曲輪北端から北側に下がる尾根筋上に二重の竪堀を伴う堀切が明確に残る（⑧）。近年、立木を伐採して曲輪からよく見えるようになった。この二重堀切の先には、眼下に高浜町の市街地や高浜城跡、若狭湾が一望でき、遠く舞鶴方面を望めば、「若狭富士」と称えられる青葉山が近くに見える。西面の竪堀（⑨）を含めて、一色氏が控える丹後国側の監視と防禦を担った絶好の立地である。

Ⅳ. 忠魂碑曲輪
　愛宕宮曲輪から続く東尾根筋にある曲輪で、名が示すように忠魂碑が建立されている。忠魂碑設置や林道整備でやはり改変が著しい。尾根筋をさらに東に下ると佐伎治宮曲輪に至り、その間は細かく半月状の腰曲輪が連続する。北面に竪堀（⑩）が認められる。

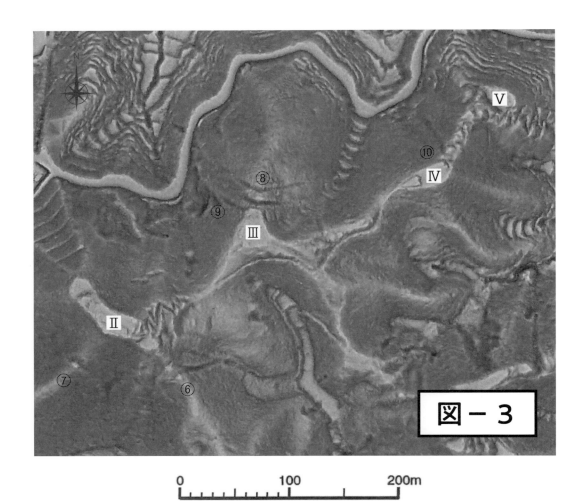

砕導山城跡航空レーザー測量図（妙見宮曲輪～佐伎治宮曲輪部分）　提供：高浜町郷土資料館

愛宕宮曲輪北面の二重堀切（⑧）

Ⅴ．佐伎治宮曲輪

　宗教施設の痕跡が残る半月状の曲輪空間で、これより北側下方の法面には、帯状の平坦面が連続して重なっている。

Ⅵ．天王山曲輪

　千丈ヶ嶽曲輪の東方尾根筋は、低山地形の中でも比較的緩やかな傾斜で下る。この尾根筋上に、腰曲輪を伴う東西に長い曲輪構造を呈する。木立の隙間から高浜城跡が一望できる。

　東端部には小規模ながら二重の竪堀と土塁構造が認められる。さらに東や北側に尾根筋が伸びて、壇上構造を呈する曲輪段も存在する。

　なお、天王山曲輪周辺の法面には、無数の連続する平坦地面が存在するが、全てが城郭に関わる遺構かどうかは不明である。砕導山城の山系群では殊更に東部の低山域に集中しており、畑地など近世以降の造作の可能性もあり、現状では未評価に留めたい。

３．まとめ（評価）

　曲輪群を概観してきたが、それぞれのピークを中心に小規模にまとめられ、尾根筋によって有機的に結合しているものの、林道工事の影響も考えられるが曲輪や人工的構造物などによる連続性はみられない。ピークごとに独立した城郭構造となっているといえる。つまり、単独の「砕導山城跡」というより、「砕導山城砦群」という見方ができるのではないだろうか。

　一方で、尾根筋の展開でみると、Ⅱ〜Ⅴの曲輪群で一群、Ⅰ・Ⅵの曲輪群で一群とそれぞれ連郭式縄張りを有する別個の山城が並んでいるようにも見える。前者は、ピークごとに比較的同スケールの曲輪が並立した山城であるのに対し、後者はⅠの曲輪群を守るために尾根筋に防禦陣を敷く独立性の高い構造の山城であり、それぞれの構造的特徴も前者が時代的に先行した求心性の低い構造であるのに対し、後者は求心性の高い構造といえる。逸見一族で丹後国側の一色氏を警戒した前者が先行し、昌経が小浜側の武田氏の侵攻に備えた後者が後の改修とも考えられる。

　いずれにしろ、砕導山城は単独の山城というより、複数の山城構造が並立・連立する構造を持った極めて特徴的な山城と評価できるのではないだろうか。

　最後に、高浜町郷土資料館の倉田尚明氏には、資料提供等でご協力を賜った。記して感謝申し上げます。

（大野康弘）

【参考文献】

『日本城郭大系　第11巻　京都・滋賀・福井』新人物往来社1980

大森宏『戦国の若狭　人と城』ヨシダ印刷1996

福井県郷土誌懇談会ほか編『越前・若狭　武将たちの戦国』岩田書院2023

佐伯哲也『若狭中世城郭図面集Ⅱ　若狭西部編（小浜市・おおい町・高浜町）補遺編』桂書房2024

元亀争乱端緒の城
50. 石山城 （いしやまじょう）

①大飯郡おおい町石山　②亀山城　③戦国期　④16世紀後半　⑤16世紀後半
⑥武藤上野介友益　⑦山城　⑧曲輪・切岸・堀切・竪堀・礎石　⑨500ｍ×400ｍ
⑩標高190.5ｍ　比高150ｍ

1．歴史

　石山城を居城とし、大飯郡佐分利を支配したのは若狭武田氏被官・武藤氏と伝えられるが、その出自ははっきりしていない。江戸時代後期に編纂された丹後国の地誌『丹哥府志』に「武藤右京進政清」の名がみえ、永正2年（1505）以降の若狭守護・武田元信による丹後出兵時に付き従ったとされる（大森1996）。南北朝時代の建武2年（1335）12月の安芸国矢野城合戦に関する「周防親家軍忠状」（吉川家文書1150）には、安芸守護・武田信武の奉行人として「武藤五郎入道」の名がみえ、武田氏が若狭守護を拝命した永享12年（1440）に安芸国から若狭国への入部に際し付き従ったとされる（河村2010）。また、『承久記』に「武田小五郎（信光の子・信政）が郎等武藤新五郎」とあり、鎌倉時代以来の武田譜代家臣で、本貫地は甲斐国とされる（河村2021）など諸説ある。

　若狭における武藤氏の初出は享徳4年（1455）の「若狭国守護方納所太良庄本所方要銭請取案」（東寺百合文書オ函159－2）で、「武藤四郎兵衛賢藤」である。その後は享禄4年（1531）の「武田氏奉行人施行状」（西福寺文書23）に「元家」の名がみえ、天文7年（1538）の「武藤元家奉書」（本境寺文書3）に「武藤左衛門尉元家」とあり同じ人物であると考えられる。天文8年（1539）の「武藤光家書状」（西福寺文書42）に「武藤六郎左衛門尉光家」とあるが、元家と光家との関係は不明である。これ以降両名の名はみられなくなり、「上野介」や「友益」の名が『信長公記』や『若狭国志』のほか、加斗庄（小浜市加斗）の土豪・伊崎氏の『伊崎氏系図』にみえ、いずれが武藤氏の主流であるかは判然としない。

　天文7年、武田元光とその子信豊との家督相続をめぐる内紛に乗じ、武田家中で最も有力な家臣であった粟屋元隆が武田信孝と反乱を起こした。これに呼応するように同じ武田家中の逸見氏も挙兵、若狭国内が内乱状態となる。この混沌とした状況の中、武藤氏は加斗庄の伊崎堯為を攻めて帰属させ、天文9年（1540）に加斗庄に城を築いたと伝わる。その後も弘治2年（1556）、永禄元年（1558）、永禄9年（1566）に家督相続争いを発端とする家臣間の対立が頻繁に発生、永禄11年（1568）には武田元明が若狭へ進軍してきた越前朝倉氏によって越前へ移されるに至り、武田家による若狭支配が及ばない異常事態となる。この間、武藤氏は逸見氏や幕府奉公衆である本郷氏との対立など、各方面において動きをみせる。功刀俊宏は、国主不在と混乱は、永禄11年に上洛を果たし幕府を再興した織田信長と将軍・足利義昭との二重政権が若狭へ介入する契機を生み出したとし、武田家への忠勤を前提として武田家臣・在国の奉公衆に対し幕府への直属を促し、諸勢力は保護者として幕府を選択、このことが後に信長の受け入れへつながるとしている。諸勢力への呼びかけは未だに残る武田家の権威を尊重し利用したもので、信長と義昭の二重政権は若狭を自己の勢力圏下であると認識し組み込んでいたとしている（功刀2017）。

　武田家への忠勤を前提とした政権への呼びかけにも関わらず、武藤氏が従わなかったかどうかは史料がないためわからないが、武藤氏は朝倉氏側になびく勢力であったと推測される。政権にとって勢力圏の安定を脅かす存在とみなされ、元亀元年（1570）4月、上意による武藤討伐と、越前侵攻を見据えた軍事行動が信長によって開始された。元亀争乱の始

まりである。織田勢は金ヶ崎（敦賀市）まで攻め入るものの、浅井・朝倉勢の挟撃を受け京へ撤退、武藤氏討伐も頓挫する。その後、5月には再討伐のため丹羽長秀・明智光秀が派遣され、武藤氏は城から退去、母親を人質として差し出し、城は破却されたと『信長公記』や『毛利家文書』に記述がある。9月に浅井・朝倉勢が近江に進出、翌月これに呼応するかのように、武藤氏は武田家一門の武田信方と粟屋右京亮とともに再び反旗を翻し、信長に従った山県孫三郎の賀羅岳城（小浜市）を攻めて落城させた。しかしながら、12月に信長と浅井・朝倉との和睦が成立、朝倉氏に与した若狭国内の勢力は一掃されたものと思われ、武藤氏が支配した佐分利は逸見氏に与えられることとなる。これ以降、武藤氏に関する史料がないためその動きについては不明であるが、若狭国内の混乱と武藤討伐の一連の流れは信長の若狭支配とその後の勢力伸長につながった。

２．構造

　石山城は、石山集落背後の標高190.5ｍの山頂一帯に築かれている。おおい町本郷地区から京都府綾部市へ、おおい町名田庄地域から高浜町へと至る街道が交差する場所に位置し、綾部市とおおい町の境まで約7ｋｍと近く、若狭国と丹波国の国境であり、山頂からは佐分利地区を一望でき、この地を支配するうえで重要な場所である。

　北側及び東側の尾根が道路建設によって削平されており、現在では往時の姿を窺うことはできないが、発掘調査が行われている。その内容は後述することとする。

　山頂部に主郭を配し、主郭から放射状に延びる各尾根に曲輪や堀切を築き防備を固め、主郭に通ずるそれぞれの尾根は一条から三条の堀切によって遮断し、特に主郭南側と南西側の堀切は規模が大きい。主郭から北東に向かって主要な曲輪が階段状に並び、最も高所の曲輪付近でくの字状に屈曲する。各尾根にも規模は小さいものの曲輪群が展開し、曲輪と思われる平場も点在する。

３．発掘調査

　石山城における発掘調査は、舞鶴若狭自動車道建設により平成11年（1999）から平成13年（2001）にかけて（第1期）、主要地方道・坂本高浜線改良工事により平成19年（2007）に（第2期）、そして保存目的のため令和元年（2019）から令和6年（2024）3月（第3期）にかけての3期にわたり行われている。特に第1期の調査は、工事によって調査範囲は失われたものの福井県内で本格的な戦国時代の山城の調査となり、多大な成果が得られた。

（1）第1期調査

　主郭の位置する主峰先端から北側尾根の大部分が発掘調査の対象となった。主峰先端に位置する三の曲輪（便宜上「三の曲輪」と呼称、調査時は「E区」と呼称）は東西約12ｍ×南北約20ｍを測り、南側一列と東側一列のみ扁平な石材を利用した礎石が残存していた。礎石を据えた浅い掘り込みも確認され、建物の規模は約12ｍ×約8ｍと推定される。銅製の釘隠しが出土しており、規模・構造ともにしっかりとした建物で、かつ格式のある建物であったと推測される。出土遺物は、土師質皿・青磁皿・白磁皿・染付碗・天目茶碗など日常生活で使用される土器片や鉄釘が出土しており、山上居住の痕跡が窺える。

　三の曲輪から北西に延びる尾根（調査時は「C区」と呼称）に二条の堀切があり、三の曲輪に近い堀切の深さは約3ｍ、底面は平らで幅は1ｍを測る。この堀切から9ｍ下った位置にある堀切は深さ2.2ｍ、底面は丸くなっている。この堀切より約50ｍ下った尾根の中程辺りから平坦面が造られ、尾根稜線に並行するものや尾根先端付近では尾根を取り巻くような帯曲輪状の平坦面もみられる。出土遺物は、土師質皿・青磁碗・染付皿の他、鉛製の鉄砲玉が出土している。

　三の曲輪から北東に延びる尾根に二条の堀切があり、三の曲輪に近い堀切は上端から底面まで約5ｍ、長さ約30ｍを測る。この堀切から約2ｍ下った位置に幅1ｍ、深さ0.5ｍの堀切があり、さらにその下方に六条の竪堀がある。中央の四条はほぼ平行して造られ、内側二条の竪堀は幅2ｍ、深さ1ｍ、長さ10ｍを測る。外側の二条は内側四条よりやや規模が

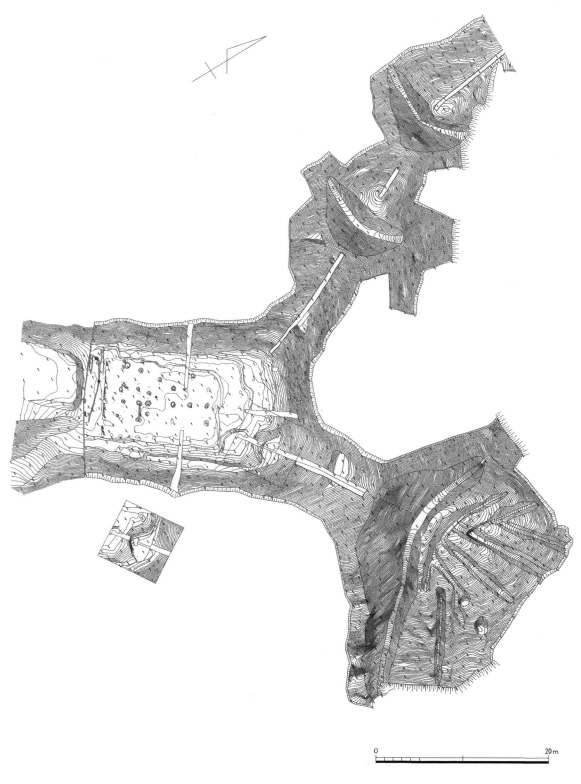

三の曲輪・堀切・竪堀測量図（福井県教育庁埋蔵文化財調査センター『石山城跡』2005を一部改編）

小さい。外側二条の竪堀は堀切とほぼ平行して造られている。これらの竪堀は小規模ではあるがその形状から畝状竪堀であると考えられている。この堀切と畝状竪堀から尾根が北西と北東方向に分岐する。北西側尾根（調査時は「A区」と呼称）の平坦面は10箇所以上確認されているが、不整形かつ大きさも様々で曲輪であるかどうか判断し難い。出土遺物は、土師質皿・越前焼の壺の口縁部が出土している。北東側尾根（調査時は「B区」と呼称）の平坦面は不明確なものも含め14箇所確認されており、尾根稜線を境に互い違いにして造られ

ている。

　北東側尾根の谷間（調査時は「D区」と呼称）には4面の平坦面があり、最も高い位置にある平坦面を除き礎石が確認されている。礎石のない平坦面より2m下に位置する平坦面は東西7m×南北12mを測り、礎石は東西約6m×南北約10mの範囲内に残存する。この平坦面より約8m下に位置する平坦面は北側が調査範囲外であることと併せ、崩落しているため不明確ではあるが東西20m×南北10mであったと推定される。東西約18m×南北約4mの範囲内に残存数は少ないものの礎石が確認され、2棟の建物が建っていたと推測される。この平坦面の東側、一段低い位置に平坦面があり、北側が調査範囲外のため規模は明確ではないが東西約9mを測り、約8mの範囲内に礎石が残存する。

　A区からE区で出土した土器の総数は1,375点を数えるが、D区から出土した土器は1,053点を数え出土量全体の約76％を占めている。最も多いのは土師質皿であるが、その他に越前焼の甕や擂鉢、瀬戸・美濃焼の天目茶碗、青磁碗、白磁碗や皿、染付碗や皿などが出土し、漆塗小札も出土している。遺物の年代は概ね16世紀代半ばから後半に位置付けられる。

（2）第2期調査

　主要な曲輪が配置されている主峰より東側に延びる尾根の先端部が道路改良工事により削平されることから発掘調査が行われた。従来知られていた尾根稜線上の曲輪群以外に平坦面があり、4つの郭が確認された。

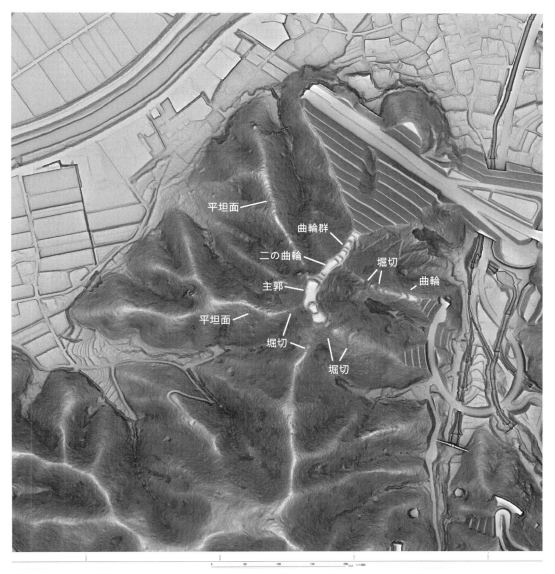

赤色立体地図

（3）第3期調査

　石山城の保存と文化財指定（史跡）を目指し、現在の山城調査では欠かせない存在となった航空レーザー測量による石山城の詳細な地形測量図の作成や、測量図を基に遺構の範囲や分布状況調査が行われた。これらの測量図と第1期調査の記録を基にした現地踏査の結果、城の規模は東西約500ｍ、南北約400ｍに及ぶものと思われる。発掘調査も進められ、主郭周辺を中心に行われた。

　主郭が位置する主峰から北西に延びる尾根稜線上の平坦面が調査され、中程までの複数の平坦面のうち、1面のみは山を削り出し成形した平坦面で曲輪であると思われるが、その他は自然地形の可能性が高い。曲輪は尾根先端付近に集中するが、不明瞭な平坦面もあり、また、帯状の平坦面もあるが、帯曲輪であるかどうかは判然としない。

主郭　礎石建物跡

主郭　礎石建物跡

最高所の曲輪　礎石建物跡

南側曲輪南東側堀切

　主峰稜線上の曲輪群で最も南に位置する曲輪（便宜上「南側曲輪」と呼称）は東西約15ｍ、南北約13ｍを測り、曲輪群の中でも比較的大きな規模である。曲輪北側で一部抜き取られた箇所はあるものの礎石が検出され、その規模は東西約10ｍ×南北約6ｍと推定される。南側では礎石は確認されず、広場もしくは庭として利用されたのか判然としない。南東側ではコの字状の石組があり、その中央には炭化物が集中して出土していることから竈ではないかと推測される。また、その周囲には礎石と思われる扁平な石材が配置され、竈の覆屋の可能性も考えられる。出土遺物は、土師質皿・越前焼の甕・染付碗や皿などの土器片で、礎石がある北側中心に出土している。北側の礎石建物跡や南側の広場もしくは庭と思われる場所、竈と思われる遺構、出土遺物から、一時的に逃れるための場所とは考えにくく、恒常的な居住空間としての性格が強い曲輪であると考えられる。

　主峰稜線上の曲輪群の中で最も高所に位置する曲輪は、東西8.6ｍ、南北約10ｍを測る。この曲輪からも礎石が検出され、礎石の抜け跡と思われる箇所も含めると東西約8ｍ×南北約10ｍの建物と推定され、曲輪の面積を最大限利用して建物が建っていたものと思われる。他の曲輪で検出された礎石の大きさは40～50cm程であるが、この曲輪の礎石は60～70cmと大きく、重量のある建物を支えていたと想像され、最も高所であり、見晴らしも良好

であることから櫓の可能性が考えられる。

　主郭は、主峰稜線上の曲輪の中で最も広く東西14.7ｍ×南北約30ｍを測り、中央付近で北東方向にやや屈曲する。調査前から地表面には扁平な石材が散見され、掘削により多くの礎石が検出された。礎石が抜けていると思われる箇所もみられ、建物の規模や棟数など現時点で不明であるが、東西の端まで、南側から25ｍ付近まで礎石が配置されていることから、大きな建物が想像される。建物の規模など、今後の検討結果が待たれるところである。出土遺物は、土師質皿・青磁碗・白磁皿・染付碗・瓦質土器・越前焼の擂鉢などの土器片が出土している。これらの年代は第１期調査で出土した遺物と同時期の16世紀半ばから後半に位置付けられる。

　多くの礎石や多種多様な出土遺物から、礎石建物跡が確認された第１期調査での三の曲輪と同様、山上における居住空間が存在したことは間違いないが、居住可能な簡素な造りの建物や倉庫といった類いのものではなく、居館的な建物も想定される。

４．まとめ

　武藤氏は、1500年代に入ると武田家の「四老」として重職を担うようになった。丹波国との国境近くを領地とし、国境を防衛する拠点として石山城を築いたのもその現われではないかと思われる。

　『毛利家文書』による武藤氏の「悪逆」（主君を仇にする悪事、謀反）とは何だったのか。丹後出兵による国力の疲弊と家臣団の不満、後継者争いなど武田家支配体制の衰退は朝倉氏の介入と若狭国内の混乱を招いた。足利義昭・織田信長政権も看過できない事態となり、若狭国内の諸勢力に対し政権への直属を促すものの、武藤氏は反発したものと思われ、上意による討伐へとつながり、元亀争乱の端緒となった。これ以降の武藤氏は、朝倉氏に同調し、反信長の動きを活発にする。このような一連の動きは、主家である武田家の譜代家臣として、武田家再興を求めてのことではなかったかと考える。

　『信長公記』や『毛利家文書』にある「破却」とは石山城を指すのか。武藤氏支配領域に山城はいくつかあるが、城の規模からすれば破却されたのは石山城であろう。第１期から第３期までの発掘調査での出土遺物の年代は16世紀半ばから後半に位置付けられ、武藤氏が活発に活動していた時期であり、『信長公記』や『毛利家文書』に記述のある時期と合致する。発掘調査において焼土も確認されたが、破却の痕跡は認められない。主峰稜線上の曲輪のほとんどから礎石が確認されているが、特に主郭周辺では礎石の配置に不自然な箇所がみられる。天正元年（1573）、若狭一国は丹羽長秀が治めることとなり、天正９年（1581）には武藤氏の所領は信長から武田元明に与えられた。礎石建物はこの時に建てられ、居館的な建物は守護への復権、武田家全盛時の栄華を求めたものであろうか。または、天正10年（1582）の本能寺の変以降、再び畿内の状況が混沌とする中、若狭国内防衛のため、丹羽長秀によって石山城の再整備が行われたのだろうか。いずれにせよ、山頂に戦時のための機能を持ちつつ、居住空間としての建物が存在したことは明らかであり、出土遺物から恒常的に使用されていた可能性が高い。主峰稜線上に立ち並ぶ建物は壮観であったものと思う。

　石山城における調査成果は、若狭地方における戦国期の山城の構造を考えるうえで貴重な成果を示した山城であるといえる。今後、若狭地方における山城の調査で曲輪内での礎石建物跡の発見が期待されるところである。　　　　　　　　　　　　　　　　（川嶋清人）

【引用・参考文献】
大森宏『戦国の若狭－人と城－』1996
河村昭一『安芸武田氏』2010
河村昭一『若狭武田氏と家臣団』2021
功刀俊宏「足利義昭・織田信長による若狭武田氏への政策について－武藤友益討伐などから－」『白山史学』第五十三号　2017
福井県教育庁埋蔵文化財調査センター『石山城跡』2005

ちょっとコーヒーブレーク⑧

旧権威も使いよう

　室町幕府をはじめとして寺社勢力といった旧権威を否定し、弾圧してきた織田信長だが、利用価値があれば、上手く、ずる賢く使ってきたのも実は信長である。信長という武将は、短気で攻撃型の武将と思われがちである。勿論その一面もあるが、目的達成のためなら、平身平頭もし、我慢強く待ち続けることもした。強靭な忍耐力の持ち主といえる。信長ほど執念深く粘り続け、臨機応変に動き回った武将も珍しいのである。そして表題にもある旧権威も、目的達成のためなら見事に使い切っている。その一例を紹介する。

　天正6年（1578）3月、北陸で圧倒的な強さを誇ってきた上杉謙信が急死する。待ってましたとばかり信長は、京都二条城に神保長住を呼び出し、織田軍の先発隊長として越中進軍を命ずる。この神保長住なる人物は神保長職の嫡男で、越中守護代の嫡系である。いきなり自分の家臣団を入国させれば、上杉軍に跳ね返されてしまう。しかし越中守護代嫡系の人物が隊長と知れば、上杉氏に従属していた在地土豪達は先を争って馳せ参じ、簡単に上杉軍を駆逐することができる、と信長は考えたのであろう。つまり旧室町幕府の権威を最大限に利用したのであり、「旧権威も使いよう」と言えよう。

　「越中守護代の嫡系」という肩書の威力はすさまじく、翌4月に越中に入国した長住は、6月には神保氏の旧領だった婦負・射水郡を制圧している。謙信の死からわずか3ヶ月後の出来事で、信長の狙いは見事に的中したのである。

　信長の遠謀深慮は驚くばかりで、永禄12年（1569）京都で浪々の生活を送っていた長住を早くも召し抱えている。永禄12年といえば、信長は美濃から上洛してきたばかりの田舎大名の頃であり、勿論謙信も存命中である。この頃から北陸制覇の計画を立てていたとは、いやはや恐ルベシである。

　信長が本当に恐ろしいのは、織田軍を勝利に導いた功労者・長住を簡単に棄てたことである。長住が富山城（富山県富山市）の城主として居城し、長住の持つ旧権威を借りなくても、織田軍単独で上杉軍に対抗できると考えた信長は、巧妙なわなを仕掛ける。わざと上杉軍に富山城を襲わせ、落城の罪を長住に負わすことにより、越中から追放してしまう。つまり利用価値が無くなった結果、棄てられたのである。むしろ織田政権にとって旧権威者の長住は、邪魔な存在だったのであろう。その後の富山城には腹心の佐々成政を入城させ、越中平定を進めていく。

　さんざん利用したあげくに簡単に追放してしまう、こんなことを実行してしまう織田信長という人物は、やはり我々凡人を遥かに超越した武将と言えよう。しかし、その報いが待ち受けていたのは周知の通りである。

（佐伯哲也）

あとがき

　待望の『北陸の中世城郭50選』を発行することができた。編者として万感胸に迫る思いである。そして御多忙中にかかわらず、執筆を快諾していただいた各執筆者の方々に心を込めて御礼を申し上げたい。

　筆者は以前から北陸における城郭研究者の少なさに危惧していた。一人の研究者が述べた説が検証・批判もされずに定説化し、さらに研究者が地域に偏ってしまうからである。この結果、城郭研究の進展は見込めず、若い研究者も育たなくなってしまう。北陸の城郭研究が停滞している大きな要因の一つと思っていた。

　この状況を打開すべく、老若男女・官民問わず、北陸内外の研究者に呼びかけ、北陸三県の城郭の論文を依頼したのである。筆者の呼びかけに応じ、北陸内外の研究者20人が多忙中にもかかわらず快諾してくれた。本当にありがたい限りである。全く違う地域の研究者が書いた論文は、新鮮で、我々地元の研究者が考えもしなかった新しい視点で城郭研究を切り開いてくれている。学ぶべきことは多数あり、非常に勉強になった。北陸城郭研究が一歩も二歩も進んだことを、ヒシヒシと実感した。

　本書の重要な役割の一つとして、新人の発掘がある。勿論北陸から出てくれれば一番良いのだが、そんな贅沢は言っておられない。北陸外の研究者であっても、北陸の城郭に興味を持っていただき、城郭研究を盛り上げていただければ、御の字である。

　さて、編者（佐伯）の特権で近年感じていることを話したい。私（佐伯）は本書で12城を担当した。できるだけ現地の再調査を行い、新しい成果を記載した。還暦を越えての山城調査は正直キツイものもあったが、新鮮な山野の空気に触れることができ、楽しいひと時を過ごすことができた。縄張図も修正し、変化していく縄張図を見て、充実感を体全体で味わった。

　縄張図を書く喜びを感じる私だが、近年縄張図を書く若い研究者が少ないことに寂しさを覚える。過去に縄張図作成会を幾度も開催したが、結局は縄張り研究者は育たなかった。滅びゆく手法であろうか。縄張図は城の縄張り（平面構造）を知る最良の図面である。概要図と称する縄張図で、詳細な平面構造が全く読み取れない、文字通りの概要図も存在する。そのような図面は縄張図とは言わない。地表面観察のみで詳細図を書こうとすれば、どうしても想像部分が多くなり、個人差も多くなる。それでもかまわないから、地表面観察で読み取った情報全てを図化し、できるだけ詳細な図面を作成してほしい。

　縄張り研究者の少なさに反比例して、近年広く使用されているのが赤色立体図である。赤色立体図の有用性については私も理解し、多くの恩恵にもあずかっている研究者のひとりである。数年かかっていた未確認城郭・未確認遺構の発見が、赤色立体図のおかげで僅か一日で確認できたこともあり、本当にありがたい図面である。

　しかし、多くの危険も孕んでいることも事実である。それは現地調査を実施していない赤色立体図は、単なる地形図に過ぎないという点である。現地調査も実施せず、図上に表記された「それらしい」地形を、城郭遺構と断定してしまう危険な使用例も多々見られる。「それらしい」地形は自然地形かもしれず、人工的な遺構だとしても城郭遺構とは限らない。赤色立体図は、現地調査を実施して初めて有用な資料になりうると確信する。

　今回は北陸三県とした。これを単年とせずシリーズ化したいと思っている。次回からは富山・石川・福井に加えて、新潟県・岐阜県を加えた5県とし、『北陸・岐阜の中世城郭』としたいと思っている。勿論老若男女・官民・地域を限定せず、5県に興味を持つ研究者ならば、誰でも執筆してほしいと思っている。是非とも多くの方にエントリーしていただき、北陸・岐阜の城郭研究を盛り上げていただきたいと切望している。よろしくお願いしたい。

　最後に編者（佐伯）のワガママを全面的に受け入れていただき、そして出版状況が厳しい中、出版を快諾していただいた桂書房の勝山代表・川井編集担当に、心から御礼申し上げたい。

『北陸の中世城郭５０選』執筆者紹介

石田 雄士（いしだ ゆうし）　　　　　　米原市役所生涯学習課

いなもとかおり　　　　　　　　　　　　城マニア・観光ライター

太田 寿（おおた ひさし）　　　　　　　北陸城郭研究会

大野 究（おおの もとむ）　　　　　　　氷見市立博物館

大野 康弘（おおの やすひろ）　　　　　若狭国吉城歴史資料館

角 明浩（かど あきひろ）　　　　　　　坂井市役所文化課

川嶋 清人（かわしま きよと）　　　　　おおい町立郷土史料館

北林 雅康（きたばやし まさやす）　　　七尾市役所スポーツ文化課

小林 裕季（こばやし ゆうき）　　　　　滋賀県文化財保護協会

佐伯 哲也（さえき てつや）　　　　　　別掲

佐藤 佑樹（さとう ゆうき）　　　　　　滋賀県立安土城考古博物館

田上 和彦（たがみ かずひこ）　　　　　高岡市役所生涯学習文化財課

田嶋 正和（たじま まさかず）　　　　　元加賀市文化財保護課

堤 徹也（つつみ てつや）　　　　　　　坂井市役所文化課

永野 栄樹（ながの えいき）　　　　　　執筆時佛教大学修士課程在学中

野原 大輔（のはら だいすけ）　　　　　砺波市役所生涯学習スポーツ課

萩原 大輔（はぎはら だいすけ）　　　　京都女子大学　講師

尾藤 洸希（びとう こうき）　　　　　　奈良大学ＯＢ

向井 裕知（むかい ひろとも）　　　　　金沢市役所歴史都市推進課

盛田 拳生（もりた けんせい）　　　　　滑川市立博物館

森本 勝巳（もりもと かつみ）　　　　　岐阜県お城巡り代表

編者紹介

佐伯 哲也（さえき　てつや）

1963年富山県に生まれる
1982年関西電力に入社　現在に至る
北陸城郭研究会会長　富山の中世を語る会代表

〔主要著書〕
越中中世城郭図面集Ⅰ〜Ⅲ（桂書房2011〜2013）・能登中世城郭図面集（桂書房2015）・加賀中世城郭図面集（桂書房2017）・飛騨中世城郭図面集（桂書房2018）・越前中世城郭図面集Ⅰ〜Ⅲ（桂書房2019〜2021）・若狭中世城郭図面集Ⅰ〜Ⅱ（2022〜2024）・戦国の北陸動乱と城郭（戎光祥出版2017）・朝倉氏の城郭と合戦（戎光祥出版2021）

〔編書〕
北陸の名城を歩く富山編（吉川弘文館2022）
北陸の名城を歩く福井編（吉川弘文館2022）

北陸の中世城郭50選

2025年4月1日　初版発行	定価　2,700円＋税

編　者　佐伯哲也
発行者　勝山敏一

発行所　　株式会社 桂書房
〒930-0103
富山市北代3683-11
電話　076-434-4600
FAX　076-434-4617
印刷／モリモト印刷株式会社

© 2025 Saeki Tetsuya　　　　　　　　　　ISBN 978-4-86627-161-3

地方小出版流通センター扱い

＊造本には十分注意しておりますが、万一、落丁、乱丁などの不良品がありましたら送料当社負担でお取替えいたします。

＊本書の一部あるいは全部を、無断で複写複製（コピー）することは、法律で認められた場合を除き、著作者および出版社の権利の侵害となります。あらかじめ小社あて許諾を求めて下さい。

原稿を募集します！！

　『北陸の中世城郭５０選』の次号として、『北陸・岐阜の中世城郭』（仮称）を発行する予定です。内容は、富山・石川・福井の３県に、新潟・岐阜を加えた５県の中世城郭とします。５県内に存在する中世城郭なら、どれでも可とします。

　応募資格は全くありません。老若男女・官民から、一人でも多くの参加をお待ちしております。文献史学・縄張り研究・考古学いずれの分野でもかまいません。得意とする分野から鋭く切り込んで下さい。

　原稿の締め切りは、令和８年６月３０日、発行予定は令和９年３月３１日とします。なお、城郭の重複を避けるため、早めのエントリーをお願いします。

　エントリーや相談・質問は下記にて受け付けます。一人でも多くの参加をお待ちしております。

〒 939-8063　富山県富山市小杉 2143-6　佐伯哲也

TEL（076）429-8243

　※ベルを 10 回鳴らすと留守電に切り替わりますので、そこにメッセージを残していただけると助かります。